国家社会科学基金项目
"新型城镇化进程中青海省民族互嵌型社区的现状及建设路径研究"资助
（项目号：15BSH117）

互嵌式社区的

社区的

现状及建设研究

以青海省为例

王世靓 —————— 著

社会科学文献出版社

SOCIAL SCIENCES ACADEMIC PRESS (CHINA)

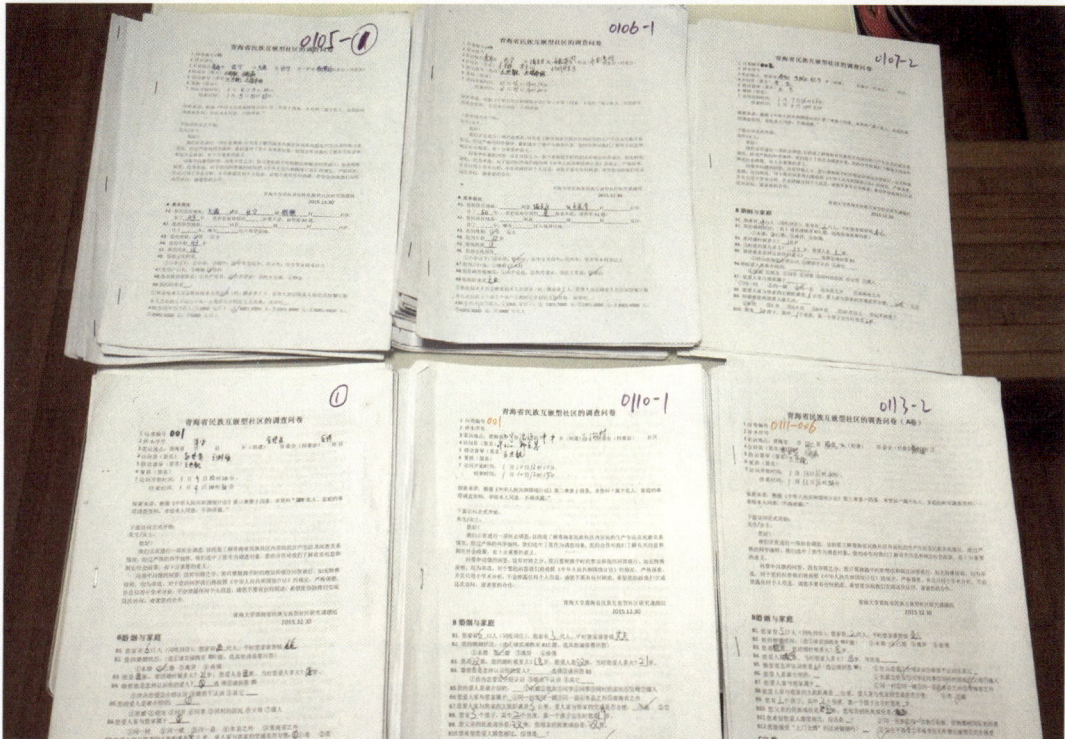

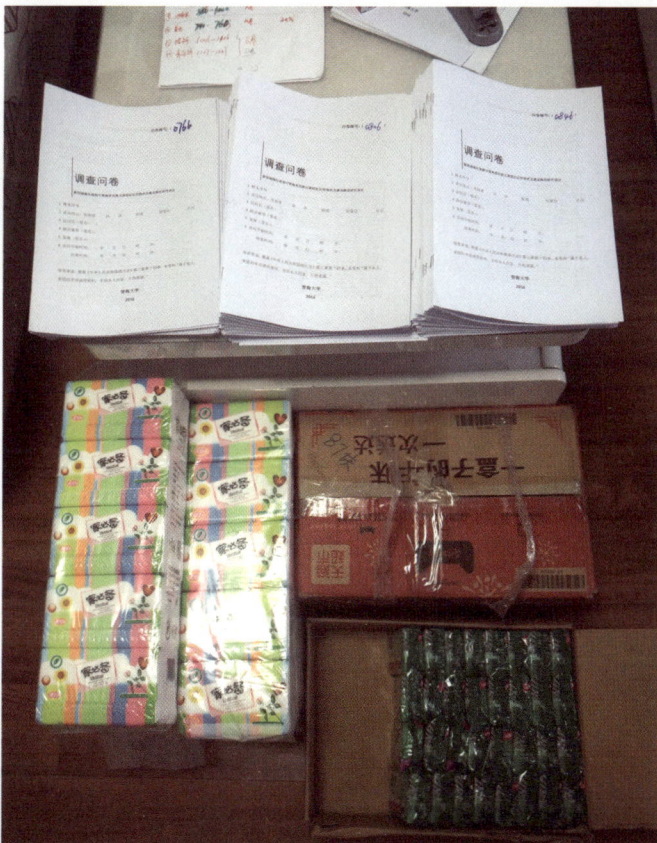

序 言

社区共同体：
民族互嵌型社区的美好生活追寻

王佃利

近读王世靓教授新著《互嵌式社区的现状及建设研究——以青海省为例》，该书中关于公共性和社区共同体的观点，让我对社区治理又有了新的和更深刻的认知。"人们为了生活来到城市，为了更好的生活留在城市"，这是亚里士多德在几千年前向城市提出的美好期待。在城市生活中，社区，是国家治理体系的末梢，也是人民生活感知的前线，对于我们大多数人来说，社区承载着我们对美好生活最直观的认知。

自党的十九届四中全会提出要建设"人人有责、人人尽责、人人享有的社会治理共同体"以来，共同体成为推进社会治理现代化的重要理念，也为理解中国社会治理实践提供了新的视角。从发展和变化的角度看，社会治理现代化内嵌于中国式现代化的总体进程中，其话语体系随着时代的发展实现了从"社会建设""社会管理"到"社会治理"以及如今"治理共同体"的迭代升级。

作为社会治理的基础单元和具体场域，社区为居民"走出家门、寻求帮助、解决问题"提供了场所，也为居民提供了"交流互动、相互认识、彼此宽容"的情感沟通平台。在当下，共同体的建设和对共同体精神的追求，已经成为社区治理的基本共识。我国是多民族国家，在社区层面促进民族团结和民族交融，是社区建设的重要内容和目标。在第二次中央新疆工作会议上，党中央提出了"推动建立各民族相互嵌入式的社会结构和社区环境"以"加强民族交往交流交融"的政策要求，将这一理念落实于具体的社区建设中，以建设民族互嵌型社区，形成互助互爱的社区共同体，进而促进中华民族共同体发展，具有特别重要的意义。

那么，在这样的时代背景和政策要求下，如何加强人与人之间的连接，凝聚社区合力，在社区中重塑生活共同体、利益共同体和价值共同体，在民族地区以互嵌促进民族交融和中华民族共同体建设，既是学界广泛关注的重要议题，也是实践中不断努力的目标。世靓教授的这本著作，从公共性出发关注民族社区的融合互动和共同体建设问题，为我们提供了一个新颖的观察切入和思考视角。

第一，该书凸显了对社区治理中公共性的观照。在社区之中，通过尊重差异化、供给多元化的需求满足，以及搭建相互交流、彼此互动的平台，个体间的熟知度、认同感、归属感能够不断增强。这种公共价值的积累，作为一种无形的力量，促进了和谐的邻里关系和稳定的生活秩序的形成。

正如作者在该书中所概括的，公共精神的阙如是造成当前社区治理中种种困境的根源所在。公共性则为思考这一问题提供了一个理论对话的切入点，社区治理的过程实际上是在社区之中重构公共性的过程。通过生产与培育社区公共性，在"共生、共在、共享"中重建社区共同体，居民对社区的情感认同和居民之间的宽容信任逐渐形成，体现了一种拥有丰富公共精神的社区共同体状态。这种解读在理论层面将对社区治理的分析拉回到对公共价值和公共精神的关注，也在现实层面回应了以人民为中心的社区治理价值追求和实现路径。

第二，该书揭示出民族互嵌型社区共同体建设的基本路径。近年来，"共同体"作为一项治理追求，频繁出现在我国的政策话语和学术讨论之中。推动社区共同体建设，成为实现社会治理现代化的重要途径，也是从人民角度对中国式现代化的治理回应与社会创新。而在实践层面，构建社区共同体，是一直在探索和努力的方向。该书指出，在社区公共空间营造和回应需求的过程中，在社区公共关系维系和促进理性沟通的过程中，在促进社区多方参与和合作治理的过程中，居民之间的情感共鸣得以形成，社区共同体也得以构建。

该书从现实出发，通过对青海省民族社区的历史性分析和田野调查，深入分析了青海省主要世居民族之间的互嵌情况，提供了对构建民族互嵌型社区共同体的理论思考。"理论是灰色的，而生活之树长青"，理论付诸实践才能更好地实现自身价值。该书探索了真正实现"共同体"的建设路径，也彰显出寻求理论价值和理论增进的研究情怀。

第三，该书传递出相互关联又层层递进的逻辑理路。社区是一些具有异质性的居民之间聚集、交往、互动的空间载体，在作者看来，这个空间不仅作为物理意义上的自然空间而存在，也包含着心理空间和社会空间的属性。自然空间中嵌入不足、社会空间中文化间性淡薄、心理空间中责任伦理缺场，共同导致了社区公共精神的阙如，影响着社区共同体的构建。

为此，该书提出以公共性为核心的社区共同体构建路径。在社区共同体建设的过程中，公共性回答了共同体生活世界何以可能的问题，通过在需求回应和公共空间营造中追求公共价值，增进社区居民间熟知度和认可度，以公共精神为黏合剂，推动社区共同体意识的提升。总体上，作者以理论问题的关注为起点，进入青海省民族社区治理的实践场域中，又不拘泥于对现实的写实，而是从公共性出发展开层层深入的学理性分析，继而回到理论的回应和思考中，一气呵成，思路清晰，逻辑严密。

我认识世靓教授已久，每每感慨于她踏实奋进、钻研求新的学术探索精神。她先后在山东大学、华东理工大学学习，受到了扎实的学术训练，对于学术问题常常追根究底，勇于探索；她在学术研究中，经常深入民族地区进行一线田野调查，尤其是一些高原偏远之地，以一种苦行的精神克服重重压力，对青海大地有着炽热的情感。本书以青海省民族互嵌型社区为研究对象，描绘基层政府运用策略促进当地居民间互嵌和融合的全景过程，是一种"小切口·大问题"的研究旨趣，以小见大，探求实践背后中国社区治理和共同体建设的理论逻辑与内涵，这也是她学术探索和深入调研的集中体现。

世靓教授的这部新作，通过对青海省民族社区治理具体过程的写实和理论分析，展现出她近年来深耕于社区治理相关议题所做出的思考。祝愿世靓继续取得更多开拓性的研究成果，也祝愿越来越多的社区成为人们生活的美好家园。

Contents

目　录

图目录

表目录

第1章

绪　论

1.1　选题缘起、研究背景与研究意义

1.1.1　选题缘起

古语有云："和实生物，同则不继。以它平它谓之和，故能丰长而物归之。若以同裨同，尽乃弃矣。"[①] 其意为：首先要承认不同，没有不同，就不会发展；但"不同"，并不是互不相关的，各种不同因素之间，必须有"和"。

社会学家费孝通告诉我们：只有当各种不同文化间真正做到了"各美其美，美人之美"，世界上才可能出现"美美与共""天下大同"的理想境界[②]。时隔半个世纪，念在口中仍能感受其恢宏庞大且令人振奋的气势，其主旨在古语所说的"和"，即各民族之间和谐互补的共生关系；其深意在"稳"，即整个中华民族的稳定发展。

截至目前，中国共建立了 155 个民族自治地方，包括 5 个自治区，30

---

① 《国语·郑语》。

② 1990 年 12 月，在就"人的研究在中国——个人的经历"主题进行演讲时，著名社会学家费孝通先生总结出了"各美其美，美人之美，美美与共，天下大同"这一处理不同文化关系的十六字"箴言"。

个自治州，120 个自治县（旗）。全国建立了 44 个自治地方，实行区域自治的少数民族占少数民族总人口的 71%，民族自治地方的面积占国土总面积的 64% 左右。11 个人口较少且聚居区域较小而没有实行区域自治的少数民族中，有 9 个建有民族乡。目前，全国共分布有 1248 个民族乡（镇），其中民族镇 59 个，分布在 9 个省，全国建立民族乡的少数民族有 47 个[①]，我国的民族自治地方实行民族区域自治。

中国地大物博，作为民族地区典型代表的西北五省区（包括陕西、甘肃、青海、宁夏、新疆），拥有众多少数民族人口。相对于其他四省区，位于青藏高原腹地的青海省，是多民族、多宗教、多文化的省份，也是民族区域自治面积比重较大、少数民族人口比重较高的省，它的多民族居住格局古已有之，具有重要的战略意义。青海地区在西汉以前，基本上是古羌人单一居住地区，后来由于秦国和汉王朝"开地广境""西逐诸羌"，大批羌人被迫南迁东徙，与此同时，中原先民大量地、持续不断地入居河湟谷地，以此为起点，小月氏进入，东胡民族西迁，青海逐渐成为诸多民族活动的历史舞台。封建社会中后期阶段，青海地区正式形成了以汉族、藏族、回族、土族、撒拉族、蒙古族等 6 个世居民族为主体的，包括人口在万人以下诸多民族成分的多民族居住格局[②]，构成了当代青海居民的基本状况。

新中国成立以来，中央政府一直重视民族工作并着力推进民族地区的社会经济发展，尤其是民族地区人民生活的各个方面：从解放农奴人身自由到推进工业化现代化发展，从城镇化建设到新型城镇化建设，民族地区发生了翻天覆地的变化，青海省也不例外，青海省人均 GDP 从解放初期的 101 元增加到 2017 年的 44532.07 元，少数民族人口稳定增长，全省拥有 6 个自治州、7 个自治县、28 个民族乡。自治地方国土面积占全省国土总面积的 98%，自治地方少数民族人口占全省少数民族人口的 81.55%[③]，青海省各

---

① 数据来源于国家民族事务委员会信息中心《中国民族信息年鉴 2005》，2005，第 675 页。
② 青海省地方志编纂委员会：《青海省志·民族志》，民族出版社，2008，第 411 页。
③ 石玉钢主编《中国民族年鉴 2014》，中国民族年鉴编辑部，2014，第 252 页。

民族之间的关系引起了项目组的关注。

2014 年 5 月，习近平总书记在第二次中央新疆工作座谈会发表的重要讲话中强调指出要"推动建立各民族相互嵌入式的社会结构和社区环境"，这是项目组申报"新型城镇化进程中青海省民族互嵌型社区的现状及建设路径研究"（批准号：15BSH117）的政策背景之一，这说明国家层面正在重视民族地区如何促成更高层面的"和"与"稳"。《国家新型城镇化规划（2014—2020 年）》提出新型城镇化建设要从速度导向型转变为质量导向型，强调在产业支撑、人居环境、社会保障、生活方式等方面实现由"乡"到"城"的转变，实现城乡统筹和可持续发展，最终实现"人的无差别发展"，这是项目申报的政策背景之二。随后，2016 年的全国城市民族工作会议和国务院《政府工作报告》均再次强调"互嵌式社区"的建设。可见，"互嵌式社区建设"问题已由一个边疆治理问题上升为中国的国家治理方略，这引起了学界持续的讨论。在现阶段，民族社区特征更为突出，如何促成互嵌式社区的建设及和谐解决民族问题，需要进行深刻思考与探索。

从哲学的角度看："社会世界是由一些规范、惯例、习俗、法律、组织、群体、身份和角色等实体构成的。"① 人类的多样性无疑是这个世界最奇妙又多彩的一面，它表现在生产方式、语言文字、宗教信仰、风俗习惯、历史人文景观的多样性。而对一个国家来说："一个社会如果其成员之间没有一条牢固而持久的纽带维系在一起，那它就像一堆松散的尘土，随时都可能被一阵最轻微的风吹散到地球的四角上去。"② 按照常理来看，互嵌式社区建设研究包括"是否需要互嵌式社区建设？是否可能互嵌？如何达到互嵌？以及达到何种程度的互嵌？"这样四个层面的问题。前两个问题的答案是毋庸置疑的，现实中更深刻的命题是后两个层面的问题。民

---

① F. Guala & F. A. Hindriks, "Unified Socialontology", *Philosophical Quarterly*, 2015, 65（259）：177–201.

② 转引自杰弗里·C. 亚历山大《社会学的理论逻辑》第 2 卷，夏光、戴盛中译，商务印书馆，2008，第 106~107 页。

族社区这一场域对地方团结和社会团结来说都至关重要，因此，在现阶段，如何促成互嵌式社区的建设及和谐解决民族关系问题，引起学术界普遍关注。

一般而言，国家、社会、文化乃是影响"民族关系"的三个重要因素和维度。当前，一种正在拓展的生活维度，即公共性的生活或生活的公共性质正在深刻影响着我们的各个生活领域①。本书认为：互嵌式社区建设的合理路径之一是在"多样"的基础上历史性地达成别开生面的"一体"，在别开生面"一体"基础上保护合理的"多样"，可以说，其实质就是所谓的公共性的路径。公共性是一种承认差异、尊重差异，让差异的个体得到合理和正义的共处的理论②。互嵌式社区研究实质上是针对多民族的跨文化交往和如何促成融洽的跨文化交往行为之研究，跨文化交往引起的各种冲突的定位语均为"文化"（如宗教信仰、生活习俗、现实发展和文化误解引起的文化冲突），在一定程度上，文化即是在民族关系危机的深层次上导致民族间人与人的关系被异化的根源。而从国家治理方略层面来说，互嵌式社区建设目的在于在"社区"场域中为多民族社区居民提供民族间交流与互动的互嵌空间，并在这一空间中促成多民族社区居民的互帮互助与守望相助。因此，基于文化层面来说，当前的"互嵌式社区建设"研究除了现有学者应用的社区资源、族际接触、社会支持等理论外，本书认为还应关注民族间交往互动的隐形地带即文化间性，从各民族主体间性出发拓展至他者性分析直至互嵌式社区的公共性，以促成互嵌式社区建设，这是一种学理性尝试。

1.1.2 研究背景

（一）民族团结进步是中国这个多民族国家实施大国治理之基

民族关系问题始终是影响中国社会发展的重要因素。习近平总书记强

---

① 郭湛：《社会公共性研究》，人民出版社，2009，第21页。
② 张法：《主体性、公民社会、公共性——中国改革开放以来思想史上的三个重要观念》，《社会科学》2010年第6期，第101~107页。

调，中国"这样一个大国，这样多的人民，这么复杂的国情"，的确不易治理。国家治理的核心，既"强调了转型社会国家发挥主导作用的重要性，也考虑到了治理理念所强调的社会诉求，是一个更为均衡和客观的理论视角"①。以马克思主义哲学基本原理来说，推动事物的发展需要注意两点，一是把握发展大势；二是统筹发展大局。中国的大国治理需要在理论上认真吸取国际国内经济发展的基本状况和主要特征，把握发展整体的大趋势；在实践过程中，应该细致地协调好不同区域的各个部门、要素和经济改革措施，统筹发展全局。在当前形势下，我们应深刻理解民族团结进步对于大国治理的重要意义。

新中国成立以来，召开了七次全国民族团结进步表彰大会（见表1－1），表明党中央十分重视民族团结进步工作，1988年第一次全国民族团结进步表彰大会是一次民族团结进步的大检阅；1994年第二次全国民族团结进步表彰大会对促进少数民族和民族地区经济文化的发展做出了部署；1999年第三次全国民族团结进步表彰大会是一次世纪之交的民族盛会；2005年第四次全国民族团结进步表彰大会指出民族工作要凝聚到中华民族的伟大复兴上来；2009年第五次民族团结进步表彰大会总结了经验，分析了机遇和挑战；2014年第六次民族团结进步表彰大会则要求准确把握新形势下民族问题、民族工作的特点和规律，统一思想认识，明确目标任务，坚定信心决心，提高做好民族工作的能力和水平；2019年第七次民族团结进步表彰大会表彰先进、树立典型，激励全党全社会共同做好民族工作、巩固和发展"中华民族一家亲，同心共筑中国梦"的良好局面。七次表彰大会共计表彰了模范集体4558个，模范个人4897人。发挥和利用改革开放以来表现突出的民族团结进步模范集体和模范个人的作用，让更多的干部群众认识到民族团结进步的应有之义，这七次民族团结进步大会在思想引领上发挥了极大作用。

---

① 徐湘林：《"国家治理"的理论内涵》，《人民论坛》2014年第4期，第31页。

表 1-1　历次国务院全国民族团结进步表彰大会情况

历次全国民族团结进步表彰大会	模范集体总数(个)	模范个人总数(人)
第一次(1988 年 4 月 25 日召开)	565	601
第二次(1994 年 9 月 27 日召开)	643	613
第三次(1999 年 9 月 30 日召开)	626	628
第四次(2005 年 9 月 27 日召开)	642	676
第五次(2009 年 9 月 29 日召开)	739	749
第六次(2014 年 9 月 28 日召开)	678	818
第七次(2019 年 9 月 27 日召开)	665	812

资料来源：项目组根据人民网资料汇总整理。

从国家层面来说，民族团结进步事业是新时代中国特色社会主义事业的重要组成部分，是贯彻落实国家民族法律法规和政策，调整民族关系，促进民族地区经济社会发展，改善各民族群众生产生活条件，维护社会和谐稳定，实现各民族共同团结奋斗、共同繁荣发展的系统工程；从人民群众自身来说，民族团结是我国各族人民的生命线。新中国成立以来的发展证明了这个道理，我国的历次民族团结进步表彰大会一直弘扬这个真理：要实现中华民族的伟大复兴，全国人民都必须树立汉族离不开少数民族、少数民族离不开汉族、各少数民族之间相互离不开的思想；必须牢固树立社会主义核心价值观，增强对伟大祖国、中华民族、中华文化、中国特色社会主义道路的认同；必须维护社会稳定，营造社会资源和环境协调发展，坚持中国特色社会主义道路，坚持各民族平等的原则。当前和今后，仍然应该坚持这个真理，并应努力为实现我国的大国治理而增添一分"和"和"稳"。

（二）中国特色社会主义进入新时代，西部地区少数民族群众的基本民生需求更加迫切，亟待满足

十九大报告中指出："中国特色社会主义进入新时代，我国社会主要矛盾已经转化为人民日益增长的美好生活需要和不平衡不充分的发展之间的矛盾。"并指出："重点攻克深度贫困地区脱贫任务，确保到二〇二〇年我国现行标准下农村贫困人口实现脱贫，贫困县全部摘帽，解决区域性整

体贫困，做到脱真贫、真脱贫。"① 众所周知，西部地区的自然环境等各种
客观条件阻碍了西部地区的发展。对西部群众而言，21 世纪初中央政府制
定的"西部大开发"战略无疑是一个重要的历史转折点和时代机遇。在大
开发的过程中，国家投资了大量的基础设施建设项目（如青藏铁路、南疆
铁路等），这些项目的实施和建设极大地改善了西部地区的发展条件和投
资环境，推动了西部地区原国有经济体制改革的深入和西部地区劳动力就
业的市场化。以青海为例，据统计，西部大开发实施以来，青海省的 GDP
由 1999 年的 239.4 亿元增加到 2017 年的 2642.8 亿元，增长了 10.04 倍，
人均 GDP 由 1999 年的 4728 元到 2017 年的 6595.58 元，增长了 0.4 倍，
2017 年青海省全省实现生产总值 2642.8 亿元，增长 7.3%，增速位居全国
第 20 位；地方财政收入 2461961 万元，增长 3.0%，总财力达到 19003456
万元；城镇居民人均可支配收入 29169 元，增长 1.09%，农村居民人均可
支配收入 9462 元，增长 7.4%，分别居全国第 27 位和第 29 位。可见，在
国家政策的支持下，青海省乃至整个西部地区的城镇化建设成效显著，确
实带动了西部地区经济发展，青海经济增速已连续五个季度保持在 7.0%
至 8.0% 的水平，增速走势与全国经济增速基本持平。但不可否认的是，
当前中国城镇化已经进入一个新的历史发展阶段，中国正在从一个传统的
农业国转型为一个工业化国家，这与我国农村人口整体下降的幅度大致同
步。但是，在这个工业化进程中，我国不同地区的工业化进度和经济结构
面临的主要问题则很不相同，我国西部地区与沿海地区在工业化水平和市
场经济发展方面的差距正在迅速拉大。根据国家统计局公布的数据，2011
年，江苏、浙江、福建、广东四省的农村居民年纯收入在 8779 ~ 13071
元，同期新疆、西藏、青海、宁夏四省区的农村居民年纯收入在 4608 ~
5442 元，体现了西部地区与沿海地区差距扩大的事实。西部地区经济发展
仍然落后于其他地区，这成为大国治理的短板，也是实现全面小康，关系

---

① 习近平：《决胜全面建成小康社会　夺取新时代中国特色社会主义伟大胜利——在中国共产党第
十九次全国代表大会上的报告（2017 年 10 月 18 日）》，人民出版社，2017，第 11、48 页。

国家长治久安和中华民族繁荣昌盛的主要阻力。①

从少数民族人口发展情况来说，据表1-2可知，我国少数民族人口总数第一次人口普查为3532万人，第二次人口普查为4002万人，第三次人口普查为6730万人，第四次人口普查为9120万人，第五次人口普查为10643万人，第六次人口普查为11379万人，第七次人口普查为12547万人，其人口数量的变化比较明显，所占总人口的百分比分别是6.06%、5.76%、6.68%、8.04%、8.41%、8.49%、8.89%。可以看出，通过近半个多世纪的发展，我国少数民族人口总数平稳上升。

表1-2　全国历次人口普查民族人口情况

民族人口	1953年（第一次）	1964年（第二次）	1982年（第三次）	1990年（第四次）	2000年（第五次）	2010年（第六次）	2020年（第七次）
汉族（万人）	54728	65456	94088	104248	115940	122593	128631
占总人口比重（%）	93.94	94.24	93.32	91.96	91.59	91.51	91.11
少数民族（万人）	3532	4002	6730	9120	10643	11379	12547
占总人口比重（%）	6.06	5.76	6.68	8.04	8.41	8.49	8.89

资料来源：《第七次人口普查公报》，《中国民族年鉴2012》，第727页。

在西部大开发后，就全国而言，我国城镇人口从2000年的45906万人增加到2017年末的81347万人，城镇人口比重由2000年的36.22%增加到2017年的58.52%，十多年来城镇人口比重增加了22.30个百分点。而就青海而言，城镇人口从2000年初的179.54万人增加到2017年的317.54万人，城镇人口比重也由34.76%增加到53.07%，十多年间城镇人口比重增加了18.31个百分点，这说明我国的人口城镇化发展十分迅速，推动着地方经济社会的发展。

占我国人口总数不到10%的少数民族群众中，2000~2010年，人口高速增长的有怒族、撒拉族等7个民族，年均增长率在2.17%~2.66%；人口较高速增长的有维吾尔族、藏族、哈尼族等10个民族，年均增长率在1.48%~1.96%；人口负增长的有侗族、满族等13个民族。人口百万以上少数民族人

---

① 马戎：《我国部分少数民族就业人口的职业结构变迁与跨地域流动——2010年人口普查数据的初步分析》，《中南民族大学学报》2013年第6期，第1~15页。

均受教育年限最高的为朝鲜族 10.32 年；其次为蒙古族 9.25 年、满族 9.13 年；藏族最低为 5.37 年。百万以上少数民族文盲率最高为藏族 29.59%，最低为朝鲜族 1.03%。这表明，仍然有部分民族群众在人口数量增长的同时还有进一步接受教育、获得就业培训、增加就业技能、拥有医疗保障等的迫切需要；这些包含在"教育是民生之基，就业是民生之本，社会保障是民生之盾，医疗是民生之需"之中，即相对于发达地区群众的自我实现需要而言，西部少数民族群众关注的是涉及民生的普通老百姓生活的基本方面：教育、就业、社会保障和医疗保障，青海省世居少数民族也不例外。

（三）以人为本的新型城镇化建设是中国这个多民族国家实施大国治理的必然选择

历经数十年的城镇化建设，2010 年我国人均国民总收入为 4260 美元，首次由"下中等收入"经济体转变为"上中等收入"经济体，于 2011 年实现城镇化率 51.27%，国内城镇人口首次超过农村人口。21 世纪的第二个十年开始，中国经济社会和城镇化进入发展新阶段。国务院发布公告明确了"新型城镇化是现代化的必由之路，是最大的内需潜力所在，是经济发展的重要动力，也是一项重要的民生工程"的战略思想，党的十八大和中央经济工作会议对我国新型城镇化发展进行了顶层设计和总体部署。

学界对新型城镇化的概念尚不统一，就新型城镇化的理论思考都是对当前我国推行的新型城镇化改革方案的归纳总结，除了理论上的理解外，党的十八大提出了"到 2020 年城镇化质量要明显提高"，以人为本的新型城镇化更注重人的城镇化，而人的城镇化才是更高质量的城镇化，这是新型城镇化的核心应有之义所在。过去我国片面追求户籍城镇化的比例，就少数民族流动来说，户籍城镇化促使全国流动人口迁移产生了三个潮流：一个是汉族劳动力从我国东部沿海和中部省市向西部少数民族地区的流动，一个是少数民族农村劳动力在西部地区内部从农村牧区向当地各级城镇的流动，一个是西部的少数民族人口向我国东部沿海和中部省市的流动①。这些流动人口迁移到城市（镇），散居

---

① 马戎：《中国城镇化进程中的民族关系演变》，《西北民族研究》2015 年第 1 期，第 19~34 页。

或聚居在社区里，新型城镇化建设能否给他们带来切身的利益好处或能否满足他们切身的需求，即新型城镇化能否真正为人民谋福利、求发展，其核心目标是在城镇化过程中促进人的自由全面发展和社会的公平正义，使全体居民共享经济社会发展成果。因此，新型城镇化的最终立足点仍然是人，以人为本的新型城镇化建设是中国这个多民族国家大国治理的理性选择。

（四）中国特色——生态移民安居工程、特色民族村寨旅游开发等加速了中国多民族的居住与交往格局的改变

自 2003 年起，青海省开始有计划地实施"退牧还草"等生态建设工程，通过免费提供住房、提供生活补助等形式将生态严重退化区的牧民迁往条件较好的城镇地区居住。宏观层面，中央政府早已意识到青藏高原作为重要生态屏障的战略地位，于 2005 年开始正式实施三江源生态保护和建设工程，这就促成了青海省大范围的三江源生态移民，从表 1 - 3 可以看出，三江源自然保护区生态移民和退牧还草工程涉及青海省四州一市 112 个社区的 12531 户牧民，涉及人数高达 62844 人，迁移面积约占青海省的 2/3。他们中的大部分由原住地（主要是游牧的牧场）迁往县城政府设立的移民社区，这就改变了过去牧民"逐水草而居"（所谓逐水草而居是指人跟着牲畜走，哪里有水草，牲畜就在哪里生活，人只能牺牲一些自己的安逸跟着牲畜走）的生活状况。三江源自然保护区生态移民是一项因草地生态系统退化对人类生存，乃至整个地球气候将产生影响，同时考虑到三江源地区生态战略安全而进行的人口空间转移活动，转移的方式是城镇化安置的模式，促成了迁入地的民族多样化和混杂居情况。

表 1 - 3　三江源自然保护区生态移民和退牧还草工程移民情况

州、县	迁出地	社区个数	户数（户）	人数（人）	迁入地
玉树州	玉树县（6 乡）、囊谦县（8 乡）、杂多县（6 乡）、治多县（3 乡）、称多县（7 乡）、曲麻莱县（5 乡）	36	5007	27063	各县城相应的移民社区，共计 36 个
果洛州	达日县（5 乡）、甘德县（5 乡）、久治县（6 乡）、玛沁县（8 乡）、班玛县（8 乡）、玛多县（3 乡）	35	2695	13773	各县城相应的移民社区，共计 35 个

续表

州、县	迁出地	社区个数	户数（户）	人数（人）	迁入地
海南州	同德县(6 乡)、兴海县(7 乡)、贵南县(1 乡)、共和县(1 乡)	23	3047	14767	各县城相应的移民社区，共计 23 个
黄南州	河南县(4 乡)、泽库县(5 乡)	17	1384	6601	县城相应的移民社区及州府隆务镇的移民社区，共计 17 个
格尔木市	唐古拉山乡	1	128	640	格尔木市长江源社区(南郊)
总　计		112	12531	62844	

资料来源：项目组根据青海省发改委提供的资料（2016 年 1 月 20 日）汇总而来。

据统计，在 2000～2010 年青海省退耕地造林种草 290 万亩。周边荒山造林种草 582 万亩，封山育林 95 万亩，治理水土流失面积 922 万亩，减少 15 度以上陡坡耕地 113.3 万亩，减少沙化土地 107.9 万亩，森林覆盖率由 1999 年的 3.1% 提高到 2010 年的 5.3% 以上。生态环境的改变带来了生态移民群众生活方式和生活质量的改变，异地搬迁、与陌生人为邻、面对新的生活方式和生产方式，心理适应和身份转换都需要这些移民群众逐步适应，而这其中的社会网络关系不可避免地发生了较大改变，因此，生态移民等安居工程促成了青海省多民族居住格局的变化。

此外，青海省近十年内顺应国家大政方针的要求积极推动当地的旅游资源开发，促成省内多民族居住格局发生了一些变化。旅游作为民族地区经济社会发展的重要推动力在一段时间内曾发挥了较大作用。特色民族村寨旅游开发的前提是保护少数民族传统文化，在此基础上利用旅游开发带动当地民族地区的经济社会进步与发展。因此，除了城镇化进程中出现的多民族之间的居住和交往格局的变化外，极具中国特色的生态移民安居工程和特色民族村寨旅游开发引起的变化，包括族群与族群、个人与个人之间，乃至个人与族群、族群与国家、个人与国家的关系格局变化等，也应予以重视。

1.1.3 研究意义

（一）理论意义

学术界对民族关系问题的研究由来已久，过去的研究集中在民族融合、民族认同、民族关系等方面，"嵌入""互嵌"是波兰尼[①]率先区分了不同制度环境在互惠、再分配和交换三种方式的经济活动的嵌入形态，后由美国社会学家格拉诺维特[②]将"嵌入"用于解释大多数的行为都紧密地嵌入社会关系网络之中，并且所有的经济行为分析都必须考虑人际关系和互动网络。自2014年全国第二次新疆工作会议召开后，学术界就展开了有关互嵌式社区的研究，本书的理论意义总结如下。

第一，本书是对互嵌式社区的基础研究，将丰富"互嵌式社区"和"相互嵌入式社会结构"的理论与实践。目前互嵌式社区研究已出现了一些探索，如有关"互嵌式社区建设"的主要概念阐释和理论内涵，其可能性分析，基本特征及功能定位，建构路径及深远意义等。项目组认为这些从理论上进行的研究十分必要，针对互嵌式社区的研究，仍应运用跨学科、跨领域的相关理论进行更深入的阐述和思考。

第二，目前学术界对青海省民族社区研究较弱，本书将为青海省乃至民族地区社区建设研究提供新思路。项目组认为前文所述其他学者从理论上进行的研究十分必要，但主要是宏观方面的研究，而中观和微观方面的研究较为欠缺，近年来针对互嵌式的实证研究主要有湖南省、云南省等地区，针对广东、天津等城市少数民族流动人口如何嵌入城市发展的研究，针对新疆的互嵌式社区研究，针对西藏、宁夏的互嵌式社区研究。目前学界针对其他多民族混杂居省份，尤其是青海的互嵌式研究仍然有待提高。

[①] 波兰尼：《大转型：我们时代的政治与经济起源》，冯钢、刘阳译，浙江人民出版社，2007。

[②] 马克·格拉诺维特：《镶嵌：社会网与经济行动》，罗家德译，社会科学文献出版社，2015。

（二）实践意义

青海是一个多民族省份，有藏族、回族、蒙古族、土族、撒拉族等 54 个少数民族，部分为青海省独有少数民族。城镇化进程中，由于历史传统、生态移民、安居工程、旅游开发等原因形成了多民族混居社区，这些是互嵌式社区的初级形态。本书以 2014 年 5 月中共中央在第二次中央新疆工作座谈会发表的重要讲话，第一次提出推动建设"民族相互嵌入型社区"为政策支撑，以国内外民族社区建设理论的研究实践与最新发展为基础，以青海省部分民族社区为调研对象，从数个维度开展实证研究，以判断青海省民族社区"相互嵌入"程度、分析影响"相互嵌入"的因素和中国的互嵌之困，积极构建互嵌空间、促成互嵌式社区公共性供给、推动多元协商共建融洽式互嵌式社区，这与新型城镇化建设要求最终实现"人的无差别发展"不谋而合，对于民族和谐与民族关系稳定、国家发展具有深刻现实意义。

第一，互嵌式社区研究是进一步推动和促进民族团结进步的需要。

对中国这个多民族国家来说，团结稳定是中华民族共同发展进步的重要前提。第二次中央新疆工作座谈会上，习近平总书记指出："各族干部群众都要像爱护自己的眼睛一样爱护民族团结、像珍视自己的生命一样珍视民族团结。""民族团结是各族人民的生命线……各民族要相互了解、相互尊重、相互包容、相互欣赏、相互学习、相互帮助，像石榴籽那样紧紧抱在一起。"① 开展互嵌式社区研究，就是为了让各族干部群众真实地看到目前民族社区的发展状况和民族社区中多民族之间的交融现状，让各族干部群众真实地感受到新型城镇化建设中我国民族关系问题发生的各种变化，让各族干部群众了解改革开放以来我国民族政策的发展变化与实效、问题与困难，只有在这样的前提下，全国上下才会对民

---

① 《习近平参加十二届全国人大五次会议新疆代表团审议时的讲话》，《人民日报》2017 年 3 月 11 日。

族团结进步的重要性有更加深刻的理解和支持，也会有更多的干部群众参与互嵌式社区的建设。

第二，互嵌式社区研究是进一步推动和促进实现中华民族共同体意识的需要。

2013年习近平总书记指出，我国是统一的多民族国家，各族人民同呼吸、共命运、心连心的奋斗历程是中华民族强大凝聚力和非凡创造力的重要源泉，并在随后的几年内提出了"互嵌式社区建设""相互嵌入式的社会环境""中华民族共同体""命运共同体"等思想，这说明当前形势下国家领导层面认识到了中国确实需要在全国范围内进一步加强"中华民族共同体意识"，而这个共同体意识对广大群众来说，都是以所居住的社区这个"共同体"意识为基础的，相对于抽象的"共同体"意识，广大群众最需要的是建立和巩固所在社区的归属感和主人翁意识、公民责任与公民参与意识，在此基础上加强中华民族共同体意识。因此，互嵌式社区研究正是从基层微观层面开展的相关研究，有利于发掘广大各族群众共有的历史记忆与促成"中华民族共同体意识"的根源。

第三，互嵌式社区研究是进一步推动和促进西部民族地区新型城镇化的需要。

前文所述西部地区自西部大开发后的经济社会尽管有所发展，但其发展速度和发展质量与中东部相比差距较大，这就导致了我国地区差异对民族关系有所影响，而这一影响又将会在未来很长一段时间里起到至关重要的作用，关系到我国小康事业是否能够全面实现。有学者提出，西部民族地区的新型城镇化，也即新一轮的大开发中，必须要走生态城镇的道路，必须要走大中城市发展的道路，西部地区的城镇化建设过去一直是自上而下的城镇化，主要由政府主导。这对西部地区基层政府的公共服务能力和区域治理能力提出了要求，西部地区基层政府如何通过制订区域发展规划、提供基础设施和公共服务、加强监督与管理等措施来积极推进西部地区的新型城镇化进程，必须站在实事求是、基层调研的基础上，本书的互嵌式社区研究正是在积极推动西部地区新型城镇化的基础上开展的。

第四，互嵌式社区研究是进一步推动和促进我国民族政策执行科学化的需要。

　　我国《民族区域自治法》颁布实施已有 30 年，1954 年《宪法》以国家根本法的形式确立了民族区域自治制度，1982 年通过的现行宪法重申了各项民族方针政策。1984 年 5 月，第六届全国人民代表大会第二次会议通过了《民族区域自治法》，同年 10 月 1 日该法正式实施。2001 年 2 月第九届全国人民代表大会常务委员会第二十次会议根据建立社会主义市场经济体制的新形势对该法进行了修改。除此之外，各地区还有以《民族区域自治法》为基础制定和实施的民族自治地方法规。这些法律、法规在民族地区实施自治制度中发挥了作用。在我国构建新型民族关系这一问题上，郝时远提出，"民族区域自治制度为代表的民族政策体系是好的，但是在执行过程中有的地方放大，有的地方缩减，没能全面正确的贯彻落实"[①]。马戎也指出少数民族的"民族意识"的强化削弱了中华民族的整体认同[②]。互嵌式社区研究以社区居民为研究对象，以民族关系为研究内容，以社区建设路径为研究目标，其最终目标是进一步推动和促进我国民族政策执行科学化。

1.2　国内外研究综述

1.2.1　有关民族社区的国内外研究综述

1. 有关民族社区的研究

　　社区内涵的经典阐释[③]及由此发展出来的一系列社区研究理论（芝加哥学派、结构功能主义学派等），在 20 世纪社会科学研究中发挥了较大作用。社区研究从社区特点的研究逐步扩展到社区类型，早期经典理论认定社区中的主体人群是单一的，不存在民族差别。作为民族社会的重要构成单元，社区内独特的民族性、文化性和地域性成为研究重点，一是初民社会的研究，

---

① 郝时远、张海、马戎：《构建新型民族关系》，《民族论坛》2014 年第 6 期，第 113～129 页。
② 郝时远、张海、马戎：《构建新型民族关系》，《民族论坛》2014 年第 6 期，第 113～129 页。
③ 滕尼斯：《社区与社会》，林荣远译，商务印书馆，1999。

代表学者如 Morgan，White，Haddon 等；二是乡村和城市民族社区、开发与保护的研究，代表学者如 Carter，Pacione，MacKinnonh 等；三是民族社区权力中心、社区间关系和发展建设的研究，代表学者如 Lynd 夫妇，Lewis，Moser 等①，这些为国内民族社区研究指明了方向。

我国社区与民族社区研究都走过了一条与国外不同的路。学者对"社区"的定义经历了"地域主义"到"功能主义"再到"地域＋功能主义"的变迁。21 世纪初我国社区建设运动的研究开始兴起（代表学者如丁元竹、吴鹏森、祝瑞开等）。经过多年探索，形成了上海模式、沈阳模式、江汉模式等社区管理与建设的实践经验。这些经验总结，总体上基于先发地区，鲜见对民族地区社区建设的考察和学理反思。在 20 世纪 90 年代，北京大学曾组织了一系列的城市民族居住格局调查（乌鲁木齐、呼和浩特、银川、拉萨、南宁等）和农村社区的民族交往专题调查，可视为民族社区研究的卓越成果②。相对而言，西部大开发后民族社区研究主要集中在以下方面。

一是民族社区内涵及理论研究③。国内经典描述的民族社区是具有民族性、地域性和社会性的社会共同体④，此外，民族社区的内涵被分成五个方面，即地域空间、民族群体、民族聚落、社会关系及社会意识和文化（代表学者有：李林凤、李晓霞、刘沛林、岳天明、张慧、高永久）。随后研究认为：城市化进程中，社区成员的信仰、价值观、行为规范、风俗习惯、生活方式、历史传统、地方语言和特点象征中的复杂关系是处理好民族问题的关键，通过对民族社区研究理论渊源与发展的考察，高永久总结出了具有代表性的理论，勾勒出民族社区理论研究的发展线索。这些为后期研究提供了理论指导。

二是民族社区变迁研究。国内民族社区变迁研究始于 20 世纪末，早期

---

① 李亚娟、陈田、王开泳、王婧：《国内外民族社区研究综述》，《地理科学进展》2013 年第 10 期，第 1520～1534 页。

② 参见梁茂春、王建基、马宗保、王俊敏等人所撰写的有关民族居住格局的系列文章。

③ 李亚娟、陈田、王开泳、王婧：《国内外民族社区研究综述》，《地理科学进展》2013 年第 10 期，第 1520～1534 页。

④ 孙立平：《社区、社会资本与社区发育》，《学海》2001 年第 4 期，第 93～96 页。

集中在变迁阶段及特征分析（代表学者如杨正文、马寿荣等）、土地利用变化（代表学者如王金亮等）、交通发展带来的社区空间变化（代表学者如周尚意等）及民族语言变迁（代表学者如戴庆厦等）等。随后研究了社区变迁的概念和内容，形成了"社区变迁主要包括人口变迁、空间关系变迁、经济结构变迁、生活质量与生活方式变迁等各个方面"的共识。之后学者从多角度开展变迁内容研究，城市回族社区研究尤为突出，多以个案为例，分析其特点和功能、文化变迁过程等（代表学者如马寿荣、孙九霞、吴晓、黄嘉颖、陈纪、陈轶、闫丽娟等），其他民族社区研究有维吾尔族社区研究（代表学者杨圣敏等），哈萨克族社区研究（代表学者如王三北等），苗族社区研究（代表学者如谭华、张亮等），裕固族社区研究（代表学者如巴战龙等），东乡族社区研究（代表学者如王建兵、钟福国等）等。

三是民族社区发展与建设研究。早期研究注重引进国外（如加拿大和澳大利亚）民族社区发展经验；西部大开发后提出民族社区发展与建设，如脱贫解困，教育及旅游的产业发展模式等，并展开研究（代表学者如贺能坤、唐晓云、李强等）。这些研究以个案研究为主，较多研究西南地区。少数民族社区社会建设滞后，严重制约发展，应努力促进少数民族社区社会建设的教育事业、社会保障制度和新型社会化服务体系（代表学者如张金鹏等）。在解决民族社区建设难题上，提出了文化冲突（代表学者如岳天明、马伟、龚春明、张亮等），社会空间（代表学者如廖杨、陈云等），认同理论（代表学者如陈纪、高文珺、单菲菲），族群关系（代表学者如高永久、罗意等）等内容，研究范围拓展到西北地区，以新疆、内蒙古、甘肃为主。研究认为互嵌式社区是民族社区的次级概念，杨鹢飞率先通过辨析，明确了互嵌式社区的含义，并以两个关键属性"空间关系"与"精神关系"为变量，通过 2×2 矩阵将互嵌式社区分为四种类型——区隔式、接触式、融洽式和交融式。这是中共中央提出互嵌型社区建设提法之后学术界首次开展的探索。

2. 有关互嵌式社区的研究

根据"互嵌式社区建设"一词精确查找，最早研究我国"互嵌式社区建设"的论文出现在 2014 年。据中国知网检索，现有 187 余篇互嵌式

（型）社区研究文献①。研究集中在四个方面：一是"互嵌式社区"的主要概念阐释和理论内涵，代表学者有张会龙、郝亚明、杨鹍飞、吴月刚、闫丽娟等②；二是"互嵌式社区"的可能性分析、基本特征及功能定位，代表学者有曹爱军、杨鹍飞③；三是"互嵌式社区"的动力结构与建设路径，代表学者有来仪、胡小武、唐志君等④；四是"互嵌式社区"的意义、现有困境及国外经验，代表学者有王希恩、郝亚明、黄海波、杨鹍飞、胡洁等⑤。尽管未形成基本概念的统一，但学界对互嵌式社区的空间和精神属性并无异议，李俊清、卢小平、郝亚明、魏冰等分别运用社区治理理论、族际接触理论、社会结构理论、历史唯物主义的交往理论⑥；陈纪、李京桦、卢爱国、

---

① 检索时间截至 2022 年 1 月底。

② 参见郝亚明《民族互嵌式社会结构：现实背景、理论内涵及实践路径分析》，《西南民族大学学报》（人文社科版）2015 年第 3 期；张会龙《论各民族相互嵌入式社区建设：基本概念、国际经验与建设构想》，《西南民族大学学报》（人文社科版）2015 年第 1 期；杨鹍飞《民族互嵌型社区：含义、分类与研究展望》，《广西民族研究》2014 年第 5 期；闫丽娟、孔庆龙《民族互嵌型社区建构的理论与现实基础》，《新疆师范大学学报》（哲学社科版）2015 年第 6 期；吴月刚、李辉《民族互嵌概念刍议》，《民族论坛》2015 年第 11 期；马晓玲《关于城市"民族互嵌式"社区的内涵思考》，《中南民族大学学报》（人文社科版）2016 年第 1 期。

③ 参见曹爱军《民族互嵌型社区的功能目标和行动逻辑》，《新疆师范大学学报》（哲学社科版）2015 年第 6 期；杨鹍飞《民族互嵌型社区建设的特征及定位》，《新疆师范大学学报》（哲学社科版）2015 年第 4 期。

④ 参见来仪《城市民族互嵌式社区建设研究》，《学术界》2015 年第 10 期；胡小武《民族互嵌型社会的动力结构及优化模式》，《新疆师范大学学报》（哲学社科版）2015 年第 5 期；唐志君、覃小林《民族交往与相互嵌入式社会结构的生成路径研究》，《内蒙古社会科学》（汉文版）2015 年第 5 期。

⑤ 参见王希恩《民族的融合、交融及互嵌》，《学术界》2016 年第 4 期；刘成《民族互嵌理论新思考》，《广西民族研究》2015 年第 6 期；郝亚明《族际居住格局调整的西方实践和中国探索——兼论如何建立各民族相互嵌入式社区环境》，《民族研究》2016 年第 1 期；黄海波《城市多民族互嵌式社区建设需正视六个问题》，《学术论坛》2016 年第 12 期；杨鹍飞《边疆民族互嵌型社区建设的困境及对策研究》，《中南民族大学学报》（人文社科版）2017 年第 2 期；胡洁《民族互嵌式社区的变迁轨迹和变迁机理——来自国际经验的启示》，《西藏研究》2016 年第 4 期。

⑥ 参见李俊清、卢小平《各民族互嵌式社会结构建设中的公共治理》，《中国行政管理》2016 年第 12 期；郝亚明《民族互嵌型社区社会结构和社区环境的理论分析》，《新疆师范大学学报》（哲学社科版）2015 年第 4 期；魏冰《互嵌式治理：新疆多民族互嵌社区建设的有效选择》，《西北师范大学学报》（社会科学版）2016 年第 1 期。

马光选、张晗、于亚杰从社区资源、多重身份、社会空间、文化共生、社会支持等视角①出发，开展了积极探索，丰富了"互嵌式社区"相关理论体系，田野点由新疆的乌鲁木齐、塔城、和田、喀什、哈密地区、生产建设兵团②扩延至湖南、湖北、云南、贵州、西藏、四川、宁夏等省区及部分发达地区，如天津、广州、上海和浙江，可见"互嵌式社区"研究也突出了全国范围的民族关系和国家治理方略的学术转向。其后研究涉及民族教育、民族宗教、社区民族工作、社会组织等，但研究略显浅薄。2019 年后互嵌式社区的研究主要围绕空间分析、铸牢中华民族共同体意识等方面展开③。

综上，"国外民族社区研究多为跨种族、跨国界的居民聚集地，主要是主流

---

① 参见陈纪《社区资源：民族互嵌式社区建设的社会支持研究——天津市"两县三区"的调查报告》，《西南民族大学学报》（人文社科版）2016 年第 6 期；李京桦《各民族相互嵌入式社会建设中多重身份考量》，《西南民族大学学报》（人文社科版）2015 年第 9 期；卢爱国、陈洪江《空间视角下城市多民族社区互嵌式治理研究》，《内蒙古社会科学》（汉文版）2016 年第 6 期；马光选、刘强《民族关系的"互嵌—共生模式"探讨——对云南省民族关系处理经验的提炼与总结》，《云南行政学院学报》2016 年第 6 期；张晗《民族互嵌与文化共生——对芒旦傣族村"与汉为邻"的文化透视》，《西北民族大学学报》（哲学社科版）2016 年第 5 期；陈纪、于亚杰《推动民族互嵌式社区建设——基于社会支持的一个分析框架》，《中南民族大学学报》（人文社科版）2017 年第 2 期。
② 有关新疆的互嵌研究，多达 20 余篇文献，部分研究层次有落差。
③ 参见王世靓、王伯承《他者性视角下互嵌空间建构的阻滞因素及其消解》，《新疆大学学报》（哲学·人文社会科学版）2019 年第 1 期；刘莹、杨桓《从"嵌入"到"融入"：空间视域中的民族互嵌式社区治理》，《湖北民族大学学报》（哲学社会科学版）2021 年第 4 期；罗彩娟《从家族、地域认同到"命运共同体"：传统村落互嵌式民族关系的构建》，《广西民族研究》2020 年第 1 期；李伟、李资源《社会治理共同体视域下民族互嵌式社区的内在机理与实现路径》，《西北民族大学学报》（哲学社会科学版）2021 年第 2 期；龙金菊、高鹏怀《共同体视域下民族互嵌式社会结构建设：理论、语境与路径分析》，《北方民族大学学报》2021 年第 3 期；蒋慧、孙有略《铸牢中华民族共同体意识下民族互嵌型社区治理研究——以南宁市中华中路社区为例》，《西南民族大学学报》（人文社会科学版）2021 年第 6 期；刘诗谣等《流动与互嵌：铸牢中华民族共同体意识的结构维度——基于贡山独龙族怒族自治县的田野考察》，《中南民族大学学报》（人文社会科学版）2021 年第 8 期；陈纪、蒋子越《各民族互嵌式社区建设：铸牢中华民族共同体意识的社会条件探析》，《贵州民族研究》2021 年第 4 期；马忠才《中华民族共同体的多维互嵌结构及其整合逻辑》，《西北民族研究》2021 年第 4 期；陈纪、冯辉《马克思主义空间理论视角下的民族互嵌探究——铸牢中华民族共同体意识的一种新思路》，《统一战线学研究》2021 年第 6 期；庄新岸、龚超《多民族互嵌式社会结构中的中华民族共同体建设》，《湖南社会科学》2021 年第 6 期。

文化区域内外来种族之间以及主流文化之间的交流和融合问题，研究重点是外来民族/种族在主流文化区域中如何生存发展，及外来民族/种族之间的和谐共生问题等"①。国内民族社区研究在微观的民族社区研究上较为欠缺，尽管对民族社区相关问题进行了诸多探索，但对社会文化和政治因素关注程度不够，聚焦"社区"场域中"不同民族"和"族际关系"研究深度不够，针对互嵌式社区的研究，目前在理论上研究较多，以实证为主的微观研究仍然薄弱。项目组认为，与国家治理方略相呼应，无论是当前新型城镇化建设与精准扶贫政策，还是未来城市管理中流动人口管理及智慧城市建设的创新发展，都应与推进"互嵌式社区"的政策制定相对接，应更多深挖"互嵌式社区"内涵与外延。

1.2.2 有关族际关系的研究综述

近年来，族际关系在民族学界是相对热门的话题。对多民族国家来说，族际关系研究中部分学者以俄罗斯、缅甸、马来西亚等国家为例开展了多民族的族际关系研究，主要是从政治学视角出发，基本认同族际关系对民族国家的稳定和发展发挥着很重要的作用。国内学者同样十分关注影响民族关系的因素。国内的族际关系研究主要涉及民族高校中的族际关系（代表学者如张龙、易莉等）；历史上族际关系的史料分析（代表学者如赵英兰、龙晓燕等）；针对不同省份或地区的族际研究，如辽宁（代表学者如戴嘉艳）、西藏安多（代表学者刘夏蓓）、湘西土家族苗族自治州（代表学者如李然）；以及关于云南古代族际关系的研究等（代表学者如李晓斌等）。其中，马戎提出了影响民族关系的 15 类因素②。曹兴认为单纯地用"文化化"或"去政治化"都不能全面科学地解决国内族际关系问题③。通过对风俗习惯与民族关系之间的相关考察，徐黎丽等认为对其他族群文化习俗的态度是影响民

---

① 李亚娟、陈田、王开泳、王婧：《国内外民族社区研究综述》，《地理科学进展》2013 年第 10 期，第 1520～1534 页。

② 马戎：《族群关系变迁影响因素的分析》，《西北民族研究》2003 年第 4 期，第 5～29 页。

③ 曹兴：《国内族际关系问题两种解决理念的分析——多民族关系问题能用"去政治化"解决吗？》，《中国世界民族学会第八届会员代表大会暨全国学术讨论会论文集（下）》，2005 年 9 月，第 10 页。

族关系的主要因素之一，还指出接触与否是直接影响民族关系进一步发展的因素①。曹菁轶等分析了影响新疆民族关系的主要因素②；陈纪提出城市化背景下大城市散杂居社区族际关系的存在状态是与自上而下的国家民族政策同向的一致性合作，和自下而上的族群体权益诉求的冲突性合作共同塑造的结果③。具体来说，西部大开发以后以民族关系、社区、人口、旅游等关键词进行搜索整理后的民族关系研究主要有：理论上，学者们经历了从民族区域自治制度（代表学者如德全英）到提出民族工作的社区化（代表学者如闫丽娟）再到民族社会工作的提出（代表学者如黄达远、牟成娟等）、社区改造（代表学者如陈云）。严庆等提出了"选择性创伤"对族际关系的影响及其应对④。周忠华等讨论了文化冲突对族际关系的影响及如何调适⑤。马伟华提出基于民族文化、民族关系、民族权益三个视角对城市化进行研究⑥。马忠才提出了消弭民族分层，是拆除民族交往、交流、交融樊篱并实现民族间相互嵌入式社会结构的有效途径⑦。

有关民族关系的研究，学界出现一些针对城市民族关系的研究，如上海、天津、北京等的城市民族关系研究，其余大部分是关于西部少数民族区域的研究。而针对西部少数民族地区的民族关系研究，可按照西南和西北进行划分，具体如下。

针对西南地区民族关系的研究，包括凉山州西昌市河西镇、康定城、双

① 徐黎丽、陈建军：《论风俗习惯与民族关系的互动影响》，《新疆大学学报》（哲学社会科学版）2005 年第 2 期，第 82～85 页。

② 曹菁轶：《新疆民族关系现状及发展研究》，硕士学位论文，西北民族大学，2006。

③ 陈纪：《大城市散杂居社区的族际关系——天津市 J 社区的个案研究》，《青年研究》2007 年第 12 期，第 28～34 页。

④ 严庆、周涵：《"选择性创伤"对族际关系的影响及其应对》，《黑龙江民族丛刊》2013 年第 2 期，第 1～7 页。

⑤ 周忠华、向大军：《文化差异·文化冲突·文化调适》，《吉首大学学报》（社会科学版）2011 年第 2 期，第 151～153 页。

⑥ 马伟华：《冲击与整合：城市化进程中民族社会的变迁与发展——基于民族文化、民族关系、民族权益三个视角》，《西南民族大学学报》（人文社会科学版）2014 年第 6 期，第 16～21 页。

⑦ 马忠才：《民族分层何以影响民族关系——转型期中国民族问题的理论探讨》，《西南民族大学学报》（人文社会科学版）2015 年第 3 期，第 36～40 页。

江、都江堰、山南地区、成都、川滇藏毗邻地区、湘西等，具有代表性的研究有：耿静分析了都江堰市藏族居民在"5·12"地震前后居住格局的变化及民族关系，认为地震前后该市民族关系的和谐因素具有差异性①。陈沛照、向琼以湘西团结多民族社区为例，从制度、语言、社交习俗、社会结构、族际通婚等层面的互动探讨当地民族关系状况，认为随着各民族接触交流的增加，民族之间的差异性会渐渐缩小，共同性会日益增多②。

针对西北地区整体的研究，主要包括：刘庸先后讨论了城市化对社区民族关系演化的影响并开展了城乡社区民族关系比较研究，均以西北甘、宁、青三省区的四个社区为例，提出城市化推进对社区民族关系的影响包括积极影响和消极影响③。具体分省区的研究，本书主要涉及新疆及甘青宁四省区。

针对新疆民族关系的研究较多，研究地域包括乌鲁木齐市、喀什市、石河子乡、额敏县城、吐鲁番市葡萄沟达普散盖村、塔吉克阿巴提镇社区、沙湾县、昌吉市、温宿县阿热力镇、雅玛里克山棚户区、伊宁市等，其中多为个案研究。张立哲、马幸荣以伊宁市 A 社区为例，通过社区文化教育、社区互助救济、社区就业保障，摸索出实现少数民族居民"社会身份认同""情感认同""政治制度认同"的具体做法④。殷云讨论了国家功能在新疆民族关系发展中的作用。⑤

针对宁夏民族关系的研究，早期研究学者有周传斌、张玉霞、塔娜等。近年的研究如陈静对伊斯兰教在一个移民社区的流变与现状进行了深入考察⑥。张伟、丁凤琴聚焦回汉聚居社区的民族交往、民族态度、民族关系以

---

① 耿静：《藏族居民居住格局变化与城市民族关系的社会性——以"5·12"大地震后四川都江堰市为例》，《中国藏学》2012 年第 2 期，第 16～21 页。
② 陈沛照、向琼：《互动中的认同：一个多民族社区的民族关系研究》，《贵州民族研究》2015 年第 2 期，第 9～15 页。
③ 刘庸：《城市化对社区民族关系演化的影响分析——以西北甘、宁、青三省区的四个社区为例》，《青海民族研究》2013 年第 1 期，第 54～57 页。
④ 张立哲、马幸荣：《城市多民族社区民族关系和谐问题研究——以伊宁市 A 社区为例》，《伊犁师范学院学报》（社会科学版）2015 年第 1 期，第 57～62 页。
⑤ 殷云：《新疆民族关系发展中的国家功能研究》，硕士学位论文，云南大学，2015。
⑥ 陈静：《吊庄移民地区回汉民族关系和宗教变迁研究》，硕士学位论文，复旦大学，2012。

及居民生活满意度等方面，分析了回汉民族关系的基本状况及其原因，在此基础上提出了回汉民族关系的交融策略①。冯雪红等分析了宁夏构建和谐回汉民族关系的当代意义与评价指标体系的构建②。刘有安等基于石嘴山市惠农区的调查，以分析人口迁移与宁夏城市回汉民族关系研究③。马建福先后以宁夏红寺堡生态移民区和银川市同心路市场为个案，研究分析了流动社区的民族关系④。秦江丽等通过对预旺镇的实证调查，研究了回族文化认同与宁夏民族的关系⑤。

针对甘肃民族关系的研究，主要调研地点为兰州市、东乡唐汪川、肃南裕固族许三湾村、天祝等，其中具有代表性的有：韩杰、李建宗基于一个多民族移民村落的个案考察了移民社会中的人际交往和民族关系，指出各民族的文化变迁及其部分文化的最终消亡也是一个必然趋势⑥；夏妍将村落置于文化的各个层次中来考量民族关系⑦；申蓓对甘肃卓尼藏汉民族关系现状开展了研究⑧。

针对青海民族关系研究，早期学者有僧格、马晓东、马建福、白绍业、祁进玉、羊措、赵英等。近年来的代表性研究有：关桂霞对青海民族关系发展基本态势进行了归纳⑨；李世勇以青海省海西蒙古族藏族自治州蒙藏汉民

---

① 张伟、丁凤琴：《宁夏城市化进程中的民族关系调查》，《湖北第二师范学院学报》2013 年第 3 期，第 32 ~ 36 页。

② 冯雪红、聂君：《宁夏生态移民地区民族关系评价指标体系构建研究》，《烟台大学学报》（哲学社会科学版）2014 年第 1 期，第 86 ~ 93 页。

③ 刘有安、张俊明：《人口迁移与宁夏城市回汉民族关系研究——基于石嘴山市惠农区的调查》，《北方民族大学学报》（哲学社会科学版）2014 年第 5 期，第 78 ~ 82 页。

④ 马建福：《流动社区的民族关系——以宁夏银川市同心路市场为个案》，《北方民族大学学报》（哲学社会科学版）2017 年第 1 期，第 49 ~ 53 页。

⑤ 秦江丽、闫进龙：《重构的春节：回族文化认同与宁夏民族关系研究——来自预旺镇的实证调查》，《贵州民族研究》2017 年第 2 期，第 20 ~ 23 页。

⑥ 韩杰、李建宗：《变迁与互动：移民社会中的人际交往和民族关系——基于一个多民族移民村落的个案考察》，《广西民族大学学报》（哲学社会科学版）2013 年第 5 期，第 70 ~ 75 页。

⑦ 夏妍：《村落中的民族关系研究》，博士学位论文，兰州大学，2014。

⑧ 申蓓：《甘肃卓尼藏汉民族关系现状研究》，硕士学位论文，西北民族大学，2015。

⑨ 关桂霞：《青海民族关系发展态势研究》，《青海民族大学学报》（社会科学版）2013 年第 4 期，第 68 ~ 73 页。

族关系为研究视角，对西北多民族聚居区民族关系发展的一般规律进行探讨和总结①；马燕指出青海哈萨克族迁移历史的复杂性和曲折性，使其与当地其他民族的社会交往呈现出鲜明的特殊性②；李军以青海大通回族土族自治县为例对该地回汉民族关系开展了研究③等。

1.2.3 有关族群认同的国内外研究综述

早期研究族群认同的代表学者有孙九霞、纳日碧力戈、王希恩、兰林友、周大鸣等。近年来的族群认同研究主要涉及理论研究，不同少数民族的族群认同研究，历史研究，族群认同相关推动力研究等④。

一是理论研究，近年的研究主要有：关凯从文化分析的维度分析族群认同的社会特性以及作用，通过对公民民族主义和族群民族主义的分析，探讨如何协调国家认同与族群认同⑤。王琪瑛归纳总结了西方族群认同经验性研究的成果，分为三个领域，即族群认同的发展过程与发展模式研究，跨文化族群认同研究，移民群体的族群认同与主流社会政治适应性研究，并指出了对中国的研究启示⑥。范可区分了族群认同与族别认同，指出族别认同是国家对人口进行分类后而出现的族群认同，是相关政府进行社会治理的工具与产品⑦。李占录主张从三个维度（利益、观念、制度）来建构族群认同，地

---

① 李世勇：《当代青海海西蒙藏汉民族关系研究》，博士学位论文，兰州大学，2014。

② 马燕：《民族迁移对民族关系的影响——青海哈萨克族的调查研究》，《北方民族大学学报》（哲学社会科学版）2015 年第 4 期，第 62～65 页。

③ 李军：《多民族联合自治地方回汉民族关系研究——以青海大通回族土族自治县为例》，《北方民族大学学报》（哲学社会科学版）2017 年第 5 期，第 69～73 页。

④ 参见以下著作：王明珂《华夏边缘：历史记忆与族群认同》、李远龙《认同与互动：防城港的族群关系》、梁茂春《跨越族群边界：社会学视野下的大瑶山族群关系》、巫达《社会变迁与文化认同：凉山彝族的个案研究》、祁进玉《群体身份与多元认同：基于三个土族社区的人类学对比研究》、吕俊彪《财富与他者：一个古镇的商品交换与族群关系》、海力波《道出真我：黑衣壮人的人观与认同表征》等。

⑤ 关凯：《基于文化的分析：族群认同从何而来》，《甘肃理论学刊》2013 年第 1 期，第 9～15 页。

⑥ 王琪瑛：《西方族群认同理论及其经验研究》，《新疆社会科学》2014 年第 1 期，第 55～62 页、159 页。

⑦ 范可：《略论族群认同与族别认同》，《江苏行政学院学报》2015 年第 4 期，第 52～58 页。

域认同与国家认同之间的兼容正向良性的多重复合认同关系模式①。罗彩娟、梁莹对认同理论研究渊源，族群认同理论探讨及国内有关族群认同的实证研究进行了总结，并对本土化语境中的族群认同的发展与变迁进行了分析②。袁同凯等对族群认同、族群认同变迁及族属标示及认同进行了理论分析③。李静、温梦煜提出族群认同研究应将民族心理纳入其中，可从微观层面细致考察，选取了"社会分类"的成果进行梳理并附以田野案例加以论证④。

二是不同民族的族群认同研究，经不完全统计，主要包括对蒙古族（6篇）、回族（6篇）、瑶族（1篇）、土家族（1篇）、汉族（2篇）、京族（1篇）、白族（1篇）、壮族（3篇）、侗族（1篇）、傣族（1篇）、彝族（4篇）、藏族（4篇）、纳西族（1篇）、高山族（1篇）、仡佬族（1篇）、畲族（1篇）、东乡族（1篇）、苗族（1篇）、维吾尔族（1篇）等民族的族群认同研究。其中针对蒙古族的研究主要有：邢莉、张曙光、王志清先后对蒙古族那达慕的符号化发展与族群认同进行了研究，认为那达慕被建构为该民族标识性文化符号，同时也是区别于其他族群的文化边界符号⑤。王志清以湖北省三家台蒙古族村部氏族人为例，分析了其姓名民俗，并提出了"日常生活性族群认同"的观点⑥。蒲涛以云南兴蒙乡蒙古族三圣宫的重建为例，分析了从宗教途径认识族群认同的建构与表达⑦。华热·多杰以青海

---

① 李占录：《现代化进程中族群认同、地域认同与国家认同之间关系探讨》，《中央民族大学学报》（哲学社会科学版）2015 年第 3 期，第 18 ～ 26 页。

② 罗彩娟、梁莹：《族群认同理论研究述评》，《广西师范学院学报》（哲学社会科学版）2014年第 4 期，第 6 ～ 12 页。

③ 袁同凯、朱筱煦、孙娟：《族群认同、族群认同变迁及族属标示及认同》，《青海民族研究》2016 年第 3 期，第 33 ～ 37 页。

④ 李静、温梦煜：《从社会分类视角看族群认同》，《华南师范大学学报》（社会科学版）2016年第 1 期，第 66 ～ 71、190 页。

⑤ 邢莉、张曙光、王志清：《蒙古族命名习俗的汉化倾向与族群认同》，《中央民族大学学报》（哲学社会科学版）2013 年第 1 期，第 144 ～ 149 页。

⑥ 王志清：《部氏族人的姓名民俗与日常生活性族群认同——以湖北省三家台蒙古族村部氏族人为例》，《西南民族大学学报》（人文社会科学版）2013 年第 2 期，第 67 ～ 72 页。

⑦ 蒲涛：《族群认同的宗教性建构——以兴蒙乡蒙古族为例》，《云南民族大学学报》（哲学社会科学版）2015 年第 1 期，第 11 ～ 17 页。

黄南州河南县蒙古族为例，对民族特性的丧失与文化认同的塑造进行了研究①。针对回族族群认同的研究主要有：马艳分析了义乌穆斯林族群认同及其特点②。王玲霞以广西临桂县旧村为田野调查点，从多角度出发对文化符号和族群认同进行了研究，以期建构旧村回族族群认同的符号图式③。杨晓纯以拉萨穆斯林斋月及开斋节为例，对拉萨穆斯林介入认同状况及拉萨穆斯林族群认同的特点进行了研究④。王华通过对苏南回民村建筑的变迁与汉回族群边界变化的分析，运用资源竞争理论揭示国家配给发展性资源的倾向与格局，并反思了地方振兴运动⑤。此外，也有针对广西、云南、湖南、江西、四川、贵州、宁夏、甘肃等地其他少数民族族群认同的代表性研究。

三是运用历史资料进行的族群认同研究，代表学者有明跃玲、田红、罗尔波、祝立业等，认为族群认同与历史记忆有较大联系。

四是族群认同的相关推动力研究。其一是旅游作为推动力。陈修岭以云南大理双廊白族村为个案，对族群旅游社区如何克服文化中心主义的影响提出了建议，并对民族旅游中的族群认同危机的表现、原因进行了分析，提出文化自洽性是实现文化复兴、提升自信与族群认同重构的重要手段⑥。戴瑞敏、张世均以云南大理双廊白族村为个案，分析总结出"参与观察"旅游模式具有促进当地文化的传承与保护，消减文化中心主义，加深当地居民族群卷入，进而提升当地居民族群认同的功能⑦。撒露莎以云南省丽江市为

---

① 华热·多杰：《民族特性的丧失与文化认同的重塑——以黄南州河南县蒙古族为样本》，《青藏高原论坛》2016年第2期，第45~52页。

② 马艳：《试析义乌穆斯林族群认同及其特点》，《中国穆斯林》2013年第3期，第16~20页。

③ 王玲霞：《符号表征与族群认同——以文化符号解读旧村回族的族群认同》，《回族研究》2014年第4期，第76~81页。

④ 杨晓纯：《节日认同：拉萨穆斯林族群认同的实践——基于开斋节的分析》，《回族研究》2016年第2期，第31~38页。

⑤ 王华：《空间、记忆与"他者"：苏南回民村族群认同的建构》，《西北民族研究》2016年第2期，第94~100页。

⑥ 陈修岭：《民族旅游中的文化中心主义与族群认同研究——基于大理双廊白族村的田野调查与研究》，《广西民族研究》2014年第5期，第147~152页。

⑦ 戴瑞敏、张世均：《民族旅游中的"参与观察"模式与族群认同研究——以大理双廊白族村为例》，《山东社会科学》2015年第9期，第95~100页。

例,对旅游场域下中外跨文化交流中的族群意识与族群认同进行了研究①。唐欢以羌族萝卜寨传统"羊皮鼓舞"习俗为个案,分析旅游情境下的乡村仪式展演与族群认同之间相互依存和互为因果的关系,并对这一形式下"他者"印象与"我群"意识如何重构进行了研究②。陈兴、兰伟分析了旅游场域下游客凝视与族群认同重构的耦合机理,提出民族旅游促发了族群认同的再创造,旅游凝视是推动族群认同重构的直接动力,族群认同重构的三个层面是认知层面、价值层面和意识层面,分别是前提和基础、内在动力及终点和新起点③。其二是国家认同作为推动力。胡彬彬提出族群认同具有社会建构性,结合这一特性分析我国民族优惠政策的影响分析④。尹兴对新时期国家族群认同与边疆少数民族影像传播进行了研究,指出边疆少数民族影像生产应注意显示或掩饰特定的族群文化特征,消弭国族认同危机⑤。李佳以大理剑川木雕为例,分析了族群认同,文化权力与手工艺传统之间的关系,明确了其中不平衡的文化权力格局⑥。陈文琼以广西一村落为例,检视了族群认同视角下的乡村民主改革⑦。黄瑾分析了黔西北基督教地区族群文化与族群认同的变迁过程⑧。黄光健以缅北事件为例,讨论了族群认同缺失下的国家一体化⑨。

---

① 撒露莎:《旅游场域下中外跨文化交流中的族群意识与族群认同——以云南省丽江市为例》,《中南民族大学学报》(人文社会科学版)2015 年第 1 期,第 29~33 页。
② 唐欢:《旅游情境下的乡村仪式展演与族群认同:"他者"印象与"我群"意识重构——以萝卜寨羊皮鼓舞为例》,《内蒙古民族大学学报》(社会科学版)2015 年第 4 期,第 65~69 页。
③ 陈兴、兰伟:《旅游场域下游客凝视与族群认同重构的耦合机理》,《贵州民族研究》2016 年第 10 期,第 44~47 页。
④ 胡彬彬:《我国民族优惠政策对族群认同的建构机制探讨》,《贵州民族研究》2014 年第 2 期,第 5~8 页。
⑤ 尹兴:《新时期国家族群认同与边疆少数民族影像传播研究导论》,《中北大学学报》(社会科学版)2015 年第 5 期,第 96~100 页。
⑥ 李佳:《族群认同、文化权力与手工艺传统——以大理剑川木雕为例》,《中央民族大学学报》(哲学社会科学版)2015 年第 2 期,第 117~121 页。
⑦ 陈文琼:《族群认同视角下的乡村民主选举——以广西一个民族杂居村落为例》,《农业经济》2015 年第 6 期,第 75~76 页。
⑧ 黄瑾:《试析黔西北基督教传播地区族群文化与族群认同的变迁》,《贵州民族研究》2015 年第 5 期,第 14~17 页。
⑨ 黄光健:《论族群认同缺失下的国家一体化——以缅北事件为例》,《贵州民族研究》2016 年第 1 期,第 23~26 页。

总体来说，上述族群认同研究有助于深入理解互嵌式社区研究的内涵和
外延。

1.2.4 有关民族社区空间、社会资本和社区归属感的国内外研究综述

1. 社区空间研究

社区研究的空间转向，紧随后现代结构主义之后的空间转向思潮之后。

在民族社区的空间研究中，传统上以人口空间研究为主，早期代表学
者有：高向东、伍琼华、童玉芬、李雨薇、刘聪粉、宋相奎、刘运伟等，
近年来的研究包括：焦开山基于"五普"和"六普"数据，对我国少数民
族人口的地区分布及其变动情况进行了分析[1]。刘爽、冯解忧基于"五普"
"六普"的数据，进行了新疆民族人口空间分布的测量与分析[2]。曾丽波等
收集整理了云南省第四、五、六次少数民族人口普查数据，创建了 1990
年、2000 年、2010 年 GIS 数据集，采用探索性空间数据分析（ESDA）的
全局和局部空间自相关分析方法，对县域全局和局部空间差异的变化趋
势、特征与成因进行了初步探索[3]。李松等利用 Arcgis 10.0 软件，运用
Moran's I 指数法，从全局和局部两个层面分析新疆主要民族分布格局关联
特征[4]。

此外，对于民族地区的居住空间也有一系列的研究：早期代表学者有
刘岩、马宗保等，近年来的主观研究有：张凌云等对乌鲁木齐市天山区民
族居住空间分异进行了研究，以天山区主要少数民族为研究对象，研究天

① 焦开山：《中国少数民族人口分布及其变动的空间统计分析》，《西南民族大学学报》（人文
社会科学版）2014 年第 10 期，第 26～32 页。
② 刘爽、冯解忧：《新疆民族人口空间分布的测量与分析——基于"五普"、"六普"数据》，
《南方人口》2014 年第 6 期，第 33～41 页。
③ 曾丽波、张加龙、李亚娟、曹影：《1990～2010 年云南省少数民族人口分布空间差异分
析》，《地域研究与开发》2015 年第 2 期，第 167～171 页。
④ 李松、张凌云、刘洋、綦群高：《新疆主要民族空间分布格局演变——基于 1982～2010 年
人口普查数据》，《人口研究》2015 年第 4 期，第 78～86 页。

山区宏观和微观层面的居住空间分异状况以及分异演变趋势，并在 2014 年开展了基于空间自相关的乌鲁木齐市民族居住格局的研究①。卢梦哲等以广西河池市罗城仫佬族自治县凤凰片区为例，探索仫佬族居住空间特色及其发展进程②。冷炳荣等对转型期兰州市民族间居住空间格局与居住分异做了研究③。

对于民族社区的空间研究还聚焦在旅游空间研究方面，这与民族地区的民族文化及地理区位带来的旅游资源开发有关。田野点包括贵州西江千户苗寨、贵州喀斯特民族旅游区、新疆、桂西地区、渝东南民族地区、延边州图们市、黔东南苗族侗族自治州、云南省西双版纳傣族园、甘南藏族自治州碌曲县郎木寺镇、武陵山、甘肃、四川省凉山彝族自治州盐源县泸沽湖、湘西德夯苗寨等。

除了人口空间、居住空间和旅游发展空间外，近年来学者们对社区建设的社会空间研究也逐步展开。黄晓军以西安市"回坊"为例，对少数民族聚居区社会空间演化及影响因素进行了分析，认为种族状况是影响西方城市社会空间发展的重要因素④。谭瑾、王晓艳基于云南省福贡县知子罗村的田野考察，提出了空间置换下的民族社区重塑⑤。杨未研究如何构建少数民族生态移民社区的"杂糅空间"⑥。孙九霞、张皙以云南西双版纳傣族园景区为例，通过田野调查了解傣族园旅游互动中交往空间的变迁方面，并解读交

---

① 张凌云、李松、李平光等：《乌鲁木齐市天山区民族居住空间分异研究》，《今日中国论坛》2013 年第 5 期，第 31 ~ 32、34 页。

② 卢梦哲、谢华、杨修：《广西少数民族城镇居住空间的更新改造——以罗城仫佬族自治县凤凰片区为例》，《小城镇建设》2014 年第 4 期，第 96 ~ 99 页。

③ 冷炳荣、杨永春、谭一洺等：《结构动力机制视角下的城市网络解释框架》，《地理研究》2013 年第 7 期，第 1243 ~ 1252 页。

④ 黄晓军：《少数民族聚居区社会空间演化及影响因素分析——以西安市"回坊"为例》，《中国地理学会 2012 年学术年会学术论文摘要集》，2012 年。

⑤ 谭瑾、王晓艳：《空间置换下的民族社区重塑——基于云南省福贡县知子罗村的田野考察》，《贵州大学学报》（社会科学版）2012 年第 5 期，第 106 ~ 110 页。

⑥ 杨未：《构建少数民族生态移民社区的"杂糅空间"》，《贵州社会科学》2015 年第 4 期，第 74 ~ 78 页。

往空间的变迁特征，试图建立起对少数民族旅游社区交往空间的认识。①

　　紧随我国大力推进新农村建设和城市化建设，众多学者纷纷对村落公共空间与城市公共空间开展了研究。一般意义上讲，城市的公共空间泛指一种室外空间，它区别于城市居民的家居区域，提供了众多城市居民公共使用空间。尽管学者们或认为村落公共空间是容纳村民公共生活及邻里交往的物质空间，或认为它满足了村民开展各项活动和传播交流各种信息之目的，或认为它是被附加了外在属性的文化范畴，进一步认为村落公共空间可视为一种村民自治的方式，但对村落公共空间这一概念既包括公共性又具有空间性的二重属性并无异议。这两个概念体现出了跨学科学者对散落在城市和农村土地上的公共空间的重视。现当代中国公共空间研究多与建筑学、城市规划学紧密相关，突出了地理空间属性之规范化、科学化建设与设计。主要涉及老年公共服务设施、景观设计、人居环境、建筑与装饰、更新设计等，近年来延伸至日常生活实践、空间之力、生活状况、公共服务调查的社会化倾向等。

　　而城市公共空间被视为城市的代言者和明信片，可从城市公共空间看出它所在城市的物质水平和精神文化。通常情况下，城市规划师将自然风景、公园、广场、运动场和儿童游乐园等娱乐空间都视为公共空间。随后城市公共空间又扩大到公共设施用地的空间，如城市的绿地、CBD（中心区）和商业区等。一般而言，这些城市公共空间不具有排他性，它向大多数人开放，并引导城市居民开展一系列的交往活动。在近现代的建筑学、规划学、城市地理学等学科中重视"城市"的功能以尝试实现"城市让生活更美好"这一承诺。而社会学、经济学、政治学等则更看重城市公共空间除了物态属性之外的社会属性、经济属性及政治属性。社会学家将城市公共空间视为和谐社会结构中的重要环节；政治学家将城市公共空间视为市民社会在城市中的缩影；经济学家则运用经济学原理尝试分析城市公共空间所带来的效益与

---

　　① 孙九霞、张皙：《民族旅游社区交往空间研究——以西双版纳傣族园景区为例》，《青海民族研究》2015 年第 1 期，第 1～8 页。

效率，并试图说明这些效益与效率是如何反馈社会的。在西方及中国，城市化的进程促成了城市面貌的巨大变化。城市公共空间从定义到内涵再到外延均发生了较大拓展。在对其的研究中，目前存在实体空间、网络空间及交往空间三种界定，这构成了城市公共空间研究的三个重点方面：一是集中在城市规划及人文地理学领域的地理空间视角，城市规划学科侧重于建筑布局的科学性研究及审美感；二是互联网对国家治理提出的机遇与挑战研究网络空间，对国家治理的意义研究；三是社会学与政治学领域将城市公共空间视为公民参与政治的有力途径，是城市发展的动力之一。无论如何，过去对于城市公共空间的单向度分析，已经迈向了多向度的综合分析。从近年来国内城市公共空间研究来看，代表学者及主要观点有：侯利文对封闭社区的历史由来、发展演化、理论争辩、现实危机及改革路向进行了梳理总结，以期有借鉴意义①；谢锡文等从文化社区、文化资本与文化生产的角度研究此类公共文化空间的制造机理、运作模式及传播效能②。具体研究地点有福州、武汉、厦门、北京、上海、苏州等。由以上研究可以看出，城市公共空间的研究已转向更多特殊社区的公共空间研究，并且也逐渐采用更多的科学技术与科学手段来进行研究。

2. 民族地区社会资本

针对民族地区社会资本研究来说，研究地域包括云南、贵州、宁夏、四川、湖南、西北、边疆民族地区等。近五年的主要代表观点有：吴开松针对西部的特点，以社会资本理论为切入点，探究了西部民族地区农村社会管理创新③。郎贵飞、何涛从社会资本的视角探讨民族地区城镇化的实现路径④。赵声馗提出

---

① 侯利文：《走向开放的街区空间：社区空间私有化及其突破》，《学习与实践》2016年第5期，第103~112页。

② 谢锡文、郭佳琦：《空间制造：文化社区、文化资本与文化生产——基于"文学生活馆"公共文化空间建构的研究》，《山东大学学报》（哲学社会科学版）2016年第4期，第12~18页。

③ 吴开松：《社会资本与民族地区农村社会管理创新》，《华中师范大学学报》（人文社会科学版）2012年第2期，第15~22页。

④ 郎贵飞、何涛：《社会资本视角下民族地区城镇化道路探析》，《商业时代》2013年第12期，第134~135页。

从社会资本视角来看待民族地区乡村治理中的传统治理资源，应以扬弃的态度予以创造性的重构，这是可选择的路径之一①。吕昭河等讨论了多样性民族文化构造下社会资本推动民族经济发展的作用机理②。张国芳从社会资本视角出发，研究分析了传统社会资本及其现代性转换③。赵文清基于社会资本视角对城市少数民族经商群体商业困境进行了分析④。张进军提出应从社会关系等社会资本的"软"制度着手，对民族地区城镇化进行分析并予以解决⑤。王军力对西部民族地区贫困的成因进行了社会资本分析，并提出了贫困管理途径⑥。胡建华对社会资本理论和民族地区新农村社区建设的契合性进行了研究，并寻求二者在普遍意义上契合的理论逻辑与实践表征⑦。李振等尝试从社会资本与"民族"的对话和拓展"民族"的视野，并帮助人们深化对"民族"的理解⑧。郭云涛指出，其研究结果表明，社会资本对基层少数民族干部升迁有影响，主要是社会网络嵌入的人情、信任和影响力等资源⑨。热依拉探讨了个体拥有不同类型的社会资本对其借贷发生和执行的影响⑩。黄增镇

---

① 赵声馗：《重构社会资本：民族乡村治理的路径选择》，《辽宁行政学院学报》2013 年第 3 期，第 5~6 页。

② 吕昭河、张敏、余泳：《社会资本与民族经济发展——基于民族文化市场效用的分析》，《思想战线》2013 年第 5 期，第 77~82 页。

③ 张国芳：《传统社会资本及其现代转换——基于景宁畲族民族自治村的实证研究》，《浙江社会科学》2014 年第 1 期，第 96~103、117、158 页。

④ 赵文清：《城市少数民族经商群体商业困境分析——基于社会资本的视角》，《云南社会主义学院学报》2014 年第 4 期，第 270~271 页。

⑤ 张进军：《社会资本视阈下民族地区城镇化的治理》，《贵州民族研究》2014 年第 12 期，第 20~23 页。

⑥ 王军力：《社会资本视角下的西部民族地区贫困问题研究》，《现代经济信息》2014 年第 18 期，第 454~456 页。

⑦ 胡建华：《社会资本理论与新农村民族社区建设的契合性》，《贵州民族研究》2014 年第 4 期，第 100~103 页。

⑧ 李振、纪洵：《社会资本视角下破解中国城镇低收入群体贫困问题》，《理论观察》2007 年第 1 期，第 36~38 页。

⑨ 郭云涛：《社会资本与基层少数民族干部升迁》，《广西民族大学学报》（哲学社会科学版）2015 年第 2 期，第 160~167 页。

⑩ 热依拉：《民族文化、社会资本与农户借贷——多层次研究下的理论框架与实证模型》，《上海金融学院学报》2015 年第 6 期，第 12~20 页。

以民族地区为分析对象，引入社会资本理论来研究民族地区社会治理创新①。

3. 社区归属感

1887年滕尼斯《社区与社会》一书中首次提出了社区归属感，它是社区研究的重要内容。社区归属感是指社区居民对本社区地域和人群集合认同，喜爱和依恋的感觉。早期研究与社区心理研究联系紧密，随后芝加哥学派进行了影响因素分析，从以社会结构为研究单位转向了以个人为研究单位，又进一步发展到了系统模式。西方有关社区归属感的研究主要分为三种理论观点，一是社区失落论；二是社区继存论；三是社区解放论。在讨论城市化与社区之间关系中，争论在于前者是否促成了后者的解体。持肯定态度的有滕尼斯、齐美尔、沃斯等，持否定态度的有路易斯和甘斯。此外以费舍尔等为代表的社区解放论则认为地域不相接近的社区促成社区归属感的产生。此后，西方学者包括一大批社会学家、人文地理学家、人类学家和城市规划研究者们开展了大量的研究②。

国内社区研究最早见于吴文藻等学者的社区研究中，1989年有关香港、广州两地居民社区归属感的比较研究则是国内专门研究之始，随后1996年在天津也开展了居民社区归属感调查，主要学者有潘允康、关颖、王思斌、单菁菁、王亮、王颖、江雁、风笑天、朱玲怡、李炜、郭志巧、厉云飞、吴胜锋、刘筱、邹燕平、唐梅、刘昱彤、吴广庆等。杜宗斌、苏勤、姜辽构建了乡村旅游地居民社区归属感结构模型，以浙江安吉乡村旅游地为例，探讨了旅游情景下的社区归属感的印象影响机制③。邱新艳、李伟开展了西双版

---

① 黄增镇：《基于社会资本视角下的民族地区社会治理创新研究》，《广西民族研究》2015年第4期，第42~50页。

② 如Stinner and Loon，1990；Altman and Low，1992；Milligan，1992；Cuba and Hammon，1993；Greider and Garkovich，1994；Gupta & Ferguson，1997；Pelph，1976；Buttimer & Seamon，1980；Tuan，1977；Perkins and Long，2002；Pretty，2002；Puddifoot，1995；Manzo & Perkins，2006；Epley and Menon，2008等。

③ 杜宗斌、苏勤、姜辽：《乡村旅游地居民社区归属感模型构建及应用——以浙江安吉为例》，《旅游学刊》2013年第6期，第65~74页。

纳民族社区居民参与旅游后的归属感研究①。巢小丽对 Z 省 N 市开展了居民社区归属感对其社区参与行为影响的实证研究②。任小春从社区归属感及其重要性入手，分析社区归属感缘何丧失并提出了重构社区归属感的两条路径：一是完善城市服务区域；二是建设特色社区③。王倩、黎军以江西南昌为例，对城市社区传播系统与居民社区归属感的营造进行了分析，指出了社区传播系统在培育社区归属感方面的积极作用④。熊欢、邓宇、夏四友以银川市为例，用 Arcgis 进行空间表征分析，用层次分析法对银川市社区归属感进行了评价⑤。可以看出，随着现代社会科学的研究方法不断提高，针对社区归属感的研究已经逐步展开，并越来越多借鉴经济学、自然地理等研究手段和研究方法予以拓展。而针对民族地区的社区归属感研究无论是深度还是内容，都有待进一步提高。这也就为本书的开展提供了方向。

1.3　本书的研究内容、研究方法、研究思路及研究数据取得

1.3.1　研究内容

本书研究的地理范围是青海省内的互嵌式社区，研究集中回答两个问题。

一是现状分析，即青海省互嵌式社区的现状。在所搜集的地方志、民族志及其他资料进行了青海省民族社区的历史性分析，并开展了相关田野调查

---

① 邱新艳、李伟：《西双版纳民族社区居民参与旅游后的归属感研究》，《旅游纵览》（下半月）2013 年第 2 期，第 81～84 页。

② 巢小丽：《居民社区归属感对其社区参与行为的影响——基于 Z 省 N 市的实证分析》，《广东行政学院学报》2013 年第 3 期，第 23～27 页。

③ 任小春：《重构社区归属感》，《西南石油大学学报》（社会科学版）2014 年第 2 期，第 46～50 页。

④ 王倩、黎军：《城市社区传播系统与居民归属感的营造——以江西南昌为例》，《江西社会科学》2015 年第 1 期，第 211～216 页。

⑤ 熊欢、邓宇、夏四友：《基于交往空间的社区归属感研究——以银川市为例》，《宁夏大学学报》（自然科学版）2016 年第 4 期，第 491～497 页。

的基础上，根据社区社会网络、社区邻里信任和社区归属感等情况判断青海省互嵌式社区的基本情况，即现状分析，同时对哪些因素影响着青海省互嵌式社区予以验证，并在此基础上分析了中国互嵌式社区建设之困。

二是路径研究，即如何促成互嵌式社区的建设。在青海省互嵌式社区的现状与中国互嵌式社区建设之困的基础上，鉴于现状分析，本书研究提出了递进而又关联的三条路径：一要注重互嵌空间的构建及其阻滞；二要积极促成互嵌式社区公共性供给；三要推动多元协商共建融洽式互嵌式社区。其实质是理论与实践相结合，促成国家、社会、企业、个人参与协同治理，最终促成多民族的相互嵌入。

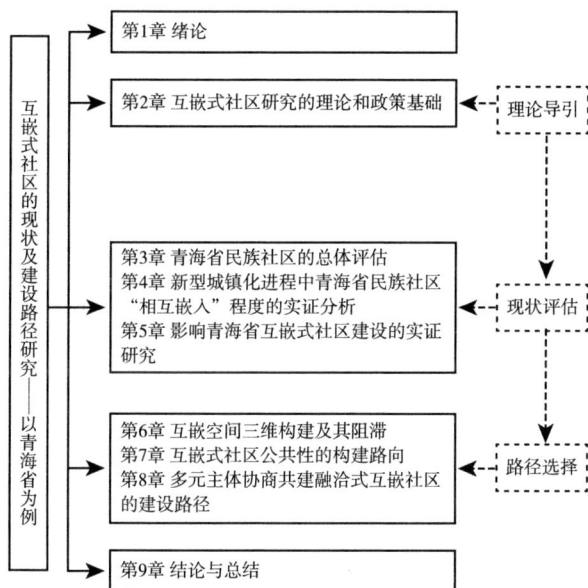

图 1 - 1　本书研究内容示意

1.3.2　研究方法

（1）文献分析法。通过查阅大量文献书籍、期刊、资料，初步构建本书的理论与概念体系。

（2）文本诠释法。利用地方志、民族志及其他资料等，进行青海省民族社区的历史性分析。

（3）比较分析法。针对不同类型的民族社区进行问卷调查，对不同指标下各民族"相互嵌入"的情况进行对比分析，并进行影响因素之分析。

（4）问卷调查法。在典型民族社区进行入户调查分析，获得民族社区总体评估基本资料；利用问卷调查提供有效数据支撑，总结多元主体协商共建融洽式互嵌式社区建设思路，这是本书采用的主要研究方法。

（5）定量与定性结合的研究方法。本书利用调查问卷所获得的数据进行定量研究（采用 Stata 统计软件、ROST NAT 软件、Ucinet 6 软件等），并辅之以深度访谈及相关史料、资料的汇总整理进行定性研究，旨在充分利用两种研究方法，更好地分析问题和解决问题。

1.3.3　研究思路

具体来说，开展研究的步骤如下。一是在文献研究以及前期调查研究成果的基础上，对本书的主要内容进行细化，对主要概念与问题进行操作化，形成科学系统的调查问卷与访谈提纲，设计好研究方案与研究计划。二是在正式抽样调查之前，选择部分民族社区进行预调研，进一步完善研究设计。三是根据经济发展水平、社区发育程度、人口学特征以及地区差异等综合性指标，运用多阶段抽样方法从具有代表性的民族社区中抽取 6 ~ 8 个民族社区 1000 个样本进行问卷调查，并从中按照不同类别选择一定数量的民族社区进行参与式观察与深入访谈。四是对获得的第一手资料进行量化和质性分析，对当前青海省民族社区相互嵌入的程度现状，影响互嵌式社区建设程度的因素进行分析，对我国互嵌式社区建设之困存在的现实问题进行总结（此部分为现状评估），在此基础上，分析互嵌空间构建的阻滞因素及其消解、探讨促成互嵌式社区公共性供给路径及社区、居民、企业、寺院等多元协商共建融洽式互嵌式社区（此部分为路径研究）。

1.3.4　研究数据取得

本书的宏观数据主要来源于官方统计数据，如国家统计局、民政部、青

互嵌式社区建设的相关理论与政策基础
（族群认同、社会资本、社区归属感、主体间性、交往理性、他者性）

现状评估

青海省多民族社区的总体评估

| 民族社区变迁 | 民族社区的构成及特征 | 民族社区的分布 | 民族社区的发展现状 |

难点1

对青海省多民族社区进行系统分析，提出研究假设

相互嵌入程度

影响因素

难点2

判断青海省互嵌式社区建设的影响因素并分析中国互嵌式社区建设之困
（实地调研、测量比较、资料分析、动态评估）

路径研究

重点

探讨互嵌空间构建原理及其阻滞

分析阻滞消解与互嵌式社区公共性的供给途径

推动多元主体协商共建融洽式互嵌社区的建设

中央政府
地方政府
社区
市场
居民

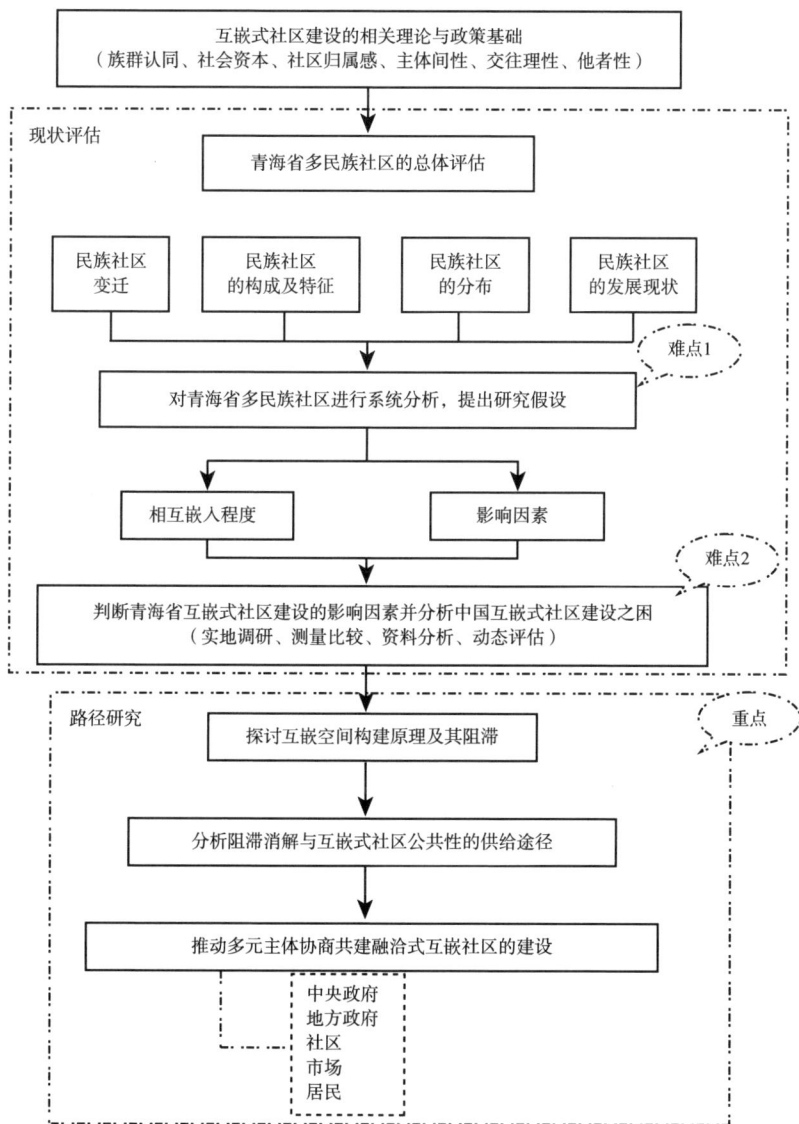

图 1 - 2　研究思路

海省统计局、青海省民政局等；微观层面的数据则全部来源于民族社区入户
的实际问卷调查数据和深度访谈资料。

1.3.4.1 问卷设计与目的

本书研究调查问卷的设计以国内外相关研究及理论的实践和最新发展为基础，调查问卷的主要内容涉及被调查者婚姻与家庭状况、宗教情况、生活习惯、社区社会资本、社区关系、社区归属感等方面，由于本书研究涉及旅游开发的民族村寨和生态移民社区，因此，还涉及旅游开发和生态移民社会融合部分问题（见附录）。

1.3.4.2 调查方法

本书调查采取调查员入户开展面对面访谈与问卷填写相结合的方式。设计问卷时，在明确研究内容和目的的基础上，首先咨询了数位有调查经验的省内外专家，并与青海的部分少数民族社区居民进行了交谈；接着根据相关文献设计了问卷初稿，于 2016 年 1 月对问卷进行了一次 50 户的小样本预调查。通过小样本预调查，客观地检验了问卷初稿，发现了实际调查中存在和面临的问题及问卷设计的不足，剔除了相关度较低的测量项目，保证了问卷测量项目的效度和信度。

由于本书的调查社区以青海省世居少数民族为主要指标，调查对象较为分散，因而在调查员的选择上考虑到被调查对象的特殊性，从所在大学抽选了精通土语、藏语、撒拉语与汉语（青海方言）的生源地为当地的本科生作为入户调查员，并对所有的调查员在入户调查前都进行了问卷内容和调查方法的系统培训，以确保问卷调查的质量和效果。考虑到对调查内容理解的统一性，在调查时采用统一问卷，如存在沟通不畅的情况，调查员以少数民族语言先解释问卷的问题和选项，再让社区居民回答和选择。在接受充分培训后，调查员走村入户对社区居民进行访谈并填写调查问卷。问卷调查自 2016 年 2 月正式开始，先后分数批次前往调研地开展问卷调查。2017 年 2～8 月，由于项目研究需要，项目组又对部分社区进行了补充调研，并开展了相关人员的访谈。

1.3.4.3 调查的基本情况和调查地点的选择

青海省主要有六大世居民族，即回族、藏族、土族、撒拉族、蒙古族及汉族，要考量这些民族的"互嵌"情况，还需要先对全国的这些民族人口情况进行分析，表 1-4 显示了这些民族的人口数量变化情况。

表 1 - 4　全国藏回土撒拉蒙古及汉族的人口增长情况[*]

民　族	1953 年	1964 年	1982 年	1990 年	2000 年	2010 年
全　国	577856141	691220104	1003913927	1130510638	1242612226	1332810869
汉　族	542824056	651296368	936674944	1039187548	1137386112	1220844520
回　族	3530498	4473147	7228398	8612001	9816805	10586087
藏　族	2753081	2501174	3847875	4593072	5416021	6282187
蒙古族	1451035	1965766	3411367	4802407	5813947	5981840
土　族	53277	77349	159632	192568	241198	289565
撒拉族	30658	34664	69135	87546	104503	130607

* 截至 2022 年 1 月，第七次人口普查详细数据尚未公布，故仅用六普数据分析。

资料来源：第 1 ~ 5 次人口普查数据详见中国民族信息年鉴编委会编《中国民族信息年鉴》（创刊号），2005，第 710 ~ 711 页；第 6 次人口普查数据为公报数据，项目组汇总。

　　根据第七次人口普查数据显示，按照民族人口划分，土族和撒拉族均属于 10 万 ~ 50 万人口组，属于人口较少民族，蒙古族和藏族均属于 500 万 ~ 1000 万人口组，而回族则已经进入 1000 万以上人口组。青海省的少数民族人口比重仅次于西藏、新疆，居全国第三位。被称为世界三大宗教的佛教、伊斯兰教、基督教在全省都有传播，其中以藏传佛教和伊斯兰教的影响较大，藏族、土族和蒙古族民众大多数信仰藏传佛教，回族、撒拉族、哈萨克族民众大多数信仰伊斯兰教。信仰基督教的主要是汉族，另外汉族群众中也有信仰汉传佛教、道教、天主教的。

　　从表 1 - 5 可以看出，2019 年末青海省少数民族人口总计 289.99 万人，占全省人口的 47.71%，其中，藏族 153.35 万人，占全省人口的 25.23%；回族 89.84 万人，占全省人口的 14.78%；土族 21.58 万人，占全省人口的 3.55%；撒拉族 11.73 万人，占全省人口的 1.93%；蒙古族 10.94 万人，占全省人口的 1.80%；其他民族 2.55 万人，占全省人口的 0.42%。2011 ~ 2019 年，青海省少数民族人口由 267.90 万增长至 289.99 万，占全省人口的比重由 47.13% 上升至 47.71%，增长速度和幅度均稳步上升。2011 ~ 2019 年，六大世居民族中藏族人口由 139.85 万增至 153.35 万，占全省人口的比重由 24.60% 增至 25.23%，增长了 0.63 个百分点，蒙古族人口由 10.12 万增至 10.94 万,占全省人口的比重由 1.78% 增至 1.80%,增长了 0.02 个百分点。土族、回族、撒拉族占全省人口的比重基本维持不变。其他民族占全省人口的比重由 2011 年的 0.41% 上升至 2019 年的 0.42%。

表 1-5 青海省主要年份少数民族人口数 (2011~2019)

单位:万人,%

民 族	2011	2012	2013	2014	2015	2016	2017	2018	2019
少数民族人口总计	267.90	271.11	274.32	277.53	280.74	283.14	285.49	**287.80**	**289.99**
占全省人口的比重	47.13	47.27	47.42	47.56	47.71	47.71	47.71	**47.71**	47.71
藏 族	139.85	142.00	144.16	146.31	148.46	149.73	150.97	152.19	153.35
占全省人口的比重	24.60	24.76	24.91	25.07	25.23	25.23	25.23	25.23	25.23
回 族	84.23	84.92	85.60	86.29	86.97	87.71	88.44	89.16	89.84
占全省人口的比重	14.82	14.81	14.80	14.79	14.78	14.78	14.78	14.78	14.78
土 族	20.55	20.63	20.71	20.79	20.89	21.05	21.24	21.41	21.58
占全省人口的比重	3.61	3.60	3.58	3.56	3.55	3.55	3.55	3.55	3.55
撒拉族	10.85	10.98	11.11	11.23	11.36	11.46	11.55	11.64	11.73
占全省人口的比重	1.91	1.91	1.92	1.92	1.93	1.93	1.93	1.93	1.93
蒙古族	10.12	10.24	10.36	10.49	10.59	10.70	10.77	10.86	10.94
占全省人口的比重	1.78	1.78	1.79	1.80	1.80	1.80	1.80	1.80	1.80
其他民族	2.30	2.34	2.38	2.43	2.47	2.49	2.51	2.53	2.55
占全省人口的比重	0.41	0.41	0.42	0.42	0.42	0.42	0.42	0.42	0.42

资料来源:项目组根据青海省统计年鉴编委会《青海统计年鉴 2020》整理汇总得出。

需要指出的是,本书的互嵌式社区建设是一个在国家治理视野下的新概念和新理念,其所面向的是生活在特定地域(本书指青海省)的多个民族(以青海主要世居民族为代表),由于它指向新型民族关系,并非青海省社会历史发展进程中的"少数民族的汉化"(如一般意义的藏族汉化、回族汉化)或"汉族的少数民族化"(汉族变成了藏族、汉族变成了回族等),抑或"少数民族其他少数民族化"(如"藏回""回藏"等),即互嵌式社区建设最终结果并非民族身份的变化,也就是说民族间的交往交流交融并不是以最终统一划归为同一个民族身份为终结。鉴于以上情况,本书在选择调研社区时,主要依据有四个:一是青海省主要世居民族分布特点;二是民族社

区的类别，即城市社区和农村（牧区）社区的划分；三是民族社区的现实
情况和社区经济发展的特征；四是项目组开展项目的客观便利条件。

最终，本书研究选择的民族社区情况如下（见表1-6）。

表 1-6 田野调查社区基本情况 （N=921）

田野点	样本数（份）	百分比（%）	城市（镇）社区	农村社区	移民社区
清真巷社区	115	12.5	√		
城南社区	105	11.4	√		
城中社区	108	11.7	√		
热贡路社区	193	21	√		
吾屯村	70	7.6		√*	
十八洞沟村	102	11.1		√	
茶卡社区	108	11.7		√	
隆务街社区	74	8		√	√
三江源社区	46	5		√	√
合　　计	921	100			

＊ 兼有旅游驱动的农村社区性质。

（1）海北藏族自治州海晏县西海镇城南社区。城南社区为城镇社区，
该社区的居民为少数民族混居。

（2）黄南藏族自治州同仁县①热贡路社区。热贡路社区为城镇社区，该
社区居民以藏族为主混居。

（3）黄南藏族自治州同仁县吾屯村。吾屯村为农村社区，是以旅游开
发为主的社区，该农村社区居民以藏族、土族为主，多民族混居。

（4）和（5）黄南藏族自治州同仁县隆务街社区、三江源社区。这两个
社区为城镇社区，也是三江源生态移民工程由泽库县两个牧民村落搬迁到同
仁县的移民社区，居民以藏族为主。

---

① 2020 年 6 月，经国务院批准，民政部正式批复同意撤销青海省黄南州同仁县，设立县级同
仁市，其隶属关系、管辖范围、政府驻地均不变。

（6）互助土族自治县松多藏族自治乡十八洞沟村。十八洞沟村为土族自治县中的藏族自治乡所辖，为农村社区，该农村社区的居民以土族、藏族为主。

（7）循化撒拉族自治县城中社区。城中社区为城镇社区，居民以撒拉族为主，多民族混居。

（8）西宁市城东区清真巷社区。清真巷社区为城镇社区，居民以回族为主，多民族混居。

（9）海西蒙古族藏族自治州乌兰县茶卡社区。茶卡社区由茶卡村与巴音村扶贫搬迁至茶卡镇后形成，为农村社区，居民以蒙古族、汉族、藏族混居为主。

此外，除了这些发放问卷的社区外，项目组还前往西宁市及其他地区的相关的十余个社区进行了实地考察，以了解这些社区的基础设施情况和基本公共服务情况，以便对青海省目前互嵌式社区的现状有所掌握。

本书选择这些社区的原因如下。

青海省海北州是全国民族团结示范州，而城南社区是该州的民族团结示范社区，在民族团结方面走在前列；青海省黄南州同仁县为热贡艺术之乡，也是重要的藏传佛教隆务寺所在地，宗教色彩浓厚，按照《同仁县"十三五"经济社会发展规划》的说法，"同仁县属于藏族、土族、撒拉族、汉族等共同居住的多民族地区，民族之间受宗教、民俗等的影响较大，协调较为困难；全县范围内寺院较多，宗教与经济、政治的关系错综复杂，管理难度较大；同仁农牧业协会、互助社等各种民间组织较多，且组织形式多样，管理与协调工作复杂"。其所辖热贡路社区为青海省黄南藏族自治州最大的社区之一，辖区内企事业单位众多，人口密集，下岗、失业人员占据比例较大；同仁县又有由泽库县搬迁至同仁县的两个三江源生态移民村落隆务街社区和三江源社区；其所辖的吾屯村是以唐卡制作为主的旅游开发特色村落。所辖各区都具有一定的代表性。

青海省互助土族自治县十八洞沟村所在的互助土族自治县松多藏族自治

乡，是半浅山半脑山①的少数民族聚居地区，全乡地形复杂，山大沟深，交通不便，信息闭塞，温差大，自然灾害频繁，为省定贫困乡，因此，可以视十八洞沟村为典型的农村社区。

青海省循化撒拉族自治县为全国唯一的撒拉族聚居地，循化县城中社区成立于 2007 年，辖区内常住人口有 1568 户 7806 人，其中流动人口 200 余人，主要有撒拉、汉、回、藏、土等多个民族居住，少数民族占总人口的85%，其中撒拉族 3497 人，回族 836 人，藏族 3473 人；辖区有学校 2 所，网吧 3 家，宾馆 5 家，餐馆 25 家，个体工商户 201 户，它是以撒拉族为主的具有代表性的城镇社区。

青海省西宁市城东区自古以来就是回族最为集中的区域，目前这个城区分布有 22 座清真寺，以建于明朝洪武十三年、西北地区著名的四大清真寺之一的东关清真大寺最为出名，该寺也是全国能够容纳礼拜人数最多的清真寺。不管是历史上还是现当代，由于回族有"围寺而居"的习惯，因经商、朝觐、社会交往等各种原因来到西宁的各地回族，总喜欢居住在这个城区，而清真巷社区为以回族为主，汉、回、撒拉等民族混杂居地区，对于研究回汉民族关系具有代表性。

青海省海西蒙古族藏族自治州乌兰县茶卡镇茶卡社区为扶贫搬迁所形成的农村社区，自 2016 年精准扶贫政策实施以来，部分扶贫搬迁移民形成了不同于以往生产生存情况的居住环境和生活习惯，代表了一部分新型城镇化进程中产生的民族社区，其中的扶贫搬迁和游牧定居工程以蒙古族为主。

1.3.5 调查样本的基本情况

本书所获得的官方数据（主要为从青海省各地民政部门获得的民族通婚样本），经过整理统计，在搜集到的 233708 个结婚登记和 48192 个离婚登

---

① 半浅山半脑山是用来形容地区条件的，多指地理与气候。浅山多指缺水干旱的地方，半浅山就是水资源不充足，易缺水。脑山多指地处气候较寒冷农作物不易生长的地方，半脑山就是只有很少一部分农作物能生长的地方。出现这种地方多是地理条件气候条件较差的缘故。我国西部尤其是青海出现较多（资料来自百度百科）。

记中，删掉了非民族通婚样本，最终留下了涉及民族通婚的 47912 个结婚登记样本和 8704 个离婚登记样本。这是第一部分数据。第二部分数据来自入户的问卷调查，本书课题组按照原定计划先后共发放问卷 1000 份，回收有效问卷 921 份，有效率为 92.1%（见表 1-7）。第三部分来自项目组在调研过程中着重访谈的城镇和农村社区主任、书记、社区工作人员、社区居民、少数民族大学生等共 40 余人，将这些访谈录音整理汇总进行分析，作为第一部分和第二部分数据的补充。第四部分是对西宁市及其他地区的相关社区进行实地考察，结合问卷调查情况，尝试从观察者和被访者的视角出发，通过城市的自然空间、基础设施情况来了解青海省现有社区基本公共服务的分布情况。本书的数据由官方数据、问卷调查、访谈及实地考察等组成。

表 1-7　本书问卷调查样本基本情况

单位：人，%

项目	指标	频率	百分比	项目	指标	频率	百分比
调研地点	茶卡社区	108	11.7	文化程度	小学以下	228	24.8
	城南社区	105	11.4		小学	156	16.9
	城中社区	108	11.7		初中	168	18.2
	吾屯村	70	7.6		中专及高中	157	17
	隆务街社区	74	8		大专	105	11.4
	清真巷社区	115	12.5		大学本科及以上	107	11.6
	热贡路社区	193	21	政治面貌	中共党员	129	14
	十八洞沟村	102	11.1		共青团员	127	13.8
	三江源社区	46	5		民主党派	2	0.2
户籍	城镇	520	56.5		群众	663	72
	农村	401	43.5	年龄分布	18 岁以下	34	3.7
性别	男	464	50.4		18~25 岁	127	13.8
	女	457	49.6		26~35 岁	192	20.8
婚姻情况	未婚	171	18.6		36~45 岁	228	24.8
	已婚	681	73.9		46~55 岁	181	19.7
	离异	19	2.1		56~65 岁	71	7.7
	丧偶	50	5.4		65 岁以上	88	9.6
	样本量	921	100		样本量	921	100

第 2 章

互嵌式社区研究的理论和政策基础

　　民族关系是民族社会学的重要范畴①。从理论上说，民族关系以一定社会经济为基础，受社会、政治制度的制约，是民族间相互影响、制约和作用的关系。它的内涵丰富，既包括民族文化关系、政治关系、民族经济关系，还包括民族婚姻关系等，具有历史阶段性、广泛性、复杂多样性和平等性等特点。民族关系是各民族在长期的交往联系中所建立的一种互动行为。一方面民族关系受到社会制度的影响；另一方面也与政治环境紧密相连，民族关系对促进民族团结具有重要影响。戈登指出，衡量民族社会关系的指标体系有七个变量：文化、社会交往、通婚、意识、偏见、歧视和权力分配。本书中的"互嵌式社区"实践研究，更多涉及的是民族关系的狭义概念，其主要理论基础有族际认同理论、社区归属感理论及社会资本理论，并由此建立了本书研究的理论概念体系，同时也需要对相关的政策基础加以分析，以便更好地为研究服务。

---

① 郑杭生：《民族社会学概论》，中国人民大学出版社，2015，第 90～109 页。

2.1 理论基础

2.1.1 族群认同理论

当前,族群①认同研究是社会学、民族学和人类学研究的重要内容。族群认同理论研究渊源主要来自心理认同和社会认同相关理论,其中,不同学者对"认同""社会认同"的理解各有不同。"认同"原本是哲学术语,随后意为"同一性、统一性"在不同的领域中广泛流传。社会认同被视为人类个体自我概念的一部分,社会认同来自个人归属于特定的社会群体的认识。其代表人物是塔菲尔和特纳。我国学者提出:"社会认同理论与认同的原初(即个体心理同一性与同一性混乱)不同,社会比较和社会类化的过程即为群体认同与认异、内化与拒斥的过程,也是群体整合与他者有效区分的群体意识调控策略。"② 并在此基础上考察了三个土族社区的群体身份和多元认同。在一定程度上,由认同理论发展而来的社会认同理论,涵盖了"我群""他群""自我""他者"等主要核心概念,在理解这些概念的基础上,有助于对族群认同加深认识。

在我国古代就有"九族""王族""望族""世族""宗族"等词语表示拥有某一特质的群体,主要以血缘作为界分各族的标准。我国春秋战国时期,中华文化圈里的族际互动相当频繁。"族"也从血缘这一界分标准中脱离出来,走向了以地缘为界分标准,出现了"东夷""西戎""南蛮""北狄"的称谓,至今已有几千年的历史,有学者认为:"中华民族的各个民族都是由蛮、夷、戎、狄脱胎而来。"③

---

① 族群与民族概念意义上的争论在学界存在,但本书并不想用大量内容去论证二者之间的异同,只是运用主观判断,在讨论重大问题时均以"民族"作为统摄,其余情景酌情选择族群与民族二词分别使用。

② 祁进玉:《群体身份与多元认同:基于三个土族社区的人类学对比研究》,社会科学文献出版社,2008。

③ 田昌五:《古代社会形态研究》,天津人民出版社,1980,第119页。

族群最早是人类学中的术语，其意指具有共同语言、同属一个社会的群体即共享同一个文化的群体。随后被扩展至在某个社会中有一套与众不同、具有自己文化特质的群体。当代族群认同理论研究流派主要有文化论、边界论、原生论、工具论、辩证阐释理论和民族—国家及其意识形态构建论等，本节着重介绍文化论、边界论、原生论、工具论和民族—国家及其意识形态构建论，以期可以从不同侧重点给本书研究以借鉴和指导。

（1）族群认同的文化论

代表作为马丁·N. 麦格的《族群社会学》，他指出："族群是一个客观单位，即能够通过人们独特的文化特点进行识别，或者族群仅仅是主观产物，即人们将一个群体视为或将其宣布为族群。"[①] "任何族群离开文化都不能存在，族群认同总是通过一系列的文化要素表现出来……"[②] 这里的文化要素包括集体记忆、语言、宗教信仰、风俗习惯、服饰等文化特征，这些文化特征可有效地增强族群内部的交往，进而强化内部的认同。

（2）族群认同的边界论

1969 年《族群与边界》的作者巴特提出，族群是社会组织，而非文化的承载和单位。与其关注族群共享的文化，不如关注族群的边界[③]。巴特提出族群定义的边界理论，使得学者对族群定义的客观理解转到主观建构，从对客观的文化特征的强调转移到了对族群主体的信念、自我感知与自我定义上来[④]。随后学者詹金斯及其他学者完善了边界论，强调自我认同与外部范畴化的相互作用，强调在范畴化的过程中出现的不同层次（个体的、相互作用的和制度性的）及其（正式的、非正式的）背景[⑤]。

---

① 马丁·N. 麦格：《族群社会学》，祖力亚提·司马义译，华夏出版社，2007，第 11 页。

② 周大鸣：《多元与共融：族群研究的理论与实践》，商务印书馆，2011，第 30 页。

③ 弗里德里克·巴特：《族群与边界》，高崇译，《广西民族学院学报》1999 年第 1 期，第 21~32 页。

④ 李静、温梦：《从社会分类视角看族群认同》，《华南师范大学学报》2016 年第 1 期，第 66~71、190 页。

⑤ R. Brubaker, M. Lovemen, P. Stametow, "Ethnicity as Cognition", *Theory and Society*, 2004（1）：32.

（3）族群认同的原生论

族群认同原生论主张族群认同具有与生俱来的自然性和不可磨灭性，某一个族群的认同在其成员出生的那一刻已经决定了将陪伴其一生，且较难改变，具有较强的稳定性和固定性。族群认同的原生论分为社会生物学派和文化历史学派。社会生物学家皮埃尔·范登伯格和解释人类学家克利福德·格尔茨分别为这两个学派的主要代表。前者认为族群就是一个生命实体，由于某个群体带着这种天然的基因，因此它最终外化为族群中亲属关系的延伸。后者认为原生纽带的种类包含了血缘、种族、语言、地域、宗教等，这些都是源自自然的或精神上的联系，而不是社会互动。

（4）族群认同的工具论

又为情境论。其代表者是阿伯乐·库恩、保罗·布拉斯等。前者提出："当一些利益群体的成员不能依照法定的规则来把自己正式组织起来的时候，他们便会有意无意地利用既有的文化机制来把彼此组织和连接起来，而族群意识也正是在这种条件下产生的。"① 后者从理性选择角度出发强调了族群认同的可建构性，还进一步借鉴性地提出族群的精英可以将其作为一种象征的符号来更高地捍卫族群的利益。可以看出，工具论中的族群认同带有很强的政治性。

（5）民族—国家及其意识形态构建论

"民族—国家"建构旨在构建现代民族—国家的个体（即个体成员）对国家的忠诚和不断提高现代市民意识，逐步成为现代意义上的国家公民。这种"民族—国家"建构的表现形式主要是"民族建构"，即国家运用多个"统一"，如统一的语言、公民教育体系、教育制度及教育内容，社会价值观与规范等，用以将自己领土内的所有居民引入一个国家的统一控制与文化塑造之中，并积极促成"民族—国家"的形成。"民族—国家"建构所面临的主要争议在于国家内部的族群多样化，由于族群自身附有某种凝聚力，会有与国家建构之间的矛盾与冲突，即族群认同与国家认同是否相一致的问

① 庄孔韶：《人类学通论》，山西教育出版社，2004，第350页。

题。通常情况下，现代意义上的国家公民，要求能够超越公民个体自身的族群身份，具有对国家的高度忠诚、享受和实现公民资格身份所带来的各种权利与义务。但现实情况却是，一般而言，多族群国家中的公民资格和身份与其身份背景中的族群认同往往有一定的张力，这种张力具有一定的持久力。柯恩的研究发现，族群作为文化组织能够处理六个政治问题①。但族群组织的文化功能有别于民族—国家建构工程。要认真理解单个个体对其所属族群的文化依附需求，才能够理解族群意识如何超越个体主义关怀而产生的集体性力量②。

相较而言，原生论是客观的、静止的和自然主义的；工具论是主观的、动态的和建构主义的。族群的产生和发展，显示出其作为社会实体的特点，仅仅从某一方面来单独讨论族群认同，往往是片面的。因此，族群认同的发展脉络也告诉我们，族群认同是在社会成员间的接触、互动过程中完成的。从这个意义上来说，族群认同是本书的重要的理论基础之一。

2.1.2　社会资本理论

社会资本理论是社会科学研究的重要范畴。早期理论中除了有迪尔凯姆的集体性传统解释社会资本和科尔曼带动的社会网络解释社会资本，还有帕特南通过对意大利 20 年的实证研究探究的社会资本与制度绩效关系。随后学者们开展了社会资本在多学科领域的应用分析，如在社会学、经济社会学等方面的研究。社会资本被看作与物质资本、人力资本和制度安排之后用于解释国家与社会关系的重要变量之一。本书则将这一变量放在考量民族关系之中。

社会资本理论的历史脉络：社会资本研究的起源是迪尔凯姆的"集体意识"和齐美尔的"互惠交换"，而翰尼范是最早（1916 年）使用社会资本的人，布迪厄1983 年系统地解释和分析社会资本概念，提出了资本的三

---

① 　Cohen, Abner, *Custom and Politics in Urban Africa*, London：Routledge, 1969, pp. 201 – 210.
② 　关凯：《基于文化的分析：族群认同从何而来》，《甘肃理论学刊》2013 年第 1 期，第 9 ~ 15 页。

种基本形式。科尔曼通过观察个人行为来解释社会系统，并将其看作社会资本的研究目的。他还认为：拥有社会资本是行动者达到某些既定目标的决定因素，开创了在社会层面进行社会资本研究的新局面。同时科尔曼还认为，具有负面效应的社会结构不属于社会资本，拥有社会资本是行动者达到某些既定目标的决定因素①。此外，著有《使民主运转起来》和《独自打保龄球：美国社会资本的衰落》的帕特南，先后考察了意大利和美国，他对意大利北部如何利用深厚的社会资本资源建立有效民主和治理机制进行考察，又对美国社会中的社会资本存量正在下降进行思考。帕特南认为，社会资本的内涵主要包括公民之间的信任、互惠和合作，以及与之相关的态度和价值观，即帕特南的社会资本理论与政治学相关联。他特别重视的是信任的重要性，认为社会资本的最关键因素并非前者所提出的，而是社会信任，并认为规范互惠和公民参与网络能产生社会信任。从社会资本的历史脉络来看，其发展经过了数十位学者的阐释、演绎、批判，其他学者如汉尼芬指出社会资本是社会群体或家庭中具有的亲切感、同胞情及能够获取资源、满足需求的社会关系。布朗将社会资本分为微观、中观及宏观三个层面，对应的是个人、群体及制度等方面②。博特提出从网络分析的角度对社会资本和人力资本进行比较，并提出了著名的"结构洞与桥"理论③。林南将社会资本与社会资源放在一起进行思考④。福山认为社会资本体现着一种网络成员间的信任⑤。这种信任超出个人范围，可以拓展到社区，他认为信任程度直接影响社会资本的数量。此外，还有不少学者对于社会资本的测量提出了个人的观点，如林南、格兰诺维特、边燕杰、丘海雄等对社会资

① 肯尼思·纽顿：《社会资本与欧洲现代民主》，载李惠斌、杨雪冬主编《社会资本与社会发展》，社会科学文献出版社，2000，第387页。

② 罗伯特·帕特南：《独自打保龄球：美国社会资本的衰落》，刘波译，北京大学出版社，2011，第7页。

③ Ronald S. Burt, Structural Holes versus Network Closure as Social Capital, in Internet, May, 2000.

④ 林南：《社会资本——关于社会结构与行动的理论》，张磊译，社会科学文献出版社，2020。

⑤ 福山（F. Fukuyama）：《信任》，彭志华译，海南出版社，2001。

本进行的进一步研究。我国学者如俞可平、田凯、燕继荣、周红云、张文宏、桂勇、边燕杰、刘林平等纷纷将社会资本理论介绍至国内，并开展了一系列的相关研究。

2.1.3　社区归属感理论

学术界对社区归属感的研究主要有心理学、人文地理学、社会学、政治学等学科视角。社区归属感既体现为社区居民对所居住社区的喜欢，也体现为社区居民对所居住社区的依恋，并在此基础上形成对社区的认可。国内社区研究最早见于吴文藻等学者的社区研究中，1989 年有关香港、广州两地居民社区归属感的比较研究则是国内的专门研究之始，随后 1996 年在天津也开展了居民社区归属感调查，主要学者有潘允康、关颖、王思斌、单菁菁、王亮、王颖等。随着现代社会科学研究方法的不断提高，针对社区归属感的研究逐步展开，并越来越多借鉴经济学、自然地理学等研究手段和研究方法予以拓展。而针对民族地区的社区归属感研究无论是深度还是内容，都有待进一步提高。在社区归属感理论中学者们总结出居民对社区的基础设施环境、社区公共服务等的满意度直接影响社区归属感的高低，居民对社区的心理认同程度同时也影响着社区建设和未来方向。

2.2　本书的理论概念体系

2.2.1　核心概念

1. 互嵌式社区建设

"互嵌式社区建设"是新时期党中央针对我国多民族的现状提出的新提法与新要求。其源自 2014 年党中央新疆工作会议中习近平总书记的讲话："各民族要相互了解、相互尊重、相互包容、相互欣赏、相互学习、相互帮助，像石榴籽那样紧紧抱在一起"，并指出要"推动建立各民族团结相互嵌入式的社会结构和社区环境，促进各民族交往交流交融"。① 这就将过去一般意义上的民族交往交流交融的深刻含义提升到了一个新的高度，"互嵌式社区建设"成为新时期我国民族关系的终极目标，并在 2016 年写入了政府工作报告。

从理论来看，"互嵌式社区建设"一词来源于波兰尼的嵌入性理论，同时援引自格兰诺维特的嵌入思想，我国的不同民族可被看作嵌入具体的持续运转的社会关系之中的行动者。"嵌入性是一种塑造动机和期望并且促进协调适应的交换逻辑。"② "嵌入"二字更精准地表达了当代新型民族关系渴望不同民族间的关系，静态表现为彩图拼接，动态表现则为齿轮咬合，良性民族关系深深地固定或树立在不同民族群众心间，并突出表现为真诚的互动、互助、互学和共同发展。"互嵌式社区建设"尝试从"单向"走向"互通"，从"独白"走向"对话"，从"灌输"走向"交往"，那么"对话"与"交往"应成为"互嵌式社区建设"的基本手段和方法。不同民族间的"共识"与"互识"是相互促进、相互统一的。没有民族"互识"的民族"共识"是经不起考验的，更不可能促成互嵌式社区建设。换句话说，"互嵌式社区建设"是一个不同民族交往双方主体共同构建和相互构建的过程。"互嵌式社区建设"在一定程度上需要的是不同民族群众共同参与某些活动，分享彼此的生活，并在此过程中产生相互间的彼此理解、情感共通和心灵交互以及对所生活的地域乃至国家的认同。

当前提倡良性民族关系的基本场域是民族社区——这一不同民族活动与交往的特殊单元，社区是新型政治的根本所在，因为它不仅是一种重新找回的地方团结形式，而且还是一种促进街道、城镇以及更大区域内的社会和物质复苏的可行办法③。按照传统意义，根据社区中居民的民族个数，民族社区

---

① 《习近平参加十二届全国人大五次会议新疆代表团审议时的讲话》，《人民日报》2017 年 3 月 11 日。
② 符平：《"嵌入性"：两种取向及其分歧》，《社会学研究》2009 年第 5 期，第 141～164 页。
③ 安东尼·吉登斯：《第三条道路：社会民主主义的复兴》，郑戈译，北京大学出版社，2000，第 83 页。

可以划分为纯粹民族社区和多民族社区。本书中的互嵌式社区是指新型城镇化进程中青海省由于历史传统、公民自愿的社会流动、生态移民、安居工程、旅游开发等原因形成的多民族混居社区，其中的民族数是两个及以上。因此，互嵌式社区是在民族社区的基础上更强调精神属性，即不仅要求居住的混杂居，而且更强调居住在社区中的多民族群众的交往交流交融。因此，互嵌式社区一般具有开放性、包容性和文化多样性的基本特征。

2. 互嵌空间

空间既是人类生命寄居的处所，也是人类各种实践活动开展的场域，是世间万事万物的存在形式。从国家治理方略层面来说，"互嵌式社区"建设路径之一在于在全国范围内的"社区"场域中为多民族社区居民提供民族交流与互动的互嵌空间，并在这一空间中促成多民族社区居民互帮互助、守望相助。

本书所指的互嵌空间不仅是一个物理学的自然概念，其还特指两个方面：一是将各民族之间的"互嵌式社区建设"放置在特定的环境中，该环境可以具体为某一个社区、某个地区乃至整个中国；二是尤指在这个环境中民族关系的重组过程。换句话说，互嵌空间是一个具有社会秩序实践性的建构过程。从这个意义上说，本书的互嵌空间并非僵化、呆板、刻意的直接的固定空间，而是"一个具有行动能力的活的实践空间"[1]。一方面它以某种具象的形式（如多民族社区、混杂居村落等）存在，另一方面现实中由于各民族各自居住空间的"互嵌"不足，各民族走出各自居住空间后共有的公共空间不足[2]，即当前良性运行的新型民族关系略显式微，因此它又抽象为更深层次上的空间亟待建构。总而言之，互嵌空间是在多民族社区场域中民族关系各个方面的集合体，是新时代新型民族关系背景下各民族群众生产活动的产物。

---

① 文军、黄锐：《"空间"的思想谱系与理想图景：一种开放性实践空间的建构》，《社会学研究》2012 年第 2 期，第 35 ~ 59 页。

② 王世靓、王伯承：《公共性视野下的民族互嵌型社区探析》，《西南民族大学学报》（人文社会科学版）2017 年第 12 期，第 49 ~ 54 页。

3. 互嵌式社区公共性

学术界对"公共性"的反思主要出现在哲学、政治学、经济学、社会学等多学科中，引起了当下对社会经济发展各领域公共性问题的思考。公共性本身是个非常复杂的概念，公共性问题无处不在。"公共性问题是一个问题域。"① 公共哲学认为："自我认同与对他者承认的统一应该是公共性的核心思想之一。"② 这依次衍生出阿伦特等人的"存在的"公共性、哈贝马斯的"舆论的"公共性、罗尔斯的"理性的"公共性；随后学者们对公共性展开了不断探索与哲学反思，将社区公共性建立在"邻里交往基础上的'社会—文化'系统"中③。政治学中的公共性更多强调民主政治。譬如有学者认为"行政是政治的重要组织部分，政治的普遍性在行政这里是以公共性的问题出现的，行政的公共性需要在它的公开性中获得和得到保障"④。可见，政治公共性强调一种以权力为基础的公共性，涉及权力运作所遵循的规范及其一整套价值观。经济学中的公共性强调公共利益，具体包括经济主体责任的公共性、服务对象的公共性，其本质体现于"公共经济管理过程的公共性，即社会公众要基于社会公共利益的考量而对公共经济活动实施充分的监督"⑤。社会学中的公共性涉及人们从私域走入公域，强调公共性是促成"社会团结"的重要机制⑥。可见，不同学科背景下的公共性侧重点不同。本书则更侧重于公共性是促成"社会团结"重要机制的基本原理，并将其纳入民族社会学的范畴，使其适合并应用于互嵌式社区建设研究。

现有学者把互嵌式社区界定为由两个以上（包括两个）民族共同居住并形成空间相错的同一区域内的共同体，这一共同体中的具有不同民族身份

① 谭清华：《谁之公共性？何谓公共性？》，《理论探讨》2014 年第 4 期，第 60~64 页。
② 沈湘平：《论公共性的四个典型层面》，《教学与研究》2007 年第 4 期，第 18~23 页。
③ W. H. Whyte, "The Ideal of Community and the Politics of Difference", *Social Theory and Practice*, Vol. 1. No. 12, 1986, p. 305.
④ 张康之、张乾友：《趋向于公共性的近代政治发展逻辑》，《学海》2009 年第 1 期，第 38~45 页。
⑤ 郭湛、王维国：《公共性论纲》，《兰州大学学报》（社会科学版）2004 年第 6 期，第 1~5 页。
⑥ 李友梅、肖瑛、黄晓春：《当代中国社会建设的公共性困境及其超越》，《中国社会科学》2012 年第 4 期，第 125~139 页。

的成员之间形成自由交往交流交融并且相互包容的关系①。或有学者认为它是指建立于一定的地域基础之上，由不同民族成员组成的，多元文化之间平等相处，彼此尊重的社会利益共同体②。可以看出，学界对互嵌式社区的"共同体"身份，取得了一致认同，"公共性是共同体的固有之意"③。从某种程度上说，公共性与"互嵌式社区"之间是相互促进而并非简单的因果关系，公共性既是其本质内涵，又是其发展建设的根本动力。相对而言，由于长久以来我国公共性发育不足即公共精神的稀缺正成为社会建设的重要掣肘之一④，在民族地区则带来了影响整个国家安全稳定的可能后果，项目组认为，因为全国范围内不同民族公共精神素质的稀缺这一现实，互嵌式社区的公共性更体现为一种伦理取向和价值诉求。但从更深层次意义来说，公共性问题归根结底可以说是平等问题⑤。

互嵌式社区的公共性包含两个基本维度。一是其价值维度，互嵌式社区中主要指多民族的个体不能仅仅关心本民族利益和个人利益，而要发展到超越族际界限，维护多民族公共利益的价值倾向，即是说，不同民族的成员关心本民族利益和个体利益无可厚非，但在此基础上，也应该有从主体性迈向他者性的价值观飞跃，将民族身份的区别淡化，超越不同民族之间的界限，将多民族公共利益纳入中华民族这个国族概念体系中，只要是为了发展和完善中华民族的公共利益，则不同民族都应该义不容辞地从我做起，推己及人，爱我中华。二是其实体维度，互嵌式社区在涉及多民族利益的公共议题上能够平等协商，通过对话解决分歧，即是说当下社会政

---

① 杨鹍飞：《民族互嵌型社区：涵义、分类与研究展望》，《广西民族研究》2014 年第 5 期，第 17～24 页。
② 张会龙：《论各民族相互嵌入式社区建设：基本概念、国际经验与建设构想》，《西南民族大学学报》（人文社会科学版）2015 年第 1 期，第 44～48 页。
③ 赵铁、林昆勇、何玉珍：《中国—东盟命运共同体的共同体诠释》，《广西民族研究》2016 年第 1 期，第 150～155 页。
④ 李友梅、肖瑛、黄晓春：《当代中国社会建设的公共性困境及其超越》，《中国社会科学》2012 年第 4 期，第 125～139 页。
⑤ 李明伍：《公共性的一般类型及若干传统模型》，《社会学研究》1997 年第 4 期，第 110～118 页。

治经济发展中不可避免地会出现涉及不同民族利益的各种公共议题，存在各种公共议题正是我国民族政策和民族区域自治制度不断完善和发展的明证，在这些公共议题的处理上各民族应该秉持中华民族大家庭中各个兄弟姐妹的手足情而平等协商，通过合适合理合法的方式进行对话，力争解决分歧，而不是将分歧扩大化。从这两个维度上看，互嵌式社区的公共性应主要表现为社区中多民族交往与交融中的自我超越，到对他者承认与对他者尊重，维护公共利益到公共精神的培育，再到针对多民族公共事务的协商对话，以达成共识。

因此，当前加强中华民族大团结、构筑各民族共有精神家园、深化中华民族共同体意识是积极构建互嵌式社区公共性的内在意涵。本书所指公共性是多民族主体之间的公共性，其核心内涵主要体现在公共理性、多重认同、公共责任和公共精神四个方面。

2.2.2　理论视角

1. 主体间性理论

和谐社会需要的是人与人相互间的主体间性[1]。在中国传统儒家思想《诗经》《论语》《道德经》等中，感应、感通、仁义等核心哲学理念均有体现。我国古代原初的"主体间性"思想还体现在"己所不欲，勿施于人""推己及人"等思想。我国古代先贤孔子指明了主体性对他异的承认，在参与和责任承担中完成其自身的建构，号召人们克己虚我与爱人[2]。在一定程度上，主体间性理论与中国传统儒家思想中的核心思想不谋而合。它们"将人与世界、人与人的互生共存关系作为人类存在的前提条件，同时也构建了理性和感性两个层面上的主体间性关系"[3]。当代的族群性或者族群意识，

---

① 冯建军：《主体间性与和谐社会的道德意识》，《教育发展研究》2006 年第 4 期，第 50～53 页。

② 金慧敏：《孔子思想与世界和平——以主体性和他者性而论》，《哲学研究》2002 年第 2 期，第 35～42、79～80 页。

③ Xiao X., Chen G. M., "Communication Competence and Moral Competence: A Confucian Perspective", *Journal of Multicultural Discourse*, 2009, 4（1）: 61–74.

则多为建构的，甚至可能含有虚构的成分，所以更多的是主体间性问题。①

对主体间性，胡塞尔、海德格尔、马丁·布伯等人均提出了各自的观点，胡塞尔指出主体间性通过主体的移情和共在体现并开启了哲学认识的新大门，"主体间性哲学力图以主体与主体的关系，取代主体与客体的关系，从而实现存在的同一性"②；海德格尔则强调人与物的共同在世；马丁·布伯认为现实、直接性、平等式的本源关系是自然融合的精神形式。我们可以从不同的哲学形态出发理解主体间性，其理论自身发展脉络从古代伦理社会哲学到近现代认识论哲学，再到生存论哲学和社会历史理论③。主体间性，又称主体际性或交互主体性，是指主体间即"主体—主体"关系中内在的特质。④ 主体间性的相互关系，主要是一种相互承认、相互发现和相互制约的发展⑤。换句话说，交往双方不存在纯粹的客体，每个人都是主体，都是彼此相互关系的创造者。⑥ 雅斯贝尔斯将人类的交往归为四种具体形态，即共体主体性、交互客体性、外在的主体间性和内在的主体间性。其中，较低层次的第一、二种并非主体间的平等交往，而第三、四种是互嵌式社区建设中强调的主体间交往，是一种存在性交往，也是公共性中的交往。主体间性理论的提出，使人们之间成为与对象主体进行对话的互动者，存在的是互为主体的主体间的相互作用、对话、沟通与理解的关系。

主体间性理论为各学科开拓了更大的学术空间，针对互嵌式社区研究，也可能拓展出新的研究维度，从而获得更广阔的研究视野。主体间性理论为构建良好的不同民族之间和谐关系提供了良性的理论框架，有助于更好地协调多民族、多文化之间的冲突。本书认为一旦将互嵌式社区建设界定为不同

① 范可：《信任，认同与"他者"：族群和民族省思》，《广西民族大学学报》（哲学社会科学版）2013 年第 6 期，第 44～52 页。
② 杨春时：《他者性的美学：超越性与主体间性的变异》，《陕西师范大学学报》2012 年第 6 期，第 38～44 页。
③ 哈贝马斯：《交往行动理论》第 2 卷，洪佩郁、蔺青译，重庆出版社，1994，第 6～8 页。
④ 郭湛：《论主体间性或交互主体性》，《中国人民大学学报》2001 年第 3 期，第 32～38 页。
⑤ 康德：《实践理性批判》，韩水法译，商务印书馆，1999，第 13～15 页。
⑥ 冯建军：《教育学的人学视野》，教育科学出版社，2008，第 38 页。

民族人与人之间的交往交际过程与关系，那么互嵌式社区建设必定绕不开主体间性这一核心问题。主体间性理论应用于互嵌式社区建设，倡导用开放、理性的视角看待不同民族交际主体之间的关系。主体间语用原则包括真实性、理解性、真诚性和公正性，这一原则同样适用于民族间交往，不同民族的交往主体在坚持公正、真实、真诚、平等的基础上尝试实现互相学习、尊重，促进不同民族的发展。互嵌式社区建设本质是不同民族主体之间的主体间性关系。互嵌式社区建设的各民族是主体间的关系，互相尊重与理解是互嵌式社区建设的前提。互动和共享是互嵌式社区建设的手段，共生共享共同发展是互嵌式社区建设的目标。

我国主体间性研究始于 1994 年，而文化间性研究始于 2001 年，前者研究主要分布学科为：高等教育、哲学及语言学和文学等学科，总体呈现出较高的哲学思辨。后者研究分布学科主要有文化、外国文学和中国语言文学等学科，这些学科涉及中西方语言翻译、文化传播、文化交流等，近几年也逐渐应用至民族学、宗教学、社会学等学科。主要代表观点有郭湛①、郑德聘②等的论文。而法国符号学家克里斯托娃创立了文本间性理论；德国哲学家胡塞尔提出了"交互主体性"理论；俄国学者巴赫金提出了对话理论；德国哲学家哈贝马斯提出了交往理论等，着重从不同的历史原因和学术角度将传统哲学的"主客关系"扭转为"主体—对象主体"关系。国内学者蔡熙指出："文化间性指的是一种文化与他者际遇时交互作用、交互影响、交互镜借的内在关联，它以承认差异、尊重他者为前提条件，以文化对话为根本，以沟通为旨归。构成文化间性必须具备三个要素：文化 A，文化 B，以及它们之间的交互关联。"③ 王才勇提出："文化研究离不开间性思维，尤其是有关两种文化交互作用的论说更要基于对文化间性特质的切入，否则，所建构的论说就会脱离所述对象的真正实际，而成为单纯满足认知旨趣的知识

---

① 郭湛：《论主体间性或交互主体性》，《中国人民大学学报》2001 年第 3 期，第 32~38 页。
② 郑德聘：《间性理论与文化间性》，《广东广播电视大学学报》2008 年第 4 期，第 73~77 页。
③ 蔡熙：《关于文化间性的理论思考》，《大连大学学报》2009 年第 1 期，第 80~84 页。

游戏。"① 康兆春用哈贝马斯的主体间性理论对当下跨文化交际的研究方法、研究指导思想、研究范式做批评分析，并指出基于对话、交往理性的跨文化研究应该关注主体间互动的地带②。

2005 年 10 月联合国教科文组织在《保护和促进文化表现形式多样性的宣言》中指出："文化间性是指不同文化的存在与平等互动，以及通过对话和相互尊重产生共同文化表现形式的可能性。"与本书研究相关的文化间性研究涉及民族学（1 篇）、宗教学（2 篇）、社会学（1 篇）。部分相关文献的主要代表观点如下。彭松乔提出"文化间性是生态审美的一个非常重要的维度。它要求我们在生态审美活动中，从求同存异、和而不同、美美与共等几个主要方面来正确对待不同文化间的关系"③。何林提出有别于"二元对立"的"多元统一"思维结构和观念模式不仅是一些民族解释世界、处理内部关系的核心结构，而且是民族、文化的多样性及"和谐共存"的根源④。单波认为跨文化传播的可能性在于把主客体思维转换为主体间性思维，并进一步把主体间性转换成文化间性，形成文化的互惠结构，揭示文化间的可能的冲突，在文化的构连中建立动态的互动机制，并提出解释全球本土化的悖论要用跨文化传播的视角，寻求调适文化差距或文化冲突的策略⑤。言红兰指出文化间性主义的诞生为解决各民族之间的文化交往关系提供了比较合理的思路，并提出必须以文化间性理论为依据，在充分认识了现代社会多元文化的基础上，建立多民族文化"和平共处"的交流战略⑥。

总体上，有关文化间性的主要代表观点有：一为文化的主体间性是指文

---

① 王才勇：《文化间性问题论要》，《江西社会科学》2007 年第 4 期，第 43～48 页。
② 康兆春：《间性视角下的跨文化交际研究》，《湖南社会科学》2011 年第 2 期，第 163～166 页。
③ 彭松乔：《文化间性：生态审美的一个重要维度》，《贵州社会科学》2006 年第 5 期，第 82～86 页。
④ 何林：《许茨的主体间性理论初探》，《求是学刊》2005 年第 3 期，第 26～32 页。
⑤ 单波、张腾方：《跨文化传播视野中的他者化难题》，《学术研究》2016 年第 6 期，第 39～45 页。
⑥ 言红兰：《文化间性视角下的跨文化对话——以壮英人际关系价值取向为例》，《百色学院学报》2014 年第 2 期，第 93～95 页。

化交流中主体与其环境对理解异质文化有深刻的影响①；二为文化间性是一种从属于两种不同文化的主体之间及其生成文本之间的对话关系②；三为文化间性是指国际各民族不同文化的可交流性③。

从以上分析可以看出主体间性和文化间性理论都可以给互嵌式社区建设研究以借鉴与启示，主体间性关系构建必须从理性与情感两个层面来理解。这里的理性可延伸至公共理性，情感则可以延伸至多重认同。

2. 交往理性理论

作为当代新思潮引领者的尤尔根·哈贝马斯，在20世纪60年代初曾以《公共领域结构的转型》一书成名，在随后的50多年时间里，哈贝马斯致力于重建人类理性理念和现代性理念，发展一个为民族世界提供理论基础的哲学体系。20世纪80年代，他先后出版的三本著作《交往行为理论》（1981年）、《道德意识与社会交往行为》（1983年）和《现代性的哲学话语》（1985年），被称为哈贝马斯交往理性理论的三部曲。

其中《交往行为理论》对当代哲学和社会学的发展均有深刻的影响，它是哲学、社会学研究相结合的一个良好的示范，最重要的贡献是建立了以人类交往理性为核心，以人类社会交往行为为载体的人类理性理念。这是一个划时代的理念。《道德意识与社会交往行为》最重要的贡献是在交往理性概念的基础上，提出了推论主义或话语伦理。其中心思想是，社会道德是建立在交往理性通过社会对话所建立的道德规范的基础上的。这一思想集中地体现在哈贝马斯提出话语伦理的基本准则即："只有当它得到在实践对话与讨论的所有有关参与者的同意与接受时，一个伦理的基本准则才是正当有效的。"④《现代性的哲学话语》的中心主题是系统地回顾近现代欧洲这些诸家关于现代性的研究和争论，建立批判理论哲学的以交往理论为中心的现代性

① 夏莹、靳风林：《文化交流的主体间性及其原则》，《浙江学刊》2002年第6期，第12~14页。
② 邱国红：《文化间性的例证：中国诗歌审美范式对美国诗歌创作的影响》，《云梦学刊》2005年第1期，第96~99页。
③ 韩红：《文化间性话语中语义研究的自我理解》，《外语学刊》2004年第1期，第67~72页。
④ 尤尔根·哈贝马斯：《道德意识与社会交往行为》，克里斯坦·冷哈德特、希雷·韦伯·尼可尔森译，托马斯·麦卡西介绍，美国麻省理工学院出版社，2001，第197页。

概念。哈贝马斯倡导："以体现在社会交往实践中的（交往）理性对以主体
（自我）为中心的理性的坚决的扬弃。"①

哈贝马斯倡导的立足点有三大原则②。第一，话语原则。只有当它得到
在实践对话与讨论的所有有关参与者的同意接受时，一个伦理的基本准则才
是正当有效的。第二，普遍性原则。只有遵从它的正负实践效果对每个人的
特殊利益来说是可以接受的，一个伦理的基本准则才是正当有效的。第三，
民主或民主主权准则。公民同时是法律的受制约者与作者；法律的正当合法
性、主权性源于制订它又受其制约的公民意志与选择。根据陈勋武的评述：
"哈贝马斯的《交往行为理论》发展出以交往理性为体现的人类理性理念，
以交往理性为体现的人类理性强调主张、断定与规范的间体性与普遍性，但
不强调它们的绝对性。它把社会交往实践作为人类理性的终极运载体，而不
是把个人、社会团体或社会阶级作为人类理性的终极运载体。以交往理性为
体现的人类理性理念为法律与民主的关系提供了更坚实的基础。哈贝马斯的
《关于现代性的哲学讨论》的出版捍卫了以理性为核心的现代性概念，并为
集合理性、规范性与合法性于一身的现代性概念铺平道路。"③ 哈贝马斯还
提出当前的时代是一个多元化、差异化的时代，宽容是我们时代意识的中心
规范之一，即"现代多元民主时代的核心美德与价值是宽容"。

简言之，哈贝马斯交往理性理论最革命性的建树就是以交往理性为人类
理性最基础的体现者与运载者，以交往理性的规范作为人类理性最基础的规
范。本质上，交往理性是民主的、包容的。哈贝马斯提出要从主体性思维向
间体性思维转变，主张一是间体性思维强调认识主体的间体性，二是强调理
性的集体性。其招牌式的特点是强调法律为必不可少的中介。

哈贝马斯从合理交往实践中推论出社会交往中的可理解性、真诚、真理
和规范性的正确性这四个理性规范。具体内容见图 2 - 1，从现代性的角度

① 尤尔根·哈贝马斯：《关于现代性的哲学讨论》，美国麻省理工学院出版社，1987，托马斯·麦卡斯："简介"，第 7 页。
② 陈勋武：《哈贝马斯：当代新思潮的引领者》，九州出版社，2014，第 275 页。
③ 陈勋武：《哈贝马斯：当代新思潮的引领者》，九州出版社，2014，第 7~8 页。

来说："在现代国家中，对社会成员来说最重要的不是去寻找种族的根和发展与其他同根成员的认同感，而是学会批判地使自己的利益与行为规范化，以便进入理性的协商。"① 而哈贝马斯认为："当今中国还不是一个成熟意义上的现代民族国家……其更多面临的是多民族文化认同的建构问题。"

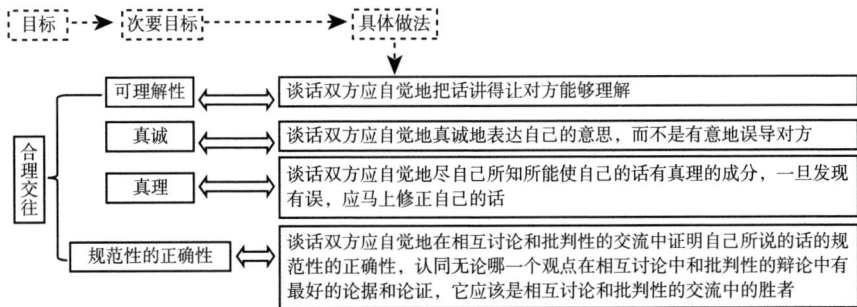

图 2-1　哈贝马斯社会交往中四个理性规范示意

资料来源：陈勋武《哈贝马斯：当代新思潮的引领者》，九州出版社，2014，项目组自制。

在哈贝马斯看来，交往理性不是工具理性也不是实践理性，而是主体间性关系，尤指主体间共享的关系。而交往理性所涉及的不是一个自我捍卫的主体——该主体通过想象和行为而与客体发生联系，也不是一个与周围环境隔离开来的永久的系统，而是一种由符号构成的生活世界，其核心是其成员所做出的解释，而且只有通过交往行为才能得到再生产。②

3. 他者性理论

由于"空间的形成绝对不是一个自然而然的过程"③，互嵌空间在当代的建构是一种制度与意识形态的混合。我们知道，西方"我们与他们""我者与他者"二元对立的观点影响了多民族发展中国家在独立后的发展，中

① 陈勋武：《哈贝马斯：当代新思潮的引领者》，九州出版社，2014，第 277 页。
② 尤尔根·哈贝马斯：《交往行为理论：行为合理性与社会合理性》，曹卫东译，上海人民出版社，2004。
③ 亨利·列斐伏尔：《空间：社会产物与使用价值》，王志弘译，包亚明主编《现代性与空间的生产》，上海教育出版社，2003，第 50 页。

国亦是如此。西方经典论著里都有对他者的概念辨析，绝大部分思想家都十分强调他者对个人来说进行自我认知、自我熟悉具有重要作用，经历了从早期现代哲学的否定他者到后现代哲学对他者与他性的真正承认。自我与他者的关系发生了从"排斥与被排斥，同化与被同化的关系"（黑格尔）到"主体与客体，意识与潜意识之间的关系"（皮亚杰）再到"主体分裂后的镜像与真实之间的关系"（拉康）等一系列变化，这些变化影响着人与人、群体间的交往与人际关系之处理。早在中国古代孔子也指明了主体性对他异的承认，号召人们克己虚我与爱人①。"他者性理论是对现代性的反思、对主体性的批判。"② 一方面，他者既被视为与自己不同的人群，同时更多地被指向与自己不同的文化；另一方面，他者又被视为客观存在的异类群体和文化，也可能是一种被人为构建出来想象的他者。"他者"是每一个交际主体的重要参考系。各主体以语言为载体，以文化为内容，在间性中寻求共识。③

从他者性视角来看，互嵌空间中的各个民族既为自我又是他者。由于个人的不同世界观，人们对"自我"与"他者"的关系认识有着很大的区别。民族地区"处理人际关系"又涉及以民族为基本特征的人际关系。互嵌式社区建设的"嵌"字要求"自我"与"他者"相互依存。从这一层面来看，互嵌式社区建设旨在通过对"他者"异文化的认知与体验，促进民族文化的交流、增进我族与他者的相互理解，并在充分地认识"他者"异文化及"他者"本身的基础上重新审视"互嵌式社区建设"的时代特征与意义。互嵌空间中的两种以上民族文化交流的我族与他族绝不再是主客体关系，而是互为主体、互为他者的辩证关系。互嵌式社区建设要求认同"他者"，这是促成互嵌式社区建设的认识起点。应该深刻理解：自我与他者的冲突关系表现在要么被别人超越，要么超越别人，尽管现实中的竞争关系时

---

① 金慧敏：《孔子思想与世界和平——以主体性和他者性而论》，《哲学研究》2002 年第 2 期，第 35～42、79～80 页。

② 杨春时：《他者性的美学：超越性与主体间性的变异》，《陕西师范大学学报》2012 年第 6 期，第 38～44 页。

③ 席颖：《主体间性视域中的跨文化交际》，《内蒙古师范大学学报》（教育科学版）2017 年第 9 期，第 8～11 页。

常存在，一旦引入民族关系中，则变成了一种较为危险的思想认识。他者性理论主要从自我意识的他者、认识发生的他者到自我镜像的他者出发，进行他者认知、他者互动、他者意识这几个层面的分析。

总的来说，党中央提出的互嵌式社区建设意指现代社会的结构需要一种强有力的"相互嵌入式"的结构性改变，而这种改变绝对需要国家力量以及全体公民的介入而不是退场。过去我国的民族问题处理往往人为地、孤立地研究各民族发展的一个方面，以各自的发展为中心，没有将各民族放在平等的位置上分析，也没有从各民族共同发展的"双主体"角度来思考。就互嵌式社区来说，公共性首先是一个文化现象，也可以说是一个文明现象。文化现象意指在不同的文化圈里存在着不同类型的公共性；文明现象意指无论何种文化圈里的公共性，都包含着人类一般意向性，或者至少含有人类一般理性所能理解的因素①。但它的两个主要内涵一是多元主体性及主体间性，二是价值性及规范性②。公共性的这种规范性内涵是多元主体共生共处的一个重要基础③。这些思考与研究都需要首先从中华民族共同体的宏观背景和我国民族关系现状出发，通过对青海省民族社区的总体评估、新型城镇化背景下青海省主要民族社区"相互嵌入"情况的实证分析，在实证分析影响青海省互嵌式社区建设的影响因素的基础上，分析我国民族社区"互嵌"的困境何在，探讨互嵌式社区内蕴的多民族主体与他者共在的公共性价值。

2.3 中国民族关系与政策的历史演变过程概述

2.3.1 我国民族关系现状简述

长期以来，族际关系常常被视为影响一个地区、一个国家乃至全世界和

---

① 李明伍：《公共性的一般类型及若干传统模型》，《社会学研究》1997 年第 4 期，第 110 ~ 118 页。

② 李蔚：《何谓公共性，社区公共性何以可能?》，《河南师范大学学报》（哲学社会科学版）2015 年第 4 期，第 23 ~ 27 页。

③ 谭清华：《谁之公共性? 何谓公共性?》，《理论探讨》2014 年第 4 期，第 60 ~ 64 页。

平、稳定、发展的重要因素。从国家大背景来看，从新中国成立到 20 世纪末，整体的民族关系处于一种较为稳定的状态，其中"民族关系"是指一个民族和其他民族接触和影响①。族际关系朝向良好的方向发展主要借助于从自我认同到他者承认，促使"我族"和"他族"的世界通过相互接触与交往得到界定，并产生各自的族群认同。一般而言，民族间的交往可能在一定的程度上打破族群间的隔阂与屏障，而在交往中形成新的"我族"认同主要依赖"我族"中的"我自己"与"他族"中的"他者"的交往质量、程度、深度与心理体验感的对比来实现，因为个体所获得的心理体验感、与他者的交往质量、程度与深度等因素，最终所产生的也有可能迈向一个更坏的结局，即民族个体差异引起的族际矛盾。我们必须认真思考时代的巨变和社会变迁带来的民族关系问题的新变化和新走势。

我们知道，1978～2018 年为我国改革开放 40 年，郝时远将民族事务划分为以下几个阶段，并阐释了这些主要阶段的特点（见表 2 - 1），可从历史脉络的角度理解我国的民族事务、民族工作及民族关系，以及新时代广大的民族工作所重视的缩小差距、尊重差异的两个着力点，它们都不是老生常谈，而是促进互嵌式社区建设，缓和民族矛盾的应有之义。

表 2 - 1　改革开放四十年我国民族事务的主要阶段及其特点

阶　段	时　间	主要特点
拨乱反正时期	1978 年底到 20 世纪 80 年代中期	制定《中华人民共和国民族区域自治法》
东西部开启交往交流	20 世纪 80 年代中期至 90 年代中期	东部的发展和内地活跃的经济生活对边疆民族地区开始产生影响
东西部双向交流时期	20 世纪 90 年代中期至 2000 年	整个 90 年代虽然东西部交往交流速度加快，但东西部在经济生活、地区经济总量、地区经济发展能力等方面持续拉开差距
西部大开发战略实施	2000 年至 2008 年	"西部大开发"政策与随后出台的扶持人口较少民族发展的政策，形成了西部大开发战略中"一线兴边,点状扶持"的发展局面

---

① 　费孝通主编《中华民族多元一体格局》，中央民族大学出版社，1999，第 12 页。

续表

阶　段	时　间	主要特点
对民族理论、民族政策的再讨论	2008 年至 2014 年	必须重视民族区域自治制度是党的民族政策的源头，是不可动摇的根基，批评"苏联模式"说是不符合事实的"张冠李戴"，西方并没有什么包治百病的灵丹妙药，强调要从政治上把握民族关系、看待民族问题，宣示了"坚持民族区域自治制度"的坚定立场
新时代广义的民族工作	2014 年以来	中国解决民族问题的政策有两个着力点：一是缩小差距，二是尊重差异。缩小差距建设的是中华民族共享的物质田园，尊重差异构建的是中华民族共有的精神家园

　　资料来源：项目组根据郝时远《改革开放四十年民族事务的实践与讨论》（《中央社会主义学院学报》2018 年第 4 期，第 82~91 页）制表。

　　就青海省情来说，从改革开放初期到当前青海省情也具有鲜明的时代特点（见表 2 - 2），对于青海省情改革开放 40 年的变化历程，也体现了青海在当前社会经济发展和民族工作上的新任务，且任重道远，不容轻视。

表 2 - 2　改革开放以来对青海省情主要的官方判断

阶　段	主要特点
改革开放初期	面积大省、人口小省、资源富省、经济穷省
西部大开发初期	自然资源富集、生态环境独特、民族文化多元
改革开放不断推进	"四个战略地位"的省情定位：生态上的战略地位、资源上的重要战略地位、维护稳定上的战略地位、地理位置上的战略地位
青海省委十三届四次会议	六大优势潜力（即最大的机遇是政策、最大的价值是生态、最厚的底蕴是资源、最强的动力是改革、最佳的路径是开放、最宝贵的财富是精神）；六大短板不足（地处高原是青海的区位短板、发展不足是青海的现实之困、区域差异是青海的协调难题、转型缓慢是青海的发展瓶颈、人才短缺是青海的最大制约、社会治理是青海的压力所在）；提出了"一优两高"实施战略（即坚持生态保护优先，推动高质量发展创造高品质生活）

　　资料来源：项目组根据孙发平《"一优两高"：改革开放 40 年来青海发展理论的最新创新性成果》（《青海省庆祝改革开放 40 周年理论研讨会论文集》，2018 年 12 月）汇总制表。

族群认同既是对"我是谁"的认知，也是族群情感归属的重要基础，它可以促成个体与自己所归属群体的相互认可，从而达到一种心理满足。国外族群认同研究以弗里德里克·巴特的族界理论和本尼迪克特·安德森的想象的共同体理论为著，二者不约而同地强调了族群认同中文化之作用，这个"文化"外显于服饰关键符号，借助于语言关键符号传达，并在日常生活、饮食等方面加强了本族群生活经验的"共识域"。同时，从另一个层面来说，族群、民族认同是初级认同层次，可看作一种本能的群体心理归属取向选择。而国家认同是高级认同层次，建立于一系列群体归属认同之上。不同民族的国家认同与民族认同二者存在张力，且张力较大，在我国多民族国家的内部，二者的张力大小突出地受到国家内部不同民族内部矛盾的化解程度之影响，其中既包括化解矛盾的速度也包括化解矛盾的成效。由于民族间的宗教信仰不同，按照教义促成的信众生活居住格局、生活习俗有所不同，加上民族语言不通，在一定程度上都或多或少地影响着不同族群成员自身的身份认识和对他者的看法，也会影响二者间有无接触、交往达到交流乃至交融的机会。而在一定程度上，族群认同先于国家认同，国家认同应高于族群认同，"互嵌式社区建设"实际上是旨在促成更高层面的国家认同建设。

2.3.2 我国宏观民族政策的文本分析

当前"互嵌式社区"的新提法，迫切要求再次深入理解相关的民族政策。本节采用内容分析法开展了民族政策文本的研究。据不完全统计，我国主要法律有关民族问题的表述包括：《宪法》中有 19 条，《刑法》中有 4 条，《教育法》1986 年版中有 6 条，1995 年修正版中有 5 条，《文物保护法》《兵役法》《森林法》《矿产资源法》《行政诉讼法》《民事诉讼法》《妇女权益保障法》《红十字会法》《教师法》《对外贸易法》《劳动法》《体育法》《电力法》《执业医师法》14 部中均有 2 条，《刑事诉讼法》《国籍法》《婚姻法》《商标法》《会计法》《继承法》《全民所有制工业企业法》《传染病防治法》《集会游行示威法》《国旗法》《著作权法》《烟草专卖法》《收养法》《工会法》《科学技术进步法》《消费者权益保护法》《预算法》《广告法》《监狱法》《法官法》《体育法》《科技成果转化法》《职业教育法》《老年人权益保障法》《乡镇企业法》《公路法》《未成年保护法》等 27 部中均有 1 条。除此之外，1984 年颁布的《民族区域自治法》中有 67 条，2001 年修正后包含 74 条。《城市民族工作条例》中有 30 条，《民族乡行政工作条例》中有 24 条，《宗教事务条例》中有 48 条。而在《人民代表大会议事规则》《城市居民委员会组织法》中也有有关民族问题的条文表述，这些成为我国民族问题处理时遵循的基本准则。这体现出在人民生活的基本方面，均有法律条文予以维护、以民族身份作为考察角度的内容。

本节所指的民族政策主要是宏观民族政策，样本来源是在《宪法》和《民族区域自治法》主导下，《中国民族统计年鉴》《中国民族年鉴》中国家/国家部委颁布的规划和文件，即以书面形式颁布的各种法规、规章和规范性文件，并以国家/国家部委网站搜集到的部分规划与文件为补充。所选民族政策样本时间跨度为 1991～2014 年，对搜索到的民族政策的标题、文号、文件全文、印发部门、印发时间等政策文本，由于地方民族法规与政策是各地相关部门以国家/国家部委颁布的政策为依据所进行的政策具体化，本小节未将地方民族法规与政策纳入研究范围。经过汇总与整理，共计 365 份。

（1）发文年份与发文类型

从图 2－2 来看，可以看出 1991～2014 年我国民族政策发文情况呈现波形浮动，2000 年前共有 126 个政策发布，占比 34.5%，政策发布最多在 2000 年和 2001 年，即为西部大开发正式实施期间，两年间共有 83 个政策发布，占比 22.7%。在 2011 年西部大开发实施十年之际，又有 28 个民族政策予以发布，位于第二个发布高点。2000 年后，14 年间，共有 239 个民族政策被发布，可以看出西部大开发以来，我国民族政策支持民族地区社会经济发展的力度之大。这些民族政策中，按照类型划分，最多的是通知 221 条（60.5%），其他的是意见 46 条（12.6%），决定 27 条（7.4%），办法、规划和批复均为 11 条（3%），复函有 10 条（2.7%）。

（2）发文单位

这 365 份民族政策中，大多数民族政策为一个发文单位，共有 247 个

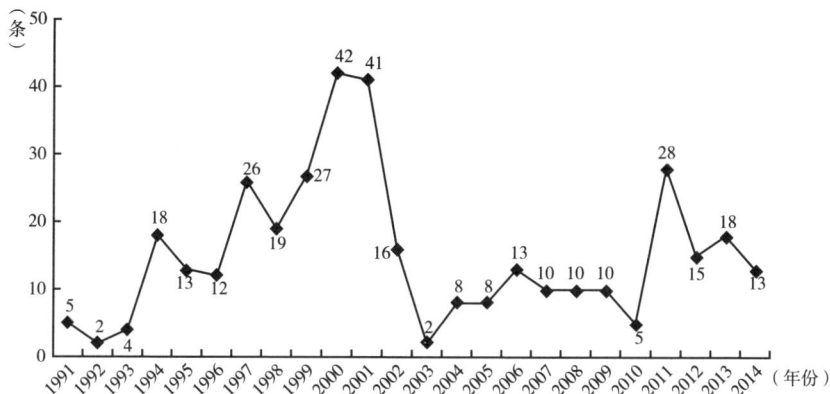

图 2 - 2　我国民族政策文本情况

（67.7%）；两个发文单位的有 66 个（18.1%），3 个发文单位的有 21 个（5.8%），4～6 个发文单位的共有 29 个（7.9%），最多为 8 个发文单位，仅有 1 个（0.3%）。其中经由统计第一发文单位可知，国家民委发文 163 个（44.7%），国家民委办公厅发文 27 个（7.4%），中共国家民委党组发文 14 个（3.8%），共有 204 个（55.9%）是由国家民委发文，这集中突出了国家民委在发挥部委职能中的积极作用；除此之外，教育部发文 25 个（6.8%），财政部发文 23 个（6.3%），国务院发文 23 个（6.3%），国务院办公厅发文 22 个（6%），教育部办公厅发文 15 个（4.1%），文化部发文 5 个（1.4%）。突出表现了国家在教育、财政、文化方面的民族政策所占比重之多，这也从侧面突出了中央政府对民族教育、民族经济发展的一贯重视和长期支持。

（3）民族政策文本分析

本书使用清华大学新闻与传播学院沈阳教授开发的 ROST NAT 软件系统对 365 个民族政策文本进行社会网络分析①。分析可知，民族、授予、特需、贸易、称号、教育、贷款、出版、企业、用品、定点、生产、文字、民族团结、专项、

---

① 这是一种通过"提取高频词、过滤无意义词、提取特征"等程序处理，根据关键词或研究题目自动构建社会网络图，从而得到研究对象的关系图谱并发现研究热点和发展趋向的方法。

体育、中小学、实施等是社会网络结构中的关键节点，这也反映出国家在民族生活状况、民族教育、民族经济投资等方面都下了大力气。

本书利用 Ucinet 6 软件进行了多维标度分析（MDS），根据多维标度分析，可以看出，365 份民族政策文本的主要内容包含以下几个方面：（1）民族教育；（2）民族企业与经济发展；（3）少数民族文字；（4）民族团结先进集体与个人的表彰；（5）民族地区的扶贫开发等多个方面。我国的民族政策是我们党依据马克思主义民族理论，结合具体的国情制定的解决中国民族问题的行动准则。它的主要原则归纳起来有以下几方面：（1）坚持民族平等和民族团结；（2）实施民族区域自治；（3）发展少数民族地区经济文化事业；（4）培养少数民族干部；（5）尊重和发展少数民族语言文字；（6）尊重少数民族风俗习惯和宗教信仰自由。也就是一般而言，民族政策的内容主要涉及少数民族政治权利、经济权利、文化权利、社会权利这几个方面。其宗旨是要求中华各民族人民以平等的"中华人民共和国合法公民"身份与地位参与国家大事和各级地方事务的管理。

具体而言，民族政策中体现了少数民族平等共享的权利与权益。

一是在政治权利方面，在历次全国人民代表大会中各民族至少有一名人大代表，少数民族代表人数占全国人大代表总数的比例均高于同期少数民族人口占全国人数的比例。而在十九大的 1576 名代表中，女性代表 448 人，占比 28.4%，少数民族代表 229 人，占比 14.5%。据统计，从 1983 年第六届全国人民代表大会开始，我国每年都确保各民族至少有一名人大代表。

二是在经济权利方面，民族地区的基础设施建设近年来发展迅速，积极实施帮扶贫困人口并开展了精准扶贫工作、采用东部发达地区对口支援民族地区，以带动民族地区的社会经济发展等方式，有力地推动了少数民族地区的现代化进程。

三是在文化权利方面，我国政府多方举措尊重和保障少数民族语言的广泛使用，无论是教育和新闻出版，还是广播影视及网络信息，都注重少数民族的语言应用，并积极推动少数民族文化的传承与发展，鼓励文化交流、文化传播与文化互动。在我国的少数民族物质文化遗产与非物质文化遗产保护方面，投入了大量人力、物力和财力，以帮助少数民族将其民族文化中优秀的部分延续下来。

四是在社会权利方面，无论是社会保障还是少数民族教育方面，还有少数民族特殊生产、生活方式等方面，我国政府都积极做出了相关回应，采取了多种方式促成少数民族群众生活生产各方面水平的提升。

总体而言，本书认为，我国政府在指定民族区域自治及其相关法律法规的宏观层面始终立场坚定，毋庸置疑。但由于民族政策的层层落实过程中出现了一些偏差，加上个别民族政策执行不力，在一定程度上影响了少数民族群众的认可度。这些也是我们开展互嵌式社区建设实践研究的基础。2021年中央民族工作会议提出，要准确把握和全面贯彻我们党关于加强和改进民族工作的重要思想，以铸牢中华民族共同体意识为主线，坚定不移走中国特色解决民族问题的正确道路，构筑中华民族共有精神家园，促进各民族交往交流交融，推动民族地区加快现代化建设步伐，提升民族事务治理法治化水平，防范化解民族领域风险隐患，推动新时代党的民族工作高质量发展，动员全党全国各族人民为实现全面建成社会主义现代化强国的第二个百年奋斗目标而团结奋斗。

第 3 章

青海省民族社区的总体评估

本章对青海省民族社区的总体评估首先从民族关键符号出发，对民国时期青海民族关系进行简述，然后从分层结构、从业结构和人口分布结构这三个结构出发进行描述（一般而言，分层结构、从业结构和人口分布结构是与民族关系直接联系的三个因素。人口分布结构主要体现民族成员是聚族而居，还是其他；从业结构体现了民族成员的职业就业情况；分层结构则体现了民族成员的阶层化、阶级化）。最后对新型城镇化进程中青海省民族社区的分布、现状和发展趋势进行总结。

3.1 民族关键符号

1. 民族符号

现代符号学奠基人之一的卡西尔认为，人类利用符号创造文化，一切人类的文化现象和精神活动，如语言、神话、宗教、艺术和科学等，都是在运用符号方式表达人类的种种经验①。在一定程度上，符号和人类文化紧密联系在一起，符号基本可以等同文化。作为整体性的民族符号，它是"从历

---

① 丁和根：《论大众传播研究的符号学方法》，《新闻大学》2008 年第 12 期，第 10 ~ 15 页。

史沿袭下来的体现于象征体系符号中的意义模式，是由象征符号体系表达的概念体系，人们以此进行沟通，延续和发展他们对生活的知识和态度"①。因此，民族符号是整体性和变异性的统一，也是民族的思维方式、价值观念的体现。

2. 民族关键符号

一般认为，民族关键符号是"在漫长的发展历程中积淀出一系列显性的文化事项，它们是区分'我族'与'他族'的重要标志，也是民族成员民族认同和自我认同的核心"②。同时，民族关键符号具有概括性，最能体现民族文化认同，也是区别于他族的重要文化符号，常见民族关键符号分类见表 3 – 1。

表 3 – 1　常见民族关键符号分类

实体性符号	村落格局、民居建筑、饮食、服饰、民间工艺、交通设施等事项
非实体性符号	民族的族别身份、民族历史、语言文字、社会组织、宗教信仰、传统节日以及民间文艺等文化事项

民族关键符号是民族文化符号中的核心表征、重要载体，民族关键符号具有独到的社会文化功能，它能集中展现民族形象、体认民族识别、强化民族认同、影响民族关系。科学合理地开发民族关键符号，对推进民族团结进步事业的发展，发挥了积极重要的作用③。青海省有藏族、汉族、回族、土族、撒拉族、蒙古族等六个世居民族，藏、回、土、撒拉、蒙古、汉在漫长的历史长河中形成了独特的民族文化，凝练出了各自的民族关键符号，从这些民族关键符号出发，对深刻理解民族关系起到了重要的作用。

以青海省主要世居民族居住符号为例，不同民族的居住符号一般体现为

① 〔美〕克利福德·格尔茨：《文化的解释》，韩莉译，上海人民出版社，1999，第 103 页。

② 高婕：《民族关键符号在旅游场域中功能的异化——以民族服饰为例》，《广西民族研究》2014 年第 1 期，第 157～164 页。

③ 撒露莎、田敏：《论开发利用民族关键符号促进民族团结进步创建——以湖南桃源县维吾尔族回族乡为例》，《青海民族研究》2016 年第 4 期，第 91～95 页。

民居，即各族群众的居住环境，以居住地的建筑为著，着重对比建筑的样式、风格、特点等。青海土族民居一个明显的特点是居住环境为庭院式结构，每户都有一个独立的庭院，一般有 0.5 亩左右的宅基地。庭院四周为五六米高的土墙，称作庄廓。四个墙角的顶部各置一颗白石头，表示安神和辟邪。院内盖房可盖两面、三面房不等。房屋多为土木结构的平房，也有土木结构的二层楼房。每户庭院中央设一座四方宝瓶台，其地下埋有宝瓶，上面靠主房的方向设一尊煨桑炉。青海蒙古族的传统住房是蒙古包。蒙古包是适应游牧经济生活而形成的。易拆卸、易搭盖，便于搬迁。20 世纪 80 年代以来，随着实施定居放牧，蒙古族的居住条件发生了根本性的变化，他们在定居点上盖起了宽敞明亮的砖木结构的房屋，修了院落，一般都建有会客室、起居室、厨房、库房等。青海藏族从事农牧畜牧业者，居无定所，经常搬迁，创造了可以移动的房屋，即牛毛帐房，今统称帐房或帐篷。青海藏族帐房多以牛毛制成，且多为黑牦牛毛制成，藏语称"扎那合"（黑帐篷），经久耐用，便于撑张、收卷、迁移，厚约 2.3 厘米，边长 4~7 米，略呈正方形，能经暴雨而不漏，压积雪而不裂。玉树地区除牦牛毛帐房外，还有各种各样的布料帐房。东部农业区藏族的庄廓及房屋建筑形式和当地各民族的一样。青海撒拉族一般以血缘较近的"阿格乃""孔木散"居住在同一区域。住房多是土木结构的平顶房。仿藏族习俗，院墙的四角顶放置白石头。家院一般由堂屋、厢房、灶房、圈房、大门等组成。堂屋是一家的主房，多为 3 间，一般坐北朝南，高于东西房，由长辈居住，正中多数人家挂有阿拉伯文书写的"清真言"中堂，分单条和 3 条幅两种。院中间用砖砌成正方形或圆形的花圃，栽植葡萄、果树或种花、种菜。孟达地区平地少，林木多，建房多修 2 层楼，上层住人，下层作厨房或畜圈，用柳条编成篱笆，涂泥作墙。20 世纪 80 年代以来，一些富裕户修四合院、盖大房，用上好木料，碗口粗椽子，墙壁贴瓷砖，屋面雕花槽，室内挂吊灯，地面铺红砖，玻璃窗，油漆门，真是富丽堂皇，有的还建起了砖混结构、样式新颖的楼房。撒拉族许多清真寺都是四合院式的建筑群，以木结构为主，在大门、邦克楼和礼拜大殿等主要建筑上完全与内地汉族建筑风格相同，喜欢雕梁画栋。拱北建筑和庭院建筑大多也是如此①。青海回族的居住情况大体与当地汉族相同，有庄廓小院，独门独户，土木结构平房，对房屋的设计和建造多讲究左右对称，东西平行，其样式有"黄鹰展翅"式、"虎抱头"式，有条件的人家多为四合院。院内通常设有正房、客房和堂屋，一般坐北向南，阳光充足，中间是堂屋，两边是套间。还有边房（即东西平房）、厨房、草房、牲畜厩、厕所，浴室另设。居住按照辈分或已婚未婚状况分室而居。房内陈设讲究整齐，无论贫富注重干净，客厅正墙多以山水花草和阿拉伯文书法等字画装饰，忌贴、摆人物、动物等画像。

由以上描述②可知，青海世居少数民族中各民族的居住符号之间有较大差异，连同各民族的生活习惯和生活方式均有所不同，藏族、蒙古族为典型的游牧民族，而土族、回族、撒拉族则无这一特征，但混杂居住区则因不同民族的住户相邻而相互之间略微有影响，居住符号里的民居内部各个民族因宗教文化等不同而千差万别，民居外部一般都有彰显本民族特色的装饰与装扮，既可以与其他民族相区别，也可以带有某种本民族的独特性，使得本民族成员引以为傲。

民族关键符号常常被视为最能体现自我认同与他者认同，用以界分民族之边界的最活跃和最典型的文化元素。这一典型的群体标记，对本民族成员而言极其重要，对他民族成员而言也十分重要，有助于理解其他民族的文化，即对我族与他族的理解与认同。而民族认同会影响到一个民族与其他民族交往中的独立性和可持续发展，也是民族间和睦关系和国家认同的基础，所以对民族认同的研究十分必要，民族认同与国家认同形成并保持一个合适的张力是实现民族关系和谐的关键③。我们可以从青海省世居民族的民族关键符号中寻找到民族认同的线索。民族关键符号也有利于各族人民的文化自

---

① 马伟：《唇齿相依的民族关系》，转引自《百年实录撒拉族（上）》，中国文史出版社，2015，第86页。

② 有关民族居住关键符号的内容摘自《青海省志·民族志》。

③ 吴建冰：《论广西世居民族的民族关键符号对民族认同的影响》，《广西社会科学》2015年第7期，第23～26页。

觉意识的形成，进而有利于加强民族的凝聚力。文化自觉意识是指生活在一定文化中的人，对其文化有"自知之明"，明白它的来历、形成的过程和所具有的特色和它的发展方向"①。文化自觉意识是各族人民对本民族的文化符号系统有清晰而深刻的认识，是在文化认同之上的自觉仪式。文化自觉是民族文化认同的更高层次，表现为民族人民一种精神层面的依附，体现了个体对集体的一种情感依恋和归属感②。这种情感依恋和归属感对于中华民族共同体意识的培育至关重要，因此，对于青海省主要世居民族关键符号的相关分析，贯穿整个研究，散落在本书的各个部分。

3.2　青海省人口构成与总体特征

3.2.1　青海省主要世居民族的族源与人口迁移

据《青海省志·人口志》载：青海人口自古代迄至近代，增长速度相当缓慢，而且多次发生阶段性的人口减少现象，波动较大，起伏较多。从西汉末的汉平帝元始二年（公元 2 年）到 1949 年的 1900 多年间，总人口增长不足 3 倍，年平均递增率仅 0.67‰。这是由于青海特殊的自然、气候及经济、社会条件造成的。一方面，由于自然条件较差，可提供给人类的生活资源有限。自然环境的人口容量低。另一方面，由于战争比较频繁，尤其在政权更迭之际，残酷的战争导致各民族或被迫逃离，或被征服，人口流失严重，社会环境动荡不安，影响了人口的正常生息繁衍。以下是主要世居民族的族源情况③。

（1）汉族

中原各地汉族迁居青海始于西汉、隋唐之时，成批的汉族随军西迁定居青海。汉族早期主要是通过从军、屯垦、移民等途径，从内地迁到青海定

---

① 费孝通：《费孝通论文化与文化自觉》，群言出版社，2007，第 386～391 页。
② 吴建冰：《论广西世居民族的民族关键符号对民族认同的影响》，《广西社会科学》2015 年第 7 期，第 23～26 页。
③ 以下有关族源的内容引自《青海省志·民族志》。

居，其中以军事农业人口为主。青海汉族分布的地理特点是，一般分布在川水地区和浅山地区。

（2）藏族

青海藏族的族源主要有三，一是自唐龙朔三年（公元 663 年）吐蕃占领吐谷浑以来进入青海的吐蕃军队及其属部羊同、党项等羌人部落；二是吐蕃统治下的青海土著民族，包括吐谷浑人和原吐谷浑统治下的诸羌部落；三是经过婚姻关系逐渐形成的吐蕃人。主要分布在海北、黄南、海南、果洛、玉树 5 个藏族自治州，海西蒙古族藏族自治州及 17 个藏族乡，分别是：大通回族土族自治县的朔北藏族乡和向化藏族乡、湟源县日月藏族乡、湟中县群加藏族乡、乐都区下营藏族乡和中坝藏族乡、民和回族土族自治县杏儿藏族乡、互助土族自治县巴扎藏族乡和松多藏族乡、化隆回族自治县的金源藏族乡、塔加藏族乡、雄先藏族乡和查甫藏族乡、循化撒拉族自治县文都藏族乡、孕楞藏族乡、道帏藏族乡和岗察藏族乡。

（3）回族

经考，青海回族族源有五，一是唐朝的阿拉伯、波斯等国沿丝绸之路经商者留居；二是 13 世纪初，蒙古西征后的"西域亲军"连同随军东来的工匠、商人、学者和传教士及其家属留居；三是清朝移民实边政策和传教、经商而留居，西北各地回族反清起义失败后，被发配、充军和避难徙居；四是辛亥革命后以山陕商人为代表的民族资本、以天津商人及其在青海的代理商——歇家为代表的买办商业资本和以马步芳家族各商号为代表的青海地方官僚商业资本在青海开辟市场，许多外地回族商人落籍青海，从事商业活动；五是新中国成立后，各类调动工作的回族成员移民定居青海。学者马宗保曾指出："地理多样性和人文区位的过渡性是回族空间分布的显著特点，回汉民族在全国范围内呈显著混居的格局。"① 青海省内主要有化隆回族自治县、门源回族自治县、大通回族土族自治县和民和回族土族自治县及 8 个

---

①　马宗保：《试析回族的空间分布及回汉民族居住格局》，《宁夏社会科学》2000 年第 3 期，第 95~100 页。

回族乡，分别是：湟中县大才回族乡和汉东回族乡、平安县沙沟回族乡、古城回族乡、巴藏沟回族乡、洪水泉回族乡和石灰窑回族乡、贵德县新街回族乡。其中有 6 个回族人口在 5 万以上显著聚居型的县级行政区，同时存在多个相对混居型的农村乡镇行政区域，表明了城乡之间的差别。

（4）土族

青海土族族源有五，一是吐谷浑说；二是蒙古人说；三是多源混合说；四是阴山白鞑靼说；五是沙陀突厥说。土族是青海省内世居民族，青海省内有互助土族自治县、大通回族土族自治县、民和回族土族自治县及一个土族乡，即乐都县达拉土族乡。

（5）撒拉族

青海撒拉族族源是西突厥乌古思撒鲁尔部的一支。撒鲁尔人从中亚迁徙到青海循化地区落户，主要聚居于循化县，散居于化隆县甘都乡和同仁县，散居外省的主要是甘肃省积石山县和新疆的乌鲁木齐市等地。撒拉族为青海省独有少数民族，省内有 1 个自治县即循化撒拉族自治县，也是全国唯一的撒拉族自治县。

（6）蒙古族

青海蒙古族族源有三，一是出自东胡。在元朝建立前后，蒙古族陆续进入青海地区。西宁王统一着第一代蒙古族军民。二是明代后期嵌入青海的蒙古族部落先后有三批，第一批为"西海蒙古"、第二批为俺答汗部落、第三批为和硕特部。三是和硕特部已稳固地建立了对青藏高原的统治，清王朝封王赐爵，贡使往来，茶马互市。罗卜藏丹津的反清叛乱被平息后，青海蒙古元气大伤，一蹶不振，其势力逐渐衰微。省内主要有 1 个自治县即河南蒙古族自治县和 2 个蒙古族乡，即海晏县哈勒景蒙古族乡和门源回族自治县皇城蒙古族乡。

我国古代就有中原的华夏、东夷、南蛮、西戎、北狄这样的各族居住的四方格局。从历史上我国各民族的族源来看，没有哪一个民族成分是纯粹单一的。对汉族来说如是，对其他民族来说亦如此。这些民族的发展都是在各种不同形式的混居、迁移、通婚中不断吸收吸纳他族成分，同时又保持自己特色中完成的。从族源可以看出，历史上的青海地区的世居民族渊源深远，历经战争、和平、拓荒等系列阶段后生存在这一区域。其间也夹杂着各种商贸、日常生活的交往等，历史积淀所形成的民族分布在千百年来变化不大。如据《格尔木市志》载："早在明朝以前，格尔木地区即为藏族游牧地区，明朝中叶蒙古族进入，迫使藏族南退，蒙古族则在此区进行游牧活动，清朝中叶以后，藏族又逐渐进入该区东部，于是形成蒙古、藏族杂居之势，共同经营牧业。1920 年以后，马步芳统治青海，对牧业区进行残酷的掠夺和剥削。造成民族间的纠纷，互相残杀，破坏了畜牧业的正常生产，又形成藏族南迁，蒙古族东迁之势。特别是 1934 年，哈萨克族由新疆移牧青海之后，马步芳疯狂镇压哈萨克族牧民群众，挑起更大的民族纠纷，造成民族间的互相仇杀。格尔木的藏族，新中国成立前原系西藏多玛等部落在唐古拉山游牧的牧民，离格尔木 400 余公里，与蒙古、哈萨克两个民族接触不多，直到 1956 年成立了唐古拉山工委，部分藏族才在唐古拉山地区定居下来，后来改为唐古拉山区和人民公社，属于格尔木市代管。新中国成立后，哈萨克族和蒙古族结束了互相仇杀，游牧在同一片草原上，互通有无，亲如兄弟，和好如初。"① 而新中国成立后，其分布又有一定的特点，如格尔木市的民族分布中，"汉族分布于全市各地，但在四个牧业乡相对较少；回族分布地域较广，集中分布在市区，特别是河东三角一带人数最多，其次是河滩、河坝一带，仅次于汉族，但在乌图美仁乡、唐古拉山乡和大格勒乡较少；藏族主要分布于唐古拉山乡和西藏驻格办事处，在唐古拉山乡约占总人口的 80%；蒙古族主要分布于乌图美仁乡和郭勒木德乡，约占两乡总人口的 70%；撒拉族主要分布于昆仑路办事处和金峰路办事处，其他民族均分布在市区各行业、各单位"②。德令哈市人口主要分布"在德令哈市区，5 乡 25 个自然村，以及州属农垦单位。由于自然环境和农牧业生产特点不同，形成全市人口分布不均的状态。市区及国营农场人口密度较大，牧区的人口密度较

---

① 《格尔木市志》，方志出版社，2005，第 603 页。
② 《格尔木市志》，方志出版社，2005，第 603 页。

小"①。而到了近现代由于人口迁移和城镇化进程,以往的分布情况发生了一定的变化。

人口迁移通常可以看作人口常住地在自然空间的变动,被视为人口流动,其带动了社会流动。通常情况下,按照地理区域划分,一般有城乡之间、城市之间、农村之间以及省与省之间的变动;按照经济水平划分,一般可能会出现从不发达地区向较为发达地区、不发达地区之间和发达地区之间变动;变动的原因,有政治原因、经济原因、文化原因等,政治原因如部落首领为维护部落的地位争抢各种资源与权力,国家宏观层面的移民支边或移民拓荒等;经济原因是贸易往来等民间经济的发展带动;文化原因如宗教信仰等因素。

青海省历来是一个多民族地区。学者贾伟先后以河湟地区为例,研究了明代和两汉时期青海人口迁移,其描述了人口迁移活动的历史过程,较详细地考证了移民的来源、迁入区以及移民的方式等相关问题②。吴海霞等对1934年以来的青海哈萨克族人口变迁进行研究后发现,反复迁移是造成青海哈萨克族人口变迁的决定性因素③。

据《青海省志·人口志》载,由于青海历史上行政隶属关系及地方政权变更频繁等原因,编户人口基本上是以汉族为主,分布在广大牧区的少数民族人口90%以上未纳入编户统计,而且编户人口又受政权更迭、前后辖地范围变动的影响,增减变动很大。因此,总人口统计起伏较多,缺漏甚大,未列入编户的人数之多在全国十分罕见,总体而言,编户人口统计数字缺乏系统性、连贯性。1954年以前,青海人口统计中没有迁移统计项目,1954~1979年的迁移统计中没有区分省内迁移和跨省迁移的数据。根据相关人口迁移数据回测性推算,1950~1985年,青海省自省外迁入人口共346.90万人,迁出省外人口共282.58万人。净迁入64.32万人,平均每年

---

① 《德令哈市志》,方志出版社,2004,第79页。
② 贾伟:《明清时期河湟地区民族人口研究》,博士学位论文,兰州大学,2012。
③ 吴海霞、赵郡丹:《迁移与人口:1934年以来的青海哈萨克族人口变迁》,《青海民族大学学报》(社会科学版)2015年第2期,第70~78页。

净迁入 17865 人。36 年内，青海省从省外净迁入人口占人口增加总量的 24.8%，即 36 年机械增加人口约占 1/4[1]。

青海省的省际人口迁移[2]分别在三年国民经济恢复时期（净迁入 5.61 万人）、第一个五年计划时期（净迁入 14.27 万人），第二个五年计划时期（净迁入 25.66 万人），第三个和第四个五年计划的十年期间（净迁入 19.08 万人），而 1976～1985 年有 7 年迁出人口大于嵌入人口，净迁出 29.811 万人，表现出青海省人口迁移的特殊一面，即迁入人口多为政府部门组织实施的开发建设青海的人口，以移民垦荒（三次共计近 21.35 万人）、资源开发（大型水利地质勘探等工程，共计 18.3 万人）、沿海内地工厂搬迁（含家属，约 14.03 万人）、部队官兵转业（约 2 万人）为主，以大中专毕业生分配（约 1.5 万人）、其他（服刑人员等）为辅。而迁出人口主要是迁入人口逆向流动即迁入人口又倒流省外，以职工精简下放，非青籍人员返回原籍、哈萨克族群众集体迁往新疆、外省籍职工离退休后返回原籍、各类专业技术人员外流、移民垦荒时迁入人口返回原籍为主。青海省内人口迁移主要是西宁市、海西州和海东市。

改革开放后青海人口的迁移与城镇化建设有着密切关系，城镇化是国民经济和社会发展的重要动力，也是经济发展特别是工业化进程和现代化进程推进的必然结果。其本质是由传统落后的农村社会转变为现代先进城市社会的历史进程，对青海来说即：农牧民人口在空间上的转换；非农牧产业向城镇聚集；农牧业劳动力向非农牧业劳动力转移，其核心是人口就业结构、经济产业结构的转化过程和城乡空间社区结构的变迁过程。改革开放以来，尤其是近十多年来，中国城镇化水平随着经济发展不断提高，市镇人口达到 79298 万人，占全国总人口的 57.35%，直接促进了城市经济规模扩大和城镇化进程的发展。如表 3 - 2 显示，2001 年中国城镇化率为 37.66%，城镇人口 4.8 亿人，而到 2019 年底，中国城镇化水平为 62.71%，增长了 25.05

---

① 青海省地方志编纂委员会编《青海省志·人口志》，西安出版社，2000，第 45 页。

② 青海省地方志编纂委员会编《青海省志·人口志》，西安出版社，2000，第 46～51 页。

个百分点，表明我国城镇人口比重不断提高，城镇化发展十分迅速，不断推动着现代化的进程。

表 3 - 2   2001～2019 年中国人口数及城镇人口构成

单位：万人，%

年份	总人口（年末）	城镇人口数	比重
2001	127627	48064	37.66
2002	128453	50212	39.09
2003	129227	52376	40.53
2004	129988	54283	41.76
2005	130756	56212	42.99
2006	131448	58288	44.34
2007	132129	60633	45.89
2008	132802	62403	46.99
2009	133450	64512	48.34
2010	134091	66978	49.95
2011	134916	69927	51.83
2012	135922	72175	53.10
2013	136826	74502	54.09
2014	137646	76738	55.75
2015	138326	79302	57.33
2016	139232	81924	58.84
2017	140011	84343	60.24
2018	140541	86433	61.50
2019	141008	88426	62.71

资料来源：国家统计局《中国统计年鉴 2021》，中国统计出版社，2021。

3.2.2　青海人口及主要民族人口总量变化

据全国第七次人口普查统计，2020 年，青海省总人口 592.3957 万人，十年间增加了 29.72 万人。其中汉族人口 299.3534 万，所占比重为 50.53%，少数民族人口 293.0423 万人，所占比重为 49.47%。同 2010 年第六次人口普查相比，青海省汉族增加了 10018 人；少数民族增加了 287217 人。总体来说，少数民族人口比重由 2010 年的 46.98% 增长到 2020 年的 49.47%。

就青海而言，如表 3 - 3 所示，城镇人口从 2001 年末的 190.00 万人增加到 2019 年的 337.48 万人，城镇人口比重由 36.32% 增加到 55.52%，十来年间城镇人口比重增加了 19.2%，虽与北京、上海等特大城市的城镇化发展无法相比，但其城镇化发展在近二十年里表现较为迅速，推动着地方经济社会的发展，有学者进行了相关检验和预测，认为目前青海省城镇化水平滞后于经济发展阶段、非农化发展程度和工业化发展水平，城镇化仍然有较大发展空间[①]。

表 3 - 3　2001~2019 年青海人口数及城镇人口构成

单位：万人，%

年份	总人口（年末）	城镇人口数	比重
2001	523.10	190.00	36.32
2002	528.60	199.16	37.68
2003	533.80	203.80	38.18
2004	538.60	207.51	38.53
2005	543.20	213.23	39.25
2006	547.70	215.02	39.26
2007	551.60	221.02	40.07
2008	554.30	226.50	40.90
2009	557.30	233.50	41.90
2010	563.47	251.98	44.72
2011	568.17	262.62	46.22
2012	573.17	271.92	47.44
2013	577.79	280.30	48.51
2014	583.42	290.40	49.78
2015	588.43	295.98	50.30
2016	593.46	306.40	51.63
2017	598.38	317.54	53.07
2018	603.23	328.57	54.46
2019	607.82	337.48	55.52

资料来源：青海省统计局《青海统计年鉴 2021》，中国统计出版社，2021。

[①] 殷颂葵等：《青海省人口城镇化水平的评估及发展趋势研究》，《当代经济》2017 年第 6 期，第 29~31 页。

从图 3 - 1 可以看出，2001～2019 年青海省城镇化水平低于全国水平。2010 年有一个较大的涨幅，但在 2002～2009 年总体增幅不高，青海省的城镇化建设从 2010 年开始进入攻坚阶段，城镇化率稳步提升。2019 年底青海省地区生产总值为 2965.95 亿元，人均生产总值 48981 元，相对于过去十年有较大的提升。

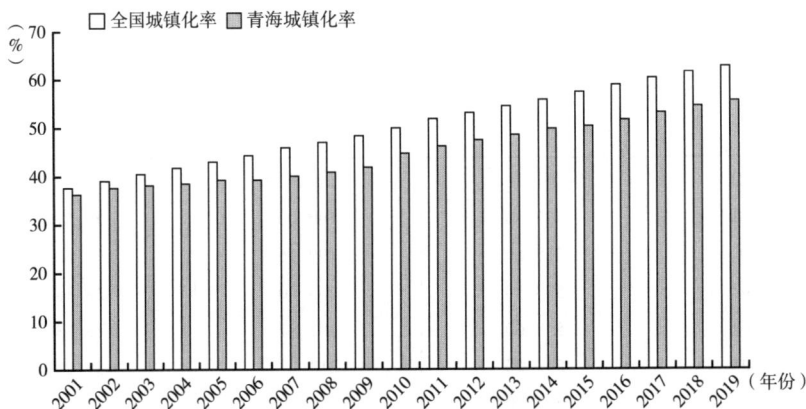

图 3 - 1　全国和青海城镇化率（2001～2019）

资料来源：由项目组根据《中国统计年鉴 2021》《青海统计年鉴 2021》相关数据整理。

表 3 - 4 和表 3 - 5 分别是项目组根据第五次、第六次全国人口普查数据整理汇总的青海省主要世居民族人口城镇化水平，并进行了对比分析（见表 3 - 6）。

表 3 - 4 根据全国第五次人口普查数据，显示出 2000 年青海省主要民族人口城镇化水平中，青海汉族城镇化水平（城市、镇、城镇）均高于全国水平，相对于其他民族，青海回族的城镇化水平（城市、镇、城镇）均高于青海省其他少数民族，这表明青海汉族、回族的整体城镇化水平较高。青海藏族的乡村人口比重高达 91.38%，其城镇化率仅为 8.62%，与青海汉族城镇化率相差 36 个百分点，与青海回族相差近 23 个百分点，这说明青海藏族是一个亟须提高人口城镇化水平的民族，而青海蒙古族、土族、撒拉族乡村人口比重也在 80% 以上，整体而言，除了青海汉族外，其他五个少数民族的人口城镇化水平都有待提高。

表 3 - 4　青海省主要民族人口城镇化水平（2000 年）

单位：人，%

民族	城市	镇	乡村	城镇合计	总人口	城市占比	镇占比	城镇占比	乡村占比
汉	810398	353951	1441701	1164349	2606050	31.10	13.58	44.68	55.32
蒙古	7423	7704	71174	15127	86301	8.60	8.93	17.53	82.47
回	137479	99267	516632	236746	753378	18.25	13.18	31.42	68.58
藏	20714	72981	992897	93695	1086592	1.91	6.72	8.62	91.38
土	6491	17018	164053	23509	187562	3.46	9.07	12.53	87.47
撒拉	5200	8012	73831	13212	87043	5.97	9.20	15.18	84.82
全国	292632692	166138291	783841243	458770983	1242612226	23.5	13.4	36.9	63.1

资料来源：项目组根据第五次全国人口普查汇总自制。截至 2022 年 1 月，全国第七次人口普查的详细数据尚未公布，故本书仅做了五普、六普的数据对比分析。

从表 3 - 5 可以看出，经过十年时间，第六次全国人口普查数据显示，相比 2000 年青海省内各个民族乡村人口比重均有所下降，其中青海回族、撒拉族的乡村人口比重减幅与全国乡村人口比重减幅相近，约为 12 个百分比。青海蒙古族乡村人口比重降幅最大，高达 21.12 个百分点。青海藏族乡村人口比重也减少了 15.56 个百分点。青海汉族城镇化水平仍与十年前接近，各项城镇化指标均高于全国水平。

表 3 - 5　青海省主要民族人口城镇化水平（2010 年）

单位：人，%

民族	城市	镇	乡村	城镇合计	总人口	城市占比	镇占比	城镇占比	乡村占比
汉	1076266	612489	1294766	1688755	2983521	36.07	20.53	56.60	43.40
蒙古	13086	25488	61241	38574	99815	13.11	25.54	38.65	61.35
回	191594	168214	474490	359808	834298	22.96	20.16	43.13	56.87
藏	48582	283916	1042561	332498	1375059	3.53	20.65	24.18	75.82
土	13915	33665	156832	47580	204412	6.81	16.47	23.28	76.72
撒拉	10646	19113	77330	29759	107089	9.94	17.85	27.79	72.21
全国	403760040	266245506	662805323	670005546	1332810869	30.3	20.0	50.3	49.7

资料来源：项目组根据第六次全国人口普查汇总自制。

表 3 - 6 显示了十年间的对比，其中，青海蒙古族城镇人口增长水平最
高，其次是青海藏族，这两个民族的城镇人口增长高于全国水平，但遗憾的
是，青海六大世居民族的城市人口增长无一超过全国水平，这表明青海六大
世居民族的人口城镇化主要发生在"建制镇"这一层次。这一结论与学者
马戎在《中国城镇化进程中的民族关系演变》中藏族的人口城镇化结论相
一致，他指出，西部地区镇人口的增长可能有两个原因，一个是本地乡镇企
事业的发展使镇人口增加，一个是农牧区社会经济发展过程中（包括生态
移民项目、牧区定居工程、基建项目征地后的乡镇重建等）新设立一批建
制镇①。而产生这一结果的原因可能在于青海省建省之初，只有一个地级市
和两个县级市（即西宁市、德令哈市、格尔木市），后于 2013 年确立海东
行署为地级市、玉树为县级市，2020 年确立同仁为县级市。

表 3 - 6　2000 年与 2010 年青海省主要民族人口城镇化水平比较

单位：%

民族	2000 年				2010 年				城镇人口增长	城市人口增长
	城市	镇	城镇	乡村	城市	镇	城镇	乡村		
汉	31.10	13.58	44.68	55.32	36.07	20.53	56.60	43.40	11.92	4.98
蒙古	8.60	8.93	17.53	82.47	13.11	25.54	38.65	61.35	21.12	4.51
回	18.25	13.18	31.42	68.58	22.96	20.16	43.13	56.87	11.70	4.72
藏	1.91	6.72	8.62	91.38	3.53	20.65	24.18	75.82	15.56	1.63
土	3.46	9.07	12.53	87.47	6.81	16.47	23.28	76.72	10.74	3.35
撒拉	5.97	9.20	15.18	84.82	9.94	17.85	27.79	72.21	12.61	3.97
全国	23.5	13.4	36.9	63.1	30.3	20.0	50.3	49.7	13.4	6.8

资料来源：项目组根据第五、六次人口普查汇总自制。

3.2.3　青海人口社会经济构成状况

本节通过青海省城乡居民人均可支配收入及城乡差额、主要世居民族就
业人口产业构成分布情况、主要民族就业人口情况、人口文盲率等因素的描

---

① 马戎：《中国城镇化进程中的民族关系演变》，《西北民族研究》2015 年第 1 期，第 19～34 页。

述或对比分析体现了青海人口社会经济构成状况,微观层面反映了青海省人口的分层结构、从业结构和人口分布结构。

（1）城乡居民人均可支配收入及城乡差额

从表 3-7 可以看出,2011～2019 年,青海省城镇居民人均可支配收入由 16287 元增至 33830 元,青海省农村居民人均可支配收入由 4806 元增至 11499 元。与此同时,青海省城乡数值绝对差别不断增大,由 2011 年的 11481 元升至 2019 年的 22331 元。这突出表现了城乡居民可支配收入差距。

表 3-7　青海省城乡居民人均可支配收入及城乡差额

单位:元

年份	2011	2012	2013	2014	2015	2016	2017	2018	2019
全体居民人均可支配收入	10030	11468	12948	14374	15813	17302	19001	20757	22618
城镇居民人均可支配收入	16287	18336	20352	22307	24542	26757	29169	31515	33830
农村居民人均可支配收入	4806	5594	6462	7283	7933	8664	9462	10393	11499
城乡数值绝对差别	11481	12742	13890	15024	16609	18093	19707	21122	22331

资料来源:项目组根据《青海统计年鉴 2020》整理、计算、汇总。

（2）主要世居民族就业人口产业构成分布情况

按照通行标准,项目组将青海省主要民族的就业人口产业构成情况制成表 3-8,以此显示青海省主要民族就业人口在产业构成上的差异。青海省就业人口中主要民族的分布情况为:汉族 161302 人（55.30%）、蒙古族 5298 人（1.82%）、回族 40651 人（13.94%）、藏族 67575 人（23.17%）、土族 11529 人（3.95%）、撒拉族 4342 人（1.49%）。青海蒙古族、藏族、土族就业人口在第一产业的所占比例均超过了 70%。相对而言,青海撒拉族和土族总人口数所占全省少数民族比例远小于青海藏族,因此可知,青海藏族实际从事第一产业的人口数和比例占第一位。第三产业中青海蒙古族、回族和撒拉族所占比例均在 20%～30%。与此对应,第二产业中青海藏族、撒拉族所占比例均在5%以下，说明这两个民族的就业范围较为狭窄，主要局限在第一产业，该情况以藏族尤为明显。

表3-8 青海省主要世居民族就业人口产业构成分布情况

单位：人，%

民　族	第一产业		第二产业		第三产业	
	人口	占比	人口	占比	人口	占比
汉　族	72877	45.18	32305	20.03	56120	34.79
蒙古族	3893	73.48	269	5.08	1136	21.44
回　族	26443	65.05	3490	8.59	10718	26.37
藏　族	53296	78.87	2258	3.34	12021	17.79
土　族	9070	78.67	803	6.97	1656	14.36
撒拉族	2976	68.54	191	4.40	1175	27.06
总　计	168703	57.83	39605	13.58	83390	28.59

资料来源：项目组根据第六次人口普查数据整理、计算、汇总。

（3）主要民族就业人口职业分布情况

从表3-9可以看出，根据六普数据显示，青海蒙古族、藏族、回族、土族和撒拉族在国家机关、党群组织、企事业单位负责人，专业技术人员，办事人员和有关人员，商业、服务业人员，农、林、牧、渔、水利业生产人员，生产和运输设备操作人员及有关人员中所占比例远低于汉族。

表3-9 青海省主要民族就业人口职业分布情况

单位：%

民族	国家机关、党群组织、企事业单位负责人	专业技术人员	办事人员和有关人员	商业、服务业人员	农、林、牧、渔、水利业生产人员	生产和运输设备操作人员及有关人员	不便分类的其他从业人员
汉族	75.07	68.10	73.28	71.74	42.31	78.14	80.99
蒙古族	1.68	2.06	2.11	0.86	2.28	0.66	0.41
回族	9.69	6.02	7.09	16.36	15.46	11.98	10.33
藏族	9.50	18.96	13.40	6.84	32.82	6.16	7.02
土族	1.97	3.20	2.56	1.62	5.30	1.75	0
撒拉族	1.34	0.91	0.87	1.76	1.74	0.71	0.83

资料来源：项目组根据第六次人口普查数据整理、计算、汇总。

（4）青海省主要民族人口文盲率（五普、六普数据比较）

根据表 3 - 10 中六普数据显示，青海省主要世居民族中，先从各民族 6 岁以上人口来看，汉族有 2816617 人，蒙古族有 91969 人，回族有 748658 人，藏族有 1225771 人，土族有 187127 人，撒拉族有 92910 人，分别占全省 6 岁以上人口的 54.33%、1.77%、14.44%、23.65%、3.61%、1.79%。再从各民族内部 6 岁及以上人口的教育程度来看，汉族排在前两位的是初中和小学，占比分别是 36.00% 和 29.34%；蒙古族排在前两位的是小学和初中，占比分别是 43.19% 和 18.20%；回族排在前两位的是小学和初中，占比分别是 50.62% 和 22.95%；藏族排在前两位的是小学和未上过学，占比分别是 49.43% 和 27.64%；土族排在前两位的是小学和初中，占比分别是 42.37% 和 26.89%；撒拉族排在前两位的是小学和未上过学，占比分别是 51.66% 和 23.86%。总体而言，藏族和撒拉族的整体受教育情况相对于其他四个民族较低，尤其是藏族。藏族居住的区域占全国国土面积比例较高，且在西南边疆较多，我国西藏及四省涉藏地区的稳定发展是国家稳定发展的重点之一。

表 3 - 10　青海省各民族受教育程度的 6 岁及以上人口情况

单位：人，%

民族	6 岁及以上人口	未上过学占比	小学占比	初中占比	高中占比	大学专科占比	大学本科占比	研究生占比
汉族	2816617	6.05	29.34	36.00	15.92	7.78	4.69	0.21
蒙古族	91969	18.18	43.19	18.20	9.33	6.08	4.82	0.20
回族	748658	16.83	50.62	22.95	5.72	2.12	1.71	0.05
藏族	1225771	27.64	49.43	12.73	4.87	3.31	1.93	0.09
土族	187127	12.82	42.37	26.89	10.38	4.02	3.43	0.09
撒拉族	92910	23.86	51.66	15.06	4.76	2.92	1.69	0.06
总计	5184022	13.51	38.28	27.54	11.32	5.66	3.54	0.15

资料来源：项目组根据第六次人口普查数据整理、计算、汇总。

总体来说，青海省主要世居民族的从业结构体现了藏、回、土、撒拉和蒙古族这五个少数民族成员的职业就业情况，同时也体现了这些少数民族成员的阶层属性基本情况。需要得到重视的是藏族、撒拉族较高的文盲率，整体而言，这五个民族不高的就业率以及他们的职业分布，会在一定程度上影响民族之间的交往互动。

3.3　新型城镇化背景下青海省主要民族社区的变迁与发展情况

民族社会学理论认为，分布在特定区域中，各民族成员之间的居住空间的分布状况与人口数量比例构成，在一定程度上能够反映出这个区域内各个民族的凝聚程度、各个民族交流合作的空间条件及各个民族相应发展动力的指标之一。

3.3.1　青海省主要城市民族居住格局变迁

1929 年 1 月青海建省，1946 年 11 月西宁建市（省府、市府治在西宁）。从青海正式建省到 1949 年青海解放，西宁城区的建设发展较为缓慢，城区除保留原有明、清城垣外，仅在小桥地区建立了所谓的"八大工厂"，城区面积仅约为 3 平方公里（包括部分村庄），西宁市区面积约为 30 平方公里。1954 年西宁市城区拓展到东起乐家湾，西至西宁市师范学校（今五四小学），南抵西宁市副食厂，北到小桥地区，城区面积约为 22.8 平方公里。1959 年西宁市城区面积拓展，东起付家寨，西至吧浪村，南抵省汽车改装厂，北到小桥、朝阳地区，城区面积 57.89 平方公里。1981 年西宁市城区调整为东起小峡口，西至吧浪村，南抵水磨村、一水厂，北到青海大学，城区面积约为 46 平方公里；2001 年西宁市城区面积拓展到东起小峡口，西至省电台、吧浪村，北到下孙家寨，南至市一水厂、省汽车改装厂，城区面积为 72.75 平方公里。这是西宁市城市空间的发展历程①。相对而言，青海省建省以来最重要的城市就是省会西宁。除此之外，还有德令哈和格尔木两个县级市。

---

① 内容引自《西宁市城市空间发展历程》，2006 年由西宁市城乡规划建设局编制。

德令哈市的历史沿革、行政区划发展历程及人口情况详见《德令哈市志》[①]：而民国元年（1912）7月，德令哈地区隶属于青海办事长官。民国四年（1915）隶属于甘边宁海镇守使兼管。1949年10月，德令哈隶属于都兰县管辖。1958年设立德令哈县，1988年成立德令哈市（县级），辖5乡，隶属于海西州。行政辖区为原德令哈镇和乌兰县的怀头他拉，戈壁、郭里木、宗务隆、蓄集4乡的行政区域。1995年，全市设立5个乡，25个村民委员会（牧业村13个），71个农牧业合作社、6个居民委员会。辖区内还有德令哈、尕海、怀头他拉、巴音河四个州属国营农场。1949年之前，德令哈地区人口无准确记载。1949年底，德令哈有419户1498人。随着德令哈农场的兴建和柴达木的开发，人口增长速度加快。1956年达到11522人，1959年为34327人，1989年为45612人，1995年为49145人。人口结构中1988年建市年末总人口45420人，其中汉族占81.72%、蒙古族占12.32%、藏族占2.30%、回族占2.24%，其他少数民族占1.31%。1995年全市49145人，全市有汉族、蒙古族、藏族、回族、土族、撒拉族、苗族、壮族、锡伯族、畲族、高山族、东乡族、裕固族、满族、侗族、瑶族、土家族、哈萨克族等18个民族，其中汉族占78.87%，少数民族占21.13%。

格尔木市的城市发展历程[②]：1954年7月15日阿尔顿曲克哈萨克族自治区成立之前，格尔木地区属都兰县管辖，未曾有过建制。阿尔顿曲克区隶属于柴达木工委。1956年1月和3月，唐古拉山工作委员会和格尔木工作委员会相继成立后，成为柴达木工作委员会所辖的2个县级政区。1960年11月，格尔木市成立。1962年6月乌图美仁乡成立，隶属阿尔顿曲克区，1963年4月，划归格尔木市管辖；1964年9月1日，将唐古拉山区划归格尔木市，当时行政区划为2区（阿尔顿曲克区和唐古拉山区）、1乡（乌图美仁乡），1969年1月，乌图美仁乡改为乌图美仁公社，1969年9月20日，

---

①　《德令哈市志》，方志出版社，2004，第35、69页。

②　《格尔木市志》，方志出版社，2005，第61页。

成立城关镇。1971 年 1 月 9 日，唐古拉山区改为唐古拉山公社，至 1980 年，格尔木县行政区划为 1 区（阿尔顿曲克区）、1 镇（城关镇），2 个公社（唐古拉山公社，乌图美仁公社）。1980 年 6 月 14 日，格尔木县改为格尔木市，以县的管辖区为市的行政区。同年 10 月 8 日，撤销城关镇，设立昆仑路、金峰路、河西三个街道办事处。1982 年接管格尔木农场总场大格勒分场。1984 年 5 月，公社改为乡，同年 12 月，阿尔顿曲克区改为郭勒木德乡，从此格尔木市行政区划为唐古拉山、乌图美仁、郭勒木德、大格勒 4 个乡，昆仑路、金峰路、河西 3 个街道办事处。1999 年 11 月，增设黄河路、西藏路 2 个街道办事处。1952 年格尔木解放以后，随着经济建设以及文化教育和医疗卫生等社会事业的发展，人民群众的生活水平及人口素质得到了改善和提高。1952~2000 年，格尔木市人口变动大体可以分为几个阶段，出现了急剧增长到总量锐减再到稳步增长等局面①。1990 年全国第四次人口普查中全市包括流动人口 83015 人，2000 年全国第五次人口普查中总人口 165265 人，主要是流动人口增加。常住人口由 1990 年的 70893 人增加到 2000 年的 94843 人。人口的民族构成中，1952 年格尔木市解放时，全市哈萨克族有 825 人。第二次人口普查时，全市 25116 人，其中汉族占 85.05%，蒙古族占 4.53%，回族占 2.37%，藏族占 4.07%；第三次人口普查时，全市 57202 人，汉族占 87.31%，蒙古族占 2.97%，回族占 2.15%，藏族占 4.04%；第四次人口普查时，全市 83015 人，其中汉族占 85.2%，蒙古族占 2.36%，回族占 6.4%，藏族占 4.08%；第五次人口普查时，全市 165265 人，汉族占 71.16%，蒙古族占 2.10%，回族占 18.99%，藏族占 4.01%。

据《格尔木市志》显示，格尔木人口增长有以下特点：一是人口迁入增长快；二是迁入人口中汉族人口多，少数民族人口少；三是在迁入人口中汉族约为 90.2%，少数民族约为 9.8%；四是迁入人口中外省人口多，本省人口少。外省人口约占 75%，本省人口约占 25%。这充分体现了格尔木市

---

① 详见《青海省志·人口志》。

在城镇化建设进程中的人口流动情况。

除此之外，湟源、结古、鲁沙尔也是民国时期除了西宁外具有代表性的城镇市场，有研究认为，"民国时期的城镇市场发展中，西宁是省会其发展具有无法比拟的优越性，市场发育水平最高，是青海唯一具有近代化气息的城市"；相对而言，湟源、结古和鲁沙尔分别具有各自的特色，在少数民族贸易需求方面、物物交流和文化传播方面发挥了一定作用[①]。鉴于篇幅所限，本书对这三个城镇不做进一步的介绍与阐释。

3.3.2 青海省民族社区的发展现状

《国家新型城镇化规划（2014—2020 年）》指出，我国目前已进入全面建成小康社会的决定性阶段、关键时期和重要时期，"城镇化是现代化的必由之路、保持经济持续健康发展的强大引擎、加快产业结构转型升级的重要抓手、解决农业农村农民问题的重要途径、推动区域协调发展的有力支撑、促进社会全面进步的必然要求"。现有的研究发现，我国城镇化建设中的主要矛盾表现为：大量农业转移人口难以融入城市社会，市民化进程滞后；"土地城镇化"快于人口城镇化，城镇空间分布和规模结构不合理，与资源环境承载能力不匹配；城市管理服务水平不高，"城市病"问题日益突出；自然历史文化遗产保护不力，城乡建设缺乏特色；体制机制不健全，等等。改革开放以来，青海的"点、线、面"结合的城镇网络已具雏形，以城带镇、以镇带村、以村促镇、整体协同的城镇发展格局正在形成。[②] 在此基础上倡导建设新型城镇化的主要指标有四个，一是城镇化水平；二是基本公共服务；三是基础设施；四是资源环境。并提出了针对中西部地区的建设要求，即培育发展中西部地区城市群，为当前的新型城镇化建设指明了方向。《青海省新型城镇化规划（2014—2020 年）》指出，2000 年以来，青海省城镇化步伐明显加快，逐步形成了以西宁为中心、小城市和州府县城为骨干、

---

① 马安君：《民国时期青海城镇市场述论》，《西藏研究》2008 年第 3 期，第 41~46 页。

② 潘振成、刘湖滨等：《青海城镇化进程中的劳动就业问题研究》，《攀登》2002 年第 6 期，第 67~71 页。

小城镇为基础的城镇体系。在此基础上，城镇功能明显提升、人居环境得到逐步改善。

从表3-11可看出，根据"五普"和"六普"数据，青海省常住人口比重降低的是海东地区和海北州，其常住人口比重分别减少了4.52和0.48个百分点；其余各地常住人口比重都有所增加，西宁市常住人口比重增加了1.05个百分点，黄南州增加了0.21个百分点，海南州增加了0.1个百分点，果洛州增加了0.52个百分点，玉树州增加了1.54个百分点，海西州增加了1.58个百分点，总体相差不大。从人口密度来说，青海省依旧是东密西疏，人口随着海拔地势的增高而呈现减少的情况。其中海西州的人口密度最小，仅为1.5人/公里^2。

表3-11 青海省州（地、市）常住人口的地区分布（五普、六普数据对比）

地 区	人口数（人）	比重（%）		人口密度（人/公里^2）
		2000年	2010年	
西宁市	2208708	38.2	39.25	295.6
海东地区	1396846	29.34	24.82	106.14
海北藏族自治州	273304	5.34	4.86	6.94
黄南藏族自治州	256716	4.35	4.56	14.32
海南藏族自治州	441689	7.75	7.85	9.62
果洛藏族自治州	181682	2.71	3.23	2.38
玉树藏族自治州	378439	5.19	6.73	2
海西蒙古族藏族自治州	489338	7.12	8.7	1.5

资料来源：青海省2010年第六次人口普查主要数据公报。

从表3-12可以看出，截至2019年底，青海省全省人口城镇化率为41.20%，各地人口城镇化中海西州（69.06%）高于西宁市（62.87%），其他地区人口城镇化率在15%~30%，玉树州和果洛州的人口城镇化率最低，海东市、海北州、黄南州和海南州相差不大。从人口流动情况来看，历史上的青海省人口流动迁出入地为西宁市及海东市，目前，省外迁入地主要为西宁市、海东市和海西州，省内迁出地也主要是这三个地区，增加了海西州，说明海西州在改革开放以后城镇化建设加速。从年内迁入与年内迁出的数据来看，青海省外迁入户籍与迁出户籍相差不大，省内迁入户籍与迁出户籍有差别。相比而下，青海省除了西宁、海东和海西州的人口迁移较为明显外，其余仍然表现为人口迁移不明显。这与前面的结论一致。按照人口城镇化的高低排序，海西州的人口城镇化率（69.06%）超过了西宁市（62.87%），其余各州均在 30% 以下。玉树州与果洛州的人口城镇化率在 18% 以下，与最高的海西州相差超 50 个百分点，不得不说差距很大。

表 3 - 12　青海省人口分布、城镇化率及流动（2019 年末）

地　区	总人口中				年内迁入		年内迁出	
	总人口	城镇人口	乡村人口	城镇化率（%）	省内	省外	省内	省外
全　省	5890257	2426676	3463581	41.20	40676	22817	52021	24061
西宁市	2093673	1316211	777462	62.87	21581	17445	20713	16414
海东市	1726074	468140	1257934	27.12	8024	2164	13552	3071
海北州	295568	80537	215031	27.25	910	234	1926	283
黄南州	280164	70991	209173	25.34	1297	153	1646	178
海南州	471520	106994	364526	22.69	2810	309	4209	506
果洛州	204063	33684	170379	16.51	510	134	945	232
玉树州	415369	71232	344137	17.15	1223	342	2269	904
海西州	403826	278887	124939	69.06	4321	2036	6761	2473

资料来源：项目组根据《青海统计年鉴 2020》整理、计算、汇总。

以西宁市为例，西宁市四个城区所辖社区情况见表 3 - 13。从表中可以看出，西宁市城东区与城中区所辖社区数分别为 31 个和 28 个，所辖户数总数较为相近，相对而言，城北区所辖 23 个社区与城西区所辖 20 个社区，所辖户数较少。由于西宁市是青海省省会，其人口总数在全省占比较高，而大部分社区都有少数民族群众的身影，均可以看作民族社区的代表。

表 3-13　西宁市城区所辖社区情况

单位：户

行政区域	所辖社区情况，括号内为户数
城东区（总户数： 109960）	互中社区（2543）、德令哈社区（3335）、富强巷社区（3138）、园山路社区（3890）、慈幼社区（2289）、东关社区（1861）、五一社区（3760）、北关社区（3189）、火车站社区（3011）、中庄社区（7238）、为民社区（3266）、纺织社区（2536）、杨家巷社区（3023）、建国路社区（2224）、康西社区（3876）、康东社区（5290）、学院社区（5611）、泰宁社区（4500）、青藏花园社区（4486）、一颗印社区（1682）、林家崖社区（1500）、站西社区（4359）、东盛社区（1008）、乐家湾社区（7084）、金桥路社区（3439）、东兴社区（1304）、国际村社区（6560）、团结社区（1616）、清真巷社区（4621）、夏都花园社区（4666）、树林巷社区（3055）
城中区（总户数 104492）	清华路社区（2347）、新城社区（3478）、建新社区（5600）、七一路西社区（2806）、香格里拉社区（2514）、水井巷社区（5233）、上滨河路社区（5396）、长江路社区（4986）、前营街社区（3699）、西台社区（4620）、解放路社区（4300）、农建社区（3621）、石坡街社区（3429）、二机社区（2538）、东大街社区（3170）、龙泰社区（3858）、东台社区（5173）、南关街社区（3266）、新青社区（3033）、福禄巷南社区（3974）、南山社区（3212）、南山东社区（5017）、文化街社区（4863）、南山西社区（4682）、福禄巷北社区（3455）、兴旺社区（2449）、金十字社区（1329）、瑞驰社区（2444）
城西区（总户数 80175）	冷湖路社区（7957）、医财东社区（3091）、医财西社区（6044）、新宁路西社区（3700）、海晏路社区（3459）、北气象社区（3772）、南气象社区（3315）、贾小社区（5013）、尕寺巷社区（4062）、兴胜社区（3421）、中华巷社区（4189）、昆仑路东社区（4330）、昆仑路西社区（4194）、学院巷社区（4328）、青年巷社区（4396）、公园巷社区（3667）、北商业巷社区（1727）、东交通巷社区（2850）、西交通巷社区（3673）、西川南路社区（2987）
城北区（总户数 91924）	新世纪社区（4242）、北川河东路社区（6756）、小桥社区（8899）、毛胜寺社区（6094）、生物园社区（4810）、欣乐社区（3435）、新海桥社区（7959）、北山社区（3620）、山川社区（7705）、朝阳社区（5695）、新村社区（3004）、马坊东社区（3355）、建设巷社区（5405）、一机床社区（2013）、祁连路西社区（1983）、西杏园社区（1223）、盐庄社区（1626）、工具厂社区（1124）、光明社区（3216）、汽运社区（2707）、青工社区（2527）、幸福社区（3112）、泉湾社区（1414）

资料来源：《青海省城市贫困家庭可持续生计的实证研究——以西宁市为例》，调研报告（2012）。

　　《国家新型城镇化规划（2014—2020 年）》指出的新型城镇化的主要指标前文已有所陈述。中共青海省委、青海省人民政府在 2014 年 5 月 12 日下发的《青海省新型城镇化规划（2014—2020 年）》，是根据十八大报告，十八届二中、三中全会及中央城镇化工作会议精神等制定颁发的。根据报告显示，青海省新型城镇化建设的背景是2000年以来，伴随着经济社会持续快速发展和基础设施条件显著改善，青海省城镇化步伐明显加快，表现为工业增加值年均增长15%以上，初步形成以西宁为中心、小城市和州府县城为骨干、小城镇为基础的城镇体系。人均住房面积达到26平方米，建成区绿化覆盖率为23%，从2003年开始，全省常住人口城镇化率年均增长1个百分点以上，并指出青海省城镇化处于加速发展期，即城镇化率30%～70%的快速发展区间，当前青海省国家主体功能区和生态文明先行区创建活动的深入实施，将引导全市人口由发展困难、生态脆弱的地区，向资源环境承载能力较强，人居适应性较好，基础配套条件较为完善的城镇集中，以利于腾出更多生态保护空间，推进人口与经济布局相统一，与自然环境承载能力相适应。此外，人口流动方向更加集中，对城镇可持续发展、包容发展的要求更高，以及以城镇为平台的开放合作更为活跃，其发展目标是到2020年，青海省城镇化水平迈上新台阶，"四个一部分"农牧业转移人口的市民化问题基本解决，城镇体系趋于完善，各类城镇协调发展，城镇基础设施和公共服务设施水平显著提升，综合承载能力和可持续发展能力大幅提高；人居环境明显改善，各族人民生活更加殷实，更加和谐，改革开放取得重大突破，新型城镇化管理体制和运行机制基本建立。据2017年第1期《城市规划通讯》报道，从青海省住房与城乡建设厅获知，在"十三五"时期，青海省将形成以1个大城市、4个区域性中心城市、8个新兴城市和80个重点城镇为主题的新型城镇化格局，预计新增城市人口90万，其中约45万农村人口将落户城市。根据《青海省城镇体系规划》的设想，青海省新型城镇化建设的目的是立足生态文明的基本理念，推进新型城镇化与新型工业化、农业现代化和信息化的协同发展，实现青海省跨越发展、绿色发展、和谐发展、统筹发展，将全省建成国家矿产战略资源接续地、清洁能源基地、特色农产品生产加工基地和高原旅游目的地，全省城乡成为国家生态安全屏障和生态文明先行区、循环经济发展先行区和民族团结进步示范区，并设立了近期和远期目标。2020年，全省城镇化水平达到60%，城镇体系格局明显优化，以城市群为主体形态，建成以西宁市为中心城市，海东市、格尔木市、德令哈市、玉树市为区域中心城市，小城市、小城镇（建制镇）有机协调的城镇体系，显著提高城镇基础设施和公共服务设施水平，明显改善人居环境。远期（2030年）：全省城镇化水平达到68%，城镇体系空间格局基本完善，城镇绿色发展、创新能力、城镇化质量、城乡发展指标与全国平均水平同步，城乡统筹发展、资源集约利用、节能减排的成效显著，全省基本实现生态文明的发展目标，并将青海省城镇空间结构调整为"四区两带"，"四区"即东部地区、柴达木地区、环青海湖地区和三江源地区，"两带"即：兰青、青藏铁路沿线城镇发展带和黄河干流沿岸城镇带。据悉，2014年格尔木市被列入首批国家新型城镇化综合试点城市；2015年西宁市、门源回族自治县入选第二批国家新型城镇化综合试点地区名单。2016年，海晏县、贵德县、玛沁县、循化县街子镇入选第三批国家新型城镇化综合试点地区名单。截至目前，青海省国家新型城镇化综合试点总数扩大到7个。可以看出，青海省新型城镇化的建设开展得如火如荼，其进程中互嵌式社区的情况需由田野调查而知。

第4章

新型城镇化进程中青海省民族社区
"相互嵌入" 程度的实证分析

本书所设计的调查问卷将青海省民族社区"相互嵌入"程度归于以下几个方面的统计分析，通过问卷试图获取以下数据。

第一，主要是被调查者年龄、性别、婚姻状况、文化程度、家庭人口和结构等方面的基础数据，以便揭示影响互嵌式社区建设的群众自身因素特征和家庭特征，其中对婚姻和通婚情况的调查有助于了解通婚视角下的青海省互嵌式社区建设情况。

第二，主要是通过宗教情况、生活习惯等数据对青海省现有多民族混杂居社区的互嵌情况进行基本判断，通过社区社会网络、社区关系、社区归属感等指标来进一步解释"互嵌"现状产生的原因，这些主要是通过被调查者的主客观情况来开展的研究，通过分析了解从民族社区居民视角出发的互嵌式社区的现状及他们的期望所在。

第三，主要通过对旅游开发的民族村寨和生态移民社区中的居民调查发现当前推动民族地区经济社会发展的措施对民族关系的影响程度和未来可能影响到互嵌式社区建设的程度，预测未来应该如何关注这些影响因素。

本书认为这些调查内容反映了从初级民族交往（日常交往）到高级民族交往（血缘融合之民族通婚）的相互嵌入程度，在下一章的研究中则注重从民族心态因素和民族关系因素，将身份认同、社区归属感、民族日常交往和政治信任归为主要影响因素加以验证。

4.1 相互嵌入程度之各项指标分析

在 2016～2017 年，本书课题组先后开展了青海省省内九个民族社区的问卷调查，涉及西宁市、海东市、黄南州、海北州、海西州等五个区域，本书开展的问卷调查所涉及的社区主要有城市（镇）社区、农村社区和移民社区三大类型，其中城镇社区的比例为56.6%，农村社区的比例为43.4%，同时农村社区中又将田野调查的社区分为旅游驱动和移民搬迁的社区，分别占7.6%和13%，其余为普通农村社区。有关各个社区的民族分布基本情况在前文已有陈述①，不再赘述。

按照学者们对"互嵌式社区建设"所进行的界定，"相互嵌入"程度首先是从不同民族个人身份出发的相互嵌入，其次是将个人身份带入具体所居住（归属于）的社区（村落）场域中，由于各个社区的历史形成、社区特点等不同，不同社区的相互嵌入程度不同。本节开展的"相互嵌入"程度分析首先从被调查者个体为主各项指标出发，开展描述性分析，包括被调查者的基本情况、生活习惯、宗教信仰、社区社会网络、社区关系及社区归属感，然后以各个不同社区为主进行不同社区的归属感的比较分析。

按照通常做法，被调查者的基本情况主要包括性别、年龄、文化程度、职业、户籍、政治面貌、上个月个人收入与上一年家庭总收入、是否为原有居民及迁来本地的原因等指标②。这些基本情况所反映的是个体最基本的信息。

1. 性别

据统计，被调查者中男性汉族与女性汉族分别为 94 人和 120 人，分别占汉族被调查者的 43.93% 和 56.07%；男性藏族与女性藏族分别为 193 人和 159

---

① 内容详见第 1 章表 1-6 和表 1-7。
② 因本书主要是以民族为第一特征的分析，故本小节所开展的个人的各项指标分析，以民族指标与各项指标的交互分析为主。

人，分别占藏族被调查者的 54.83% 和 45.17%；男性回族与女性回族分别为 67 人和 58 人，分别占回族被调查者的 53.6% 和 46.4%；男性蒙古族与女性蒙古族分别为 27 人和 33 人，分别占蒙古族被调查者的 45% 和 55%；男性撒拉族与女性撒拉族分别为 25 人和 31 人，分别占撒拉族被调查者的 44.64% 和 55.36%；男性土族与女性土族分别为 55 人和 54 人，分别占土族被调查者的 50.46% 和 49.54%。在性别与民族的交互分析中，各个民族较为相近。

2. 户口

被调查者中汉族城镇户口和汉族农村户口分别为 133 人和 81 人，分别占汉族被调查者的 62.15% 和 37.85%；藏族城镇户口和藏族农村户口分别为 155 人和 197 人，分别占藏族被调查者的 44.03% 和 55.97%；回族城镇户口和回族农村户口分别为 96 人和 29 人，分别占回族被调查者的 76.8% 和 23.2%；蒙古族城镇户口和蒙古族农村户口分别为 29 人和 31 人，分别占蒙古族被调查者的 48.33% 和 51.67%；撒拉族城镇户口和撒拉族农村户口分别为 33 人和 23 人，分别占撒拉族被调查者的 58.93% 和 41.07%；土族城镇户口和土族农村户口分别为 69 人和 40 人，分别占土族被调查者的 63.3% 和 36.7%。

3. 职业与收入

从表 4-1 可以看出，藏族被调查者中农、林、牧、渔、水利业生产人员和不便分类的其他从业人员分别占藏族被访者的 40.63% 和 29.83%，为藏族的主要职业分布。这与前文所述藏族的城镇化水平整体不如其他民族相一致。而从事商业、服务业人员的相差不大，其他民族中不同职业的差异并不突出，与前文所分析青海省世居民族职业分布情况相差不大。

表 4-1　根据职业划分被访者的民族人口排序

单位：人

排序	普通办事人员和有关人员	国家机关、党群组织、企业单位负责人	军人	农、林、牧、渔、水利业生产人员	商业、服务业人员	生产、运输设备操作人员	专业技术人员	不便分类的其他从业人员
第一	藏(22)	藏(23)	藏(1)	藏(143)	汉(38)	汉(11)	藏(25)	藏(105)
第二	汉(18)	汉(13)	回(1)	汉(45)	藏(27)	藏(3)	汉(23)	汉(56)

从表 4 - 2 可以看出，由于涉及收入，所以被访者的回答有所保留，有访谈资料显示"你们做这个调查是帮助政府查的吗？"（访谈资料 F2016021604，被访者为回族，男性，社区居民）；由于担心是政府在查个人家庭收入，所以项目组可以看出他们在说明收入的时候表情明显是在掩饰，往往会降低自己实际的收入来源。根据被调查数据显示，31.38% 表示家庭年收入低于 2 万元；25.53% 表示家庭年收入在 2 万 ~ 3 万元；19.57% 表示家庭年收入在 3 万 ~ 5 万元；10.35% 表示家庭年收入在 5 万 ~ 7 万元，仅有 6.75% 和 6.41% 表示家庭年收入在 7 万 ~ 10 万元与 10 万元以上。

表 4 - 2　被调查者的职业、上个月个人收入、去年全年家庭总收入的情况分析

变量特征	调查样本（人）	回答样本（人）	有效样本率(%)	详细内容	回答样本数（人）	选项占有效回答百分比（%）
职业	921	893	96.96	普通办事人员和有关人员	72	7.82
				国家机关、党群组织、企业单位负责人	83	9.01
				军人	3	0.33
				农、林、牧、渔、水利业生产人员	267	28.99
				商业、服务业人员	120	13.02
				生产、运输设备操作人员	20	2.17
				专业技术人员	68	7.38
				不便分类的其他从业人员	280	30.4
上个月您的个人收入	921	779	84.58	≤1000 元	226	29.01
				1001 ~ 2000 元	171	21.95
				2001 ~ 3000 元	165	21.18
				3001 ~ 4000 元	90	11.55
				4001 ~ 5000 元	60	7.70
				>5000 元	87	11.17
去年您家的家庭年收入	921	889	96.53	≤2 万元	279	31.38
				20001 ~ 30000 元	227	25.53
				30001 ~ 50000 元	174	19.57
				50001 ~ 70000 元	92	10.35
				70001 ~ 100000 元	60	6.75
				>10 万元	57	6.41

4. 政治面貌与受教育程度

据统计，在 663 名群众身份的被调查者中，最多是藏族 275 人，占 41.48%；其次是汉族 147 人，占 22.17%；还有回族 101 人，占 15.23%。共产党员中，汉族、藏族、蒙古族相差不多，均占全部共产党员的 1/3 左右。小学以下的主要是藏族和土族，分别为 116 人和 34 人，占全部小学以下文化水平被访者的 50.88% 和 14.91%。这表明藏族、土族的受教育程度较低，与前文所分析青海藏族等民族受教育程度较低情况相符。

5. 民族与居民身份的交叉分析

从表 4-3 可以看出，483 位是原有居民，438 位是迁来本地居民，其中 369 位回答了迁来本地的原因，被调查者中除了生态移民的客观原因外，主要是因为本地就业机会多、婚嫁、安居工程等。在表中可以看到，其中生态移民占 35.2%，本地就业机会多占 26.3%，婚嫁占 19.8%，这三项为主要的迁移原因。

表 4-3　您是否原有居民及迁来本地的原因交叉 （$N = 921$）

民族	是否原有居民		迁来本地的原因				
	否	是	婚嫁	投奔亲戚	生态移民	安居工程	本地就业机会多
汉	109	105	29	3	2	15	42
藏	213	139	17	4	125	19	29
回	47	78	9	0	0	7	14
蒙古	32	28	3	0	1	16	4
撒拉	15	41	3	0	1	3	3
土	19	90	12	0	1	2	2
其他	3	2	0	0	0	0	3
合计	438	483	73	7	130	62	97

4.1.1　生活习惯

本书的生活习惯主要从以下几个方面开展调查。

（1）日常交往

问及 "您有几个其他民族的朋友"，911 位答题者中 60.04% 表示自己有三个及以上的其他民族朋友，8.78%表示有2个其他民族朋友，3.95%表示有1个，同时有27.22%表示没有其他民族的朋友。这表明绝大多数的被访者对异族朋友的交往较为肯定。而问及"工作中，您能接受和其他民族的人一起工作吗？"时，896位答题者中31.14%表示完全接受，47.54%表示接受，10.16%表示一般，仅有11%左右的被访者表示不能接受，数个被访者均表示："工作嘛，生活需要，其他民族的同事啥的你也选择不了，所以有什么不接受的，能接受。"（访谈资料F2016052001，被访者为汉族，男性，社区居民）

问及"应该少结交其他民族的朋友"时，899位答题者中30.03%表示很不同意，33.48%表示不太同意，17.58%表示一般，这表明，接近80%的被访者都对这一看法持否定态度。有群众表示："关键是看这个人的人（品），而不是他是哪个民族的。"（访谈资料F2016052401，被访者为藏族，女性，社区居民）这表明被访的社区群众在选择交友时相对理性。民族学家马戎教授从个人经历出发，认为："在农村牧区的基层社区不应该存在什么民族矛盾的，人们之间的相处看到的是对方这个人，而不是他的民族成分。"这也表现在问及"对从外地迁来本社区的其他民族的人您的态度"时，896位答题者中30.47%表示很欢迎，26.90%表示比较欢迎，28.68%表示一般，表示不欢迎的仅有13.95%。王希恩先生曾指出："尊重差异就是尊重存在，就是尊重人的创造和人类文化本身。"① 数据也表明并未有强烈的排外意识。

项目组通过2016～2017年开展的田野调查可知，当代不同民族的群众对于民族关系、日常交往等也有了新时代的特点，具体可从田野数据而知。

在问及"您对社区内其他民族的文化传统生活习惯了解程度如何"时，907个答题者中仅有2.98%表示非常了解，22.05%表示比较了解，33.19%表示一般，31.42%表示不太了解，10.36%表示完全不了解。"穆斯林在吃

---

① 王希恩：《关于民族融合的再思考》，《西北师范大学学报》（社会科学版）2010年第1期，第55～58页。

饭上跟我们不一样,这个要注意,其他的我就不知道了。"(访谈资料 F2016112502,被访者为汉族,女性,社区居民)"穆斯林在饮食方面讲究多,比如部门上一起出去吃个饭啥的,就得注意找清真的饭馆。"(访谈资料 F2016112501,被访者为藏族,女性,社区居民)以上两个访谈回答代表了绝大部分群众对其他民族的文化传统生活习惯认知,仍然处于较为浅表的层面,有群众表示从衣着服饰、民居特点等就可以判断出部分民族的民族成分,但是却没有对其他民族文化进行进一步了解的欲望,仅仅依靠口口相传等方式,就对某些民族群众进行了"标签化"处理。

中国人传统交往中往往以地缘、血缘为主,随着社会发展与变迁,业缘等因素逐渐影响着人们之间的交往。问及"您与社区其他民族的居民交往程度如何"时,887 位答题者中 7.44% 表示频繁交往,24.92% 表示交往较多,32.69% 表示一般,28.07% 表示交往较少,6.88% 表示从不交往。这表明频繁交往与从不交往两极的比例相差不多,大部分被调查的居民之间交往处于中间程度,用他们的话来说:"过去还会因为家里需要的东西不够,去邻居家借个火、借个蒸馍馍的面头、孩子演出穿的白衬衣啥的,邻里互相帮助的比较多,现在遇到缺的东西,能买就买了,相互借的少了。不过偶尔还是片闲传啥的(聊天)。"(访谈资料 F2017052501,被访者为汉族,女性,社区居民)

问及"要经常穿本民族的服装"时,903 位答题者中 57.14% 表示很同意,16.06% 表示比较同意,21.71% 表示一般,4.10% 表示不太同意,1% 表示很不同意。就这一问题的意见中,项目组田野调查中的一位活佛这样回答:"服装上吧,这也要考虑环境因素,比如我到牧区要穿大皮袄啥的,因为天气冷啊,到了单位又要穿现代服装,因为轻便,总的来说,就是视具体环境而定。"(访谈记录 F2016021701,被访者为藏族,男性,海北州某寺院活佛)这说明"是否穿本民族传统服饰"这一问题随着时代的变迁,已变成一种现实选择,而非一种特定的观念。正如马戎教授曾指出,现在除了在草原上生活的牧民外,蒙古族、藏族民众的民族服装在日常生活中实际上已经成为"表演行头",到了召开人代会和政协会的时候,或者要特别表示

"民族团结"的公共场合，人们才会穿上民族服装。任何服装都是与人们的现实生活方式相联系的，当人们生产和生活方式发生了改变后，人们的服装也自然会改变。①

问及"对其他民族的宗教信仰生活习惯应保持尊重"时，897 位答题者中 1.78% 表示很不同意，1.23% 表示比较不同意，5.35% 表示一般，11.93% 表示比较同意，79.71% 表示很同意。这表明大部分被访者对应该尊重其他民族的宗教信仰生活习惯持肯定态度，也就是对这一行为是有基本意识的。问及"是否会过其他民族的传统节日"时，906 位答题者中 69.09% 表示不会，20.64% 表示会，10.26% 表示视信仰是否相同而定。这表明大部分群众有应该尊重其他民族宗教信仰生活习惯的意识，但却没有想法去体验其他民族的传统节日，仍然以一种自我保护意识下的他者身份去遥望其他民族的生活，对他们来说，那只是一种异于己的文化符号。对于这些文化符号深层次的内涵与意蕴，一般群众不得而知，也没有想法寻知。

项目组通过调研发现，从个人对其他民族的认知情况、交往意愿的情况来看，青海省现有民族之间的关系，整体上较为和谐，正如访谈材料所说："（我们社区）民族关系总体来说大的问题没有发生过，都可以调节，反正最后的调节也比较成功，大的矛盾没出现过，小的矛盾你说不可能没有，人本身在社会中总会有点小矛盾，大的问题不发生的话，总体来说可以说是和谐的。"（访谈资料 F2017050202，被访者为汉族，男性，同仁县热贡路社区主任）也如访谈资料所示："我们这个民族本身已经形成很多年了，也不是刚刚形成的，不同民族之间本身就有一种处理的方式，语言上可以互通，在同仁这个地区你住得时间长了藏语也会说，不能大量地做交流，但简单的对话可以做。这个关系肯定是能处到一起的。居住在一起，生活习惯也慢慢交融起来，是这样的（一个过程）。"（访谈资料 F2016011301，被访者为回族，男性，LW 镇镇长）

---

① 马戎：《关于中国民族问题的问答与讨论》，《青海民族研究》2014 年第 1 期，第 61～78 页。

（2）语言

语言文字是人类社会最重要的交际工具和信息载体，是文化的基础要素和鲜明标志。语言文字事业具有基础性、全局性、社会性和全民性特点，事关国民素质提高和人的全面发展，事关历史文化传承和经济社会发展，事关国家统一和民族团结，是国家综合实力的重要支撑，在党和国家工作的大局中具有重要地位和作用。新中国成立以来，特别是党的十八大以来，在党和国家的高度重视下，我国的语言文字事业取得了历史性成就。同时，国家通用语言文字推广普及仍不平衡不充分，语言文字信息技术创新还不适应信息化尤其是人工智能的发展需求，语言文字工作治理体系和治理能力现代化水平亟待提升①。

田野调查中，问及对 "要经常讲本民族的语言" 这一说法的看法时，897位答题者中 64.99% 表示很同意，16.16% 表示比较同意，13.71% 表示一般，4.35% 表示不太同意，0.78% 表示很不同意。项目组比较认同调研中某活佛的态度："每个民族都有自己的语言和文字，凡是有文字的都应该传承下去。"（访谈资料 F2016021701，被访者为藏族，男性，海北州某寺院活佛）

但作为公共场所的交流手段，汉语是共通的媒介之一。时代发展进程中，由于不会讲汉语，个别族群在与周边族群交往时往往会有很大的沟通障碍，也阻碍了自身的发展。这是我国在一些地区推行 "双语教学" 的主要原因，即要求少数民族学习国家通用语言并鼓励在民族地区生活的汉族群众学习少数民族语言。这也从田野访谈中得到论证："各民族之间打交道的话，就必须打破语言障碍。六七十年代与四五十年代相比，但是关系走得比较近，六七十年代的内地干部，全部都会讲少数民族语言，与当地居民生活、工作在一起，那时候驻村一年的话，基本上每天都在跟老百姓打交道。"（访谈资料 F2016011302，被访者为藏族，男性，海北州民政局公务员）这反映的正是马戎教授曾指出的，当时（指解放前和解放后最初的一个时期）进藏和进疆的干部官兵 "积极学习当地民族的语言，尊重当地民

---

① 国务院办公厅：《关于全面加强新时代语言文字工作的意见》，2021 年 12 月 1 日。

族的宗教信仰和生活习俗，努力为他们解决生产、生活和医疗等各方面的切身困难，同时也尊重和努力团结当地进步的地方领袖和有威望的宗教人士，这样一种基本立场和工作作风取得了积极的效果，赢得了各地大多数少数民族精英人物和广大民众的衷心拥护，迅速和顺利地完成了祖国和平统一大业"[1]。

谈及原因除了当年的干部主动学习这一大环境外，"藏语（交流）实际需要跟人接触，比如把你调到河南县，草原上几十公里就几个帐房，身边都是藏族民众，这个环境会逼着你说藏语。平时和汉族职工一起工作没有问题，但是周末和节假日，汉族职工放假回家，你一个人在几百亩的大厂子里，不跟村庄的群众接触的话，根本没办法生活。"（访谈资料F2017050202，被访者为汉族，男性，同仁县热贡路社区主任）这也表明了从新中国成立初期到当代我国在处理民族问题时对于语言这一介质仍然应保持一种理性的认知。而"现在就是出现问题的主要原因，学校建起来了，学生受教育主要是汉话，与老百姓沟通有问题，既不是藏族的话，又不是汉族的干部，宣传政策的时候不会说"（访谈资料F2016011302，被访者为藏族，男性，海北州民政局公务员）。这为处理民族问题提出了一定的语言要求，也提出了落到实处的依法治国要求。

在一定程度上，尽管不同民族语言不同，但他们的心灵情感却是相通的，仅从青海主要世居少数民族文化来看，均包含着诚实、忠诚、团结、有责任心等价值观。

4.1.2 宗教信仰

通过 2016~2017 年项目组对宗教信仰的调查可获知：197 人表示自己没有宗教信仰，724 人表示自己有宗教信仰，分别占被访者的 21.39% 和78.61%。统计得知，有宗教信仰的被访者中排在首位的是藏传佛教，占比68.55%，其次是伊斯兰教，占比 24.86%，汉传佛教、基督教和天主教等

---

[1] 马戎：《关于中国民族问题的问答与讨论》，《青海民族研究》2014 年第 1 期，第 61~78 页。

占比均在 6% 以下，分别为 5.80% 、0.41% 和 0.14% 。这符合"青海省宗教的基本现状在很大程度上是由于我省民族的分布及其经济发展状况和经济结构所决定的。青海省藏传佛教的信徒最多，伊斯兰教次之，同时由于藏回两大少数民族主要分布在我省广大的农牧区，因此决定了在我省信教群众主要分布在基层，信教群众的文化层次也比较低，从某种角度讲虔诚心也最深"①。

1. 宗教认知

问及"您现在信仰宗教的最主要原因"时，702 位答题者中高达 68.33% 有宗教信仰者表示"与生俱来"，16.94% 有宗教信仰的被访者认为是受他人影响，并指出主要由于父母、亲戚的影响："我阿爸阿妈信仰这个（藏传佛教），我和我弟弟妹妹自然受到他们的影响，我们很小时就被带着去寺庙添油，也跟着家人去转过山、转过湖。"（访谈资料 F2016021102，被访者为藏族，男性，群众）也有提及因结婚后转信配偶宗教信仰的："我公公是塔尔寺的活佛，我嫁给我家老公后，也就跟着信仰（藏传佛教）了。"（访谈资料 F2016021201，被访者为汉族，女性，群众）被访者中所遇到的信仰藏传佛教的汉族，被问及原因时则说："我们村子里的藏族多，他们多信仰藏传佛教，我们汉族少，就跟着也信（仰）了，怎么说呢，算是个精神寄托吧！到了节日啥的，他们去寺里，我们也跟着去。"（访谈资料 F2016062001，被访者为汉族，女性，群众）还有信仰基督教的汉族，是这样说自己信基督教的过程的："有一天我的钱包差点丢了，多亏了那天跟着其他人去了教堂，才最后没有丢，所以我觉得主是存在的。以后我就经常跟着他们去教堂，哪怕就是进去（教堂里）坐坐。"（访谈资料 F2016020703，被访者为汉族，男性，群众）

项目组将宗教信仰的重要程度分为主观和客观上的不同指标，主观上是否认为宗教信仰重要及客观行动上的重视，这表现在三个方面：一是"您去寺庙或宗教场所朝拜时，每次朝拜的金额大概有多少"；二是

① 陈玮：《从我省的实际看宗教的社会作用》，《青海民族宗教研究》1995 年第 2 辑，第 115 页。

"您是否阅读宗教经文或观看与宗教相关的影像资料";三是"您会按时参加本民族重要宗教仪式和活动吗"。此外,在调研中发现除了上述行为,宗教信仰的重要程度还表现在一些特殊的宗教仪式活动或遵守戒律戒规等方面。

问及"您的宗教信仰在您的生活中的重要程度"时,717位答题者中0.56%认为很不重要,3.77%认为不太重要,13.11%表示一般,22.87%认为比较重要,59.69%表示很重要。项目组所熟识的一位藏族朋友本身已是学历很高的高级知识分子,但遇到家里有事,仍会第一时间去寺院里点灯、祈福,按照她的话说,"去寺院了,心里很踏实"。其先生是虔诚的佛教徒,每晚必定会诵经,从不间断。项目组一个藏族学者说:"藏历新年时,我和我的妹妹会早晨6点前起床,赶往塔尔寺给寺庙里的活佛拜年,然后转完寺院里各个大殿,给佛祖们磕头,再点几个大灯为家人祈福,大约两三个小时才能完成这一行程,返回自己家里跟父母团聚开始过年,这是大年初一的必做功课。"可见宗教在他生活中的重要程度。

问及"您去寺庙或宗教场所朝拜时,每次朝拜的金额大概有多少",692位答题者中14.74%表示"只朝拜,不捐钱"。项目组的藏族朋友介绍说:"一般的牧民家里条件都不是特别好,所以更多的是从家里背上酥油,带着干粮等到寺里去,给寺里的酥油灯添上自己带的酥油,或者放上一两个带来的贡品,这已经是表达了自己的心意。"46.82%的受访者表示朝拜金额在20元以内,项目负责人每年过年期间去塔尔寺时,也会看到身着藏袍的牧民,从前襟里掏出一沓子一角或者五角纸币,每到一个殿里,就会给里面供奉的佛祖放上一张,在他们心里,这无关钱多钱少,而是自己虔诚的心。13.15%表示金额在21~50元,9.68%表示在51~100元,5.92%表示在101~200元,9.68%表示在200元以上。一般而言,各类群众由于各种原因,前往寺院的原因不同,所以与朝拜时所给的金额并无直接关系。项目组途经西宁市水门街清真寺时,看到清真寺用红色的显示器流动播出当日前来朝拜的人名和布施的金额,金额只是一种外在表达方式,但并不是唯一表达方式。

　　问及 "阅读宗教经文或观看与宗教相关的影像资料" 时，712 位答题者中 18.68% 表示 "从未"，59.55% 表示 "偶尔"，21.77% 表示 "经常"。这一方面是由于部分少数民族接受教育程度不高，只是通过阿訇或阿卡讲经等行为，来弥补自己宗教知识的欠缺。对个体（或群体）来说，宗教及其仪式是其价值观、人生观的重要来源和体验场域。问及 "您会按时参加本民族重要宗教仪式和活动吗"，718 位被访者中 19.92% 表示经常会，28.83% 表示会，42.34% 表示不一定，6.41% 表示不会，2.51% 表示从不会。

　　现代社会的流动对宗教产生的冲击十分巨大，因此对不同少数民族群众而言，宗教如何在现代性社会中仍然保持原有宗教的本真，成为他们的困惑。现代化进程的发展与一般信众的现代化需求满足（尤其是与宗教生活相关）之间是有落差的，这一落差造成了信众在维护本真的宗教信仰和行为习惯与外来的现代化环境产生了格格不入的冲突。这种冲突会导致部分信众因无力适应现代社会发展而只能维持在过去的某种状态，无法跟进现代化进程。他们内心是有跟进现代化进程的想法，但恰恰是外力导致了无法跟进现代化进程，会影响本人乃至本民族的未来发展。而无法跟进现代化进程的原因是多种因素造成的，其原因之一就是 "尊重他者" 的不足。

　　问及 "您家庭成员受您宗教信仰的影响程度如何" 时，716 位被访者中 28.35% 表示很大，33.66% 表示比较大，24.86% 表示一般，9.08% 表示不太大，4.05% 表示完全没有。如项目组的一个学生说："我爷爷说，去（佑宁）寺里念念经对我好，我就去了。至于自己觉得好不好，我也没有想法，只是觉得家里长辈让我这样做，那我就去寺里待一阵子，念念经吧。"（访谈资料 F2017072801，被访者为土族，男性，在校大学生）这是典型的普通信众的观念，项目组在调研中也遇到过穆斯林群众将自己调皮的儿子送到清真寺接受规训的情况。

　　问及 "本民族的宗教信仰应该传承下去"，899 位被访者中 79.31% 表示很同意，12.46% 表示比较同意，持否定态度的仅有 2.67%，中立态度的有 5.56%。这表明绝大部分信众认为本民族的宗教信仰应该传承下去。而问及 "您是否参加与您信仰不同的其他宗教仪式和活动" 时，720 位被访者中 57.08% 表示从不会，25.28% 表示不会，10.69% 表示不一定，4.03% 表示会，2.92% 表示经常会。这说明对于一般信众而言，他们中的绝大部分不会参加其他宗教仪式和活动，只是其他宗教信仰的"旁观者"，而在项目组问及"您不会参加其他宗教的对吗"时，被访问的活佛回答道："不能说不会参加，也参加过，像西宁大佛寺旁边有个基督教教堂，一些捐资活动我们也参加过，另外我们去清真寺遇到募捐也会随个（布施）。宗教信仰的意识，不能说是支持，也就是不反对。因此我的态度是不支持也不反对。宗教信仰这个事是个人自由，不应该反对。"（访谈资料 F2016021701，被访者为藏族，男性，海北州某寺院活佛）被访的 LW 镇镇长也表示："前几天我们这儿的清真寺开张，竣工典礼，汉族的来了，其他藏族村子里的也来了，LW 寺的活佛阿卡也来了。LW 寺有这个事，我们的人会去，其他镇的回族会去，汉族也会去。春节，清真寺的阿訇会给 LW 寺的活佛拜年，这已是多年的习惯，是历史上已经形成的。"（访谈资料 F2016011301，被访者为回族，男性，LW 镇镇长）这说明由于活佛和镇长的身份的多重性，其所代表的符号意义远远超出了一般信众，他们在宗教界的相互交往中，实际上表现出"尊重他者"，但对一般信众而言，则缺少这种"尊重他者"的基本意识，其具体分析见第 6 章。

项目组在田野调查过程中，深刻地感受到部分有宗教信仰的群众其宗教自豪感、荣誉感及自觉性较强，他们对自己所信宗教是发自内心的一种热爱与虔诚，并以此指导个人行为。项目组前往海北州调研时，问及西海镇并没有藏传佛教寺庙的时候，被调查的藏族群众表示，他们都是围绕着藏医院转经，在他们的潜意识里，藏医院已成为一个可以代表寺院的标志。这表明，信众虔诚的心并不因是否有宗教场所而打折扣，而是心中无时无刻都保留着这种虔诚之心。再如在海西州调研期间，在一个清真饭馆里，撒拉族的老板娘说："我们今天已经卖了一千多桌，很好。《古兰经》里告诉我们要懂得满足和感恩，今天可以早点打烊了。"这也就回应了部分外地游客到达茶卡盐湖旅游景区外的清真餐厅，被告知今天已经不再做生意了。外地游客自然很奇怪："天还早呢，为什么有生意也不做？"或许其中原因就有上述撒拉族老板娘所说的原因。总之，"宗教文化派系所蕴含与传播的精神信仰大多彰显并体现着宽容、和谐、真诚及为善之民族价值取向和中华精神本质，并于多元族群糅合生活过程中擢升为维系异质族群文化本质趋于一致的普域价值体系"①。

2. 生活世界中的锅庄广场舞

现有研究已发现，"宗教在少数民族发展中曾起过重要的影响力，蕴涵着不同的生活伦理观"，并指出："西藏和蒙古的藏传佛教以及各自的苯教、萨满教义有着对草原生态平衡的维护；伊斯兰教则有对水资源的节俭和种草植树的习惯等等。"② 从发挥的功能来看，宗教信仰发挥着培养和教育的功能，并带有较强的精神与道德的约束性，具有规范行为、约束舆论等功能。这种行为规范往往来自不同宗教中关于生产、交换、分配、人口、生态、消费等方面的行为规范，并影响了各地的经济社会发展。亨廷顿曾在《文明的冲突》中将文化或文明的基点归于宗教。在一定程度下，项目组同意这样的观点："宗教既是一种社会意识，又是一种社会实体。作为社会意识，它存在了数千年，并且在长期的历史进程中，在人们的头脑中形成了强烈的牢固的宗教仪式和宗教情感，且直接影响人类文化；而作为社会实体，它历来又是整个社会结构中一个重要的组成部分，在社会生活中发生着不容忽视的作用。这就决定了如若不能正确引导宗教，那么它产生的社会效应只能是完全消极的。反之，如果能合理地正确地引导宗教朝着与现实社会相协调的方向发展，那么它同样也能在一定程度上产生积极作用。"③

田野调查中发现现有的社区公共地带往往以广场、各类场馆为主要形式，供社区居民共同享用，如健身广场、图书阅览、卫生所等为主要代表的各类空间，在这样的空间里，社区居民可以根据自己的喜好和需求，选择不

---

① 杨玢：《民族区域中国梦价值认同的文化建构》，《广西社会科学》2015 年第 10 期，第 191 ~ 195 页。

② 闵文义、戴正、才让加：《民族地区生态文化与社会生态经济系统互动关系研究——对民族地区传统多元宗教文化的形成特性的分析及启示》，《西北民族学院学报》2005 年第 1 期，第 36 ~ 42 页。

③ 陈玮：《从我省的实际看宗教的社会作用》，《青海民族宗教研究》1995 年第 2 辑，第 129 页。

同种类的个人行为。与潜意识中的社区公共空间的信仰不同的是，被调查的各类社区居民并未在社区公共场所开展大范围的信仰之争行为，这是由于项目组认为青海省各民族群众总是用朴素的感情对待民族之间的问题，也就是说，现实中民族之间的交往和交流并不一定是宗教性的。

2017年3月28日至4月28日，项目组连续一个月在西宁市城西区新宁广场进行观察，对新宁广场这一公共空间的广场利用情况进行了思考。西宁市新宁广场位于城西区，是具有代表性的公共空间。新宁广场南边的青海省文化馆、美术馆和图书馆于2017年建设完工并对外开放，东边是青海省博物馆，集文化、旅游、休闲于一体，可作为一个较好的观测点。

据观察，以人数为单位，新宁广场至少有3个大型健身团体、4个中型健身团体和5~6个小型健身团体，最大的近150人。最大的健身团体在新宁广场北部，他们中有部分是使用自己的服装，有固定的健身体操，基本没有使用过民族音乐而是固定的健身体操音乐，从头部、肩部、颈部一直到下半身，都采用较为缓慢、匀速的节奏。另外两个大型健身团体约80人，是典型的锅庄舞蹈队，分别在青海省博物馆门口大楼梯的南北边，都采用传统的锅庄舞圆圈形式。所放音乐互不相同，一个月期间项目组见到南边那个锅庄队有专门的舞蹈老师进行讲解，而北边那个锅庄队则未曾见过。与最大的健身团体不同，他们没有整齐划一的衣服，北边那个锅庄队相对于南边那个锅庄队的男士稍多一些。两支队伍成员的年纪基本在45岁以上。青海省博物馆大楼梯下方是一个中型健身团队，所放音乐有藏语的，也有汉语的，但以汉语为多。他们旁边是羽毛球运动爱好者们，大概每天有5~8对打羽毛球者。在广场的中部，有2~3支中型健身团体，以太极拳和武术、柔力球锻炼为主，人数往往不多，大约每队不超过30人。青海省图书馆正门对着一个中型健身团体，基本上以较为轻快的音乐进行韵律操的锻炼，全是女性，从外貌上看，年纪和体型也往往较其他队伍要年轻和轻便，她们单列成排，有一个在最前面带舞的瘦削女子，其余人7人一排，4~5排一起锻炼，所放音乐均是民族的及流行音乐。广场西侧是以男性为主的空竹队伍，他们 4~6 个人一块小空地，分别占据着两片小空地，挥动着胳膊和大鞭子，让空竹响声回响在整个广场上。除了这些之外，还有一个乐队（一个萨克斯风手，一个小号手，经常对着吹《鸿雁》等经典歌曲，他们还有乐谱架）。除此之外，还有一些个别的以跑步、快走、独自撞树、拉筋等活动的个体。而平时，新宁广场偶尔会有各种宣传活动、百姓大舞台、过年时的社火表演等，逢周四到周日广场上的活动很多，人也很多。其中就有城西区组织的民族团结宣传活动等（由项目组 2017 年观察日志记录整理而成）。

项目组在西宁市中心广场、新宁广场、人民公园、海棠公园等地都进行过观察，所到之处都有锅庄舞。这充分体现了老百姓对锅庄舞的喜爱。锅庄舞是一种集体性、环形圆圈舞和传统乐舞，其藏语意为圆圈歌舞，是藏族三大民间舞蹈之一。按照不同的划分标准锅庄舞分为大锅庄、中锅庄和小锅庄，分别指大型祭祀活动（宗教性）、民间传统节日和亲朋聚会。由于其具有很强的普遍性和吸引力，青海各地群众都或多或少参加过锅庄舞表演，而一般的操场、公园、广场等均可见到锅庄舞。相对于其他锻炼团体，锅庄舞队因为形成了圆圈形，可以使得参与者面对面，并且有利于参与者之间的交流沟通。锅庄舞是西北地区独具特色的一种民间舞蹈形式和健身形式。一方面，学者认为："锅庄舞适用于本民族公众的需要，同样也适用于分散的或面对面的其他民族群体，现代西部城市大众社群主动接受这种文化，它给社会带来了美德，并达到了健身的目的，说明已悄然发生了功能转换和过渡。"[1] 也有学者认为："具有藏民族文化符号意韵的锅庄舞，能够在这里成为藏汉等多民族的共同舞蹈，显示了我国各民族文化的交流与交融正在进入

---

[1]　毕研洁：《锅庄舞：西部人文社会中的体育价值探究》，《科学经济社会》2011 年第 6 期，第 179~182、186 页。

一个更高的层次。"①

3. 宗教活动仪式

《藏族宗教史之实地研究》一书中曾记录过藏传佛教信众们的公开聚会，"指出它是寺院对群众公开举行的神圣舞蹈和其他的宗教活动。从寺院的观点看，它们都是一种宗教仪式，在实际上也是以仪式和艺术的动作进行群众教育的手段；但由群众观点看，则是宗教、艺术、社会和经济利益的综合，通过聚会都能得到满足"②。书中亦指出，拉卜楞寺一年有七次这样的聚会，特别是四月和九月的聚会，很多远方的部落都要赶来参加公共聚会。除此之外，书中描述了正月大祈祷季节中的五种活动：一是正月初八的"放生"；二是正月十三日"亮佛"；三是正月十四日大跳神；四是正月十五日晚间的酥油花为供；五是正月十六早晨游行纪念未来佛③。就拉卜楞寺来说，除了正月祈祷外，还有二月祭、三月的舞蹈、四月的辩论活动、七月举行的戏剧表演、九月神舞、十月的纪念日以及冬至和夏至④。书中还指出，部分定居与游牧民族，都有六个完全禁食的节日，是纪念释迦佛的重要日子⑤。可见一年中的大部分时间穿插着不同形式的宗教活动，与人们的生活生产活动交织在一起，青海省内的寺院活动亦是如此，对人们产生了较大影响。除了参与式观察藏族传统的锅庄舞外，项目组还开展了关于土族迎接活佛活动的访谈，并对部分被访者的宗教信仰情况进行了问卷调查，以便从微观个体视角出发看待宗教活动仪式和宗教本身对个体成员的意义。项目开展过程中一位被访的李姓大学生这样介绍他眼中的正月寺院的活动，虽然与前面所述活动并不一样，但仍然可以从中观察到宗教较强的教化作用和信众们受教育时的心情：

① 汪桂花：《藏族锅庄舞的特征及价值刍议》，《青海民族学院学报》（社会科学版）2009 年第 2 期，第 168～170 页。
② 李安宅：《藏区宗教史之实地研究》，商务印书馆，2015，第 214 页。
③ 李安宅：《藏区宗教史之实地研究》，商务印书馆，2015，第 216～221 页。
④ 李安宅：《藏区宗教史之实地研究》，商务印书馆，2015，第 221～233 页。
⑤ 李安宅：《藏区宗教史之实地研究》，商务印书馆，2015，第 15 页。

　　2018 年 2 月 27 号①，这一天对于互助县松多藏族乡十八洞沟村的土族村民来说是神圣的一天。因为今天要迎接前来讲经的巴扎活佛（巴扎活佛，土族，原来是互助五十乡拉日村人，现在在互助北山天堂寺为活佛，有时也居住在佑宁寺），村里显得特别喜庆、庄严。讲经活动为时一天，而迎接活动则在讲经前几日就已经开始准备。每年这个时候都会有这样的活动。这次活动目的是通过迎接活佛给广大佛教徒进行佛法佛经的讲解以及宣传爱国爱教、为人处世、善待生命、爱护生命、与自然和谐相处的道理。这次活动丰富了广大佛教徒的精神世界。这次活动的主要过程包括：1. 活动准备，活动由村里专门的人员负责，这些负责人员土语叫"郭哇"（负责人员有三名，每年由本村人轮流做，类似于队长，主要负责本村宗教事务和听命于佑宁寺，对佑宁寺的一些事务负责），主要是提前邀请活佛，确定时间，通知信徒，做准备迎接车队，找好跳安召舞的人员，准备信徒的午饭、活佛的礼品，结束之后的活佛摸顶赐福，送活佛。2. 集结点名，在早晨 8 点多所有人员在村中心集结，由负责人员点名安排具体的事务，详细说明让每一个人注意安全，安全地迎接活佛到来。同时检查是否每人都穿戴了民族服饰，是否按要求做到了所要求做的。3. 迎接车队，车队分三批迎接，第一批是由戴银狐帽的组成，在佑宁寺门口迎接，共计十九辆车组成。第二批由戴黑羊羔皮帽的车队组成，也是十几二十辆车组成，主要在松多乡门口迎接。第三批是由戴礼帽的组成，主要在十八洞沟村口迎接。所有车队集结完后有序地慢速前进，必要时停车，因为在村里有迎接活佛的信徒敬献哈达。4. 在寺院门口由接活佛的所有信徒出来迎接，由土族妇女跳安召舞迎接。在寺院门口必须要画上佛教图案。图案有哈达、云、如意宝、金法轮。寓意就是佛踩着云彩人们迎接他，因为佛教是佛祖创立的由他自己来给人们讲经文，听法会对人们好。在活佛到来之后所有信徒必须一一下跪迎接活佛的到来。5. 法会开始所有人员整齐就座，

---

① 农历正月十二。

活佛开始讲经。午餐则由寺里提供包子、熬饭①、奶茶。6. 法会结束，活佛摸顶，给广大信徒赐福。最后是结束总结。法会总共历时一天，但对于广大信徒来说是无比重要的一天。在巴扎活佛的努力下，在广大信徒的全力支持下以及负责人员的尽心尽力负责努力下圆满结束。时间虽然短暂，但是确实是无比珍贵。我个人活动后的感想：法会虽然结束，但对每一个佛教徒来说将是永远铭记在心的一天。佛指导大家走向光明，走向真理。时光有点短暂，但时值千金，让每一个人都有了收获，让人们焕然一新（访谈记录 F2018030101，被访者为土族，男性，大学生）。

此外，一名回族女大学生对穆斯林的斋月活动表达了自己的体会和看法：

穆斯林家里准备过斋月时，前一个月就会开始迎接，以月头、月中、月末为主，各封三天"包封斋开"迎接莱麦丹月。而莱麦丹月中母亲会每天早上三点起来为全家人准备封斋吃的食物，而晚上就又辛勤地准备开斋的晚饭。在斋月，回赐最多的莫过于女人们，她们有斋戒的回赐，有操持家务的回赐。而每年斋月中家家户户为迎接开斋节都会准备特有的馓子、麻花、点心，等等。一个家族的妇女们聚集在一起，揉面、制作、油炸等场面十分温馨热闹。而开斋节当天男子们都去清真寺做礼拜，母亲会在家煎油香馍馍，准备甜茶，炒好菜、煮好肉等父亲回来，全家人聚在一起吃饭。节日必不可少的是与亲戚朋友相聚，共迎开斋节这个一年一度的大日子。斋月本是让人清心、清欲，反省自己平时的过错，做到非礼勿视、非礼勿听、非礼勿言，从嘴到心彻底地悔罪；但随着时代的发展，物资的丰富，互联网的普及，人们开始在网上秀斋月饭，这是一个不好的现象，本来斋月就是体验那些挨饿的人的感受，让人们不再浪费粮食，懂得知足，平时怎么样斋月里就应该怎么样，但

① 一种青海特色美食。

有些人在斋月里开斋饭十分奢侈浪费，本来经过一天的劳累，其实是吃不了多少的，加之如果晚上八点半开斋那早上四点前就要封斋，晚上又不活动，晚上吃得太多早上就吃不下去，尤其是近几年斋月都在夏天，食物很容易坏，因为肠胃的脆弱，大家尽量不吃冷的食物或者隔夜不新鲜的食物，导致了很多食物的浪费，这就有点曲解了斋月本身的含义，虽然说准备开斋饭会因每个家庭的条件而不同，但过度夸大甚至铺张浪费就是可耻的，是斋月不允许的；有些人甚至会拍照发到网上，这就更加不对，会让人们误解斋月的含义（访谈记录 F2018052501，被访者为回族，女性，大学生）。

一名撒拉族大学生这样谈斋月：

斋月是穆斯林一年中最高贵的月份，是伊斯兰教的九月，又称莱麦丹（英文 Ramadan），一般为 30 天，结束后就是开斋节。在斋月里，全体穆斯林尽可能全月斋戒，封斋从日升到日落，不吃不喝不吸烟，拒绝丑行和秽语。……斋戒期间说实话，还是会很渴很饿的，尤其是日间长的时候（斋月每年的日期都不一样，春夏秋冬都会遇到，每年比上一年提前十天左右）。每到下午还是会口干舌燥的，但当你坚持到下午开斋的时候，当你喝水吃饭的时候就会感觉到非常幸福，吃饭倍儿香。小的时候在斋月期间父母就会以此教育我们要学会感恩，要珍惜粮食，不要浪费，现在想想斋戒对我的教育意义还是很大的。

我喜欢斋月的氛围，吉庆、祥和、宁静，日子仿佛慢了下来，饥渴的脸上不乏诚信的力量，疲惫的身体抑制不住内心的激动，男女老少铆足了劲儿，只为希望获取回赐。我们平日里要做五番礼拜，按顺序来说分别为"班达""撇什""迪格尔""沙目""胡夫坦"。沙目的时候也就是开斋的时候。小时候我们家离清真寺很近，仅有百米之余，让我印象深刻的是开斋前的清真寺，经历了一整天烈日暴晒的清真寺，此时也像封了一天斋的人们一样，有一种疲惫后的安宁，在沉稳中等待着那悠扬的念辞，等待着那个美好时刻的到来。在烈日下安静了一整天的寺院，随着黄昏的到来逐渐热闹起来，村里许多老人都会早早地洗过小净，身心净爽，提前来到清真寺等待着开斋的时刻及礼拜的到来，他们喜欢静静地坐在院子边的长凳上，看着暮色在寺院里弥漫，心灵也越来越沉静，越来越富足。清真寺里陆续站满了来做礼拜的人，还有打打闹闹的小孩。这个时候的清真寺便是一天热闹的开始，村里会有很多户人家提前在家煮好红枣，拿到清真寺供封斋的人们开斋，当然荔枝、西瓜、薄饼之类都是可以的。像我们家我爸就会端着盘子去寺里施枣，我和妹妹便会跟过去，来施枣的人络绎不绝，施枣的人会把盘子举得高高的——因为小孩子会抓抢。施完枣子的枣水是我最喜欢喝的饮品，至今还能想起它绵长的味道。

连续三年的斋月我都不在家，每天再也没有谁拉你起床了，一切都要靠自己，有几次在无数次闹钟下睡过了头，又迷迷糊糊起来喝了一杯凉水就封了斋，感觉像是为了完成任务，每当从窗户里透进楼道的灯光就知道已经有人起来了，看到那灯光心里有一种莫名的亲切和感动，急切地催促自己起床，此时，几个舍友都在沉沉的酣睡中，我蹑手蹑脚地起来生怕吵醒她们。通往食堂的路上，一盏盏路灯下整个校园都在沉寂中，当我听说其他学校都不提供封斋饭，连最近的师大、民大也没有时，心里便万分感恩，珍惜这个机会。来到食堂会见到以前不怎么见面的老乡，便会坐下来一起吃饭，感觉这一个月早晨封斋一起说的话加起来比一年的还要多。……我们只是披了一件外衣，在中国的每个大都市努力求学或生存，有人为了所谓梦想，有人为了现实生活，无论如何我们已经不是那个菜麦丹月的小孩。我常常会想如若把生命的其他日子也如此对待，以同样的心境，去对待每一天，该有多好。因此，我认为信仰不只是老人与男人的事情，信仰还须贯穿到每个人的一生。信仰不仅是某一时刻，某一时段的宗教仪式，信仰更与生活不脱节。信仰不是热情一时，而是低调的坚持，付出的践行，内心诚信、身体力行，我认为每个有信仰的人都是幸福的（访谈记录

F2018060801，被访者为撒拉族，女性，大学生）。

通过以上田野调查可以看出，在当代青海，宗教仍然发挥着重要的作用。有研究指出，宗教间和民族间的两种关系中："任何一种关系的和谐都可以促进另一种关系的和谐，任何一种关系的对抗性的倾向，也会导致另一种对抗性的倾向。"①究其原因，是因为宗教和民族二者的相互关联。经过项目组参阅各种文献和现场田野点的调查来看，与其说社区公共地带的信仰之争，倒不如说多数的普遍情况是多种宗教相互交织、并存的。1949 年中华人民共和国成立后，国家宗教政策及基督教"三自"原则（即"自治、自养、自传"）在保障宗教信仰作为公民个体自由，独立的基本权利的同时，界定了宗教间及与政治的关系。这是中国境内不同宗教信仰共存的重要前提，而中国各民族的文化特质则是形成和维持这一共存状态的基础及动力②。在一定程度上，由于宗教信仰冲突引发的民族矛盾往往难以消解，并会通过代际传递，造成民族矛盾的持续存在。在当代这种民族内部矛盾已经逐步淡化。这可由其他学者的研究得以论证："云南的阿怒人……多种宗教信仰共存在于同一个族群，同一个村落社会甚至同一个家庭中。"③"藏彝走廊东缘地区各种宗教信仰之间杂糅兼容，并行不悖，呈现出一种高度和谐包容的状态。"④"青衣江流域硗碛责藏族乡各种信仰相互间并不排斥，彼此存在一种并行不悖，相互兼容的关系。"⑤石硕教授也指出："一定条件下不同民族之间的文化相似性大于同一民族的文化相似性，这是藏彝走廊中一个独特的

---

① 何光沪：《试论宗教与民族的关系》，《世界宗教研究》1996 年第 1 期，第 11~18 页、156~157 页。

② 何林：《同一屋檐下——云南贡山怒族（阿怒）多种宗教信仰共存现状的文化解读》，转引自《对话：中国传统文化与和谐社会》，2009，第 273~274 页。

③ 何林：《"多元统一"模式与"和谐共存"研究》，《思想战线》2006 年第 6 期，第 71~75 页。

④ 陈东、袁晓文：《多种信仰共存：以藏彝走廊东缘多续藏族为中心的个案研究》，《中南民族大学学报》2016 年第 1 期，第 20~26 页。

⑤ 陈东：《藏区边缘的宗教：雅安硗碛藏族乡宗教调查》，《西藏研究》2008 年第 2 期，第 102~108 页。

民族文化现象。"①而在青海，"河南蒙古族先民进入河南地区前，即已皈依佛教。进入河南属地后，长期与当地藏族同胞和睦相处，友好往来，共同创造了独特的文化，成为蒙藏文化融合最典型的地区"②。再比如，学者班班多杰对青海多民族文化和睦相处经验进行考察的六个文化采借较为突出的个案研究③；有学者认为河湟地区形成了历史久远的多族群杂居与族际通婚的居住格局，这里的每一个族群都是浸染了其他族群的文化④，均可以加以论证。

4.1.3 社区社会网络

（1）被调查者的社交情况

社交情况通常是指一个人平时与他人交往的情况，在本书中这一指标包括被调查者拜访他人和他人拜访被调查者，在所在社区中见面打招呼的人数及可以登门拜访的人数，并开展了调查。其调查结果如表4-4所示。

912位被访者回答了"在您的社区，和您见面会彼此打招呼的邻居数量"这一问题，其中14.25%表示只有5人以下，34.54%人表示有30人以上，25.99%表示有6~10人可以打招呼，17.43%表示有11~20人，只有7.79%表示有21~30人。908位被访者回答了"和您关系好到可以登门拜访的小区居民数量"这一问题，近18%的人表示在20人以上，近66%被访者表示在10人以下，16.08%表示有11~20人可以登门拜访。

---

① 石硕、李锦、邹立波：《交融与互动——藏彝走廊的民族、历史与文化》，四川人民出版社，2014，第6页。

② 华热·多杰：《民族特性的丧失与文化认同的重塑——以黄南州河南县蒙古族为例》，《青藏高原论坛》2016年第2期，第45~52页。

③ 班班多杰：《和而不同：青海多民族文化和睦相处经验考察》，《中国社会科学》2007年第6期，第108~123、206~207页。

④ 梁玉金：《中华民族认同："假西番"族群中的文化交融》，《青海社会科学》2017年第6期，第32~37页。

表 4 - 4　被调查者的社交基本情况 （N = 921）

变量特征	调查样本（人）	回答样本（人）	有效样本率（%）	详细内容	回答样本数（人）	选项占有效回答百分比（%）
在您的社区，和您见面会彼此打招呼的邻居数量	921	912	99.02	5 人以下	130	14.25
				6 ~ 10 人	237	25.99
				11 ~ 20 人	159	17.43
				21 ~ 30 人	71	7.79
				30 人以上	315	34.54
和您关系好到可以登门拜访的小区居民数量	921	908	98.59	5 人以下	353	38.88
				6 ~ 10 人	252	27.75
				11 ~ 20 人	146	16.08
				21 ~ 30 人	46	5.07
				30 人以上	111	12.22

（2）社区互助情况

社区互助情况反映了社区内居民之间的互助友爱关系，在本书中这一指标包括会不会主动或被动发动（参与）社区问题的解决措施，能否顺利从邻居家借到自己需要的东西，过去三个月社区居民相互帮助三个问题，并进行了调查。

在问及 "如果有问题影响你所住社区您会主动发动其他人一起解决问题吗"，909 位答题者中 77.23% 表示会，22.77% 则表示不会。这表示大部分被访者认为主动发动其他人一起解决社区问题是应该的，具有一定的主人翁意识。同时在问及 "如果有人发动居民来解决社区问题您是否会参加"，908 位答题者中 85.9% 表示会，14.1% 表示不会。这表明，大部分被访者会积极地参与到他人所发动的能够解决社区问题的活动中，只是个别被访者表示，可能会需要看自己时间允许与否，如果允许，则表示尽量参加。

在问及 "您是否可以顺利从邻居家借到您需要的东西"，912 位答题者中 96.16% 表示可以借到东西，3.84% 表示不能。这表明当前被访者所在的社区中仍然留有过去邻里互帮互助的美好传统。

问及 "过去三个月社区居民是否曾经为您提供过帮助" 时，907 位答题者中 56.45% 表示有过帮助，43.55% 表示没有得到帮助。这表明被访问者近六成在近三个月中得到了社区居民为其提供的帮助。

（3）有关公民道德感等主观看法

在本书中有关公民道德感的问题主要涉及无论民族身份如何，是否都应该遵纪守法、在国家需要的时候参军、应该监督政府行为、都应参与社会政治组织的活动、都应帮助比自己境况差的人以及应理解与自己持不同看法的人们，这六个问题的具体调查情况如表4-5所示。

在问及"不管是什么民族的人都应遵纪守法"时，915位答题者中88.96%表示很同意这一说法，7.54%表示比较同意。问及"不管是什么民族的人都应在国家需要时参军"时，913位答题者中72.62%表示很同意这一说法，16.65%表示比较同意。问及"不管是什么民族的人都应监督政府行为"时，910位答题者中75.16%表示很同意这一说法，16.04%表示比较同意。问及"不管是什么民族的人都应参加社会和政府组织的活动"时，906位答题者中60.15%表示很同意这一说法，21.41%表示比较同意这一说法。问及"不管是什么民族的人都应帮助比自己境况差的人"时，912位答题者中80.04%表示很同意这一说法，14.8%表示比较同意。问及"不管是什么民族的人都应理解与自己持不同看法的人们"时，906位答题者中65.23%表示很同意这一说法，22.74%表示比较同意。这一调研结果显示被调查者大多具有较高的公民道德，并不因其民族身份不同而有差异，他们在大是大非问题上能够保持公正、正直的公民基本道德素质，能够遵守国家的公民道德规范要求。

表4-5　被调查者的公民道德感调查情况（N=921）

变量特征	调查样本（人）	回答样本（人）	有效样本率（%）	详细内容	回答样本数（人）	选项占有效回答百分比（%）
不管是什么民族的人都应遵纪守法	921	915	99.35	很不同意	5	0.54
				不太同意	3	0.32
				一般	24	2.62
				比较同意	69	7.54
				很同意	814	88.96

续表

变量特征	调查样本（人）	回答样本（人）	有效样本率（%）	详细内容	回答样本数（人）	选项占有效回答百分比（%）
不管是什么民族的人都应在国家需要时参军	921	913	99.13	很不同意	5	0.55
				不太同意	22	2.41
				一般	71	7.78
				比较同意	152	16.65
				很同意	663	72.62
不管是什么民族的人都应监督政府行为	921	910	98.81	很不同意	7	0.77
				不太同意	13	1.43
				一般	60	6.59
				比较同意	146	16.04
				很同意	684	75.16
不管是什么民族的人都应参加社会和政府组织的活动	921	906	98.37	很不同意	22	2.43
				不太同意	23	2.54
				一般	122	13.47
				比较同意	194	21.41
				很同意	545	60.15
不管是什么民族的人都应帮助比自己境况差的人	921	912	99.02	很不同意	3	0.33
				不太同意	3	0.33
				一般	41	4.5
				比较同意	135	14.8
				很同意	730	80.04
不管是什么民族的人都应理解与自己持不同看法的人们	921	906	98.37	很不同意	8	0.88
				不太同意	13	1.43
				一般	88	9.71
				比较同意	206	22.74
				很同意	591	65.23

4.1.4　社区关系

在本书中这一指标主要通过：一是社区居民想象中的社区关系应如何；二是近三年社区民族冲突及社区居民对社区关系的主观看法；三是社区居民

对居委会工作的认可情况三个层面来分析。

1. 社区居民想象中的社区关系即邻里关系

问及"您认为不同民族住在同一社区会怎样"时，894 位答题者中71.81%表示能和睦相处；11.74%表示容易引起矛盾，最好分开居住；16.44%表示可以住在一起，但很少打交道。在问及最好分开居住的原因时，部分群众表示，"倘若遇到与自己宗教信仰不同的邻居，如果涉及婚丧嫁娶等人生大事，可能会出现一些矛盾"。还有少部分群众认为："如果实在没办法需要住在一起，那么还是少打交道。"

问及"对从外地迁来本社区的其他民族的人您的态度"，896 位答题者中30.47%表示很欢迎，26.90%表示比较欢迎，28.68%表示一般，7.81%和6.14%分别表示不太欢迎和很不欢迎。这表明大部分被调查者对于其他民族迁到自己社区这一情况，并没有持有明显敌意的态度，而都纷纷表示出较好的宽容接纳他族的准备。

表 4 - 6 被调查者想象中社区关系的调查情况 （N =921）

变量特征	调查样本（人）	回答样本（人）	有效样本率(%)	详细内容	回答样本数（人）	选项占有效回答百分比（%）
您认为不同民族住在同一社区会怎样	921	894	97.07	能和睦相处	642	71.81
				容易引起矛盾,最好分开居住	105	11.74
				可以住在一起,但很少打交道	147	16.44
对从外地迁来本社区的其他民族的人您的态度	921	896	97.29	很不欢迎	55	6.14
				不太欢迎	70	7.81
				一般	257	28.68
				比较欢迎	241	26.90
				很欢迎	273	30.47

2. 2013～2016 年社区民族冲突及社区居民对社区关系的主观看法

本书将社区居民对社区关系的主观看法归于——"2013～2016 年当地不同民族之间发生过群体冲突吗""当地最近一次不同民族之间的冲突，

您认为政府处理得如何""您与社区其他民族的居民交往程度如何""您认
为社区里的各民族间关系如何" 四个题目中, 具体调查结果如表 4 - 7
所示。

问及 "当地最近一次不同民族之间的冲突, 您认为政府处理得如何",
仅有 147 位被访者回答了这一道题。且在 147 位答题者中 28.57% 表示不清
楚, 24.49% 表示政府处理得比较好, 0.68% 表示没处理。

问及 "您与社区其他民族的居民交往程度如何", 887 位答题者中
7.44% 表示交往频繁, 24.92% 表示交往较多, 32.69% 表示一般, 28.07%
表示不太交往, 6.88% 表示从不交往。问及 "您认为社区里的各民族间关
系如何", 867 位答题者中 24.22% 表示很好, 52.36% 表示比较好, 2.31%
表示不清楚, 表示不好的不到 2.5% 。这两项均表明近八成的被调查者比较
认同本人所在社区的各民族关系总体较为和谐。

表 4 - 7　2013 ~ 2016 年社区民族冲突及被调查者对社区关系的主观看法情况 ($N = 921$)

变量特征	调查样本 (人)	回答样本 (人)	有效样本率(%)	详细内容	回答样本数 (人)	选项占有效回答百分比 (%)
近三年(2013 ~ 2016 年)内当地不同民族之间发生过群体冲突吗	921	911	98.91	没发生过	767	84.19
				发生过,但未出现械斗	112	12.29
				发生过,有械斗	22	2.41
				发生过,有械斗且有伤亡	10	1.10
当地最近一次不同民族之间的冲突,您认为政府处理得如何	921	147	15.96	很差	10	6.80
				比较差	2	1.36
				一般	28	19.05
				比较好	36	24.49
				很好	28	19.05
				没处理	1	0.68
				不清楚	42	28.57

续表

变量特征	调查样本（人）	回答样本（人）	有效样本率(%)	详细内容	回答样本数（人）	选项占有效回答百分比（%）
您与社区其他民族的居民交往程度如何	921	887	96.31	从不交往	61	6.88
				交往较少	249	28.07
				一般	290	32.69
				交往较多	221	24.92
				频繁交往	66	7.44
您认为社区里的各民族间关系如何	921	867	94.14	很差	11	1.27
				比较差	8	0.92
				一般	164	18.92
				比较好	454	52.36
				很好	210	24.22
				不清楚	20	2.31

3. 社区居民对居委会的认知与了解情况

本书将社区居民对居委会的认知与了解情况作为社区关系的一个重要考察点。

问及"您认识居委会的干部吗"，901 位答题者中 30.97% 表示不认识，27.08% 表示认识但不知道名字，19.76% 表示认识也知道名字。在调研中，部分群众表示："虽然不知道居委会干部的姓名，但居委会干部经常见，还是会脸熟。"并进一步表示："知不知道他们的姓名并不影响找居委会干部寻求帮助。"

问及"您向居委会反映过问题吗"，901 位答题者中 70.48% 表示没有反映过，而仅有 29.52% 表示反映过。反映问题的被调查者主要多为生活、工作有困难者，在这些反映过问题的被调查者中，问及"居委会工作人员的服务态度是否热情"，270 位答题者中 82.96% 表示热情，17.04% 表示不热情。问及"居委会工作人员的整体素质如何"和"居委会处理公务是否及时在规定的时间内完成本职工作"，268 位答题者中 73.13% 表示高，能够及时在规定时间内完成本职工作，26. 87% 表示不高，不能在规定时间内完成本职工作。问及 "您对所在社区居委会工作满意吗"，878 位答题者中 20. 39% 表示很满意，28. 02% 表示比较满意，36. 67% 表示一般，11. 16% 表示不太满意，3. 76% 表示很不满意。

表 4 - 8　被调查者对居委会的认知与了解情况 （N = 921）

变量特征	调查样本（人）	回答样本（人）	有效样本率（%）	详细内容	回答样本数（人）	选项占有效回答百分比（%）
您认识居委会的干部吗	921	901	97. 83	不认识	279	30. 97
				认识，但不知道名字	244	27. 08
				认识，并且知道名字	178	19. 76
您向居委会反映过问题吗	921	901	97. 84	没反映过	635	70. 48
				反映过	266	29. 52
居委会工作人员的服务态度是否热情	921	270	29. 32	否	46	17. 04
				是	224	82. 96
居委会工作人员的整体素质如何	921	268	29. 10	不高	72	26. 87
				高	196	73. 13
居委会处理公务是否及时在规定时间内完成本职工作	921	268	29. 10	否	72	26. 87
				是	196	73. 13
您对所在社区居委会工作满意吗	921	878	95. 33	很不满意	33	3. 76
				不太满意	98	11. 16
				一般	322	36. 67
				比较满意	246	28. 02
				很满意	179	20. 39

　　总体来说，调查结果显示被调查者对居委会的认知与了解情况较好，所在社区居委会的工作基本得到了群众的认可。

4.1.5　社区归属感

社区居民把自己归入某一地域人群集合体的心理状态，即为社区归属感。就社区归属感这一指标，本书主要运用量表问卷法。从社区满意度、组织认同、社区依恋与社区喜爱等来反映社区归属感。

1. 社区满意度

根据表4-9，本书中社区满意度包含对"社区医疗卫生服务、社区内各类知识宣传普及、社区安全、社区选举、社区教育、社区养老服务、社区公共设施、社区自然环境、社区救助、社区宗教场所"等内容的满意度调查，倘若将比较满意和很满意归为满意组，比较不满意和很不满意归为不满意组，则可以看出，对社区医疗卫生服务持满意态度的有537人（59.01%），持不满意态度的有141人（15.49%）；对社区内各类知识宣传普及持满意态度的有505人（56.3%），持不满意态度的有94人（10.48%）；对社区安全持满意态度的有578人（64.37%），持不满意态度的有95人（10.58%）；对社区选举持满意态度的有438人（48.78%），持不满意态度的有96人（10.69%）；对社区教育持满意态度的有541人（59.97%），持不满意态度的有89人（9.87%）；对社区养老服务持满意态度的有547人（60.44%），持不满意态度的有93人（10.28%）；对社区公共设施持满意态度的有377人（42.94%），持不满意态度的有276人（31.44%）；对社区自然环境持满意态度的有550人（60.91%），持不满意态度的有115人（12.74%）；对社区救助持满意态度的有456人（50.5%），持不满意态度的有162人（17.94%）；对社区宗教场所持满意态度的有335人（54.29%），持不满意态度的有48人（7.77%）。以社区养老服务和社区教育为例，在本书的观察中发现，相对来说，青海省的社区养老服务远远落后于中东部地区，社区服务中的居家养老服务、社区教育等仍然处于起步阶段，其内容与形式远远落后于中东部地区，却仍然冠之以相关的称号，但其实质的服务内容不充分，流于形式。

表 4 – 9　社区满意度的各项指标描述统计情况 (N = 921)

单位：人，%

项　目	很不满意	不太满意	一般	比较满意	很满意	不清楚	回答人数
社区医疗卫生服务	59(6.48)	82(9.01)	187(20.55)	290(31.87)	247(27.14)	45(4.95)	910(98.81)
社区内各类知识宣传普及	14(1.56)	80(8.92)	206(22.97)	277(30.88)	228(25.42)	92(10.26)	897(97.39)
社区安全	29(3.23)	66(7.35)	197(21.94)	270(30.07)	308(34.3)	28(3.12)	898(97.50)
社区选举	24(2.67)	72(8.02)	221(24.61)	240(26.73)	198(22.05)	143(15.92)	898(97.50)
社区教育	44(4.88)	45(4.99)	227(25.17)	304(33.70)	237(26.27)	45(4.99)	902(97.94)
社区养老服务	18(1.99)	75(8.29)	198(21.88)	304(33.59)	243(26.85)	67(7.40)	905(98.26)
社区公共设施	123(14.01)	153(17.43)	189(21.53)	189(21.53)	188(21.41)	36(4.10)	878(95.33)
社区自然环境	40(4.43)	75(8.31)	216(23.92)	306(33.89)	244(27.02)	22(2.44)	903(98.05)
社区救助	48(5.32)	114(12.62)	205(22.70)	237(26.25)	219(24.25)	80(8.86)	903(98.05)
社区宗教场所	12(1.94)	36(5.83)	149(24.15)	136(22.04)	199(32.25)	85(13.78)	617(66.99)

2. 组织认同

本书的组织认同，这一指标主要表现为社区参与意愿与行动，包含被调查者对居委会、业主委员会、物业委员会召开的会议、社区居民联谊活动（文艺、体育活动、亲子活动等），如社火，业余治安联防队，为社区内残疾人、老年人及弱势居民服务，环境生态保护活动，献血，献爱心活动。提出了"以下活动，作为社区居民一分子，是否愿意参加"这一问题，具体调研情况见表 4 - 10。

具体来说，问及"居委会、业主委员会、物业委员会召开的会议"，

915 位答题者中 0.77% 表示很不愿意，7.43% 表示不太愿意，20.11% 表示一般，26.99% 表示比较愿意，44.70% 表示很愿意。

问及"社区居民联谊活动（文艺、体育活动、亲子活动等）"，916 位答题者中 1.31% 表示很不愿意，9.93% 表示不太愿意，19.54% 表示一般，23.80% 表示比较愿意，45.41% 表示很愿意。

问及"社区组织的业余治安联防队"，902 位答题者中 0.78% 表示很不愿意，6.65% 表示不太愿意，19.51% 表示一般，27.05% 表示比较愿意，46.01% 表示很愿意。

问及"义务为社区内残疾人、老年人及弱势居民服务"，913 位答题者中 0.11% 表示很不愿意，3.07% 表示不太愿意，9.86% 表示一般，23.22% 表示比较愿意，63.75% 表示很愿意。

问及"社区组织环境生态保护活动"，907 位答题者中 62.07% 表示很愿意，23.15% 表示比较愿意，11.03% 表示一般，3.31% 表示不太愿意，0.44% 表示很不愿意。

问及"社区组织献血、献爱心活动"，900 位答题者中 57.44% 表示很愿意，25.44% 表示比较愿意，12.11% 表示一般，3.78% 表示不太愿意，0.11% 表示很不愿意。

问及"您是否有参与社区里的社团"，902 位答题者中 74.83% 表示没有参与，25.17% 表示参与了社区里的社团。问及"您是否经常征询邻居的意见"，899 位答题者中 5.01% 表示经常征询，13.24% 表示比较多，29.81% 表示一般，27.36% 表示比较少，24.58% 表示从来不。部分群众表示，倘若有时间有精力，会积极参与各项社区活动。

问及"您在多大程度上信任小区居民"，897 位答题者中 21.74% 表示很信任，37.57% 表示比较信任，35.79% 表示一般，4.35% 表示不太信任，0.56% 表示很不信任。这表明大部分被调查者对社区居民的信任程度较高，具体情况参见表 4 - 11。

表 4 – 10　被调查者社区参与意愿的情况（N = 921）

变量特征	调查样本（人）	回答样本（人）	有效样本率(%)	详细内容	回答样本数（人）	选项占有效回答百分比(%)
居委会、业主委员会、物业委员会召开的会议	921	915	99.35	很不愿意	7	0.77
				不太愿意	68	7.43
				一般	184	20.11
				比较愿意	247	26.99
				很愿意	409	44.70
社区居民联谊活动（文艺、体育活动、亲子活动等）	921	916	99.46	很不愿意	12	1.31
				不太愿意	91	9.93
				一般	179	19.54
				比较愿意	218	23.80
				很愿意	416	45.41
社区组织的业余治安联防队	921	902	97.94	很不愿意	7	0.78
				不太愿意	60	6.65
				一般	176	19.51
				比较愿意	244	27.05
				很愿意	415	46.01
义务为社区内残疾人、老年人及弱势居民服务	921	913	99.13	很不愿意	1	0.11
				不太愿意	28	3.07
				一般	90	9.86
				比较愿意	212	23.22
				很愿意	582	63.75
社区组织环境生态保护活动	921	907	98.48	很不愿意	4	0.44
				不太愿意	30	3.31
				一般	100	11.03
				比较愿意	210	23.15
				很愿意	563	62.07
社区组织献血、献爱心活动	921	900	97.72	很不愿意	11	0.11
				不太愿意	34	3.78
				一般	109	12.11
				比较愿意	229	25.44
				很愿意	517	57.44

表 4 - 11　被调查者社区参与行动的情况（$N = 921$）

变量特征	调查样本（人）	回答样本（人）	有效样本率（%）	详细内容	回答样本数（人）	选项占有效回答百分比（%）
您是否有参与社区里的社团	921	902	97.94	没有	675	74.83
				有	227	25.17
您是否经常征询邻居的意见	921	899	97.61	从来不	221	24.58
				比较少	246	27.36
				一般	268	29.81
				比较多	119	13.24
				经常	45	5.01
您在多大程度上信任小区居民	921	897	97.39	很不信任	5	0.56
				不太信任	39	4.35
				一般	321	35.79
				比较信任	337	37.57
				很信任	195	21.74

3. 社区依恋与社区喜爱

社区依恋与社区喜爱反映了社区居民对自己所在社区的主观判断。本书主要从社区荣誉感来判断被调查者对社区依恋和社区喜爱的情况。

问及"我是所在社区重要的一分子"，888 位答题者中 2.36% 表示很不同意，5.86% 表示不太同意，39.75% 表示一般，26.91% 表示比较同意，25.11% 表示很同意这一说法。

问及"总的来说，我们社区居民之间的关系是和睦的"，901 位答题者中 0.33% 表示很不同意，1.11% 表示不太同意，19.31% 表示一般，33.85% 表示比较同意，45.39% 表示很同意这一说法。

问及"我对社区里发生的事情很感兴趣"，891 位答题者中 1.35% 表示很不同意，5.39% 表示不太同意，34.12% 表示一般，29.18% 表示比较同意，29.97% 表示很同意这一说法。

问及"我喜欢与社区里其他民族邻里相处的感觉"，890 位答题者中 0.11% 表示很不同意，2.02% 表示不太同意，26.63% 表示一般，30.79% 表示比较同意，40.45% 表示很同意这一说法。

问及 "社区里的其他民族邻居经常互相串门"，894 位答题者中 0.67% 表示很不同意，5.82% 表示不太同意，29.64% 表示一般，27.18% 表示比较同意，36.47% 表示很同意这一说法。

问及 "如果社区的公共项目需要，我也可以付出时间和金钱"，904 位答题者中 0.77% 表示很不同意，3.98% 表示不太同意，22.35% 表示一般，28.10% 表示比较同意，44.80% 表示很同意这一说法。

问及 "社区里的其他民族居民有需要时，大家会想办法帮助"，889 位答题者中 0.11% 表示很不同意，1.46% 表示不太同意，19.46% 表示一般，29.13% 表示比较同意，49.83% 表示很同意这一说法。

问及 "我对我们社区很满意"，895 位答题者中 0.67% 表示很不同意，5.47% 表示不太同意，27.37% 表示一般，33.07% 表示比较同意，33.41% 表示很同意这一说法。

问及 "告诉别人我住在哪我很自豪"，882 位答题者中 1.02% 表示很不同意这一说法，6.24% 表示不太同意，34.35% 表示一般，30.61% 表示比较同意，27.78% 表示很同意这一说法。

问及 "我们社区有很好的领头人和召集人"，888 位答题者中 30.52% 表示很同意这一说法，30.86% 表示比较同意，29.17% 表示一般，7.43% 表示不太同意，2.03% 表示很不同意。

问及 "我很喜欢住在我们社区"，892 位答题者中 32.06% 表示很同意这一说法，36.10% 表示比较同意，27.35% 表示一般，3.92% 表示不太同意，0.56% 表示很不同意。

问及 "如果搬离我们社区，我会很不舍"，896 位答题者中 31.47% 表示很同意这一说法，30.47% 表示比较同意，29.58% 表示一般，6.81% 表示不太同意，1.67% 表示很不同意这一说法。

问及 "假如我的生活或工作中遇到困难，我会向所在社区求助"，900 位答题者中，39.44% 表示很同意这一说法，29.22% 表示比较同意，23.89% 表示一般，5.44% 表示不太同意，2.00% 表示很不同意，具体情况参见表 4-12。

表 4 – 12　被调查者社区荣誉感的主观判断情况　（N = 921）

变量特征	调查样本（人）	回答样本（人）	有效样本率（%）	详细内容	回答样本数（人）	选项占有效回答百分比（%）
我是所在社区重要的一分子	921	888	96.42	很不同意	21	2.36
				不太同意	52	5.86
				一般	353	39.75
				比较同意	239	26.91
				很同意	223	25.11
总的来说，我们社区居民之间的关系是和睦的	921	901	97.83	很不同意	3	0.33
				不太同意	10	1.11
				一般	174	19.31
				比较同意	305	33.85
				很同意	409	45.39
我对社区里发生的事情很感兴趣	921	891	96.74	很不同意	12	1.35
				不太同意	48	5.39
				一般	304	34.12
				比较同意	260	29.18
				很同意	267	29.97
我喜欢与社区里其他民族邻里相处的感觉	921	890	96.63	很不同意	1	0.11
				不太同意	18	2.02
				一般	237	26.63
				比较同意	274	30.79
				很同意	360	40.45
社区里的其他民族邻居经常互相串门	921	894	97.07	很不同意	6	0.67
				不太同意	52	5.82
				一般	265	29.64
				比较同意	243	27.18
				很同意	326	36.47
如果社区的公共项目需要，我也可以付出时间和金钱	921	904	98.15	很不同意	7	0.77
				不太同意	36	3.98
				一般	202	22.35
				比较同意	254	28.10
				很同意	405	44.80

续表

变量特征	调查样本（人）	回答样本（人）	有效样本率（%）	详细内容	回答样本数（人）	选项占有效回答百分比（%）
社区里的其他民族居民有需要时,大家会想办法帮助	921	889	96.53	很不同意	1	0.11
				不太同意	13	1.46
				一般	173	19.46
				比较同意	259	29.13
				很同意	443	49.83
我对我们社区很满意	921	895	97.18	很不同意	6	0.67
				不太同意	49	5.47
				一般	245	27.37
				比较同意	296	33.07
				很同意	299	33.41
告诉别人我住在哪我很自豪	921	882	95.77	很不同意	9	1.02
				不太同意	55	6.24
				一般	303	34.35
				比较同意	270	30.61
				很同意	245	27.78
我们社区有很好的领头人和召集人	921	888	96.42	很不同意	18	2.03
				不太同意	66	7.43
				一般	259	29.17
				比较同意	274	30.86
				很同意	271	30.52
我很喜欢住在我们社区	921	892	96.85	很不同意	5	0.56
				不太同意	35	3.92
				一般	244	27.35
				比较同意	322	36.10
				很同意	286	32.06
如果搬离我们社区,我会很不舍	921	896	97.29	很不同意	15	1.67
				不太同意	61	6.81
				一般	265	29.58
				比较同意	273	30.47
				很同意	282	31.47

变量特征	调查样本 （人）	回答样本 （人）	有效样本 率（%）	详细内容	回答样本数 （人）	选项占有效回答 百分比（%）
假如我的生活或工作中遇到困难，我会向所在社区求助	921	900	97.72	很不同意	18	2.00
				不太同意	49	5.44
				一般	215	23.89
				比较同意	263	29.22
				很同意	355	39.44

最后，本书采用五级量表赋值法，对921份问卷的统计结果进行了数据处理，分别用分数1~5分表示社区满意度的"弱、较弱、一般、较强、强"五种不同强度水平，数据处理得出如下结果。

从表4-13可以看出，不同类别的社区，被调查者对社区所拥有的社区医疗卫生服务、社区内各类知识宣传普及、社区安全、社区选举、社区教育、社区养老、社区公共设施、社区自然环境、社区救助、社区宗教场所等都有着不同的满意度，从社区来说，排在前两位的是茶卡社区和城南社区；从社区类别来看，因为生态移民社区的相关设施未到位，被调查者对生态移民社区的满意度较低。在项目组所进行的生态移民两位村主任的访谈中，村主任给项目组看了搬迁后生活的不便利之处，如生活垃圾处理滞后、水管等基础设施损毁后得不到及时维修等。从社区服务的分类来说，就社区医疗服务来看，农村居民对其满意度相对较低，相应的移民社区的社区卫生服务也不尽如人意。社区安全上，被调查的城镇社区略高于农村社区和移民社区。社区公共设施，移民社区满意度很低。此外，移民社区因为涉及搬迁，所以社区宗教场所未能满足居民的基本需要，满意度低。而其余的社区公共服务被调查者的满意度相差不多。

除了以上调研外，本书设计了移民社区和旅游驱动农村社区的相关问题的调查分析，以此补充完善这些特殊社区居民对所在社区归属感及未来发展的要求。在旅游驱动下的农村社区——吾屯村的田野调查中，被调查者对"作为社区居民，你参与旅游发展的态度"情况见表4-14。

可以看出，被调查者对所在社区开展旅游发展的态度大多持有乐观的、正向的积极态度,作为社区居民,绝大多数居民对于本社区旅游发展能够具有主观层面的主体性、主动性。我们将比较同意与很同意选项合并,则有98.6% 被调查者同意 "应该由社区居民决定是否将当地风俗文化开发成旅游景区"、98.6% 被调查者同意 "社区居民应该参与有关旅游发展的决定"、100% 被调查者同意 "社区居民有权利对旅游发展提出建议、社区居民应该获得更多的技术培训以满足旅游发展的需求、社区居民应该主动承担起保护社区自然环境的主要责任、社区居民应该主动阻止旅游者破坏自然环境、社区居民应该主动向旅游者提供本民族文化的讲解、我会主动在旅游者面前保持本民族的文化、我认为本民族的文化特殊性是旅游发展的关键、应该积极鼓励当地居民在旅游的发展过程中担任主导角色并进行信息反馈"。97.1% 被调查者同意 "我愿意我的家庭成员参与到旅游发展过程之中"、94.2% 被调查者同意 "如果有机会我会主动投资旅游业"、98.6% 被调查者同意 "社区应该通过同当地政府的合作建立社区发展的目标和保障体系"、94.3% 被调查者同意 "社区应该通过同旅游企业的合作建立社区发展的目标和保障体系"、98.6% 被调查者同意 "政府应该资助社区居民参与旅游企业的经营和管理"、98.6% 被调查者同意 "社区居民应该及时获得旅游方面培训"。

表 4 - 13　被调查九个民族社区的社区满意度赋值情况 (人均)

项目　社区	社区医疗卫生服务	社区内各类知识宣传普及	社区安全	社区选举	社区教育	社区养老	社区公共设施	社区自然环境	社区救助	社区宗教场所
茶卡社区	3.52	4.02	4.15	4.08	4.08	4.17	3.97	3.94	4.08	4.29
城南社区	4.16	4.22	4.06	4.07	3.93	4.11	4.14	3.89	3.91	3.17
城中社区	3.64	3.65	3.63	3.75	3.51	3.68	3.33	3.33	3.45	3.78
吾屯村	2.87	2.96	2.97	4.06	3.31	2.97	2.74	3.09	3.61	3.94
隆务街社区	3.95	4.64	3.88	4.09	3.92	3.95	1.05	3.99	2.74	0.26
清真巷社区	2.94	2.92	2.85	3.08	2.95	2.83	2.62	2.55	2.77	3.23
热贡路社区	4.04	4.17	4.40	4.13	4.07	3.99	3.07	3.89	3.78	1.17
十八洞沟村	4.15	3.55	3.73	3.46	3.74	4.22	3.71	3.97	3.69	3.96
三江源小区	2.35	3.61	2.59	3.59	2.48	3.96	1.17	3.83	3.68	0

表4-14 作为社区居民，您对参与旅游发展的态度

变量特征	调查样本（人）	回答样本（人）	有效样本率（%）	详细内容	回答样本数（人）	选项占有效回答百分比（%）
应该由社区居民决定是将当地风俗文化开发成旅游景区	70	70	100	不太同意	1	1.4
				一般	0	0
				比较同意	6	8.6
				很同意	63	90.0
社区居民应该参与有关旅游发展的决定	70	70	100	一般	1	1.4
				比较同意	3	4.3
				很同意	66	94.3
社区居民有权利对旅游发展提出建议	70	70	100	比较同意	5	7.1
				很同意	65	92.9
社区居民应该获得更多的技术培训以满足旅游发展的需求	70	70	100	比较同意	7	10.0
				很同意	63	90.0
社区居民应该主动承担起保护社区自然环境的主要责任	70	70	100	比较同意	7	10.0
				很同意	63	90.0
社区居民应该主动阻止旅游者破坏自然环境	70	70	100	比较同意	5	7.1
				很同意	65	92.9
社区居民应该主动向旅游者提供本民族文化的讲解	70	70	100	比较同意	15	21.4
				很同意	55	78.6
我会主动在旅游者面前保持本民族的文化	70	70	100	比较同意	6	8.6
				很同意	64	91.4
我认为本民族的文化特殊性是旅游发展的关键	70	70	100	比较同意	16	22.9
				很同意	54	77.1
我愿意我的家庭成员参与到旅游发展过程之中	70	70	100	一般	2	2.9
				比较同意	18	25.7
				很同意	50	71.4
如果有机会我会主动投资旅游业	70	70	100	一般	4	5.7
				比较同意	19	27.1
				很同意	47	67.1

续表

变量特征	调查样本（人）	回答样本（人）	有效样本率(%)	详细内容	回答样本数（人）	选项占有效回答百分比(%)
社区应该通过同当地政府的合作建立社区发展的目标和保障体系	70	70	100	一般	1	1.4
				比较同意	24	34.3
				很同意	45	64.3
社区应该通过同旅游企业的合作建立社区发展的目标和保障体系	70	70	100	一般	4	5.7
				比较同意	18	25.7
				很同意	48	68.6
政府应该资助社区居民参与旅游企业的经营和管理	70	70	100	一般	1	1.4
				比较同意	4	5.7
				很同意	65	92.9
社区居民应该及时获得旅游方面培训	70	70	100	一般	1	1.4
				比较同意	10	14.3
				很同意	59	84.3
应该积极鼓励当地居民在旅游的发展过程中担任主导角色并进行信息反馈	70	70	100	比较同意	14	20.0
				很同意	56	80.0

项目组还开展了被调查者对旅游发展后对自己影响的调查，这是对旅游发展后的结果评估，我们将比较同意与很同意选项合并，主要调查结果见表 4 - 15。

表 4 - 15　旅游发展后对被调查者的影响

变量特征	调查样本（人）	回答样本（人）	有效样本率(%)	详细内容	回答样本数（人）	选项占有效回答百分比(%)
旅游业促进了当地经济的发展	70	70	100	不太同意	1	1.4
				一般	2	2.9
				比较同意	19	27.1
				很同意	48	68.6

续表

变量特征	调查样本（人）	回答样本（人）	有效样本率（%）	详细内容	回答样本数（人）	选项占有效回答百分比（%）
旅游业增加了就业机会	70	70	100	很不同意	4	5.7
				不太同意	20	28.6
				一般	5	7.1
				比较同意	17	24.3
				很同意	24	34.3
旅游业增加了社区居民收入，使得收入构成多元化	70	70	100	很不同意	19	27.1
				不太同意	10	14.3
				一般	1	1.4
				比较同意	19	27.1
				很同意	21	30.0
旅游业提高了居民的生活水平	70	70	100	很不同意	1	1.4
				不太同意	7	10.0
				一般	1	1.4
				比较同意	48	68.6
				很同意	13	18.6
旅游业仅仅带来了少量的间歇性的收益	70	70	100	很不同意	1	1.4
				不太同意	2	2.9
				一般	2	2.9
				比较同意	23	32.9
				很同意	42	60.0
旅游开发后大部分的收益流向了地方精英、外来投资者、政府机构	70	70	100	一般	1	1.4
				比较同意	6	8.6
				很同意	63	90.0
旅游开发后只有少量的家庭从旅游中获得直接的经济收益	70	70	100	不太同意	1	1.4
				一般	2	2.9
				比较同意	2	2.9
				很同意	65	92.9
因为缺少资本和技能，大部分居民很难找到合适途径参与旅游分享利益	70	70	100	一般	4	5.7
				比较同意	24	34.3
				很同意	42	60.0

变量特征	调查样本（人）	回答样本（人）	有效样本率（%）	详细内容	回答样本数（人）	选项占有效回答百分比（%）
部分旅游收入被安排用于社区发展，建设学校，改进交通，建设了基础设施	70	70	100	很不同意	6	8.6
				不太同意	16	22.9
				一般	9	12.9
				比较同意	27	38.6
				很同意	12	17.1
旅游开发丰富了社区的休闲活动	70	70	100	很不同意	21	30.0
				不太同意	13	18.6
				一般	2	2.9
				比较同意	24	34.3
				很同意	10	14.3

可以看出，95.7% 被调查者同意 "旅游业促进了当地经济的发展"；68.6% 被调查者同意 "旅游业增加了就业机会"；57.1% 被调查者同意 "旅游业增加了社区居民收入，使得收入构成多元化"；87.2% 被调查者同意 "旅游业提高了居民的生活水平"；92.9% 被调查者同意 "旅游业仅仅带来了少量的间歇性的收益"；98.6% 被调查者同意 "旅游开发后大部分的收益流向了地方精英、外来投资者、政府机构"；95.8% 被调查者同意 "旅游开发后只有少量的家庭从旅游中获得直接的经济收益"；94.3% 被调查者同意 "因为缺少资本和技能，大部分居民很难找到合适途径参与旅游分享利益"；仅有 55.7% 被调查者同意 "部分旅游收入被安排用于社区发展，建设学校，改进交通，建设了基础设施"；仅有 48.6% 被调查者同意 "旅游开发丰富了社区的休闲活动"。

针对 "您认为社区居民参与和旅游相关的决定是旅游成功发展的关键吗" 这一问题，有 60 人认为是关键，而 10 人认为不是。针对 "您认为保持本民族文化与旅游开发有没有冲突" 这一问题，61 人认为没有冲突，9 人认为有冲突。冲突主要表现在 "有些本民族文化的东西被交易化" "冲突主要表现为少数民族会淡忘本民族文化、语言，在旅游开发时应该选择有地方民族特色的旅游业" "比如说有些本民族的特色产品就被交易化" "对本民族文化有些不尊重""有些本民族文化的一些东西随着旅游开发的发展被市场交易化",等等。针对"您认为旅游开发后获益最大的是谁"这一问题,有54个回答指向了投资者,48个回答指向政府,28个回答指向少数居民,还有当地管理人、艺术家、企业、地方精英等。可以看出,本民族文化是否可能被交易化,最终导致本民族文化的殆尽,可能是少数民族群众关心的重点之一。

而项目开展调研的两个移民社区,因都是从泽库县搬迁至同仁县的,属跨县搬迁。移民前和移民后存在很大的变化。就移民搬迁的时间调查中,2001年搬迁1户、2006年搬迁22户、2007年搬迁2户、2009年搬迁1户、2010年搬迁89户、2012年搬迁1户、2013年搬迁2户、2014年搬迁1户、2016年搬迁1户。也就是说,从2001年开始就有人进行搬迁,2006年开始由政府主导整村移民搬迁,规划整合持续了近10年,并且是举家搬迁。而移民者的户籍93.1%是农村户口,6.9%的移民者是城镇户口,并且移民到同仁县后户籍没有发生改变。其中115户人有在城镇定居的想法,只有4.2%的人处在犹豫和不愿意定居城镇阶段。对于所分的土地,110户人家是不愿意放弃的,占比高达91.7%,仅有少部分人持无所谓和愿意的态度。在与居民访谈中得知,藏族人认为土地是无价的,土地能长出东西,能养活他们,对他们来说是非常重要的。因为一直以游牧为生,故与土地的情感非常深厚。移民搬迁的安置方式有86户是整村搬迁,混杂安置;有1户是自发搬迁,自主安置;有18户是自愿搬迁,混杂安置;还有11户以其他方式安置。据被访者说是以抓阄和自行购买为主。据村主任说:"是一个乡四五个村子整体搬迁,混在一起安置的。"(访谈记录F2017091601,被访者为藏族,男性,移民村村主任)移民以政府主导搬迁为主,自行搬迁为辅。而移民者的态度是86.7%的人是自愿搬迁的,13.3%的人是随着大流进行了搬迁。访谈得知:"搬迁前各家各户按划分的草场定居,家家户户离得比较远,基本上没有邻里走动,而这种生活方式不适合人们的日常交往。搬迁后大家居住在一个小区内,不仅亲戚朋友走动得多了,邻里之间交往也多了。在交往中促进民族之间的了解,在互动中提升了人与人之间的信任。"(访

谈记录 F2017091601，被访者为藏族，男性，为移民村村主任）

移民前和移民后收入与支出的比较：移民前居民不用交水电费，而移民后水电费及其他费用的支出导致居民支出 100% 增加。有 86 人认为收入增加了，34 个人认为收入没变化，与移民前一样。移民后根据移民政策，老人和小孩有一定的补助。同仁县较泽库县相比，有很好的经济市场、旅游市场，产业的丰富化使得人们的就业方式和消费方式丰富化。并且有 105 位被访者认为生活水平略有上升，13 位被访者认为上升了很多。针对移民社区和移民搬迁的满意程度调查：对社区持满意态度的占 75.8%，持一般态度的占 14.2%，持不满意态度的占 9.2%；对移民搬迁持满意态度的占 59.6%，持一般态度的占 31.7%，持不满意的占 8.7%。大多数移民者还是对移民过程的实施及移民社区的建立持满意的态度。但项目组在调研中发现，即使生活等方面便利许多，但搬迁后依然存在一些问题，很多家庭处于靠补助过日子的状态，大部分年轻人待业在家，没有工作，没有收入来源，即使草场没有收回，但因为跨县还是有一定的距离，大部分家庭的草场由于没有人操心照顾处于荒废状态，村主任表示："如果租出去一年也就收租两千，因为租金不高，加之租出去作为租主在一定方面还要负一些责任，不愿意把草场租出去。村里的大多数人都是文盲，汉语水平不高，在泽库还能放牧挣钱，在同仁根本找不到工作，施工单位一来村民不会说汉语，无法与人沟通；二来不会干建筑方面的活，包工头基本也不愿意招这样的人。做生意没本钱，也没有销售渠道，街面上的铺子都被外来户垄断了。年轻人也不愿意外出打工，即使没有工作待业在家，也不愿意出去，思想上比较传统、封闭。"这表现出移民社区居民仍存在一些新型城镇化进程中的矛盾。由以上分析可以看出：当前推动民族地区经济社会发展的措施对民族关系的影响程度和未来可能会影响到互嵌式社区建设，未来应关注这些影响因素。

最终，无论是城市社区、农村社区还是移民社区、旅游驱动的农村社区，被调查者在针对群众最希望政府解决的问题上，作为群众的主心骨，人们还是对政府抱有很大的希望，群众最希望政府解决的问题中，第一是提高老百姓的收入，第二是解决牧区看病难问题，第三是加强对农牧民的就业培训，第四是大力发展教育事业，能使更多少数民族学生上大学。即涉及群众的"吃穿住行和生老病死"各方面由政府提供的公共服务都是各族群众的关心所在。而针对群众所关注的问题上，政府的处理态度直接影响各族群众之间的关系，这可由访谈资料显示："你说让我们说一下有什么明白的工作经验，就是做事公平公正，这是最主要的一个。就是包括帮扶，处理事情你把心放公平了，在任何民族面前都是挺重要的，对吧？假如说我是穆斯林镇长，那我对藏族怎么办，对吧？对我来说也是一样的，我是按平等来对待的。假如说我是镇长我要分配一些指标，那我是要考虑这个民族比例的，这个村里面啥情况，那个村里面啥情况，这个社区又是什么情况，我给他们分配的都是有比例的，所以每次分配下去，基本上可以说没有啥异议。这个事就是要处理公平，你说我是穆斯林镇长，我始终只管理穆斯林，那肯定不行，你把心放公平公正以后，你就什么事都没有了。老百姓反映最强烈的一个问题就是处事不公。"（访谈资料 F2016011301，被访者为回族，男性，LW 镇镇长）可以看出，涉及民生、医疗、就业、教育依然是被调查者们所关注的大问题，与此相对应，政府对这些问题的解决程度和解决范围，将直接影响居民对所在社区乃至当地基层政府的归属感及各民族之间的相互嵌入程度。

4.2　通婚视角下青海省主要世居民族的"互嵌"考量

由于民族通婚是研究民族关系的重要内容，族际婚恋本身就有"冲击与消溶"族群边界的作用①，在一定程度上，民族通婚也是"互嵌式社区建设"的重要考量指标。

根据《青海民政统计年鉴（2015）》数据（见表 4 - 16）：青海省2006~2010年年均结婚数为31062对（不含涉外婚姻），年均离婚数为3877

---

① 徐杰顺、徐桂兰：《情感与族群边界——以新疆三对维汉夫妇的族际通婚为例》，《武汉科技大学学报》（社会科学版）2012年第2期，第132~139页。

对；2011～2014 年年均结婚数为 43670 对（不含涉外婚姻），年均离婚数为 6173 对。

表 4－16　青海省婚姻登记情况（2006～2014）

年份	2006	2007	2008	2009	2010	2011	2012	2013	2014
结婚登记总数对数（对）	31140	31177	33796	29718	29613	41682	45695	47471	54021
结婚数（对）	31108	31162	33765	29690	29588	41649	45685	47437	53995
涉外华侨登记结婚数	32	15	31	28	25	33	10	34	26
离婚总数（对）	3873	4127	3755	3622	4006	4966	6233	6013	7480

资料来源：《青海民政统计年鉴（2015）》。

从表 4－16 可以看出，近十年来青海省的结婚对数和离婚对数都有所增长。而这些增长中是否存在民族通婚的发展变化趋势？有哪些民族通婚特征？这些通婚特征是否能够反映青海省主要世居民族的"互嵌"现状？一般来讲，两个民族成员之间的通婚情况在一定程度上可视为两族关系总水平。因此，项目组开展的针对青海省尤其是通婚视角下的互嵌式社区建设研究，更多是从中观层面开展的研究，有利于进一步拓展和延伸互嵌式社区建设研究。本节主要从青海省现有民政资料开展分析，以便说明青海省主要世居民族的"互嵌"现状，而后文则对实施的问卷调查进行这一部分的验证。

4.2.1　民政数据来源及分析

根据第六次人口普查统计数据计算，青海省 43 个县级及以上行政区划单位中，基本家庭户数与多民族户家庭户数情况可以分为三个层次，第一层次为占比超过 10% 的有五个，分别是海晏县（18.88%）、祁连县（14.67%）、乌兰县（12.41%）、大通回族土族自治县（12.03%）和门源回族自治县（11.77%）。第二层次为占比 5%～10% 之间的有十五个，分别是德令哈市（9.84%）、共和县（9.25%）、同仁县（8.53%）、互助土族自治县（8.36%）、贵德县（7.85%）、乐都县（7.84%）、湟源县（7.48%）、都兰县

（7.39%）、刚察县（6.38%）、大柴旦行委（5.63%）、冷湖行委（5.39%）、民和回族土族自治县（5.17%）、贵南县（5.05%）、格尔木市（5.05%）、湟中县（5.01%）。其余二十三个县市占比在 5% 以下，为第三层次，这第三层次中的县市又有 13 个多民族家庭户数所占比例在 2% 以下，详细分析后显示主要在玉树州与果洛州等纯牧区，且这两个州的藏族人口比例通常在 90% 以上。这表明多民族家庭地理位置多位于青海省东中部地区。

因此，项目组先后在 2016 年和 2017 年前往青海省四市八县①当地民政婚姻登记部门（分别是 A 市、C 市、I 市、J 市、B 县、D 县、E 县、F 县、G 县、H 县、K 县、L 县②，八县中有五个为少数民族自治县，地理位置大多位于青海省东部地区），通过全国婚姻登记系统获得这些地区 1994 ~ 2015 年婚姻登记的基础数据（剔除了登记者个人信息，且均为城镇居民婚姻登记情况）。

1. 整体情况

这四市八县的基本家庭户数与多民族户家庭户数情况也归于三个层次，占比超过 10% 的 E 县和 K 县可以归属为第一层次，第三层次为占比在 5% 以下的 G 县和 L 县，其他县多民族户家庭户数占比均在 5% ~ 10%，归属为第二层次。总体而言，基本符合第六次人口普查数据规律。项目组经过整理统计，在搜集到的 233708 个结婚登记和 48192 个离婚登记中，删掉了非民族通婚样本，最终留下了涉及民族通婚的 47912 个结婚登记样本和 8704 个

---

① 选择 1994 年为起始年份的原因在于 2015 年青海省民政厅组织省内民政系统进行了婚姻登记档案补录过程，截至 2016 年初，各地按照要求进行了 1994 年后的婚姻登记档案补录，后期将完成新中国成立后到 1994 年的婚姻登记档案补录。但青海省民政厅所管辖的婚姻系统无法导出所有数据，故课题组数次前往各地民政部门搜集数据的过程中，根据相关工作人员口述，由于青海省多数为牧区，在新中国成立初期到 1994 年间，婚姻登记原始档案并不完善，外加基层民政部门工作人员有限，原始婚姻登记档案遗失、不清等原因，造成青海省婚姻登记系统数据补录情况并不尽如人意。相对而言，1994 年以来的档案相对比较完整，因此，本小节以 1994 ~ 2015 年数据为基础数据，且由于部分县区民政部门的不配合，仅获得了本小节所列的民政婚姻数据。

② 因项目数据搜集过程中，项目组同青海省民政厅及各地民政部门签订了保密协议，因此进行了县市名称的匿名化处理。

离婚登记样本，本小节主要以这些婚姻登记样本来反映青海省近二十二年的民族通婚情况。

从表4-17可看出，在青海省12个行政区划民族通婚的结婚登记和离婚登记情况中，A市民族通婚结婚登记20274对，占全部结婚登记民族通婚的42.3%，离婚登记4712对，占全部离婚登记民族通婚的54.1%，其余11个行政区划的民族通婚结婚登记27738对，占全部结婚登记民族通婚的57.7%，离婚登记2992对，占全部离婚登记民族通婚的45.9%。青海省地广人稀，针对城镇居民的通婚研究来说，这12个行政区划具有一定的代表性。

表4-17　民政数据中4市8县民族通婚情况

单位：对，%

行政区域	结婚登记		离婚登记	
	频率	占比	频率	占比
A 市	20274	42.3	4712	54.1
B 县	1583	3.3	307	3.5
C 市	4255	8.9	480	5.5
D 县	652	1.4	87	1.0
E 县	2364	4.9	718	8.2
F 县	1433	3.0	242	2.8
G 县	2552	5.3	176	2.0
H 县	2080	4.3	268	3.1
I 市	3937	8.2	586	6.7
J 市	3635	7.6	664	7.6
K 县	3052	6.4	370	4.3
L 县	2095	4.4	94	1.1
合计	47912	100.0	8704	100.0

资料来源：项目组根据民政数据统计、自制。

从图4-1可以看出，1994~2015年这四市八县的民族通婚情况总体呈上升趋势①。

---

① 由于在搜集民政数据过程中，部分县市分别在2016年和2017年不同时间前往当地民政部门搜集的数据，仅有一部分县市有2016年的登记数据，为了更好地体现民族通婚趋势，将2016年样本数计算在总数中，但制作图4-1时，未将1994年前和2016年的数据显示出来。

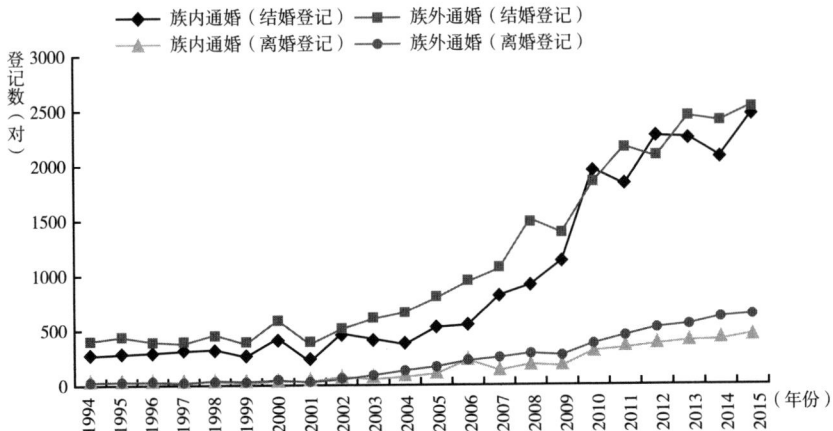

图 4 - 1　民政数据中青海省 4 市 8 县民族通婚情况（1994～2015）

　　其中 1994～1999 年的族内通婚和族外通婚都呈现出较为平稳的态势，而 2001 年有一个低点，此后 2002～2006 年族外通婚呈现出上升的态势，族内通婚呈现波动的态势，而 2007～2015 年的增长趋势较前两个阶段的增长趋势更为迅速，这说明 2006 年以后的民族通婚更为普遍，在一定程度上可以说，西部大开发后族外通婚（不论是结婚登记还是离婚登记）的上升趋势更为明显，也说明民族"互嵌"更深一层。

　　这些民族通婚样本的基本情况见表 4 - 18 和表 4 - 19，可以看出，无论是结婚登记还是离婚登记，青海省排在前五位的民族均为回族、汉族、藏族、蒙古族和土族，为青海省主要世居民族，撒拉族紧随其后，尽管第六到第九的排序稍有变化，但总体变化不大，而结婚登记和离婚登记中女方的民族种类都显然比男方的民族种类多（结婚登记中女方民族种类比男方民族种类多 2 个；离婚登记中女方民族种类比男方多 10 个），这可从一定程度上表明女性更倾向于民族通婚。

表 4 - 18　民政数据中民族通婚（结婚登记）样本基本情况

单位：人，%

排序	民　族	男方		女方	
		频率	占比	频率	占比
1	回　族	19238	40.2	19145	40
2	汉　族	10851	22.6	9277	19.4
3	藏　族	5966	12.5	6738	14.1
4	蒙古族	5570	11.6	5894	12.3
5	土　族	2605	5.4	2956	6.2
6	撒拉族	1935	4	2096	4.4
7	满　族	874	1.8	809	1.7
8	土家族	243	0.5	243	0.5
9	东乡族	158	0.3	178	0.4
10	哈萨克族	124	0.3	122	0.3
11	其他民族（男方28个；女方30个）	苗族（74）、壮族（53）、朝鲜族（38）、保安族（17）、彝族（16）、侗族（15）、瑶族（15）、锡伯族（15）、羌族（12）、维吾尔族（11）、布依族（11）、白族（11）、裕固族（11）、其他未识别的民族（11）、俄罗斯族（8）、纳西族（5）、哈尼族（4）、畲族（4）、仡佬族（4）、高山族（2）、柯尔克孜族（2）、达斡尔族（2）、毛南族（2）、傣族（1）、黎族（1）、仫佬族（1）、布朗族（1）、基诺族（1）		苗族（83）、壮族（75）、朝鲜族（48）、彝族（32）、保安族（29）、维吾尔族（26）、侗族（19）、白族（19）、瑶族（16）、其他未识别的民族（14）、锡伯族（11）、布依族（9）、哈尼族（9）、黎族（9）、裕固族（8）、羌族（7）、傣族（6）、仫佬族（5）、畲族（4）、纳西族（4）、达斡尔族（4）、仡佬族（4）、傈僳族（2）、佤族（2）、水族（2）、柯尔克孜族（2）、鄂温克族（2）、布朗族（1）、毛南族（1）、怒族（1）	

资料来源：项目组根据民政数据统计、自制。

表 4 - 19　民政数据中民族通婚（离婚登记）样本基本情况

单位：人，%

排序	民　族	男方		女方	
		频率	占比	频率	占比
1	回　族	3158	36.3	3223	37
2	汉　族	2464	28.3	2031	23.3
3	藏　族	1274	14.6	1455	16.7
4	蒙古族	750	8.6	831	9.5
5	土　族	402	4.6	471	5.4
6	满　族	261	3	272	3.1
7	撒拉族	255	2.9	267	3.1

续表

排序	民族	男方		女方	
		频率	占比	频率	占比
8	土家族	37	0.4	37	0.4
9	东乡族	22	0.3	16	0.2
10	壮族	18	0.2	13	0.1
11	其他民族（男方15个，女方25个）	苗族(14)、朝鲜族(11)、哈萨克族(9)、维吾尔族(3)、布依族(3)、瑶族(3)、白族(3)、锡伯族(3)、裕固族(3)、彝族(2)、羌族(2)、仫佬族(2)、俄罗斯族(2)、其他未识别的民族(2)、布朗族(1)		朝鲜族(12)、哈萨克族(9)、苗族(8)、彝族(8)、瑶族(6)、锡伯族(6)、维吾尔族(5)、布依族(4)、侗族(4)、黎族(3)、保安族(3)、白族(2)、纳西族(2)、景颇族(2)、布朗族(2)、俄罗斯族(2)、其他未识别的民族(2)、傣族(1)、畲族(1)、柯尔克孜族(1)、达斡尔族(1)、仫佬族(1)、毛南族(1)、塔吉克族(1)、裕固族(1)	

资料来源：项目组根据民政数据统计、自制。

根据进一步统计分析，青海省主要世居民族（婚姻双方）通婚情况可见表4-20。

表4-20 民政数据中青海省4市8县民族（婚姻双方）通婚情况

单位：人

民族种类	回族(M)	回族(F)	蒙古族(M)	蒙古族(F)	藏族(M)	藏族(F)	土族(M)	土族(F)	撒拉族(M)	撒拉族(F)	汉族(M)	汉族(F)
族内通婚（结婚登记）	16161		3826		2585		428		1377			
族外通婚（结婚登记）	3077	2984	1744	2068	3381	4153	2177	2528	558	719	10851	9277
族内通婚（离婚登记）	2394		403		632		68		155			
族外通婚（离婚登记）	764	829	347	428	642	823	334	403	100	112	2464	2031

＊ M指男性；F指女性。且为方便讨论，表中仅列了青海省六大世居民族。

资料来源：项目组根据民政数据统计、自制。

　　总体而言，本书仅对离婚样本中的数据进行了简要分析，而主要侧重于对结婚样本进行了一系列分析，用以描述和分析青海省主要世居民族之间的通婚情况，根据所信仰的宗教不同，项目组对青海省主要世居民族通婚的基本情况[①]进行分析。

　　（1）信仰伊斯兰教的撒拉族和回族

　　撒拉族古称 "撒拉回回"，自称 "撒拉尔"，新中国成立后定名撒拉族，主要分布在循化撒拉族自治县和化隆县甘都等地。撒拉族的宗教信仰 "属于逊尼派，但后来的各种教派都在撒拉族中有所传播"[②]。而回族在全中国分布广泛，整体分散而具体则以清真寺为中心形成较为聚集的回族社区。回族遍布青海省境内各地，并与汉、土、撒拉、藏、蒙古等少数民族杂居，集中在西宁城东区、化隆县和门源县及民和县、湟中县和大通县。这两个民族多数信仰伊斯兰教。

　　根据结婚登记样本来看，撒拉族族内通婚（1377 对），占撒拉族通婚样本总数的 71.16%；撒拉族男性族外通婚 558 人，撒拉族女性族外通婚 719人，分别占撒拉族通婚样本总数（婚姻双方）的 28.84% 和 34.3%。

　　回族族内通婚（16161 对），占回族通婚样本总数的 84.01%；回族男性族外通婚 3077 人，回族女性族外通婚 2984 人，分别占回族通婚总数（婚姻双方）的 15.99% 和 15.59%。

　　在结婚样本中，与撒拉族通婚的前五位其他民族分别是：回族（1021人）、汉族（208 人）、藏族（19 人）、东乡族（11 人）和保安族（3 人），前三个民族与撒拉族的通婚，占到撒拉族族外通婚的 97.8%。

　　与回族通婚前五位的其他民族分别是：汉族（4340 人）、撒拉族（1021人）、东乡族（202 人）、藏族（184 人）和蒙古族（101 人），其中前三个民族与回族的通婚，占到回族族外通婚的 91.9%。这两组数据说明回族更注重族内通婚，这主要是由于有史以来其他民族必须 " '随回'，即先成为

　　①　青海省主要城镇人口在地级市和各县县城，其他地区多为农牧区，因此，此次数据主要来源于城镇居民婚姻登记情况。

　　②　青海省地方志编纂委员会：《青海省志·民族志》，民族出版社，2008，第 369 页。

一名穆斯林，然后才能成为回族共同体的成员"①。这一原则在撒拉族中也成立，撒拉族也具有高度注重族内通婚的传统。这在随后的田野调查里也得到了验证，项目组成员遇到了数名因通婚而改变了民族身份的群众。

（2）信仰藏传佛教的土族、蒙古族和藏族

土族是世居青海最古老的民族之一，被称为"彩虹部落"的后代。主要分布在互助、乐都、同仁、民和、大通和与甘肃省交界地区。经过多年多民族混杂居生活后，呈现出民和土族已基本汉化和同仁的土族已基本藏化的特点，而其他地区的土族仍留持传统习俗。土族有本民族的语言，常用汉语和藏语，1979 年以前没有文字，后创制了土文。"青海土族笃信藏传佛教格鲁派，此外，也有一部分土族在信仰藏传佛教的同时，还信仰道教"②。青海蒙古族主要分布在海西州和河南县，海北州和海南州及青海省东部也有部分蒙古族，他们有自己本民族的语言和文字，"早期信仰萨满教，元朝后蒙古族与藏传佛教接触，并信仰藏传佛教"③。青海藏族是青海省内人口数量最多、居住范围最广的少数民族，早期信仰苯教后受到藏传佛教的极大影响。绝大多数藏族分布在三江源区从事牧业生产，还有部分分布在海东市和西宁市大通县等地从事农业生产。尽管有关研究发现，青海省境内仍然有"草原深处说蒙古语的穆斯林"④，以及在军阀时期迫于压力而改变民族身份的其他少数民族群众，但这些群众毕竟是少数，就整体而言这三个民族基本信仰藏传佛教。

根据结婚登记数据来看，土族族内通婚（428 对）占土族通婚样本总数的 16.43%；土族男性族外通婚 2177 人，土族女性族外通婚 2528 人，分别占土族民族通婚总数（婚姻双方）的 83.57% 和 85.52%。这表明土族民众更多与其他民族的联姻交融，与土族通婚的前五位其他民族分别是：汉族（4048 人）、藏族（396 人）、蒙古族（130 人）、回族（71 人）和满族（30

---

① 青海省地方志编纂委员会：《青海省志·民族志》，民族出版社，2008，第 235 页。
② 青海省地方志编纂委员会：《青海省志·民族志》，民族出版社，2008，第 312 页。
③ 青海省地方志编纂委员会：《青海省志·民族志》，民族出版社，2008，第 411 页。
④ 赵文元、马占庭、马维良：《海北历史文化丛书》，青海人民出版社，2008。

人），前三个民族与土族的通婚，占到土族族外通婚的 97.2% 。

蒙古族族内通婚（3826 对）占蒙古族通婚样本总数的 68.69%；蒙古族男性族外通婚 1744 人，蒙古族女性族外通婚 2068 人，分别占蒙古族民族通婚总数（婚姻双方）的 31.31% 和 35.09% 。与蒙古族通婚的前五位其他民族分别是：汉族（2871 人），藏族（389 人），土族（130 人），回族（101 人）和满族（40 人），前三个民族与蒙古族的通婚，占到蒙古族族外通婚的 88.9% 。

藏族族内通婚（2585 对）占藏族通婚样本总数的 43.33%，藏族男性族外通婚 3381 人，藏族女性族外通婚 4153 人，分别占藏族民族通婚总数（婚姻双方）的 56.67% 和 61.64% 。这说明藏族通婚中族内与族外通婚有一定差距。与青海藏族通婚的前五位其他民族分别是：汉族（6185 人）、蒙古族（643 人）、土族（396 人）、回族（184 人）和满族（50 人），前三个民族与藏族的通婚，占到藏族族外通婚的 95.9% 。

相比较而言，青海省五个世居少数民族中，回族族外通婚比例最低，其次是撒拉族、蒙古族和藏族，而土族族外通婚比例最高。

此外，青海省其他少数民族主要有东乡族、保安族、满族、苗族、瑶族等，人口数在全省总人口中所占比例不大（0.41%），族内通婚（18 对）和族外通婚（3535 人），族外通婚中均以与汉族通婚居多。就离婚样本而言，以上特征也同样存在，不再赘述。

2. 职业与学历与民族通婚的交互分析

根据样本数据，还开展了婚姻当事人有关职业和学历①与民族通婚的交互分析，见图 4 - 2 和图 4 - 3。

图 4 - 2 显示出作为婚姻当事人学历类别下的民族通婚情况，具体分析如下。

男性且为小学教育的族内通婚占全部民族通婚的 56.92%，其族外通婚

---

① 因为数据来源于全国婚姻登记系统，本小节分析参照全国婚姻登记系统内自动默认的职业分类和学历分类，未做修改，且在项目调查问卷设计中，也为了前后分析相一致，按照这个职业分类和学历分类进行了本书的问卷设计。

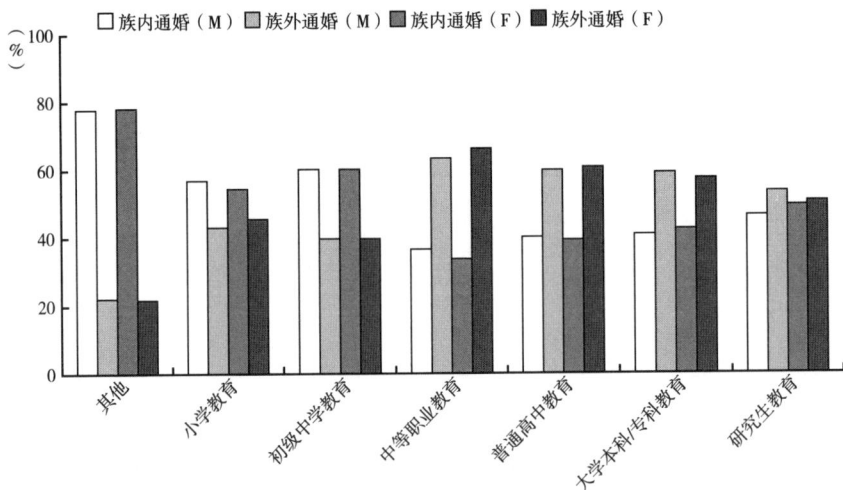

图4-2 民政数据中民族通婚与婚姻当事人学历交互

说明：图4-2和图4-3中M指男性；F指女性。

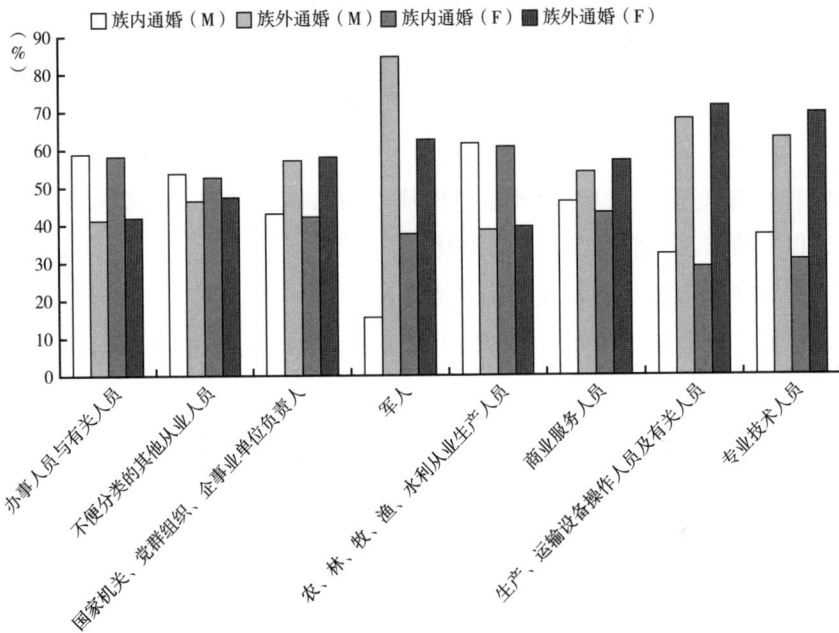

图4-3 民政数据中民族通婚与婚姻当事人职业交互

占全部民族通婚的 43.08%，相差近 14 个百分点。女性且为小学教育的族内通婚占全部民族通婚的 54.47%，其族外通婚占全部民族通婚的 45.53%，相差 9 个百分点。

男性且为初级中学教育的族内通婚占全部民族通婚的 60.28%，其族外通婚占全部民族通婚的 39.72%，相差近 20 个百分点；女性且为初级中学教育的族内通婚占全部民族通婚的 60.22%，其族外通婚占全部民族通婚的 39.78%，可以看出，学历为初级中学的男女性在民族通婚方面的差异不大。

男性且为中学职业教育的族内通婚占全部民族通婚的 36.61%，其族外通婚占全部民族通婚的 63.39%，女性且为中学职业教育的族内通婚占全部民族通婚的 33.71%，其族外通婚占全部民族通婚的 66.29%，相较而言，女性略高。

男性且为普通高中教育的族内通婚占全部民族通婚的 40.17%，其族外通婚占全部民族通婚的 59.83%，女性且为普通高中教育的族内通婚占全部民族通婚的 39.23%，其族外通婚占全部民族通婚的 60.77%，相较而言，女性略高。

男性且为大学本科/专科教育的族内通婚占全部民族通婚的 40.89%，其族外通婚占全部民族通婚的 59.11%；女性且为大学本科/专科教育的族内通婚占全部民族通婚的 42.55%，其族外通婚占全部民族通婚的 57.45%，相较而言，族内通婚女性略高，族外通婚男性略高。

男性且为研究生教育的族内通婚占全部民族通婚的 46.45%，其族外通婚占全部民族通婚的 53.55%，女性且为研究生教育的族内通婚占全部民族通婚的 49.35%，其族外通婚占全部民族通婚的 50.65%，相较而言，族内通婚女性略高，族外通婚男性略高。

男性且为其他的族内通婚占全部民族通婚的 77.78%，其族外通婚占全部民族通婚的 22.22%，女性且为其他的族内通婚占全部民族通婚的 78.20%，其族外通婚（F）占 21.80%，这表明，学历水平较低的男女性族内通婚均大大高于族外通婚，即学历水平较低者对族际通婚的可接受程度不高。

而图 4 – 3 则显示了婚姻当事人的职业与民族通婚的交互情况，具体分析如下。

男性且职业为办事人员与有关人员的族内通婚占全部民族通婚的 58.82%，其族外通婚占全部民族通婚的 41.18%；女性且职业为办事人员与有关人员的族内通婚占全部民族通婚的 58.18%，其族外通婚占全部民族通婚的 41.82%，可以看出，男性女性差别相差不大。

男性且职业为国家机关、党群组织、企事业单位负责人的族内通婚占全部民族通婚的 42.94%，其族外通婚占全部民族通婚的 57.06%；女性且职业为国家机关、党群组织、企事业单位负责人的族内通婚占全部民族通婚的 42.05%，其族外通婚（F）占全部民族通婚的 57.95%，相较而言，女性略高。男性且职业为军人的族内通婚占全部民族通婚的 15.46%，其族外通婚占全部民族通婚的 84.54%；女性且职业为军人的族内通婚占全部民族通婚的 37.50%，其族外通婚占全部民族通婚的 62.50%，相较而言，在族外通婚上，男性军人高出女性军人 22 个百分点，表现出对族外通婚的极大包容性。

男性且职业为农、林、牧、渔、水利从业生产人员的族内通婚占全部民族通婚的 61.47%，其族外通婚占全部民族通婚的 38.53%；女性且职业为农、林、牧、渔、水利从业生产人员的族内通婚占全部民族通婚的 60.60%，其族外通婚占全部民族通婚的 39.40%，表明二者差别不大，均倾向于族内通婚。

男性且职业为商业服务人员的族内通婚占全部民族通婚的 46.12%，其族外通婚占全部民族通婚的 53.88%，女性且职业为商业服务人员的族内通婚占全部民族通婚的 43.15%，其族外通婚占全部民族通婚的 56.85%。相较而言，女性略高。

男性且职业为生产、运输设备操作人员的族内通婚占全部民族通婚的 32.13%，其族外通婚占全部民族通婚的 67.87%；男性且职业为生产、运输设备操作人员的族内通婚占全部民族通婚的 28.69%，其族外通婚占全部民族通婚的 71.31%，相较而言，族内通婚男性略高，族外通婚女性略高。

男性且职业为专业技术人员的族内通婚占全部民族通婚的 37.17%，其族外通婚占全部民族通婚的 62.83%，女性且职业为专业技术人员的族内通婚占全部民族通婚的 30.52%，其族外通婚占全部民族通婚的 69.48%，相较而言，族内通婚男性略高，族外通婚女性略高。

男性且职业为不便分类的其他从业人员的族内通婚占全部民族通婚的 53.64%，其族外通婚占全部民族通婚的 46.36%，女性且职业为不便分类的其他从业人员的族内通婚占全部民族通婚的 52.64%，其族外通婚占全部民族通婚的 47.36%，相较而言，男性女性差别不大。

职业和学历作为婚姻当事人在选择配偶时的两大基本条件，往往对是否选择民族通婚有着重要的影响。从以上分析可以看出，总体来说，职业、学历在一定程度上会影响婚姻当事人对民族通婚的包容程度，但由于婚姻当事人的性别受其他方面的影响也存在，因此，男性女性仍然表现出一定差异。

3. 通婚圈分析

为了方便分析，本小节将通婚圈划分为三大类，即省际通婚、本县之外和本县之内的通婚。根据 47912 个样本中婚姻当事人的户口所在地进行比对和统计分析，可以得到图 4-4。

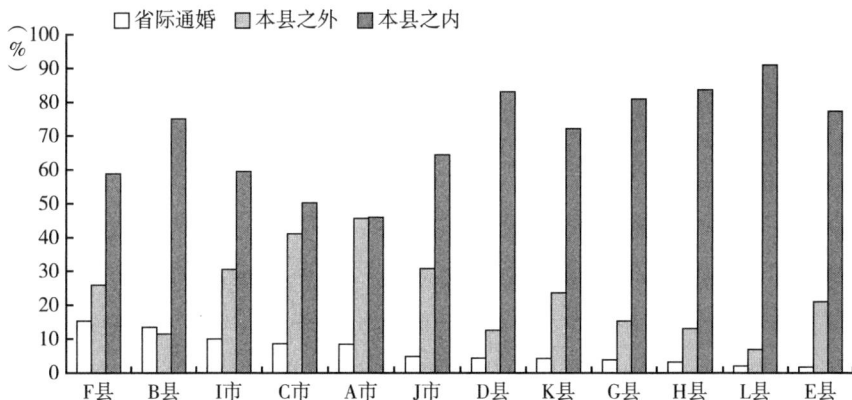

图 4-4　民政数据中青海省 4 市 8 县的通婚圈情况

如前文所述，这些行政区划中有 5 个是少数民族自治县，分别为 B 县、F 县、G 县、H 县和 L 县。图中显示：（1）省际通婚。F 县的省际通婚

15. 28%高于其他县市，其次是 B 县 13. 46%和 I 市 10. 03%，其余县市均在 8%以下。（2）本县之外通婚率。L 县本县之外通婚率最低，为 6. 92%，有 9 个县市的本县之外通婚率在 10% ~30%之间。仅 A 市和 C 市分别有 45. 61%和 41. 08%的通婚率。（3）本县之内通婚率。L 县本县之内通婚率最高为 91. 03%。最低为 A 市，但整体而言，本县之内通婚率在 70% ~90%的有 H 县、D 县、G 县、E 县、B 县和 K 县，其余 4 县在 50% ~65%。

就单个县市来说，A 市的本县之外与本县之内通婚率分别为 45. 61%和 45. 97%相差不大。B 县的跨省通婚与本县之外通婚率分别为 13. 46%和 11. 50%，有 75. 05%为本县之内通婚。C 市情况与 A 市相似，但本县之外与本县之内的通婚率相差了近 9. 2 个百分点。D 县突出表现为较高的本县之内通婚率，高达 83. 13%。G 县和 H 县情况十分相近。

进一步统计分析，可以得到青海省主要世居民族通婚圈情况表（见表 4 - 21）。根据结婚登记样本，就女性而言省际通婚共有 3376 人，除了六大世居民族外，包括满族 125 人、东乡族 84 人、土家族 54 人、苗族 36 人、壮族 30 人、彝族 21 人、朝鲜族 18 人、侗族 11 人及人数在 10 人以下的布依族、瑶族、白族、保安族、维吾尔族、哈尼族、哈萨克族等 20 个民族。就男性而言省际通婚共有 3376 人，除了六大世居民族外，包括满族 146 人、东乡族 72 人、土家族 53 人、苗族 26 人、壮族 13 人、朝鲜族 10 人及人数在 10 人以下的彝族、侗族、布依族、瑶族、白族、保安族、羌族、锡伯族、畲族等 19 个民族。

表 4 - 21　民政数据中青海省 4 市 8 县通婚圈情况

单位：%

	省际通婚（M）	省际通婚（F）	本县之外（M）	本县之外（F）	本县之内（M）	本县之内（F）
1	汉族（12. 26%）	汉族（11. 19%）	撒拉族（44. 36%）	撒拉族（47. 9%）	蒙古族（77. 57%）	蒙古族（76. 75%）
2	土族（7. 88%）	藏族（7. 08%）	藏族（42. 00%）	土族（45. 28%）	回族（59. 82%）	回族（59. 53%）
3	回族（5. 78%）	土族（6. 21%）	汉族（40. 99%）	藏族（43. 92%）	土族（54. 67%）	汉族（50. 80%）

	省际通婚（M）	省际通婚（F）	本县之外（M）	本县之外（F）	本县之内（M）	本县之内（F）
4	藏族 （5.76%）	回族 （6.18%）	土族 （37.45%）	汉族 （38.01%）	撒拉族 （52.40%）	藏族 （49.00%）
5	蒙古族 （3.66%）	撒拉族 （4.08%）	回族 （34.41%）	回族 （34.3%）	藏族 （52.23%）	土族 （48.52%）
6	撒拉族 （3.25%）	蒙古族 （3.93%）	蒙古族 （18.77%）	蒙古族 （19.32%）	汉族 （46.75%）	撒拉族 （48.02%）

资料来源：项目组根据民政数据统计、自制。

经过分析，可以得出如下几点结论。

（1）就青海省民族通婚样本来说，省际通婚的整体比例不高，其中撒拉族和蒙古族无论男性女性的省际通婚率均在 5% 以下，而汉族无论男性、女性省际通婚率均不超过 13%，这表明民政提供的数据样本中青海省民族通婚主要为省内的民族通婚。

（2）就青海省内民族通婚样本来说，相对而言，无论男性女性无论哪个世居民族在本县之内的民族通婚率均高于本县之外的民族通婚率，蒙古族的本县之族内外通婚率相差最大，撒拉族相差最小，这表明民族通婚数据样本中青海省省内的民族通婚以本县之内为主，六大世居民族略有不同。

从以上民政资料分析可知，在通婚这一指标上，青海省主要世居民族之间的 "互嵌" 情况较为融洽。

4.2.2　田野调查论证

为了对以上结论做进一步验证，并探索产生这种结果的原因和影响，项目组分别于 2016 年和 2017 年前往青海省 9 个民族社区调研及开展了个别访谈，共发放 1000 份调查问卷，回收了 921 份有效问卷，问卷回收率为 92.1%。需要说明的是：在调研过程中，隆务街社区和三江源小区为三江源移民社区，原有居民由泽库县搬迁至同仁县的生态移民集中安置小区，项目调研发放问卷时间恰逢牧区草场肥沃时期，故真正在安置小区长期居住的牧民并不多，仅完成了 74 份和 46 份有效问卷。由于吾屯村是农村社区，完成了 70 份有效问卷。其他六个社区平均有效问卷数量在 122 份左右，多数为城镇社区。

据统计，921 份调查问卷样本中民族分布及所占百分率为：藏族 352 人（38.2%）；汉族 214 人（23.2%）；回族 125 人（13.6%）；蒙古族 60 人（6.5%）；撒拉族 56 人（6.1%）；土族 109 人（11.8%）；壮族 2 人（0.2%）；保安族 2 人（0.2%）。被调查者中男性 464 人（50.4%），女性 457 人（49.6%）。拥有城镇户口的有 520 人（56.5%），农村户口有 401 人（43.5%）。婚姻状况中，未婚 173 人（18.8%），已婚 679 人（73.7%），离异 19 人（2.1%），丧偶 50 人（5.4%）。在有婚姻事实的样本中，有 31.2% 是自由恋爱，13.8% 是亲戚介绍，6.1% 是朋友介绍，1.3% 是同事介绍，3.3% 是同村人介绍，13.1% 是父母之命，还有 10.2% 是媒人介绍。其中的通婚圈情况是：20.5% 是同一村，11.5% 是同一镇，25.5% 是同一县，16.7% 是本县之外，4.7% 为青海省之外通婚。对于有婚姻事实的被访者，在问卷中我们通过以下几方面来检测通婚视角下当地居民的"互嵌"情况。

一是被调查者父母的婚姻是否为民族通婚。被调查者父亲的民族分布人数和百分比分别是：保安族 2 人（0.2%），藏族 344 人（37.4%），汉族 227 人（24.6%），回族 125 人（13.6%），蒙古族 57 人（6.2%），撒拉族 56 人（6.1%），土族 107 人（11.6%），壮族 2 人（0.2%），朝鲜族 1 人（0.1%）；被调查者母亲的民族分布和百分比分别是：保安族 1 人（0.1%），藏族 341 人（37%），汉族 240 人（26.1%），回族 124 人（13.5%），蒙古族 56 人（6.1%），撒拉族 56 人（6.1%），土族 102 人（11.1%），壮族 1 人（0.1%），通过逐一确认，这 921 个被调查者中仅有 208 个被调查者的父母均为汉族，其余 713 人都为民族通婚，占总数的 77.4%，其中被调查父母中少数民族与汉族通婚的有 51 人，其余为少数民族族内通婚和族外通婚（占这一部分民族通婚总数的 92.8%）。

二是被调查者的婚姻是否为民族通婚。针对非未婚的被调查者（750人），配偶的民族分布和所占百分比情况是：保安族 3 人（0.3%），藏族 269 人（29.2%），汉族 201 人（21.8%），回族 107 人（11.6%），蒙古族

46 人（5.0%），撒拉族 38 人（4.1%），土族 78 人（8.5%），壮族 1 人（0.1%）。夫妻双方均为汉族的有 161 人，此外少数民族与汉族通婚的有 63 人，其余为少数民族族内和族外通婚。就被调查者的婚姻而言，当问及通婚圈时，有 727 人回答，其中 189 人（20.5%）是同一村，106 人（11.5%）是同一镇，235 人（25.5%）是同一县，154 人（16.7%）为本县之外，43 人（4.7%）为青海省之外的省际婚姻。在恋爱方式方面，这 727 人中 287 人（31.2%）是自由恋爱，127 人（13.8%）是亲戚介绍，56 人（6.1%）为朋友介绍，12 人（1.3%）为同事介绍，30 人（3.3%）为同村人介绍，121 人（13.1%）为父母之命，94 人（8.2%）为媒人介绍，几乎没有婚介所介绍。这表明青海当地婚姻仍然以乡土社会特征为主，通婚圈大部分在省内，且恋爱方式以自由恋爱、父母之命和亲戚介绍为主，这与民政数据样本分析结果基本相近。

三是被调查者的通婚意愿。有研究认为 "阻碍民族通婚最持久、最顽强的因素是宗教"[①]。因此，针对被调查者本人的婚姻，配偶的民族和宗教的主观态度以及被调查者子女结婚时针对民族通婚的主观态度进行了调查。

针对被调查者本人的婚姻，有 210 人未作答，其他回答的分布是：同一民族 209 人（22.7%），同一宗教 52 人（5.6%），民族宗教都相同 355 人（38.5%），无所谓 95 人（10.3%），这一数据表明尽管宗教导致的婚俗和生活方式等不同，当地居民在选择配偶时并非将宗教作为第一标准，而更多认为民族身份更为重要。我们在访谈中仍有部分群众向我们表达了 "结婚选择配偶不考虑其他民族" 的强烈愿望（访谈记录 F2016072801，被访者为藏族，男性，群众）。

针对被调查者是否同意子女与其他民族的人通婚，回答这一问题的有 885 人，其中，很不愿意的 109 人（12.3%），不太愿意的 156 人（17.6%），一般的 124 人（14.0%），比较愿意的 80 人（9.0%），很愿意

---

① 王俊敏：《蒙、满、回、汉族通婚研究——呼和浩特市区的个案》，《西北民族研究》1999 年第 1 期，第 157～169 页。

的 107 人（12.1%），随孩子意愿的 309 人（34.9%），这里显示出被调查者随孩子意愿的高达 34.9%，均高于其他选项，而选择"随孩子意愿的"大多数是汉族，他们认为"孩子大，管不了了，哪个民族的都无所谓，关键是看人（品）"（访谈记录 F2016080901，被访者为汉族，女性，群众）。这说明被调查者更加尊重下一代的婚姻自由，相对过去来说，婚姻观已发生了改变，开始逐步弱化对子女选择配偶时的民族宗教要求，部分少数民族群众则明确表示不愿意。

四是对"是否应先考虑与本民族的人结婚"的主观看法。回答这一问题的有 899 人，其中，很不同意的有 16 人（1.7%），不太同意的有 44 人（4.9%），一般的 147 人（16.4%），比较同意的有 169 人（18.8%），很同意的有 523 人（58.2%）。

五是被调查者主观认为不同民族之间通婚的最大障碍是什么，256 人（27.8%）回答"语言不同"，139 人（15.1%）回答"生活习惯不同"，79 人（8.6%）回答"风俗礼仪"，235 人（25.5%）回答"宗教信仰不同"，23 人（2.5%）回答"其他"。此外还有 135 人（14.7%）的回答包括两个及两个以上的回答，即认为语言、宗教、生活习惯和风俗礼仪等至少有两个以上因素同时是民族间通婚的最大障碍。可以看出，语言和宗教是最大的障碍，作为日常交流的工具语言不通（主要是有本民族语言的民族），青海五大少数民族中，仅回族无本民族语言，其他四个民族均有独特的语言，而如藏语因分布区域不同，其藏语方言也不同，这些就造成了通婚的障碍。被称为世界三大宗教的佛教（青海主要为藏传佛教）、伊斯兰教、基督教在全省都有传播，其中以藏传佛教和伊斯兰教的影响较大，我们从调研中可以看出这两大不同宗教对本民族群众婚姻择偶影响较大且非常相似。

从以上分析可以看出，青海省主要世居民族在进行婚配选择时仍然坚持文化相近性优先的观念秩序（尤其是宗教文化），即宗教文化在普通百姓心中主要具象为其民族身份，因此，少数民族群众仍然看重"民族身份"的选择。但随着时代的发展和观念进步，尤其是西部大开发以后，这种观念秩序已经发生了一些改变，较之过去的观念，强硬的排斥态度有所改变，这也促成了青海省主要世居民族之间的互嵌程度更加加深。

4.3　基本结论

本章主要从田野调查的数据出发，分析被调查样本的初级民族交往（日常生活）到高级民族交往（血缘交融的族际通婚）。从田野调查数据与民政数据来看，青海省主要世居民族从历史上到当代的民族关系中，总体表现为一种较为融洽的民族关系，尽管民国时期军阀统治在一定程度上对青海主要世居民族的关系有一定的破坏作用，但从整个历史长河的青海省世居民族之间的生活与生产来说，各民族已形成了带有历史印迹的关系图谱，按照理论原理，青海省现有多民族居住格局同样是一个一端为绝对空间隔离、另一端是完全空间融合的连续统，即大部分呈现出并非绝对的空间隔离，也并非完全的空间融合，现实中青海省的世居民族之间居住格局通常是位于这两端之间的某种中间状态，总体而言处于这个连续统的某个部位，除去地处偏僻的单一民族村寨外，也并未呈现出较大范围的绝对空间隔离与完全空间融合。而族际通婚是 "历史上各民族之间相互渗透和融合" 的重要侧面①。"通婚是（民族间）社会组织方面融合的不可避免的伴生物。"② 从以上婚姻登记档案样本和田野调查数据分析可知，总体而言在通婚这一指标上，青海省主要世居民族之间的 "互嵌" 情况较为融洽。究其原因可以归纳为两方面，一是历史原因；二是当代原因。历史原因主要是中国古代历史绵延数千年形成的多个民族聚居混杂居状态③，从这一层面来看，历史原因影响颇深。当代原因主要是中国的城镇化建设，它推动了青海省内各民族的社会流动，微观而言，城镇化实质上是其主体（就青海省而言，主要是指农牧民）向城镇的转移过程。它包含着农牧民经济活动由

---

① 费孝通：《中华民族的多元一体格局》，《北京大学学报》1989 年第 4 期，第 3 ~ 21 页。

② M. Gordon，*Assimilation in American Life*，New York，Oxford University Press，1964，pp. 79 – 82.

③ 详见第 1 章。

农牧业活动向非农牧产业活动的转变，农牧民的生活方式由单一性农村向复杂多样的城市生活转变，同时也包含着农牧民的文化活动方式、思维方式及各种价值观念的转变和农牧民的再社会化等，其中包括农牧民的婚姻观之改变，婚姻观的改变在城镇化建设的推动下也促进了青海省主要世居民族族际交流与族际交融显著增加。正因如此，历史因素与当代因素促使青海省世居民族在长期交往交流交融中，形成了青海省特有的民族地图及关键符号，加上青海省的地理特征，其突出表现为"东部聚居，西部分散"。而在这个地图中，又因为城镇化的建设发展推动，不同民族的社会流动和迁徙越来越频繁，就逐步形成了青海省主要民族的社会流动趋势，这一趋势之下，民族间将出现大范围的接触、交往与交流。

第5章

影响青海省互嵌式社区建设的实证研究

实现多元民族文化的和谐共生，始终是社会学关注的核心议题。费孝通基于民族识别、"夷汉关系"的思路，强调民族社区在"乡土中国"中的地位，提出"中华民族多元一体格局"的雏形。他认为，民族融合并非文化和意识上的完全同化，而是在宗教与语言等方面都保留其特点，由此所形成的互嵌，不是均质的统一体，而是一个巨大的混合体。在这一意义上，对多元民族一体进行文明史叙事，其实质是考察不同民族之间的对话。因此，了解不同文化单位之间的动态张力，厘清民族与民族之间、文化与文化之间的"和而不同"的影响因素，构建多民族平等互助的和谐关系，是有效建设互嵌式社区的必要一环。本章在此基础上将视野放置于中国的互嵌式社区建设之困，并以期在随后的研究中能够探寻解决困境的路径。

5.1 影响青海省互嵌式社区建设的因素分析

5.1.1 理论分析框架

社区，作为包括地域性、社会互动和联系纽带的社会空间与地理空间的结合体，始终是社会科学关注的核心议题。近年来，越来越多的学者开始从地域主义视角转向功能主义视角，愈发侧重礼俗社会的"亲密无间、守望相助"等特征，进而审视社区成员之间的精神关系。互嵌式社区是民族文化混合多元的一种新兴社区类型。"互嵌式社区"这一提法始于2014年，并在2016年《国务院政府报告》和中央民族工作会议精神中均有提及。当前，对其研究还停留在理论解析层面。相关研究认为，互嵌式社区的理想类型，是指各民族通过交往交流交融，社会生活、社会参与等方面都融合在一起，每个民族都离不开彼此①。那么，如何在现实生活中，使这种平等相处、彼此尊重的互嵌式社区成为可能，构建多民族的社会利益共同体，是符合中国多民族的现实国情的"社区"研究新议题。

在理论方面，国外侧重于同化论与多元文化主义的批判对比。国内学者也构建了一系列"和而不同"互嵌关系的具体操作。其中，费孝通认为既应关注民族单位中起作用的凝聚力和离心力，也要重视民族单位本身的变化②。也就是说，一方面关联着民族心态的主观问题，另一方面关联着更微观具体的客观研究。前者聚焦社区居民的微观心理，侧重民族情感与心理认同，后者以民族社区为考察单位，复杂多元的"上下内外"关系体，包含着居民对中央与地方的态度，主体民族与少数民族的序列关系，也包括族群之中的横向联系。本书依循费孝通先生的理论框架，投射到影响青海省互嵌式社区建设的因素分析中，既关注民族心态的影响因素，也会考察民族关系的影响因素（见图5-1）。

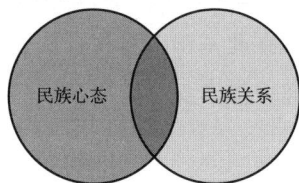

图5-1　互嵌式社区影响因素的分析框架

---

① 杨鹍飞：《民族互嵌型社区：涵义、分类与研究展望》，《广西民族研究》2014年第5期，第17~24页。

② 杨清媚：《知识分子心史——从ethnos看费孝通的社区研究与民族研究》，《社会学研究》2010年第4期，第20~49、243~244页。

5.1.2 数据、测量与方法

基于 2016～2017 年，项目组在青海省九个民族社区的调查数据及统计软件 Stata 的应用，本书通过 Ologit 回归模型等统计方法，来检验影响青海省九个民族社区的影响因素。本书所使用的数据，均来自项目组成员在青海省九个民族社区的问卷调查。基于多段抽样与系统抽样相结合的方法，具体选取了茶卡社区、城南社区、城中社区、隆务街社区、清真巷社区、热贡路社区、三江源社区这七个城市社区，以及十八洞沟村与吾屯村两个农村社区。2016～2017 年，项目组先后发放了 1000 份问卷，实际回收有效问卷921 份，有效问卷率为 92.1%。问卷调查中本书所调查对象包括未成年、成年、65 岁以上的老年居民。样本的基本情况前文已述①，不再赘述。

5.1.3 民族心态因素分析

心态（Attitude）是心理态度的简称，原始社会心理学的一个重要名词。现在已经成为研究民族、社会、个体的多样化和丰富性特征的一个重要的综合性概念。心态绝不只是简单的个人对外界存在和变化的心理反应，而是由人生观、价值观、世界观、思维模式、行为模式等熔铸而成的人的丰富的精神世界。根据斯大林"共同语言、共同地域、共同经济生活和表现于共同文化上的共同心理素质"的民族定义，进行民族心态识别时要特别谨慎。这是因为中国历史上多民族混融杂居的情况突出，语言、地域、经济生活大多数都与单一民族不相重合，只有民族心态是相对可靠的依据。也就是说，在历史上形成的民族认同感，强调了有别于其他民族的风俗习惯、生活方式特点，并赋予强烈的感情，是一个民族的标志②。

互嵌式社区背景下的民族心态，可以操作化为以下两个方面。一方面，是对自己的民族身份的认同。正如伯芮（Berry）在 1966 年出版的《民族关

---

① 本书调研的样本基本情况见第 1 章表 1–7。
② 杨清媚：《知识分子心史——从 ethnos 看费孝通的社区研究与民族研究》，《社会学研究》2010 年第 4 期，第 20～49、243～244 页。

系》一书中认为民族的概念包括十个方面的含义：一个国家的居民、固定的语言、宗教信仰、内部的等级制度、人种、一个类型、一个被划分的物种、民族的意识、文化和传统。① 基于共同的历史、宗教、地域、环境、语言，形成少数民族自身的心理特征，培养了他们独特的思维模式、行为模式和独特的观念、意识。这个层面的心态与少数民族自身的历史和文化紧密结合在一起。另一方面，民族心态也可以反映为不同民族的社区归属感。社区归属感，是指社区居民把自己归入某一地域人群集合体的心理状态，这种心理既有对自己社区身份的认同，也带有个体的感情色彩，主要包括对社区的投入、喜欢和依恋等情感②。这个层面的心态与少数民族的生活状态与社区环境结合在一起。

1. 身份认同

人类学家玛丽·道格拉斯认为人们的身份是由制度赋予的。③ 民族身份是在民族国家建构的过程中，民族纳入国家政治组织和制度所取得的政治地位。如罗伯特·帕克指出，社区不仅意味着被组织在一起的人口，更意味着一种相互依赖、人情丰富的社会利益共同体。从一定程度上来说，好的互嵌式社区必定是有机体，其不仅是各种民族特色建筑群的堆砌，而且是不同民族成员与成员和谐关系的凝结，应具有独特的内涵，而其中不同民族的身份认同是构成互嵌式社区的基础。通过识别互嵌式社区的身份认同，可以有效把握互嵌式社区的利益格局。

（1）研究假设

假设1：检验互嵌式社区的身份认同。

心理层面的社会认同与角色认定，是社会融合与社会参与成为可能的第一步。发端于20世纪60年代的文化特异性路径，认为不同的文化共同体被

---

① 马进：《西北少数民族心态研究》，《甘肃社会科学》2006年第4期，第96~100、113页。
② 赵婕：《城市居民社区归属感的研究——以南京市二十八所社区为例》，《商业文化》2011年第7期，第276页。
③ 熊易寒：《当代中国的身份认同与政治社会化——一项基于城市农民工子女的实证研究》，博士学位论文，复旦大学，2008，第32页。

认为有不同的文化模式，不同的文化模式决定其语境中的个体和群体的心理和行为模式①，其结果造成了不同的心理和行为差异。在这个理论基础上，我们认为，互嵌式社区构成了文化特异性的环境基础，其中不同民族的居民具有不同的语言习惯与文化特质，产生了遵从本民族的身份认同。

（2）变量

①因变量

模型一的因变量是居民的民族身份认同。

问卷设计中，要求被访者对"您认为本民族的宗教信仰应该传承下去"进行判断，共有"很不同意、不太同意、一般、比较同意、很同意"5个选项，分别赋值 1~5 分。该变量为定距变量。

②自变量

模型一的自变量包括语言习惯、宗教信仰、基本人口特质。

A. 语言习惯

语言习惯考察居民对本民族语言的使用情况。问卷设计中，要求被访者对"您在家中使用最多的语言是什么"进行判断，共有"普通话、青海方言、本民族语言、其他"4个选项。该变量为定类变量。

B. 宗教信仰

宗教信仰考察对本民族宗教的忠诚度。问卷设计中，要求被访者对"您会按时参加本民族重要宗教仪式和活动吗"进行判断，共有"从不会、不会、不一定、会、经常会"5个选项，分别赋值 1~5 分。该变量为定距变量。

C. 基本人口特质

基本人口特质包括性别、年龄、婚姻状况与户籍、文化程度、家庭总收入、民族、是否原有居民等控制变量。

（3）研究分析

本书运用 Stata 统计分析软件，使用 Ologit 回归模型，对数据进行处理，

---

① 方文：《叠合认同："多元一体"的生命逻辑——读杨凤岗〈皈信、同化和叠合身份认同：北美华人基督徒研究〉》，《社会学研究》2008 年第 6 期，第 214~223 页。

在处理过程中，采用了把各变量上有缺失值的个案直接删除的方法。民族身份认同是模型一的因变量，语言习惯、宗教信仰以及人口特质是模型一的自变量。具体模型结果见表 5 - 1。

表 5 - 1　模型一：社区身份认同的 Ologit 模型

Source	SS	df	MS	
				Number of obs = 670
Model	36. 9013832	37	0. 997334681	F(37,632) = 3. 10
				Prob > F = 0. 0000
Residual	203. 516527	632	0. 322019822	R-squared = 0. 1535
				Adj R-squared = 0. 1039
				Root MSE = 0. 56747
Total	240. 41791	669	0. 359369074	

身份认同	Coef.	Std. Err.	t	P > |t|	[95% Conf. Interval]	
宗教信仰	0. 395179	0. 0911634	4. 33	0. 00	0. 2161593	0. 5741987
语言习惯	0. 0041839	0. 0461925	0. 09	0. 928	- 0. 0865255	0. 0948934
性别	- 0. 0510477	0. 0475217	- 1. 07	0. 283	- 0. 1443672	0. 0422719
年龄						
18 ~ 25 岁	0. 3461257	0. 1337629	2. 59	0. 010	0. 0834522	0. 6087991
26 ~ 35 岁	0. 3710424	0. 1295791	2. 86	0. 004	0. 1165847	0. 6255
36 ~ 45 岁	0. 3196945	0. 1289642	2. 48	0. 013	0. 0664443	0. 5729447
46 ~ 55 岁	0. 3145842	0. 1318225	2. 39	0. 017	0. 0557211	0. 5734473
56 ~ 65 岁	0. 4555889	0. 1467282	3. 10	0. 002	0. 1674551	0. 7437228
65 岁以上	0. 268464	0. 1524511	1. 76	0. 079	- 0. 0309079	0. 567836
是否外来人口	0. 0237678	0. 0523025	0. 45	0. 650	- 0. 0789399	0. 1264756
文化程度						
小学	- 0. 1068351	0. 072386	- 1. 48	0. 140	- 0. 2489812	0. 035311
初中	- 0. 079541	0. 0812824	- 0. 98	0. 328	- 0. 2391573	0. 0800753
中专及高中	0. 0424157	0. 0862668	0. 49	0. 623	- 0. 1269885	0. 2118198
大专	- 0. 0695706	0. 1085468	- 0. 64	0. 522	- 0. 2827267	0. 1435855
大学本科及以上	0. 0813971	0. 1107237	0. 74	0. 463	- 0. 1360338	0. 2988279
户籍	- 0. 073167	0. 0585411	- 1. 25	0. 212	- 0. 1881256	0. 0417915
民族						
保安族	0. 3457874	0. 4207622	0. 82	0. 411	- 0. 4804738	1. 172048
藏族	0. 2644048	0. 0999702	2. 64	0. 008	0. 0680908	0. 4607188
朝鲜族	- 1. 300366	0. 5831179	- 2. 23	0. 026	- 2. 445449	- 0. 1552834

续表

身份认同	Coef.	Std. Err.	t	P > |t|	[95% Conf. Interval]	
回族	0.1146123	0.0992784	1.15	0.249	− 0.0803432	0.3095677
蒙古族	0.1176595	0.1234212	0.95	0.341	− 0.1247056	0.3600247
撒拉族	0.2178183	0.1220321	1.78	0.075	− 0.0218192	0.4574558
土族	0.2489975	0.1109319	2.24	0.025	0.0311577	0.466837
壮族	− 1.494381	0.5924674	− 2.52	0.012	− 2.657824	− 0.3309381
全年收入						
20000 元以下	− 0.0742053	0.1443565	− 0.51	0.607	− 0.3576817	0.2092712
20001 ~ 30000 元	0.0567037	0.1465344	0.39	0.699	− 0.2310495	0.3444569
30001 ~ 50000 元	− 0.0773946	0.1510666	− 0.51	0.609	− 0.3740477	0.2192586
50001 ~ 70000 元	− 0.0240968	0.1574871	− 0.15	0.878	− 0.3333582	0.2851646
70001 ~ 100000 元	− 0.1543279	0.1644543	− 0.94	0.348	− 0.4772708	0.168615
10 万元以上	− 0.0382114	0.1739017	− 0.22	0.826	− 0.3797064	0.3032836
工作类型						
国家机关、党群组织、企事业单位负责人	− 0.0561691	0.1205277	− 0.47	0.641	− 0.2928523	0.1805141
军人	− 0.1161618	0.4282422	− 0.27	0.786	− 0.9571116	0.7247881
农、林、牧、渔、水利业生产人员	− 0.0120369	0.1060657	− 0.11	0.910	− 0.2203208	0.1962471
商业、服务业人员	− 0.0272654	0.1082797	− 0.25	0.801	− 0.2398971	0.1853662
生产、运输设备操作人员	− 0.3534681	0.1839852	− 1.92	0.055	− 0.7147644	0.0078282
专业技术人员	− 0.1920336	0.1169663	− 1.64	0.101	− 0.4217232	0.037656
不便分类的其他从业人员	− 0.017615	0.0955285	− 0.18	0.854	− 0.2052067	0.1699767
_cons	3.634596	0.2912043	12.48	0.000	3.062751	4.206441

资料来源：项目组根据调研数据统计分析得出。

统计结果显示，民族身份认同主要受宗教信仰的影响，并呈现正相关（见表 5 - 2）。同时，本民族的语言使用，对民族的身份认同影响不是很大。

表5-2　社区身份认同的显著性分析

身份认同		身份认同	
宗教信仰	0.395 ***	户籍	-0.073
	(0.091)		(0.059)
语言习惯	0.004	民族	0.264 **
	(0.046)		(0.100)
性别	-0.051	全家收入水平	-0.074
	(0.048)		(0.144)
年龄	0.346 **	工作类型	-0.056
	(0.134)		(0.121)
是否外来人口	0.024	_cons	3.635 ***
	(0.052)		(0.291)
文化程度	-0.107	N	670
	(0.072)	Ⅱ	-551.526

　* $p < 0.05$；　** $p < 0.01$；　*** $p < 0.001$。
资料来源：项目组根据调研数据得出。

　　互嵌式社区是多民族社区，即社区成员不是单一的民族，而是由具有不同民族身份居民构成的[①]。各民族的身份认同，构成了互嵌式社区的机理内核。宗教信仰作为重要的文化特征，是塑造不同身份认同的关键要素。同时，不同的民族，在身份认同上，也显示出不同的认同程度。此外，年龄也是影响身份认同的一大因素。年纪大的居民，身份认同感更加强烈。以民族身份为内核，形成的多元文化互动，既是包含与被包含的关系，也是共性与个性的关系，影响与塑造着互嵌式社区的定位与走向。

　　2. 社区归属感

　　本书具体采用社区邻里信任来测量社区归属感。

　　（1）研究假设

　　假设2：检验互嵌式社区的社区邻里信任。

————————

　　①　杨鹃飞：《民族互嵌型社区：涵义、分类与研究展望》，《广西民族研究》2014年第5期，第17～24页。

假设互嵌式社区居民不仅信任本民族的居民，而且也信任与自己具有密切交往的其他民族居民。

（2）变量

①因变量

模型二的因变量是居民的社区邻里信任。

问卷设计中，要求被访者对"您在多大程度上信任小区居民"进行判断，共有"很不信任、比较不信任、一般、比较信任、很信任"5 个选项，分别赋值 1~5 分。该变量为定距变量。

②自变量

模型二的自变量包括民族交融度、邻里互动度、基本人口特质。

A. 民族交融度

民族交融度是各少数民族的融合程度。

问卷设计中，要求被访者对"您认为社区里的各民族间关系如何"进行判断，共有"很差、比较差、一般、比较好、很好"5 个选项，分别赋值 1~5 分。该变量为定距变量。

B. 邻里互动度

邻里互动度是指居民社会网络的互动交往。

问卷设计中，要求被访者对"您是否经常征询邻居的意见"进行判断，共有"从来不、比较少、一般、比较多、经常"5 个选项，分别赋值 1~5 分。该变量为定距变量。

C. 基本人口特质

基本人口特质包括性别、年龄、婚姻状况与户籍 4 个控制变量。

（3）研究分析

项目组运用 Stata 统计分析软件，使用 Ologit 模型对数据进行处理，在处理过程中，采用了把各变量上有缺失值的个案直接删除的方法，其模型结果见表 5－3。社区邻里信任是模型二的因变量，邻里互动度、民族交融度以及人口特质是模型二的自变量。

统计结果显示，社区邻里信任度主要受邻里互动度与民族交融度的影响，

表 5 – 3　模型二：社区邻里信任度的 Ologit 模型

Ordered logistic regression Log likelihood = – 279. 39292				Number of obs = 901 LR chi2(6) = 111. 26 Prob > chi2 = 0. 0000 Pseudo R^2 = 0. 1661		
社区邻里信任	Coef.	Std. Err.	z	P > |z|	［95% Conf. Interval］	
邻里互动度	0. 7233106	0. 1184318	6. 11	0. 000	0. 4911885	0. 9554327
民族交融度	1. 067564	0. 1646452	6. 48	0. 000	0. 7448656	1. 390263
年龄	0. 2818813	0. 1068518	2. 64	0. 008	0. 0724556	0. 4913069
性别	0. 0579915	0. 2339254	0. 25	0. 804	– 0. 4004938	0. 5164768
户籍	– 0. 3608565	0. 242819	– 1. 49	0. 137	– 0. 8367729	0. 11506
婚姻状况	0. 182774	0. 2107373	0. 87	0. 386	– 0. 2302634	0. 5958115
/cut1	0. 3933188	1. 33946			– 2. 231975	3. 018613
/cut2	3. 4396	0. 9388325			1. 599522	5. 279678
/cut3	6. 851756	1. 000817			4. 890192	8. 813321
/cut4	10. 23718	1. 099901			8. 081409	12. 39294

资料来源：项目组根据调研数据统计分析得出。

并呈现正相关（见表 5 – 4）。即邻里互动度越高，社区邻里信任度越高；民族交融度越高，社区邻里信任度越高。一般而言，地域文化、民族文化作为外在因素，对个体信任产生了很大的影响。通过对青海省民族社区的检验，可以发现，社区邻里信任的建立中，邻里互动度、民族交融度起到了正面积极作用。这验证了假设 2，互嵌式社区中各民族间的文化鸿沟不断缩减，社区邻里信任不仅只存在于本民族之间，更是随着邻里交往、民族融合的频繁，打破身份界限，各民族之间获得了彼此信任，项目组的相关访谈记录可以加以附证："我们村子里多数是土族、藏族，我们都说藏话，能一起聊天。"（访谈记录 F2016062001，被访者为土族，女性，群众）"我们有时候能到邻居家里看看他们民族（回族）怎么过节的，他们过节，有时候也给我们送东西，让我们也跟着喜庆一下。"（访谈记录 F2016021201，被访者为汉族，女性，群众）"我们跟邻居打交道做朋友，不看他的（民族）身份，只看他们的人（品）。"（访谈记录 F2016081003，被访者为撒拉族，女性，群众）可以看出，社区邻里信任在一定程度上促进了互嵌式社区建设。

表 5 - 4　社区邻里信任的显著性分析

社区邻里信任		社区邻里信任		
邻里互动度	0.723 **	cut1	_cons	0.393
	(0.118)			(1.339)
民族交融度	1.068 **	cut2	_cons	3.440 **
	(0.165)			(0.939)
年龄	0.282 **	cut3	_cons	6.852 **
	(0.107)			(1.001)
性别	0.058	cut4	_cons	10.237 **
	(0.234)			(1.100)
户口	- 0.361	N		901
	(0.243)			
婚姻状况	0.183			
	(0.211)			

* $p < 0.05$；** $p < 0.01$。

资料来源：项目组根据调研数据得出。

当前，民族互嵌式社区是推动各民族交往交流交融与铸牢中华民族共同体意识的重要场域[1]，其最根本渠道之一是通过各民族社区共在与共存的场域，渗透到一个个家庭和邻里日常生活的细枝末节，不断增强各民族的社区邻里信任，在民族社区居民间的信任之上培育出一系列的交往行为与社区归属。而"互嵌"实质上是指多民族的跨文化交往和如何促成融洽的跨文化交往行为。就"互嵌式社区"建设而言，各民族居民除了生活在各自居住空间外，还需主动走入互嵌空间，进行族际交往与体验民族交流，才能加深了解、增进感情，逐步产生社区归属感，使之转化为"互嵌式社区"的活化剂。

5.1.4　民族关系因素分析

中央提出的互嵌式社区的精神内涵，即"相互嵌入"不是简单的杂居

---

[1]　秦玉莹：《民族互嵌式社区铸牢中华民族共同体意识的经验、困境与优化》，《统一战线学研究》2021 年第 6 期。

和混居，而是生活上互助，文化和习俗上互相尊重，精神上有共同认同①。对民族关系的考察，是建构互嵌式社区的重要环节。在具体的操作中，本书一方面考察民族的横向关系，即社区居民间各民族的相处关系；另一方面考察政府信任的纵向关系，即社区居民对基层政府、中央政府的信任关系。由此，力图全面展现出互嵌式社区的完整图谱。

1. 民族日常交往

民族交往关系是民族生存和发展中必然发生和经历的一种社会现象与社会过程，包括民族之间的接触、交际、来往、联络与协作等。民族关系涉及社会利益群体的权力和利益，是民族及其成员的民族意识和感情的社会关系②。本书调查所选分别是青海省 9 个社区，体现了多民族交错居住的情形（见表 5 - 5）和民族间较为融洽的交往（见表 5 - 6）。这种各民族间交往密切、相互融洽的状况，凸显了互嵌式社区的特征。这种社区类型，成为各民族文化交流互动的现实平台，为实现各民族文化交融创造了可能的现实条件③。

表 5 - 5　调研九社区中混杂居住多民族比例

单位：人

	茶卡社区	城南社区	城中社区	隆务街社区	清真巷社区	热贡路社区	三江源社区	十八洞沟村	吾屯村
保安族	0	0	0	0	0	2	0	0	0
藏　族	8	24	5	74	1	158	45	4	33
朝鲜族	1	0	0	0	0	0	0	0	0
汉　族	42	53	31	0	42	15	0	25	6
回　族	8	10	21	0	70	6	0	4	6
蒙古族	49	10	0	0	0	0	0	1	0

---

① 王平、严学勤：《论民族互嵌与和谐民族关系的构建——以新疆塔城市的实证研究为例》，《新疆师范大学学报》（哲学社会科学版）2015 年第 5 期，第 57 ~ 63 页。

② 金炳镐、青觉：《论民族关系理论体系》，《中南民族学院学报》（人文社会科学版）2001 年第 6 期，第 29 ~ 34 页。

③ 杨鹍飞：《民族互嵌型社区：涵义、分类与研究展望》，《广西民族研究》2014 年第 5 期，第 17 ~ 24 页。

续表

	茶卡社区	城南社区	城中社区	隆务街社区	清真巷社区	热贡路社区	三江源社区	十八洞沟村	吾屯村
撒拉族	0	1	50	0	1	3	0	1	0
土　族	0	6	1	0	0	9	1	67	25
壮　族	0	1	0	0	1	0	0	0	0
合　计	108	105	108	74	115	193	46	102	70

资料来源：项目组根据调研数据汇总、计算得出。

表 5 - 6　调研九社区的多民族交往频率

单位：%

与社区其他民族居民的交往程度	茶卡社区	城南社区	城中社区	隆务街社区	清真巷社区	热贡路社区	三江源社区	十八洞沟村	吾屯村
从不交往	6.6	0.98	2.83	44.78	3.57	2.59	17.78	3.49	0.00
交往较少	21.7	27.45	25.47	47.76	26.79	24.35	75.56	15.12	21.42
一　般	21.7	38.24	40.57	5.97	44.64	40.93	6.67	33.72	28.57
交往较多	37.8	23.53	27.36	1.49	20.54	30.57	0.00	22.09	37.14
频繁交往	12.2	9.8	3.77	0.00	4.46	1.55	0.00	25.58	12.86
合　计	100.0	100.0	100.0	100.0	100.0	100.0	100.0	100.0	100.0

资料来源：项目组根据调研数据汇总、计算得出。

　　不同民族具有各自特色的文化形态和价值观念，不同民族交往过程中的文化碰撞与接触，既可能造成隔阂阻断交流，也可能促进理解和增进感情。在互嵌式社区建设的过程中，本书主要考察社区建设中的民族横向关系与纵向关系[1]。具体而言，在横向层面，关注文化多元的社区中各民族的交往关系；在纵向层面，关注社区中的各族居民与政府的关系，分别包括对基层政府以及中央政府的信任。

---

[1]　杨鹍飞：《民族互嵌型社区：涵义、分类与研究展望》，《广西民族研究》2014 年第 5 期，第 17～24 页。

（1）研究假设

假设3：检验各民族的相处融合程度。

民族交往的产生，是基于民族生存和发展所需要的利益，也就是为了不断满足各民族日益增长的物质和文化的需要的社会活动。民族交往为民族间互通有无、取长补短提供了条件①。当前，金炳镐等学者对我国民族关系与民族交往的理论体系进行了识别。首先，民族文化上的特色和分工，一般说来是民族关系的交往前提。对彼此生活习惯、宗教信仰的尊重以及价值观念的理解，是沟通交往的第一步。其次，民族通婚作为民族关系的最高交往形式，开放的民族通婚意识意味着良好的民族交往心态。本书从民族文化与交往心态入手，检验互嵌式社区的民族关系。

（2）变量

①因变量

模型三的因变量是居民的社区民族关系。

问卷设计中，要求被访者对"您认为社区里的各民族间关系如何"进行判断，共有"很差、比较差、一般、比较好、很好、不清楚"6个选项，分别赋值0~5分。该变量为定距变量。

②自变量

模型三的自变量包括文化互通、交往心态、基本人口特质。

A. 文化互通

文化互通是各少数民族文化的互相了解程度。

问卷设计中，要求被访者对"您认为与社区其他民族的交往程度如何"进行判断，共有"从不交往、交往较少、一般、交往较多、频繁交往"5个选项，分别赋值1~5分。该变量为定距变量。

B. 交往心态

通婚是对居民的通婚意愿的考察。

---

① 金炳镐、青觉：《论民族关系理论体系》，《中南民族学院学报》（人文社会科学版）2001年第6期，第29~34页。

问卷设计中，要求被访者对"您愿意自己的子女与其他民族通婚吗"进行判断，共有"很不愿意、不太愿意、一般、较愿意、很愿意"5个选项，分别赋值1~5分。该变量为定距变量。

C. 基本人口特质

基本人口特质包括性别、年龄、户籍、文化程度、全家收入水平、民族、是否外来人口等控制变量。

（3）研究分析

项目组运用 Stata 统计分析软件，使用 Ologit 模型，对数据进行处理，在处理过程中，采用了把各变量上有缺失值的个案直接删除的方法，其模型结果见表5-7。社区的民族关系是模型三的因变量，文化互通、交往心态以及基本人口特质是模型三的自变量。

表5-7 模型三：社区民族关系的 Ologit 模型

Source	SS	df	MS	
Model	76.2588861	37	2.06105098	Number of obs = 769 F(37, 731) = 4.09 Prob > F = 0.0000
Residual	368.708604	731	0.504389335	R-squared = 0.1714 Adj R-squared = 0.1294
Total	444.96749	768	0.579384753	Root MSE = 0.7102

民族交往	Coef.	Std. Err.	t	P > |t|	[95% Conf. Interval]	
交往心态	0.0978458	0.0271214	3.61	0.000	0.0446007	0.1510909
文化互通	0.2103084	0.0278928	7.54	0.000	0.155549	0.2650679
性别	0.1062966	0.0552318	1.92	0.055	-0.0021352	0.2147284
年龄						
18~25岁	0.0688956	0.1594696	0.43	0.666	-0.2441774	0.3819686
26~35岁	-0.0436588	0.154134	-0.28	0.777	-0.3462569	0.2589393
36~45岁	0.1166363	0.1521765	0.77	0.444	-0.1821189	0.4153914
46~55岁	0.215045	0.1547605	1.39	0.165	-0.0887831	0.5188731
56~65岁	0.3562068	0.1761289	2.02	0.043	0.010428	0.7019856
65岁以上	0.2249412	0.1761971	1.28	0.202	-0.1209714	0.5708538

续表

民族交往	Coef.	Std. Err.	t	P > |t|	[95% Conf. Interval]	
是否外来人口	-0.0058916	0.05853	-0.10	0.920	-0.1207984	0.1090153
文化程度						
小学	-0.0708926	0.0867505	-0.82	0.414	-0.2412024	0.0994172
初中	-0.0024199	0.0927118	-0.03	0.979	-0.184433	0.1795933
中专及高中	-0.1361542	0.1017198	-1.34	0.181	-0.3358519	0.0635435
大专	0.0116428	0.1212799	0.10	0.924	-0.2264558	0.2497413
大学本科及以上	-0.0174219	0.1300254	-0.13	0.893	-0.2726896	0.2378459
户籍	-0.1257314	0.066566	-1.89	0.059	-0.2564147	0.0049519
民族						
保安族	0.3003939	0.5182562	0.58	0.562	-0.7170543	1.317842
藏族	-0.028927	0.0760364	-0.38	0.704	-0.1782028	0.1203488
朝鲜族	0.4170677	0.7236506	0.58	0.565	-1.003614	1.837749
回族	0.145978	0.0961545	1.52	0.129	-0.0427938	0.3347499
蒙古族	0.2490309	0.1201435	2.07	0.039	0.0131635	0.4848984
撒拉族	0.0068699	0.1261667	0.05	0.957	-0.2408225	0.2545622
土族	0.0747027	0.1011993	0.74	0.461	-0.1239733	0.2733788
壮族	-0.1135686	0.7280181	-0.16	0.876	-1.542824	1.315687
全家收入水平						
20000 元以下	-0.1348299	0.1641508	-0.82	0.412	-0.4570932	0.1874334
20001～30000 元	-0.1212784	0.1667277	-0.73	0.467	-0.4486008	0.2060439
30001～50000 元	-0.0522411	0.1701819	-0.31	0.759	-0.3863446	0.2818624
50001～70000 元	-0.0590851	0.1793956	-0.33	0.742	-0.4112772	0.293107
70001～100000 元	-0.1598378	0.1889332	-0.85	0.398	-0.5307542	0.2110787
10 万元以上	-0.1430791	0.1974687	-0.72	0.469	-0.5307526	0.2445943
工作类型						
国家机关、党群组织、企事业单位负责人	0.015894	0.1373805	0.12	0.908	-0.2538133	0.2856013
军人	0.7218841	0.7308637	0.99	0.324	-0.712958	2.156726
农、林、牧、渔、水利业生产人员	0.0066607	0.119312	0.06	0.955	-0.2275743	0.2408958
商业、服务业人员	0.0125798	0.1167801	0.11	0.914	-0.2166845	0.2418441
生产、运输设备操作人员	0.1580514	0.1899362	0.83	0.406	-0.2148342	0.5309369

民族交往	Coef.	Std. Err.	t	P > |t|	[95% Conf. Interval]	
专业技术人员	0.0185641	0.1336171	0.14	0.890	− 0.2437549	0.2808831
不便分类的其他从业人员	− 0.037598	0.107679	− 0.35	0.727	− 0.2489949	0.173799
_cons	3.091404	0.2905712	10.64	0.000	2.52095	3.661858

资料来源：项目组根据调研数据统计分析得出。

统计结果显示，民族关系交往主要受文化互通与交往心态的影响，皆呈现正相关（见表 5 - 8），即对民族文化交往的心态越开放，民族关系越融洽。同时，对彼此民族文化越了解，民族关系越融洽。

表 5 - 8　社区民族关系交往的显著性分析

民族关系		民族关系	
交往心态	0.098 ***	户籍	− 0.126
	(0.027)		(0.067)
文化互通	0.210 ***	民族	0.300
	(0.028)		(0.518)
性别	0.106	全家收入水平	− 0.121
	(0.055)		(0.167)
年龄	0.069	工作类型	0.016
	(0.159)		(0.137)
是否外来人口	− 0.006	_cons	3.091 ***
	(0.059)		(0.291)
文化程度	− 0.071	N	769
	(0.087)	ll	− 808.524

* $p < 0.05$；** $p < 0.01$；*** $p < 0.001$。

资料来源：项目组根据调研数据汇总、计算得出。

2. 政府信任

"信任是社会中最重要的合成力量之一。"贯穿"互嵌式社区建设"的重中之重是不同民族间的社会信任与政治信任。信任研究始于 20 世纪 70

年代，并在 21 世纪成为多学科研究热点，如心理学、社会学、政治学和经济学，诸多思想家如齐美尔、韦伯、涂尔干、滕尼斯到科尔曼、帕特南、福山都对信任开展了探究，其思想包括信任的二分建构即以认知为基础的信任和以身份为基础的信任；特殊信任与普遍信任之理论预设等，而且国外信任研究深度和广度相对而言都要更上一层。国内学者如郑也夫、张康之、党秀云、张静、翟学伟等先后对中国信任研究做了理论分析，提出信任的本质是社会成员在面对社会不确定性和复杂性增加时体现出的对自己依赖对象所维持的时空性特征①；对中国人信任的结构与特征的实证分析推翻了韦伯、福山对中国信任研究的片面论断②；随后开展了城市和农村的社会信任与政治信任的调查研究。在论及民族关系时，学者普遍认同信任是构建和谐民族关系的社会基础③；当前民族信任模式由人际信任转向制度信任④；相互信任是不同族群或者种族和平相处的至善状况⑤等，但因为民族地区信任研究的政治敏感性，相关研究成果不多。组织中权威关系这一概念特指建立在组织内部正式职责基础上的合法权利。在民族地区的治理进程中，政治信任是治理绩效的一大指标。它反映了一个地区的政府及其行为在多大程度上得到了一般民众的认可，体现了政府执政的合法性⑥。很多学者观察到民众对政府的信任在各个层级的政府之间存在不均衡性。对此，学者达成共识，大陆民众普遍对中央政府的信任度较高，而对地方政府尤其是基层政府的信任度偏低，呈现出"央强地弱"的差序信任观⑦。当前，这种政

---

① 翟学伟：《信任的本质及其文化》，《社会》2014 年第 1 期，第 1～26 页。
② 李伟民、梁玉成：《特殊信任与普遍信任：中国人信任的结构与特征》，《社会学研究》2002 年第 3 期，第 11～22 页。
③ 唐贤秋：《信任：构建和谐民族关系的社会基础》，《广西民族研究》2006 年第 2 期，第 6～12 页。
④ 王云芳：《民族信任模式演化的理论逻辑和现实悖论》，《甘肃理论学刊》2013 年第 5 期，第 59～62 页。
⑤ 范可：《信任、认同与"他者"：族群和民族省思》，《广西民族大学学报》（社会科学版）2013 年第 6 期，第 44～52 页。
⑥ 马得勇：《政治信任及其起源——对亚洲 8 个国家和地区的比较研究》，《经济社会体制比较》2007 年第 5 期，第 79～86 页。
⑦ 薛立勇：《政府信任的层级差别及其原因解析》，《南京社会科学》2014 年第 12 期，第 57～64 页。

治信任的格局已经在中国城市①、农村②被验证。少数民族地区政治信任留下了研究留白。本书在信任视角下对青海省开展了互嵌式社区建设的实证研究。

（1）研究假设

假设 4：检验互嵌式社区的政治信任。

本书认为青海省被调查社区也会遵从这种信任范式，故假设互嵌式社区居民对中央政府信任更多，对基层政府信任更少，呈现与城市、农村相同的差序信任观，若假设成立，则青海省基层政府需要正视这一问题。

（2）变量

模型四的因变量是居民的政治信任。问卷设计中，要求被访者"对下列各级政府，您最信任的是哪个"进行判断，共有"党中央国务院、省委省政府、市委市政府、县政府、街道办事处（乡镇政府）"5 个选项。该变量为定类变量。

此处所指政治信任为狭义含义，主要指对中央政府的信任和对地方政府的信任。其中，对地方政府的信任包括了对省委省政府、市委市政府、县政府以及街道办事处（乡镇政府）这四级政府的信任。根据描述性统计，不难发现九个民族社区居民信任中央政府胜于信任地方政府（表 5 – 9）。

表 5 – 9　互嵌式社区的政治信任比例

单位：%

政治信任	百分比
信任中央政府胜于信任地方政府	72.81
信任地方政府胜于信任中央政府	20.18
信任中央政府同样信任地方政府	7.01
合　　计	100

资料来源：项目组根据调研数据汇总计算得出。

---

① 高学德、翟学伟：《政府信任的城乡比较》，《社会学研究》2013 年第 2 期，第 1 ~ 27 页。
② 胡荣：《农民上访与政治信任的流失》，《社会学研究》2007 年第 3 期，第 38 ~ 55、243 页。

（3）研究分析

民族交融度是考察政治信任的重要自变量。

项目组运用 Stata 统计分析软件，使用 Ologit 模型，对数据进行处理，在处理过程中，采用了把各变量上有缺失值的个案直接删除的方法，其模型结果见表 5 - 10 及政治信任的显著性分析（表 5 - 11）。

表 5 - 10　模型四：政治信任的 Ologit 模型

Orderedlogistic regression Log likelihood = - 214. 88147					Number of obs = 921 LR chi2（5）= 27. 15 Prob > chi2 = 0. 0001 Pseudo R^2 = 0. 0594	
政治信任	Coef.	Std. Err.	z	P > |z|	［95% Conf. Interval］	
民族交融度	0. 5216122	0. 1841977	2. 83	0. 005	0. 1605914	0. 882633
年龄	0. 2758628	0. 1172058	2. 35	0. 019	0. 0461437	0. 505582
户口	0. 933046	0. 2671972	3. 49	0. 000	0. 4093492	1. 456743
性别	0. 176501	0. 2663153	0. 66	0. 507	- 0. 3454673	0. 6984694
婚姻状况	- 0. 1106753	0. 2351898	- 0. 47	0. 638	- 0. 5716388	0. 3502883
cut1	5. 490153	1. 084731			3. 364119	7. 616187
cut2	7. 187613	1. 12689			4. 97895	9. 396276

资料来源：项目组根据调研数据统计分析得出。

根据政治信任的显著性分析（表 5 - 11），民族交融度对政治信任具有积极影响，表明互嵌式社区居民的政治信任受民族交融度的影响，并验证了假设 4，表明与我国其他区域一样，青海被调研地区同样呈现出"央强地弱"的政治信任图景。

数据分析表明被调研地区社区居民对中央政府的信任要高于对基层政府的信任，这也与项目组数次在青海省内调研时的访谈结果相一致，有数位被访者先后表示："中央政府给我们的政策支持很好，但是到了地方就变味了！"（访谈记录 F2016081001，被访者为藏族，男性，群众）"我们这些年生活条件改善了，能够住上楼房，有了水电暖，都是党中央的政策好！"

表 5 - 11　政治信任的显著性分析

政治信任		政治信任		
民族交融度	0.522 **	婚姻状况		-0.111
	(0.184)			(0.235)
年龄	0.276 *	cut1	_cons	5.490 **
	(0.117)			(1.085)
户口	0.933 **	cut2	_cons	7.188 **
	(0.267)			(1.127)
性别	0.177	N		921
	(0.266)			

* $p < 0.05$；** $p < 0.01$。
资料来源：项目组根据调查数据得出。

（访谈记录 F2016072801，被访者为藏族，男性，群众）从这些言语里表达出社区居民对中央政府的信任高于对基层政府，尤其对地方政府的部分政策执行和以权谋私等表示不满。在现实中也出现过因某些地方政府领导的民族身份信任过疏，并转移到其他同样民族身份的社区居民，以偏概全，最终导致互嵌式社区中多民族的"互嵌"即民族间的交往交流交融也受到了影响。

　　研究表明，青海省互嵌式社区居民的政治信任呈现出"央强地弱"的政治信任图景，这对青海的基层政府执政提出了警示，因为在一定程度上，政治信任是多民族国家"互嵌式社区建设"的基石。缘何出现这种政治信任图景及如何改善这种图景是青海省基层政府需要考虑的问题之一。已有学者对西藏"强基惠民"活动对于强化西藏基层民众政治信任开展了研究，表明只有"发展成果更多更公平惠及广大群众，不断增强人民群众的发展参与度和获得感"[1]，政府管理才可能逐步获得较高信任和广大支持，推此及彼，青海省基层政府应更多关注所辖不同民族民众的生存和发展需求，才可能从管理走向治理。

---

① 王彦智：《强化西藏基层民众政治信任的一项地方实践——"强基惠民"活动的政治学分析》，《西藏大学学报》（社会科学版）2015 年第 3 期，第 7～13 页。

习近平总书记在第二次中央新疆工作座谈会上指出："各民族要相互了解、相互帮助，像石榴籽那样紧紧抱在一起。"随后在中央民族工作会议中又对其中的内容做了更深入的阐释。"推进各民族交往交流交融"成为新时期民族政策的重点内容。在推进各民族交往交流交融的具体实施方面，中央明确提出建立互嵌式社区，这是对中国民族团结工作的理论创新，具有鲜明的理论指导意义①。在本小节中，尝试在民族心态因素和民族关系因素两个方面对影响青海省的互嵌式社区建设的因素进行实证研究，是一种积极尝试与探索。这些民族社区在民族心理与民族关系上进行建构，才可能在此基础上更好地交往交流交融，并在此基础上真正实现治理。现阶段藏族居民对中央政府所持较高信任，是在新中国成立后藏族居民生产生活水平提升和改善的情况下积淀而来的，但目前藏族居民生产生活水平仍有较大空间予以进一步提升与改善，这在快速现代化进程中影响着各民族间的"互嵌"。因此，在未来多民族国家推动民族地区现代化进程的过程中，更多的关注点应放在藏族居民民生的方方面面及身份认同、社区邻里信任和族际关系、基层政府政治信任的建立与维护上。"互嵌式社区建设"不仅需要多民族个体"互嵌"意识的自觉，还需要政府在构建和培育"信任机制"方面的助力。只有从一个个家庭迈向社区，再由社区迈向社会的信任机制逐步构建并流行于整个社会，真正的"互嵌式社区建设"才可能实现。

5.2　我国互嵌式社区发展建议

5.2.1　中华民族共同体的宏观背景

时至今日，中国的社会建设有着更深层次的中华民族共同体建设的当代诉求。

---

① 王平、严学勤：《论民族互嵌与和谐民族关系的构建——以新疆塔城市的实证研究为例》，《新疆师范大学学报》（哲学社会科学版）2015 年第 5 期，第 57～63 页。

历史上，从远古时期中华各民族的祖先们的辛勤劳作与繁衍生息，我国各民族之间交往的本质是需求互补和交流交融；到 1902 年梁启超首次提出"中华民族"一词，尤其是鸦片战争后，中华民族共同文化心理逐渐形成和强化；再到新中国成立之后中华民族社会主义大家庭的形成和逐步发展。学界基本达成一致：我国历史上有关于"中华民族"的三次大讨论，从清末民初，焦点为是否应该"排满"的保皇派与革命派之间的争论；到民国中期，面对侵略中国的外敌，焦点为"中华民族是一个"的讨论；再到改革开放以后"中华民族多元一体格局"提出后焦点为"民族实体"还是"民族复合体"的各种讨论。可以看出，我们伟大的祖国走过了不平凡的道路，三次大讨论在中国国家认同上起到了一定的作用。当前，有学者提出："中华民族概念不是存废问题，而是如何充实内容，使之更好地发挥连接全体社会成员的文化和情感纽带作用。"[①] 近十年来学者们对中华民族共同体的研究层出不穷，这与我国的政治发展宏观背景直接相关。党的十八大以后，党中央从国际和国内两个大局出发，多次强调：国内要"培育中华民族共同体意识"，国外要培育"人类命运共同体"意识，可看作对马克思主义理论的新发展。习近平指出："中华民族具有5000多年连绵不断的文明历史，创造了博大精深的中华文化，为人类文明进步做出了不可磨灭的贡献。"[②] 而"铸牢中华民族共同体意识"于 2017 年第一次写入十九大报告，并写入新修订的《党章》，2018 年 3 月十三届全国人大一次会议第三次全体会议通过了《中华人民共和国宪法修正案》，增加了"中华民族伟大复兴"的内容，将"中华民族"首次写入宪法，具有里程碑式的意义。可以说，中华民族共同体建设作为民族工作的核心理念之一，是当代民族问题解决的新思想新战略新思维。在这样的政治宏观背景下，首先要对中华民族共有精神家园和中华民族共同体的现有研究进行简要回顾。

---

① 沈桂萍：《培育中华民族共同体意识　构建国家认同的文化纽带》，《西北民族大学学报》（哲学社会科学版）2015 年第 3 期，第 1～6 页。

② 习近平：《在第十二届全国人民代表大会第一次会议上的讲话》，《人民日报》2013 年 3 月 18 日。

根据相关文献可知，国内知名的民族学家周平、金炳镐、马戎、纳日碧力戈、王希恩、青觉、郝亚明等是民族问题研究的集大成者。云南大学的周平教授率先提出了族际政治学，指出中国边疆治理应构建一种区域主义的治理模式，增强自身的效能（2008）；进行了政治学视野下的中国民族和民族问题研究（2009），从民族政治学的角度出发，阐述对"民族国家"的认识（2009）；从民族政策价值取向的角度，考察中国的民族政策及其与民族关系的互动（2010）；提出了民族的两种基本类型即政治民族与文化民族（2010），从国族的角度，阐释民族国家的制度内涵及民族国家与国族的关系，提出和论证通过国族建设来促成民族国家建设的必然性及国族建设的根本问题（2010）。在近几年里又连续发表了有关中华民族的一系列文章，他先后提出：第一，中华民族建设即中国的国族建设，是由中国的民族国家构建而引出的一个重大问题；第二，解决应有和现有的根本性矛盾的唯一途径，是加强中华民族建设，促进中华民族的巩固发展和一体化；第三，鉴于中华民族逐步被淡化和虚化，中华民族需要再来一次新的自觉，进而朝着"民族构建"的方向发展；第四，中华民族是一个多元一体的结构，组成中华民族的各个成员的独立成章，也会对民族共同体产生解构作用。当下，加强中华民族的建设是筑牢国家统一和稳定的基础的历史工程和政治工程。[①]其他学者亦在"中华民族"相关研究中延伸了深度和广度，进行了有益的探索，鉴于本书研究问题，主要概括为以下两种。

一是针对中华民族共有精神家园的研究。通过文献发现自从党的十七大提出的"中华民族共有精神家园"在 2008～2012 年成为研究热点，学者们先后对中华民族共有精神家园的内涵、定位、功能和建构等层面开展了一系列研究，主要观点包括：高永久、陈纪认为中华民族共有精神家园的价值核心是社会主义核心价值体系的要求、内核、内容[②]；唐志龙指出其价值底蕴

---

① 具体参见周平教授的《论中华民族建设》《再论中华民族建设》《中华民族的性质和特点》《中华民族：中华现代国家的基石》等系列文章。

② 高永久、陈纪：《论中华民族共有精神家园的内涵与价值核心》，《科学社会主义》2008 年第 2 期，第 75～77 页。

是以人为本①；王燕京提出了其内涵和建设路径分析②；韩振峰认为其由中华民族的文化根基、时代精神和价值目标构成③；尹世尤、沈其新提出它的建设有利于当代中华民族凝聚力的增强④；肖力、邢洪儒分析了其理论意蕴和实践要求⑤；韩丹指出在建设路径上，基本认同应扎根于民族传统精神，实现传统精神的现代转换⑥；栗志刚认为它实际上是对民族精神文化的认同、丰富和发展⑦。随后郝亚明指出其建设目标是中华民族认同，具有民族共有性特征，其首要目标是构建一种全体国民共享的国家认同文化⑧。学者们开展了新疆和云南的实践调查，李太平指出当代学校德育的重要使命就在于此⑨；苏振芳指出它具有文化保护模式、民族精神继承模式和弘扬创新三种模式，必须认同中华文化，弘扬中华文化，超越中华文化，建设优秀文化传承体系⑩，此外，龚永辉在 2014 年连续发文五篇进行了中国梦与构建中华民族共有精神家园的民族理论研究，推动了相关研究⑪。

　　二是针对中华民族共同体的研究。党的十八大提出中华民族共同体之

①　唐志龙：《以人为本：中华民族共有精神家园建设的价值底蕴》，《理论学刊》2009 年第 12 期，第 75～80 页，128 页。

②　王燕京：《中华民族共有精神家园：理论蕴涵与建设路径》，《江西社会科学》2009 年第 3 期，第 175～178 页。

③　韩振峰：《中华民族共有精神家园及其构建途径》，《中州学刊》2009 年第 4 期，第 23～26 页。

④　尹世尤、沈其新：《中华民族共有精神家园建设与当代中华民族凝聚力的增强》，《马克思主义研究》2008 年第 11 期，第 84～87 页。

⑤　肖力、邢洪儒：《中华民族共有精神家园建设的理论意蕴与实践要求》，《河北学刊》2008 年第 3 期，第 192～194 页。

⑥　韩丹：《传统民族精神与中华民族共有精神家园的现代建构》，《学术论坛》2010 年第 6 期，第 52～55 页。

⑦　栗志刚：《精神文化的民族认同功能——兼论中华民族共有精神家园建设》，《华中科技大学学报》（社会科学版）2010 年第 1 期，第 4～9 页。

⑧　郝亚明：《中华民族认同：中华民族共有精神家园的建设目标》，《广西民族研究》2011 年第 1 期，第 1～6 页。

⑨　李太平：《当代德育的重要使命：重建中华民族共有精神家园》，《湖北大学学报》（哲学社会科学版）2011 年第 5 期，第 166～171 页。

⑩　苏振芳：《弘扬优秀传统文化 建设中华民族共有精神家园》，《福建论坛》（人文社会科学版）2012 年第 9 期，第 168～173 页。

⑪　参见龚永辉"中国梦与构建共有精神家园的民族理论研究"系列的六篇文章，分别见于《广西民族研究》2014 年第 1～6 期。

前，周文玖，张锦鹏对历史上"中华民族是一个"的学术论辩进行了考察①；美郎宗贞、德西永宗从文化批评与经济思想史视角，总结评价了近代邦达昌家族为首的康藏人民以商抗日对中国民族关系"命运共同体"价值体系的历史构建②；李帆对辛亥革命时期的"夷夏之辩"和民族国家认同进行了分析③；彭南生认为辛亥革命遗产是中华民族共同体建设的新开端④。此后，沈桂萍对抗日战争胜利70年进行了回顾，指出今天铸牢中华民族共同体认同的核心就是培育中华民族共有精神家园认同，它有利于构建国家认同的文化纽带⑤。在2016～2017年，学界出现了中华民族共同体研究热潮，陆海发提出了"民族国家"的研究视角⑥；郭小靓、陶磊基于政治共识、情感共识和价值共识开展了研究⑦；杨鹍飞指出应依靠政治、经济、文化和社会四个维度共同推进中华民族共同体建设⑧；朱碧波认为中华民族共同体建设中存在历史—命运纽带、政治—法律纽带、精神—文化纽带、经济—利益纽带、社会—情感纽带五个纽带⑨；张会龙、冯育林提出了历史叙事、理论建构、社会共识、上下联动等多个维度⑩，并提出在共同体视域下认识中华

① 周文玖、张锦鹏：《关于"中华民族是一个"学术论辩的考察》，《民族研究》2007年第3期，第20～30、107～108页。
② 美朗宗贞、德西永宗：《康藏人民以商抗日与中华民族命运共同体的构建》，《西藏大学学报》（社会科学版）2011年第4期，第78～85页。
③ 李帆：《以"中华"为族称：辛亥革命前后的民族认同》，《北京师范大学学报》（社会科学版）2011年第5期，第63～66、70页。
④ 彭南生：《辛亥遗产：中华民族共同体建构的新开端》，《史学月刊》2011年第4期，第5～8页。
⑤ 沈桂萍：《培育中华民族共同体意识 构建国家认同的文化纽带》，《西北民族大学学报》（哲学社会科学版）2015年第3期，第1～6页。
⑥ 陆海发：《民族国家视阈下的中华民族共同体建设研究》，《云南民族大学学报》（哲学社会科学版）2016年第2期，第12～19页。
⑦ 郭小靓、陶磊：《论构建中华民族共同体的三种基本共识》，《学术交流》2016年第10期，第57～61页。
⑧ 杨鹍飞：《中华民族共同体认同的理论与实践》，《新疆师范大学学报》（哲学社会科学版）2016年第1期，第83～94页。
⑨ 朱碧波：《论中华民族共同体的多维建构》，《青海民族大学学报》（社会科学版）2016年第1期，第26～32页。
⑩ 张会龙、冯育林：《试论中华民族共同体建设的几个着力点》，《湖北民族学院学报》（哲学社会科学版）2016年第5期，第155～159页。

民族，须在发掘其丰富的伦理价值和道德意涵的同时，进一步厘清其中的可能限度和内在困境①。在此基础上，林存光认为中华民族共同体的基本特质是以中原为中心的文明发展模式、以文化认同为一贯特色的"中国"意识，以家庭为根基伦理、本位的社会共同体，并对"家国天下"这个儒家特色的共同体理念与文化价值理念进行了分析②；李贽开展了中华民族共同体的历史考察和结构分析③；关凯将其视为一种新的文化政治理论④；麻国庆以记忆的多层性理论为基础，对我国的民族走廊和南海通道进行研究，延伸了费孝通先生的民族走廊学说和全球社会理念，进而揭示了多层性的共同记忆对于全球化视角铸牢中华民族共同体意识、强化中华民族共同体认同的重要意义⑤。徐杰舜、杨军提出，一体凝聚多元的大战略，一是确认中华民族的"国族"地位，二是中华民族入宪，三是设立中华民族团结大会⑥；左岫仙等提出边疆民族地区中华民族共同体意识推进的重要性⑦；王平指出应准确把握中华民族的"狭隘化、他者化和虚无化"等错误倾向的实质，强调要进一步规范中华民族共同体研究⑧；严庆从本体与意识视角对中华民族共同体建设进行了研究⑨；张伟认为原始认同造成了次级共同体社会关系的封闭

① 张会龙、冯育林：《共同体视阈下的中华民族意涵分析及其可能限度》，《思想战线》2017年第 3 期，第 63～70 页。
② 林存光：《中华民族共同体的历史构建、文化认同与儒家智慧》，《中央社会主义学院学报》2017年第 5 期，第 93～98 页。
③ 李贽：《从中华民族共同体到社会主义大家庭——中华民族共同体的历史考察和结构分析》，《毛泽东邓小平理论研究》2017年第 10 期，第 87～94 页、108 页。
④ 关凯：《建构中华民族共同体：一种新的文化政治理论》，《中央社会主义学院学报》2017年第 5 期，第 71～77 页。
⑤ 麻国庆：《民族研究的新时代与铸牢中华民族共同体意识》，《中央民族大学学报》（哲学社会科学版）2017年第 6 期，第 21～27 页。
⑥ 徐杰舜、杨军：《从多元走向一体与一体凝聚多元——中华民族共同体建设的理论和战略》，《思想战线》2017年第 2 期，第 76～87 页。
⑦ 左岫仙、巴拉吉、熊坤新：《边疆民族地区中华民族共同体意识的推进》，《黑龙江民族丛刊》2017年第 3 期，第 38～43 页。
⑧ 王平：《反思与检讨："中华民族共同体"研究规范化的若干基本问题》，《思想战线》2017年第 3 期，第 56～62 页。
⑨ 严庆：《本体与意识视角的中华民族共同体建设》，《西南民族大学学报》（人文社科版）2017年第 3 期，第 46～50 页。

性，并增加了次级共同体之间程度不一的梳理，蚀耗了中华民族共同体意识增强所需的直接或间接条件，应注意降低其负面效应①；张淑娟认为，近代中国民族主义是造成中华民族共同体理论建构的内在紧张的关键性因素，进一步讨论民族精神消解中华民族理论建构内在紧张的种种努力②；平维彬、严庆讨论了从文化族类观到国家民族观的嬗变并分析了"中华民族共同体意识"的理论来源③；李贽、金炳镐对中华民族共同体的历史发展过程和政治结构解析进行了分析④；刘吉昌、金炳镐指出，应构筑民族共有精神家园，培养中华民族共同体意识⑤。这些研究均有较强的启发意义。"构成任何共同体的东西与其说是各个个人的同质性，倒不如说是属于一个既定的自然复合体内的许多个人力量集合。"⑥ 从以上汇总与分析可以看出，中华民族共同体建设的深远意义。

第一，展示了从"中华民族共有精神家园"到"中华民族共同体"的发展脉络。在 21 世纪第一个十年，曾有一系列有关"中华民族共有精神家园"的报刊、学术论文的持续讨论，在社会主义文化体系中定位了中华民族共有精神家园。最近十年里，党中央在原有中华民族共有精神家园的基础上，不断提出"中华民族共同体"的提法，彰显了与时俱进与时代需求，是当代精神文明建设的重中之重。

第二，从促进我国多民族的中华民族"国家认同"提升到实现中华民族的"民族自信"。我国在历经了磨难和坎坷后，逐步步入富强民主文明和

---

① 张伟：《原始认同对中华民族共同体认同的弱化及其整合路径》，《中共四川省委党校学报》2017 年第 1 期，第 72～76 页。

② 张淑娟：《试论近代中华民族共同体理论建构的内在紧张》，《广西民族研究》2017 年第 3 期，第 48～58 页。

③ 平维彬、严庆：《从文化族类观到国家民族观的嬗变——兼论"中华民族共同体意识"的理论来源》，《贵州民族研究》2017 年第 4 期，第 1～6 页。

④ 李贽、金炳镐：《中华民族共同体的历史发展过程和政治结构解析》，《北方民族大学学报》（哲学社会科学版）2017 年第 5 期，第 5～11 页。

⑤ 刘吉昌、金炳镐：《构筑各民族共有精神家园　培养中华民族共同体意识》，《西南民族大学学报》（人文社科版）2017 年第 11 期，第 28～33 页。

⑥ 贝思·J. 辛格：《实用主义，权利和民主》，王守昌等译，上海译文出版社，2001，第 93 页。

谐的社会主义社会，并以超出想象的发展速度创造了一系列的成果。在这一过程中，由于过去几十年里仍然主要在解决基本经济生活需要，或可以说刚刚解决了基本温饱问题，追求更高层次的需求尚未开始或刚刚开始在谈及中华民族的民族自信时亦是如此，因此，构建"互嵌式社区公共性"的深层次意义更在于最终实现中华各民族"互嵌"基础上的"民族自信"。作为一项重大的政治社会工程，中华民族共同体建设有着十分深远的意义。

5.2.2　民族社区的互嵌困境

多民族集聚在社区这一特殊场域，由于各民族的渊源、历史与发展脉络、民族语言、宗教信仰、风俗文化等因素不同，民族间的交往交流交融会出现一定的困难。如内蒙古赤峰地区开展的调查就显示了赤峰地区北牧南农与北蒙南汉的格局，即"总体分居，部分混居"的状况[①]；有学者指出广西东部多为汉人，而广西西部多为壮人，广西中部则是汉壮共居区，显示了独特的格局[②]。再以新疆、西藏和青海三省区为例：新疆维吾尔自治区截至2013 年末，全区有 55 个民族成分（无基诺族），其中人口较多民族有 13 个（即维吾尔族、汉族、哈萨克族、回族、柯尔克孜族、蒙古族、塔吉克族、锡伯族、满族、乌孜别克族、俄罗斯族、达斡尔族、塔塔尔族），主要有6 种宗教。西藏自治区是以藏族为主的少数民族自治区，截至 2013 年末，自治区内有 40 多个少数民族，其中世居少数民族有 6 个（藏族、回族、门巴族、珞巴族、纳西族和怒族）。青海省是一个多民族聚居的省份，居住在境内的除汉族外，有少数民族 54 个，其中，世居青海的少数民族主要有5 个（藏族、回族、土族、撒拉族和蒙古族）。青海少数民族人口比重仅次于西藏、新疆，居全国第三位。被称为世界三大宗教的佛教、伊斯兰教、基督教在青海省都有传播，有各类寺庙教观近 2000 座。三省区中维吾尔族、

---

① 马戎、潘乃谷：《居住形式、社会交往与蒙汉民族关系——从赤峰调查看影响民族关系的因素》，《中国社会科学》1989 年第 3 期，第 179～192 页。

② 袁少芬：《民旗传统文化的现代变迁与趋向》，中国民族学会编《民族学研究》第 10 辑，民族出版社，1991，第 111～123 页。

哈萨克族、回族、撒拉族等多信仰伊斯兰教，蒙古族、藏族、土族、锡伯族、达斡尔族等多信仰藏传佛教，信仰道教、天主教和基督教的主要是汉族，信仰东正教的主要是俄罗斯族。一般而言，同一民族在日常生活和生产中尚且会产生矛盾，不同民族杂居的社区中，民族的异质性更会导致"自我认同"与"他者辨识"之间的冲突，对他者的承认与对他者的尊重，都是从对其他民族的"辨识"起步，这直接影响着民族间接触、交流的可能性。再如，近年来西部民族地区广泛推广的生态移民，对异地搬迁混杂居住的少数民族群众来说，"移民者居住环境、生产生活空间的辗转腾挪"① 等都极大地妨碍了多民族在社区中"互嵌"。民族社区的"互嵌"困境主要表现在互嵌空间的不足、精神互嵌的缺失、原子化个人的行动困境等。

1. 互嵌空间的不足

我国历史原因形成的"大杂居，小聚居"，造成部分少数民族囿于特定的地理空间而缺少交往空间和社会空间，而这一特定地理空间可能因为先天的自然环境和可利用的资源匮乏造成当地的经济社会发展落后，无法在短期内实现现代化。以新疆、青海为例："新疆维汉人口的分布以天山为分界线，天山南麓以维吾尔族聚居为主，天山北麓以汉族聚居为主。"② 新疆各少数民族聚集区域有其显著的地域特征，蒙古族、柯尔克孜族、锡伯族、塔吉克族和达斡尔族等民族分布相对集中，其他民族大多为杂居，没有主要聚居区，改革开放以后总体上的多民族混居与局部区域的民族聚居现象并存③。在青海，以黄南藏族自治州、果洛藏族自治州和玉树藏族自治州为代表的青海涉藏地区，以藏族农牧民为主，少数民族人口占比在 90% 以上，其在民族地图上亦有明显的地理区隔之特点。事实上除了新疆、青海以外的其他多民族省份亦存在这样的特点。

---

① 王伯承、吴晓萍：《风险社会与生态移民社区治理》，《西北民族大学学报》（哲学社科版）2016 年第 6 期，第 135～141 页。

② 李松、张凌云等：《新疆主要民族空间分布格局演变——基于 1982—2010 人口普查数据》，《人口研究》2015 年第 4 期，第 78～86 页。

③ 李晓霞：《新疆快速城市化过程与民族居住格局变迁》，《2012 年中国社会学年会西部民族地区社会建设理论创新与政策设计论文集》，2012，第 11 页。

一是各民族各自的居住空间的"互嵌"不足。我们每一个个体都有多样性的需要，但每个个体的能力又是有限的，因此必须以类亦的形式存在，这里的类亦指民族，尤指前文所描述的各民族的"抱团而居"造成不同民族之间关系隔阂而又交流有限。我国各地的城镇化改革进程加快，居住格局上的变迁往往因各种工程而发生了变化，有些旧城改造、城中村改造、安置小区建设、生态移民和扶贫搬迁、城市主城区功能扩大后的城市扩建等，都会引起居住格局的变化，但其中大部分并未达到真正的相互嵌入的程度。

二是各民族走出各自居住空间后共有的公共空间不足。公共空间的不足主要表现在多元化社区平台的缺乏，如民族社区公共文化资源欠缺，以及民族社区公共活动的举办率和居民的参与率不高等，相对于发达地区的社区公共文化服务体系，大部分民族社区的公共文化服务体系存在较大缺位，不利于互嵌式社区建设。接触与否是民族关系产生的条件，接触深浅则是民族关系友好或矛盾的必然因素。[①] 党中央强调的是民族社区不同民族的空间互嵌即混居或杂居所体现出来的居住空间的"你中有我我中有你"状态，以及走出居住空间在社区公共空间里的互动。

2. 精神互嵌的缺失

党中央强调的精神互嵌即精神层面"引导各族人民牢固树立休戚与共、荣辱与共、生死与共、命运与共的共同体理念"。相对于空间互嵌，更重要的是精神上的"互"，才能形成最终的"各民族像石榴籽那样紧紧抱在一起"[②]。精神互嵌需要大范围个体间、民族间的良性互动，它可减少、降低，甚至最终逐步消弭个体间、民族间的摩擦、误解。民族刻板印象在精神互嵌的缺失中影响较大。一般而言，以历史原因产生的地理分布特点导致西南边境民族与西北边疆民族过去没有直接接触的可能，可是当前快速的社会流动

---

① 徐黎丽：《接触与非接触——影响民族关系的变量分析》，《中华民族认同与认同中华民族——人类学高级论坛2008卷》，第238～248页。

② 贺劲松、肖照青：《"各族人民要像石榴籽一样紧紧抱在一起"——少数民族界委员热议习近平总书记在政协联组会上的重要讲话》，《中国统一战线》2014年第3期，第8～10页。

则使之成为可能，相对而言，比如在过去，世代居住在西北的藏族、维吾尔族等民族，往往与西南地区的少数民族由于地理区隔而基本没有接触的机会。理论上讲，对族群产生偏见往往由于对其他民族产生的刻板印象。它直接影响着交往的意愿和过程，往往出现"以偏概全""个别代表整体""污名化"等结果，进一步来说，可能产生固着化的观念及看法，导致不同民族间互相持有消极的族群态度。随着民族刻板印象被激活，不同民族成员之间的心理距离感被不断拉大。此外，民族刻板印象具有稳定和不易改变的特征。民族刻板印象会导致民族偏见甚至民族歧视。"民族刻板印象自身也附着一种固有的民族情绪和情感成分，这是族群集体记忆存在的缘由，它会更加主观和经验性地对待异族群体成员。"① 理论上讲，个体可通过纠正和分离判断时的偏见，使面对其他民族时可能在一定程度上调整固着的信念，但现实中就单个个体进行交往互动中往往用时较长、可行性较差等原因，将导致民族刻板印象不能短时间内有所改观，并形成长效机制；相反，偶尔一次的刻板印象则可能加剧未来交往的难度。刻板印象促使不同民族互动过程中他者对自我的评价越低（或称消极印象越多），则越容易由自我浅表意识产生对其他民族的贬损倾向，反之，则越容易弱化对其他民族的贬损。若要避免因刻板印象产生的矛盾，则应创造更多的接触条件，力图通过接触增多改变消极的刻板印象，以增进不同民族相互了解。积极的刻板印象可增进民族间的相互信任，有利于不同民族的接触、互动。消极的刻板印象阻碍民族间的交往，不利于不同民族的接触互动，反而较易产生民族间的歧视偏见，进而引发民族间的矛盾。当前不同民族成员间不完全接触，表现为或基本无接触，或有接触但总体数量质量偏低，或表现为接触的间接性，而非直接接触，这些都极大地影响着民族间的互动和交往。因此，增加族群接触程度可以促进族群成员之间的交往，增进彼此的了解，减少消极刻板的印象。②

---

① 党宝宝、高承海、万明钢：《民族刻板印象：形成途径和影响因素》，《西南民族大学学报》（人文社会科学版）2016 年第 5 期，第 202～206 页。

② 党宝宝、高承海、杨阳、万明钢：《群际威胁：影响因素与减少策略》，《心理科学进展》2014 年第 4 期，第 711～720 页。

3. 原子化个人的行动困境

民族社区的"互嵌"困境还体现为原子化个人的行动困境。当前原子化生活，强大的个体化和社会流动性使个体处于高度的原子化分散的生活状态，进入了一个全新的陌生社会；让人不得不思考，是否能通过社会性的公共交往获得主体性成长。事实证明，自由个人主义的实践所带来的诸多恶果，对整个中华民族的国家发展影响颇大。当代社会当个人越来越趋于走向原子化和碎片化时，会促使自我与社会的割裂并逐渐消弭了公共性。"碎片化之于精神生活的基本后果，是其所导致的基本传统的社会关系、市场结构及社会观念的整一性——从精神家园到信用体系，从话语方式到消费模式的迅速瓦解，代之以一个一个利益族群和文化部落的差异化诉求以及社会成分的碎片化分割"①。碎片化的后果由理性化的过程带来。可以想象，民族间的良性互动不仅局限于族际互动，还特指并落实到民族个体间的交往行动，一旦拥有了漂浮的个体性，辅之以碎片化的他者认知，则会取消个体所有的共同分享的信念，以及个体对他者及社会承担责任的可能，导致个体的责任意识与他者的关系都陷入了重重困境。在现代社会，越来越多的社会个体走出社区和本民族的传统生活空间，导致日渐疏离的原子化个人无法在社区范围内进行有效互动，这进一步加剧了民族社区的"互嵌"困境。加强互嵌式社区建设，需要逐步恢复民族情感纽带和社会感性秩序，寻找互嵌式社区公共性的基础与价值取向。

5.2.3　互嵌式社区公共性的基础与价值取向

1. 互嵌式社区公共性基础：交往、交流、交融

交往：交往是不同民族间的活动，按照"主体—中介—主体"模式进行，即面临着不同民族主体间的问题。一般而言，民族交往源自不同民族之间的相互需要，它本身是不同民族的生存方式之一。交往以接触为前提，其强调的是社会关系，而不是其他关系。交往的进行要以各种媒体和中介为手

---

① 董峰：《碎片化时代的意义表达》，《当代传播》2010 年第 4 期。

段，因此没有接触，根本谈不上交往，交往是目的和手段的统一。

交流：交流是一种精神交往，是不同民族的精神生产活动及其能力产品等的交换、交流，即不同民族成员之间感性的精神变换活动。交流往往通过一些手段和工具来实现，如相通的语言、有寓意的行为等。一般而言，交流是建立在良好的交往互动基础之上的，没有交往就不可能产生精神交往，交流作为深层次的交往，在互嵌式社区建设中凸显其介质的作用。

交融：一般来说，从聚居到杂居再到散居是民族过程在族体分布形态上的演进规律，也是民族实现交融的一种基本趋势①。交融绝非同化，而是交往交流基础上更高层次的一种精神交往，它表现为你和我、你族与我族之间的相互融合，不同民族交融的最终目的是情感共通、心灵交换和彼此理解。主体间的互嵌式社区建设主张通过交流、沟通而达到彼此间的相互理解，使得交往双方达成观念上的融合，其重点在于观念融合。主体间互嵌式社区建设力求不同民族主体摆脱自我中心和孤立化的境地，走向各民族主体间民主、平等与参与的合作，并通过不同民族主体间的理解来化解以往的主客体对立与冲突。

2. 互嵌式社区建设内蕴着主体与他者共在的公共性价值取向

有学者指出："一部中国历史就是一部中华民族多元一体发展史，也是一部中华文化碰撞交融史，更是一部中华民族认同形成史。"② 限于篇幅，本书不能详细回顾中华民族形成史及我国多民族国家发展史，谁也不可否认中华民族多元一体的民族结构的事实存在。中华民族共同体是各民族相互依存，不可分割而又统一的政治命运共同体。它是具有五十多个民族共同的历史记忆、共同的发展经历与基础和共同命运未来的民族实体。这里的共同包含历史记忆、精神文化、责任使命和命运前途，这四个层面的内容均深刻烙着"共享"二字，只有共享历史记忆和精神文化，不同民族才有这精神上的亲如兄弟，也只有共享责任使命和命运前途，才能构筑各民族共有精神家

① 王希恩：《民族的融合、交融及互嵌》，《学术界》2016 年第 4 期，第 33 ~ 44、324 页。
② 李克建：《中华民族认同的历史形成：思想基础与认同目标》，《西南民族大学学报》（人文社会科学版）2013 年第 12 期，第 20 ~ 24 页。

园，培养中华民族共同体意识。因此，互嵌式社区公共性是以中华各民族之间的交往交流交融为基础，互嵌式社区要真正成为一个多民族群众的生活共同体和共有的精神家园，需要一种公共性的存在，而互嵌式社区的公共性更体现为一种伦理取向和价值追求。

一般而言，文化公共性价值追求目的之一，是要按合理的公共性文化理念，将人塑造成为具有"公共性情怀"和价值信仰的人①。一切文化价值，归根结底，都是发现、体现、承载并旨在促使社会"公共价值"的生成与实现。② 有秩序的社会差别基础上的民族平等，是互嵌式社区回归公共性的内在要求。从原始的共在性过渡到初期的共处性，历史的发展使人与人之间的共在走向文明、理性、有序和规范，最终达到人类相处的高级形态即共和性。"互嵌式社区建设"的未来走向是逐步形成不同民族生死与共的生存结构。与之相反，一旦形成一种挟持的、被动的、对立的民族关系，合并着不同民族的发展在各自的视域下孤立地进行，缺乏相互交融与共同理解，必将不利于民族共同体的有效发展。在一定程度上，对于不同民族个体来说，参加各种公共活动的终极目的是一方面获得自身所需的物质资料，另一方面亦可借此机会获得情感慰藉和精神关怀，这可归于对价值理性的追求，它反映了不同民族个体对付出的成本和所得收益的预判，换句话说，不同民族个体参加公共活动的直接动机是追求公共价值，而其间接动机则是为了追求价值理性，即不同民族个体对公共价值的个体设定与个体意识。

在我们这个时代，人类需要公共性人道关怀、公共性思维智慧，在公共性的生活规范指导下，获得公共性的真理及生活意义。实现公共性生存，即建立在不同民族主体间充分的信任、理解、宽容、平等、合作等心理与行为基础上，各民族个体用一种交互主体性基础上的"他者"视角看待其他民族、文化、传统、宗教及个人，尤其是看待各民族之间的文化差异。人们往

---

① 袁祖社：《"公共性"的价值信念及其文化理想》，《中国人民大学学报》2007 年第 1 期，第 78 ~ 84 页。

② 袁祖社、董辉：《"文化公共性"的实践与现代个体优良心灵秩序的养成》，《西安交通大学学报》（社会科学版）2014 年第 4 期，第 69 ~ 75 页。

往希望，一个"互嵌式社区建设"的成熟且高度发展的现代社会，不同民族成员充分且公开运用理性去制定并遵守实践规则，从而获得最大的公共价值，可以将它视为人们努力实现的目标，它的内核实为公共性的基本标志。在本书中公共价值主要涉及公共理性、多重认同、公共责任、公共精神四个层面，对于这四种公共价值的分析在后文中穿插在互嵌空间的三个组成部分及三个维度分析中。

（1）公共理性

康德最早提出"公共理性"一词，但直到罗尔斯"公共理性"一词才广为流传。公共理性的发展意味着每个人都对他人道德价值的取向持有宽容与尊重，在此基础上培育和提升社会资本，形成人与人之间真诚的信任与社会合作。[①] 公共理性的核心是公民义务。人们在公共地讨论争议，解决冲突时需要服从于理性之公共运用。[②] 公共理性与公共性是文化公共性的内涵；所谓合作理性，即广义社会公共理性，对人类生存与发展机制至上性的承诺，构成其人学价值论基础和逻辑前提，合作理性生成并深蕴于社会结构和社会过程之中，是对人类存在社会一体性关系—共生共在关系的一种反映和表征。本书的公共理性是指一种公民理念，尤指不同民族主体交往中的规导性理念，其涉及的是有关多民族公共领域的事务，其基本描述应为沟通和宽容，具有非私人性的特征。

（2）多重认同

从一定意义上讲，认同是一种主体性体现，是主体如何确定自己在时空的存在。[③] 一般而言，认同包括个人认同、民族认同、国家认同等不同类别。这里的多重认同主要是指互嵌式社区内各民族对涉及自身利益的公共议题的看法、对中华民族的认同等，既涉及族群认同，也涉及国家认同。国家

---

① 黄建洪、施雪华：《论公共理性精神》，《山西大学学报》2011 年第 5 期，第 68～72 页。

② Thomas McCarthy, "Kantian Constructivism and Re-constructivism", *Rawls and Harbermas in Dialogue*, *Echics*, 105 (the University of Chicago), 1994：38－51.

③ 王德民、徐黎丽：《类主体视阈下少数民族国家认同的历史维度》，《西北民族大学学报》（哲学社会科学版）2018 年第 1 期，第 1～5 页。

认同实际上是一种主体性心理。个人对国家的认同往往受到个人出生与成长的环境以及在成长期间国家的宣传和渗透而逐渐增强,使个人在看到国旗,听到国歌,异乡遇到本国人就会由内心自发产生一种自豪感、荣誉感、亲切感,也会因为当本国形象、国家利益受到侮辱或侵犯时产生较强的感同身受,而具有积极主动捍卫国家尊严的情感和行动,它还体现在个体对整个国家未来发展命运的关心,强烈的责任感、义务感及忠诚等。近年来,党中央提出"五个认同"亦属于多重认同,号召提高公民对伟大祖国、中华民族、中华文化、中国共产党和中国特色社会主义的认同意识,可以说多重认同包含着互嵌式社区公共性的价值诉求。

（3）公共责任

公共利益在一定程度上具有非排他性和不可分性,前者是指这种利益原则为全体成员共有而非某人某族独享,人人共享这种利益的权利与机会;后者是利益共享具有平等性,不因民族、身份贵贱而有所差别。由于公共性既是一种扬弃个体利益而考察同仁利益的公共理念,也是人们实践交往中互相照顾和关心的一种生活状态。[①] 我们强调公共性、公共性意识等,并非要求公民必须无私或完全利他,而是意味着公民有责任既关注个人利益,也关注公共利益,每个公民对所在社群负有不可推卸的"契约性"自治责任和公共情怀,并以公共参考的实践彰显并涵养公共性。[②] 公共性的存在论基础是人们共在于世,即是说,人们有着共同的客观存在的共同利益[③],或称为公共利益,维护和实现共同的利益,则应该是全体公民的公共责任。

（4）公共精神

公共精神是一种价值取向,它位于最深的基本道德和价值层面[④],其根

---

① 周志山、冯波:《马克思社会关系理论的公共性意蕴》,《马克思主义与现实》2011 年第 4 期,第 55 ~ 58 页。

② 赵秀芳、王本法:《社区文化与和谐社区公共性的建构》,《湖北社会科学》2014 年第 10 期,第 50 ~ 54 页。

③ 沈湘平:《公共性视野中的普世价值》,《河北学刊》2010 年第 5 期,第 45 ~ 49 页。

④ 袁祖社:《"公共精神":培育当代民族精神的核心理论维度》,《北京师范大学学报》(社会科学版) 2006 年第 1 期,第 108 ~ 114 页。

本旨趣在于关注每一个成员的权利与尊严①，按照帕特南的理解，公共精神首先指公民参与，其次指参与主体的平等关系，再次指彼此保持团结、信任、宽容与理解②。社区公共性主要表现为"居民基于社区认同基础之上，参与各种公共活动的一种公共精神"③。它促使对国家和社区有认同感和归属感的公民关注和参与公共事务。对互嵌式社区来说，即多族群群众参与社区公共事务，尽管他们可能对某些涉及族群利益的具体公共事务持不同看法，却因这种公共精神的存在，彼此之间可能是宽容和信任的，他们之间由一根看不见的纽带联系在一起，互惠合作，这是一种拥有丰富公共精神的理想状态的互嵌式社区。

---

① 郭湛、王维国：《公共性的样态与内涵》，《哲学研究》2009年第8期，第3~7、128页。

② 罗伯特·D. 帕特南：《使民主运转起来》，王列、赖海榕译，中国人民大学出版社，2015，第102~103页。

③ 高红：《城市基层合作治理视域下的社区公共性重构》，《南京社会科学》2014年第6期，第88~95页。

第6章

互嵌空间三维构建及其阻滞

鉴于上一章提出我国互嵌式社区建设困境之一在于"互嵌空间"不足，那么本章重点分析互嵌空间构建原理以及其构建过程中存在的阻滞。本章基于前文大量的历史、田野调查结果，更侧重于学理性分析。

6.1　互嵌空间的三维构建原理

前文曾指出，本书所指互嵌空间不仅仅是一个物理学的自然概念，其特指包括两个方面：一是将中华民族"互嵌式社区建设"放置于特定的环境，该环境可以具体为某个社区、某个地区乃至整个中国；二是指在这个环境中民族关系的重组过程。换句话说，互嵌空间是一个具有社会秩序实践性的建构过程。如图6－1所示，互嵌空间由自然空间、社会空间和心理空间三部分组成，具有地理、交往与精神的"三维"态势，这三个维度反映出"互嵌式社区建设"核心不单指个体意义的不同民族群众在居住环境、工作场所、生活场景的相互嵌入，更重要的是他们的精神互嵌。

（1）地理维度

地理维度主要表现在居住格局上，鉴于居住格局反映着深层次的社会结构，它是互嵌空间的首要情景变量和重要属性。居住格局作为民族间交往交

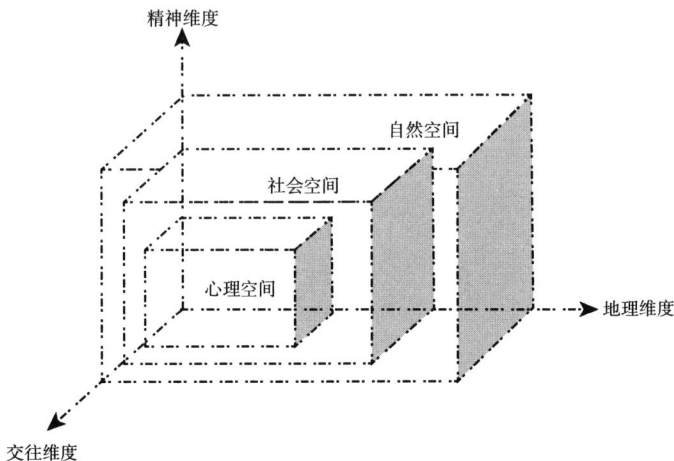

图6-1 互嵌空间构成示意

流的客观条件之一，在一定程度上反映着他者认知，它决定着不同民族成员间有无接触、有无交往达到交流乃至交融的机会，这也是互嵌式社区建设的逻辑起点。由于自然空间是各民族群众生活与成长的主要场所，它通过各种邻里效应对各民族个体和群体的生活产生印象。因此，在当前快速城镇化进程中，无论是精准扶贫还是生态移民，抑或少数民族流动人口进入东中部地区都涉及搬迁所引起的居住格局和生存方式，尤其是新的居住格局中可能产生的他者认知变化，在极大程度上影响着未来的族际交往。从地理维度上讲，一个群体没有在自然空间融入社会，其"结构同化及随后的各种同化就会变得极为困难"①。

（2）交往维度

交往维度是互嵌空间中各民族个体联结的纽带。民族交往是一种非常重要的文化现象。民族交往不仅是单个民族或民族内部成员间的来往和自我认同，也是群体交往或个体成员与其他个体成员的来往，都可以视为他者认知

---

① D. S. Massey & B. P. Mullan, "Processs of Hipanic and Black Spatial Assimilation", *American Journal of Sociology*, Vol. 89, No. 4, 1984, pp. 836 – 873.

基础上的他者互动。我们知道，依靠自由而真诚的交往，不同种族与文化的人们之间的"紧张与困难、偏见与困惑都会消失"，反之，则"偏见和冲突就会像疾病一样疯狂生长"①。交往存在于人们的日常生活之中，是基于人们之间的普遍认识基础上的主动行为，往往由于语言、宗教等不同而造成他者认知基础上的他者互动欠缺，但交往也可通过外部力量加以推动实现。本书研究的交往维度主要从日常生活中的民族交往（初级民族交往）到血缘融合之民族通婚（高级民族交往）两个层面出发探索的，前文已按此脉络开展田野调查。

（3）精神维度

相对于地理维度和交往维度，精神维度是一种精神内部的核心认识，其主要表现在民族认同和政治认同上，外显于宗教信仰带来的多重认同，内化为是否具有集聚精神、行动一致性的公共精神。民族宗教是影响"互嵌式社区建设"最复杂的因素，极易被外在势力与外在环境利用。其主要表现在低层次的族际接触如何应对他者文化的碰撞，高层次的族际认同如何应对他者文化认同与族际认同的差异，这些都是意识形态的主观看法及主观下的个人行动。项目组在田野调查中发现精神维度的他者意识主要在于普通信众与普通群众对于宗教信仰中的"旁观者"角色，他们秉持着对自己信仰的热忱忠诚和对其他宗教信仰非此即彼的初始认知，缺少基本的对他者的尊重与承认。"承认"概念所应对的是"同一性和差异性""个人与共同体"的关系问题，而"缺乏承认的社会不可能成为一个被广泛认同的公共社会"。②

从图 6-1 可以看出，自然空间是互嵌空间的外围，心理空间位于互嵌空间的内核，社会空间联结着自然空间和心理空间，对应于民族间的交往交流交融，可以认为，中华民族的交往与交流主要出现在社会空间中，而交融只能出现在心理空间，总体而言，自然空间的存在是交往交流交融的客观条件。只有这样，这三个空间紧密结合在一起，可形成结构稳固、关系和谐、

① T. B. ramfield, *Minority Problems in the Public Schools*, New York: Harper & Brothers, 1946, p. 245.
② 阿克塞尔·霍耐特：《为承认而斗争》，胡继华译，上海世纪出版集团，2005，第 5 页。

无法攻破的互嵌空间。互嵌空间建构过程的阻滞影响着互嵌式社区公共性的构建过程，并影响着互嵌式社区的建设。

根据"互嵌式社区建设"和"互嵌空间"两个概念的分析，项目组认为，最有效的互嵌式社区建设需要在不同民族主体之间创建一个能使双方主体在民族认知与民族情感两个层面都可以认同、互动的互嵌空间，并适当地赋予对方能动性和选择权，从而构建一个共存共生、互相尊重与互相认可的平等的主体间性关系。"互嵌式社区建设"倡导积极营造各民族自由言论交流互动和参与社会的互嵌空间，培养各民族的公共精神，实现各民族的真正相互嵌入。在这个空间里，不同民族都能够对他人和自己的信仰、价值观、态度和偏见进行认知和反思，进行双方的认知和情感结构的互动。但现实中互嵌空间的构建有着其特有的阻滞表现，不得不令人深思熟虑。

6.2　自然空间的阻滞：嵌入不足疏离公共理性

马克思说，人的本质是各种社会关系的总和，人与动物的本质区别在于人能够改变其社会关系，而且也只有由人的活动所改变的社会关系，才能成为人的本质。由于民族互动是在特定的空间进行的，民族间的分布格局、居住格局和工作与学习单位的远近等都直接影响着民族互动[①]。鉴于居住空间反映深层次的社会结构，我们可以把它作为研究"互嵌式社区建设"的首要情景变量和重要空间属性。以青海省为例，项目组认为，自然空间的视角不仅可以帮助我们解释青海省现有多民族居住格局的形成原因，而且可以用来分析青海省现有多民族居住格局产生的社会影响。学者马戎认为：居住格局对研究民族关系具有特殊意义，第一，因"同类相聚"，居住社区的形成往往与这种"相聚"和"排他"的趋势有关；第二，居住格局一旦形成，就会对居民与其他民族成员的日常交往形成一个稳定的客观条件，在民族混

---

① 郑杭生：《民族社会学概论》，中国人民大学出版社，2015，第107页。

居社区有助于相互间的交往①。居住格局作为民族间交往交流的客观条件之一，在一定程度上它决定着不同民族成员间有无接触、交往达到交流乃至交融的机会，这也是"互嵌式社区建设"的逻辑起点。

而公共理性精神是和谐公共空间成长与良善公共生活营造所必需的一系列精神观念、文化要素与心理习惯②，它意味着"每个人都对他人道德价值的取向是宽容和尊重的"③。那么在这个基础上，不同民族可以形成相互信任，形成真诚的合作。我们知道，不同民族群众所拥有的居住空间在很大程度上包含不同民族群众的观念，是根据不同民族群众的观念而建构的自然空间形态。而特定公共空间中社会发育状况影响着不同民族价值的优选，使得公共理性不可能消弭价值冲突。因此，本小节从自然空间出发，尝试探讨嵌入空间中的公共理性这一公共性价值内涵。

6.2.1　青海省主要城市世居民族的分离指数

"空间是一切生产和一切人类活动所需要的要素。"④ 哈维曾指出："空间实践知识通过它们开始活动于其间的社会关系的结构才会获得它们在社会生活中的功能。"⑤ 空间的社会性生产促成了人类生存空间秩序的形成，社会建构了各种空间结构，反过来各种空间结构又构建了我们的社会。项目组根据全国人口"六普"调查数据，分析青海省人口分布特点。根据"六普"数据，青海省西宁市城北区汉族人口占全区的 90.33%，除了小桥大街街道办事处（89.5%）和二十里铺镇（85.51%）低于 90% 外，其余的朝阳街道办事处、大堡子镇和马坊街道办事处的汉族人口所占比例均高于 90%。城西区汉族人口占全区总人口的 87.42%，最低的是兴海路街道办事处（84.33%），最高的是古城台街道办事处（89.63%）。城中区汉族人口占总人口的 88.62%。其中

①　马戎：《民族社会学：社会学的族群关系研究》，北京大学出版社，2004。

②　黄建洪、施雪华：《论公共理性精神》，《山西大学学报》2011 年第 5 期，第 68～72 页。

③　施雪华、黄建洪：《公共理性：不是什么和是什么》，《学习与探索》2008 年第 2 期，第 60～67 页。

④　《马克思恩格斯选集》第 2 卷，人民出版社，1995，第 573 页。

⑤　薛毅主编《西方都市文化研究读本》第 3 卷，广西师范大学出版社，2008，第 31 页。

人民街街道办事处和总寨镇的比例最高，分别为 90.28% 和 92.42%；最低的是南滩街道办事处（86.41%）。而独具特色的则是西宁市城东区，城东区的汉族人口所占全区人口比例为 61.75%。其中火车站街道办事处与乐家湾镇人民政府最高，分别为 81.27% 和 86.64%，而其他街道办事处的比例一般在 45% 左右。对应的这些街道的回族人口所占比例较高，由此可见，城东区具有较明显的多民族特征。项目组根据这个特征对西宁市城东区进行分离指数分析。

自古以来，西宁市城区之一——城东区就是回族较为集中的区域，目前这个城区分布有 22 座清真寺，以建于明朝洪武十三年的西北地区著名的四大清真寺之一的东关清真大寺最为出名，该寺也是全国能够容纳礼拜人数最多的清真寺。不管是历史上还是现当代，由于回族有"围寺而居"的习惯，因经商、朝觐、社会交往等各种原因来到西宁的各地回族，总喜欢居住在这个城区，在大街上随处可见身着民族服饰的群众，鉴于历史和当代缘由，该区已经是青海回族的聚居区之一。青海回族在居住方面具有"大分散、小集中"的特点，就一个地区或一个地方来说，回族"小集中"的特点尤为明显，大多数聚居在东部河湟地区和东北部大通河地区，少数散居于西南部地区。回族聚居的地方大多在交通沿线的城镇以及城镇附近的村寨，少数居住在偏僻的山区，而且在城镇自成街道，在农村自成村庄。在回族与其他民族杂居的地区，也是自然集中，自居一边。"即使在回汉杂居的地方，回族群众也常常尽量使房屋靠拢一起，左右同族相邻。因为这样居住除了生活方便外，还便于联系，互相帮助，也便于开展宗教活动。另外，这种小集中的分布特点，也往往与宗教、家族有一定的联系。"[1]

为了对居住空间进行量化分析，帮助人们更直观地理解居住格局。美国学者提出了分离指数公式（$ID = 1/2 \sum |Ai/A - Bi/B| i = 1$）[2] 这个有效而

---

[1] 青海省地方志编纂委员会编《青海省志·民族志》，民族出版社，2008，第 242 页。

[2] $ID = 1/2 \sum |Ai/A - Bi/B| i = 1$ 在这一公式中，ID 表示分离指数，n 表示计算单位（如各街区的数量），$\sum$ 表示从 $i = 1$ 到 $i = n$ 所有计算单位的连加计算，Ai 表示在 i 个街区中 A 族群的人口数，A 表示全城 A 族群的人口总数，Bi 表示在 i 个街区中 B 族群的人口数，B 表示全城 B 族群的人口总数。

客观的衡量指标。分离指数是指通过一个居住区内各个基本区域单元（如街道等）的民族人口的比例与该居住区内全部民族人口比例之间的偏差量，来反映同在这个居住区域中的民族隔离程度或民族交融的程度。[①] 居住隔离是指在空间上非随机分布的群体，是以某些社会特征（阶级阶层、宗教信仰、文化认同、地域区划、种族民族、年龄阶段、知识层次等）为基础产生的系统性居住模式。[②] "空间隔离可能导致社会疏离感和异化，引起少数民族和年轻移民对主流社会的反叛。"[③] 因此，项目组尝试在分离指数基础上进行青海省民族居住格局的量化研究，有助于科学认识互嵌空间的内涵、形式和结构。根据现有研究成果显示：对比 2000 年和 2010 年西宁市城东区各街道的回汉人口数后可知，排在前两位的街道分别是大众街街道、清真巷街道两个街道，2000 年时回族人口分别为 19207 人（48.39%）和 14858 人（45.99%），在 2010 年时则为 24445 人（52.94%）和 21109 人（45.58%）。原因在于大众街街道所在区域明清以来是重要的屯兵驻防要地和甘青两省间的交通要道。2000 年和 2010 年排第三位的分别是林家崖街道、东关大街街道。其中，林家崖街道主要是"文革"后期返城人员及由化隆和循化等县迁来的回族。东关大街区域历史悠久，是明清时期西宁的主要货物集散地和贸易地。2000 年西宁市城东区回汉的混居程度按照分离指数计算为 0.3915[④]，而经过项目组计算 2010 年城东区的分离指数[⑤] 为 0.393413，没有太大浮动，基本维持在一个较高水平。城市里居住格局的这种情形在青海省其他城市中也存在，如格尔木市的金峰路一带。

从表 6-1 可以看出，西宁市、格尔木市和德令哈市城市居民分布情况

① R. Fary, "Residential Segregation in Urbanized Areas in the United States in 1970: An Analysis of Social Class and Racial Difference", *Demography*, No. V. 1977.

② White Michacl, *American Neighborhoods and Residential Differentiation*, New York, The Russell Sage Foundation, 1987, pp. 82 – 83.

③ David Varady, "Muslim Residential Clustering and Political Radicalism", *Housing Studies*, Vol. 23, No. 1, 2008.

④ 刘凡：《西北三市回族传统居住格局及其变迁研究——民族关系的新视角》，《西北民族研究》2017 年第 3 期，第 205～215 页。

⑤ 根据公式得出，计算过程略。

如下。

（1）由汉、回、藏族组成模式。在 46 个行政区划中有 22 个居民组成是以汉、回、藏族为主，占比 47.8%。经过仔细查看，项目组发现基本上这些行政区域里仅有格尔木市河西街道办事处和郭勒木德镇、格尔木市农垦有限公司的汉族比例高于回族比例约 40 个百分点。其余的汉族高出回族比例均在 70~80 个百分点。因此，实际上这些行政区域的人口以汉族为主，混杂居住着回族、藏族及其他民族的居民。

（2）由回、汉、藏族和回、汉、撒拉族组成模式。这两种民族组成模式中回族比例首次超过了汉族，其中，林家崖街道办事处回族与汉族的比例分别为 49.98% 和 47.84%，藏族仅占 0.89%；清真巷回族与汉族的比例比较接近，分别为 46.58 和 46.23%，撒拉族占 3.12%，大众街的回族比例为 52.94%，汉族占 41.60%，撒拉族占 2.43%，这突出了大众街街道办事处的人口特点。而本书研究的田野点之一就在其中。

（3）少见的藏、汉、回族和蒙古、汉、土族组成模式，均出现在乡镇。其中唐古拉镇 88.99% 为藏族，10.9% 为汉族，回族比例不到 1%，可以被视为以藏族为主的藏、汉族混居镇。同样的情况出现在蓄集乡，其蒙古族比例为 79.12%，汉族为 16.52%，土族为 2.13%，应视为以蒙古族为主的混居村落。

（4）需要注意的是，排在每种居民组成第三位的民族（无论是藏、回、撒拉族，还是土、蒙古族），西宁市和格尔木市各个城区的街道办事处所占比例均低于 5%。西宁市最低为 0.89%，最高为 4.77%。格尔木市最低为 0.19%，最高为 4.43%。而德令哈市最低为 2.13%，最高为 10.46%。也就是说，三个民族中前两位民族可能是该行政区域的主要民族，排名第三的民族仅以较小比例存在。

以镇和乡为行政区域的经过计算和查阅，项目组按照民族进行分别查阅。可以看出，蒙古族比例占 80% 以上的有宁木特乡、多松乡、赛尔龙乡、柯生乡和优干宁镇。而哈勒景蒙古族乡和皇城蒙古族乡的蒙古族比例分别为 74.73% 和 28.84%。回族比例超过 80% 以上的有石山乡、大庄乡、良教乡、塔尔镇、新庄镇、阴田乡、青石咀镇、群科镇、极乐乡等。人口 100% 为藏族的藏族乡有巴塘乡、上拉秀乡、安冲乡、结多乡、苏鲁乡、查旦乡、莫云乡、娘拉乡、觉拉乡、着晓乡和麻多乡；有 104 个乡藏族人口在 95% 以上，有 21 个乡藏族人口占比在 90% ~ 95%，15 个乡藏族人口占比在 80% ~ 89%。土族人口占 80% 以上的仅有官亭镇，有 6 个乡的土族所占比例在 60% 以上。而撒拉族人口占 90% 以上的有街子镇、查汗都斯乡和清水乡，撒拉族人口比例在 80% ~89% 的只有白庄镇。汉族比例在 90% 以上的有 31 个乡，22 个乡汉族比例在 80% ~ 89%。从以上数据可以看出，在青海六个世居民族中，相对来说，藏族群众相对居住隔离程度高于其他民族；蒙古族同为游牧民族，但因人口总量相对较少，其居住程度不如藏族明显。相对而言，回族、撒拉族由于历史上有经商的先例，这两个民族的社会流动比较频繁。而土族则表现为更多与其他民族的混杂居。同时，乡镇一级民族村寨中若以某个少数民族人口为主，则很大程度上汉族反倒成为"少数民族"，这种情况尤其在以"黄果树"著称的黄南藏族自治州、果洛藏族自治州和玉树藏族自治州特别突出。

表 6-1　青海省西宁市、德令哈市、格尔木市人口分布情况（六普数据）

人口前三位	主要行政区域
汉、回、藏族	西宁市（城东区火车站 1 个街道办事处，乐家湾 1 镇；城中区人民街、南滩、仓门街、礼让街、饮马街和南川东路 6 个街道办事处；城西区西关大街和兴海路 2 个街道办事处，彭家寨镇 1 镇；城北区朝阳、小桥大街、马坊 3 个街道办事处、大堡子和二十里铺 2 镇） 格尔木市（昆仑路、黄河路、河西 3 个街道办事处，郭勒木德镇 1 镇，察尔汗工行委员、格尔木市农垦有限公司）
汉、藏、回族	西宁市（城中区南川西路 1 个街道办事处，总寨镇 1 镇；城西区古城台、虎台和胜利路 3 个街道办事处） 格尔木市（西藏路 1 个街道办事处，大格勒乡）
汉、回、撒拉族	西宁市（城东区东关大街 1 个街道办事处）
汉、回、蒙古族	德令哈市（河西 1 个街道办事处，尕海镇 1 镇）
汉、回、土族	西宁市（八一路 1 个街道办事处）
汉、蒙古、藏族	德令哈市（河东 1 个街道办事处、怀头拉他镇 1 镇）

续表

人口前三位	主要行政区域
汉、土、藏族	德令哈市（柯鲁柯镇 1 镇）
汉、回族及其他民族	西宁市（城东区韵家口镇 1 镇）
回、汉、藏族	西宁市（城东区林家崖 1 个街道办事处）
回、汉、撒拉族	西宁市（城东区清真巷和大众街 2 个街道办事处） 格尔木市（金峰路 1 个街道办事处）
藏、汉、回族	格尔木市（唐古拉镇）
蒙古、汉、土族	德令哈市（蓄集乡 1 乡）

资料来源：项目组根据第六次全国人口普查数据计算、整理得出。

因此，从居住分离指数和具体的乡镇一级人口比例来看，与前面的结论相近，藏族相对隔离于其他民族，一方面，该民族的城镇化进程缓慢导致了其相对隔离于其他民族；另一方面，由于历史原因，藏族长期居住在高海拔自然条件恶劣的环境中，相对隔离于其他民族，外加高原地区交通条件不利，又阻碍了该民族的城镇化。也就是说，二者之间是互为条件、互相影响的。

前文阐述了青海省生态移民的基本情况①，但事实上，无论是扶贫搬迁还是移民搬迁，调研中发现仍然是以整村搬迁为主，其原因，一方面可能是整村搬迁其搬迁成本相对较低，另一方面可能是当地政府未将社会流动中的民族交往交流交融考虑进去，而更多考虑的是便于管理等因素。这样就造成了搬迁前部分民族由于草场等原因相对隔离于其他民族，搬迁后尽管被安置在统一的区域内，但仍然与其他民族少有接触的机会，仍然处于相对隔离状态。而"隔离通常被视作引起分裂和不和的重要因素，它阻碍了社会交往并导致群体之间相互不信任和相互不理解"②。"居住隔离营造出一种对少数民族不利的资源配置和社会氛围，在一定程度上剥夺了他们的生活机会，从而系统性地损害了少数民族成员的社会经济福祉。"③ "居住隔离阻碍社会融

---

① 内容详见第 1 章。

② C. Peach, "Good Segregation, Bad Segregation", *Planning Perspectices*, Vol. 11, No. 4, 1996.

③ Galster Geroge, "Residential Segregation and Interracial Economic Disparities, Simulianeous Equations Approach", *Journal of Urban Economics*, Vol. 21, No. 1, 1987.

合，制造社会不平等，并可能导致社会碎片化。"①"我们海西州有从乐都县迁来的农民，政府将他们安置在移民新村中，一般是汉族，以农业生产为主，主要从事枸杞种植，归属于牧业乡，但是却与一路相隔的牧业村互不来往。"（访谈资料 F2017052101，被访者为汉族，男性，海西州 I 市公务员）如同访谈中所述情形，族际居住隔离减少了民族之间互动和沟通的机会，拉大了不同群体之间的社会距离和心理距离。② 因此需要十分重视避免或尽力改变这种隔离的居住现状。

自然空间在一定程度上还指社区为社区居民所提供的基础设施，使居民能够从家中走出进入社区公共空间，但观察中项目组发现青海省多数社区所拥有的这类社区公共空间并不能满足现实要求，如访谈资料显示问及"社区的基础设施建设有哪些欠缺"时，热贡路社区主任回答如下。

> 我们这个办公室当时是民政厅出资建设的，这个楼是我们买的老房子，（我个人觉得）社区里应该多办点活动场所，少设点办公室。为什么这样说，是因为社区是搞服务性的，多设活动场所，就像群众有时间有大的空间的话群众就可以来跳跳舞等，可以拉近党群、干群之间的关系。因为我们社区是老房子，都是单间的，办公室设置不合理，2017 年同仁县民政局和省民政厅正在争取的一个项目，700 多平方米，成功的话，计划重新修建办公室 750 多平方米，把现在的房子和锅炉房拆掉，可以盖成一个丁字形的建筑群，这样的话，修建的时候建议一下多设计一些大空间的房子，少设一些办公室。社区群众来搞活动或来办事的（地方），一天坐在办公室里跟群众接触得少，空间小的话，活动场所就没有了。群众只能天晴时在院子里搞点活动，如果有大型的舞厅、健身房的话，老太太和老头儿在阴天雨天晴天都可以搞点活动，这样就

---

① Jennifer M. & Ade Kearns, "Living Apart? Please, Identity and South Asian Residential Chioce", *Housing Studies*, Vol. 24, No. 4, 2009.

② 郝亚明：《城市与移民：西方族际居住隔离研究述论》，《民族研究》2012 年第 6 期，第 12 ~ 24、108 页。

可以拉近党群、干群之间的关系（访谈资料F2017050202，被访者为汉族，男性，同仁县热贡路社区主任）。

同时这个社区的书记和主任均在访谈中表示，与东部城市社区没办法相比较，民族地区社区仅有办公室几间，基础条件差，设施不足以满足社区居民需要的情况十分常见，由此可见，自然空间里能够提供给社区居民走出家门、走进社区的公共空间少之又少，自然空间中缺少各民族交往交流交融的基础之一，即各民族相互接触的可能机会，成为推动互嵌式社区建设的首要难题之一。

总体而言，理论上讲社会结构是社会团结的基础，二者之间存在对应关系，社会团结的构建必须从社会结构的塑造开始。[1] 居住格局通常被视为一个一般生活意义选题，它或由群体自愿选择决定；族际居住格局在理论上是一个以绝对空间隔离和完全空间融合为两段的连续统，现实中多民族社会的族际居住格局通常是位于这两端之间的某种状态。在自然状态下，聚族而居仿佛是人类的一种天性，经济差异、文化偏好、制度导向及社会歧视等多种因素又可能强化这种倾向，因而以种族或民族为边界的族类聚居模式极为普遍。一般情况下，"聚族而居"可帮助不同民族满足生活中部分方面（如宗教信仰）的方便和实现不同民族社会化的需求；而"择族而居"则是建立在对不同民族主观看法与交往经历基础上的个体选择。

就前者而言，当社会仍然不能提供替代条件满足前面所述的各种需求时，则聚族而居仍然是部分民族居住选择的首要选项；就后者而言，只有不同民族间的认知与接触交往达到一定水平后，才可能摒弃这种单向度的抉择，即与谁为邻是个体鉴于自身生存与发展需要进行的理想选择。[2] 由于居住空间是各民族群众生活与成长的主要场所，它通过各种邻里效应对各民族个体和群体的生活产生印象。居住空间被社会性地建构起来，邻里和社区则

---

① 埃米尔·涂尔干：《社会分工论》，渠东译，三联书店，2000，第33～92页。

② 郝亚明：《族际居住格局调整的西方实践和中国探索——兼论如何建立各民族相互嵌入式社区环境》，《民族研究》2016年第1期，第14～26、123～124页。

是首要的情景因素。按照理论原理，青海省现有多民族居住格局同样是一个一端为绝对空间隔离，另一端是完全空间融合的连续统（见图6-2），即大部分呈现出并非绝对的空间隔离，也并非完全的空间融合，现实中青海省的世居民族之间居住格局通常是位于这两端之间的某种中间状态，总体而言，处于这个连续统的某个部位，除去地处偏僻的单一民族村寨外，也并未呈现出较大范围的绝对空间隔离与完全空间融合。

图6-2 族际居住格局连续统示意

6.2.2 自然空间之自我意识的他者

"他者"是方法论上客观中立的研究视角，作为主体，民族个体自我认同不可缺少的必要条件之一就是他者，在一定程度上，没有他者就没有民族个体的主体性。居住格局是一种空间的物理形态，属于自然空间，它向来是民族关系研究的视角之一。青海主要世居民族居住格局的历史演变与历史积淀是当地乃至西部地区的资源、资本、市场的空间对接与建构，同时由于青海省主要世居民族在历史长河中的阶级划分与社会分层，其民族成员因其生存格局，政治、经济、社会权力与文化地位所拥有的状态、交往方式、主体角色等民族特质方面的差异，形成了各民族生存空间的占有与使用的社会划界。这种划界充分体现了自然界的"物竞天择、适者生存"和"弱肉强食"之丛林法则。由于历史地形成了民族发展水平不均衡，共时态地呈现在青海省乃至整个中国西部的生存空间中，这种社会发展水平的差异，促成了不同民族生存的各样景观，使我们看到了青海省内民族差异形成的色彩分明的空间图景。

自然空间中的他者认知往往是一种自我意识的他者，对普通个体而言，他者意味着陌生与新鲜，他者文化带给了他们不一样的新鲜感和刺激感，最简单的例子就是世界各地都将中国西藏视为一种神秘"圣地"而向往之。在项目组的田野调查中,项目组发现对他者进行的社会角色判断通常出现以下情况:一是因民族特征而定义整个社区,二是因社区特征而定义某个个人。在项目组开展的田野调查中,针对"您认为不同民族住在同一社区会怎样"的问题,894 位(97.07%)答题者中 71.81% 认为能和睦相处;11.74% 认为容易引起矛盾,最好分开居住;16.44% 认为可以住在一起,但很少打交道,这表明绝大部分民族群众对居住在同一个社区里并无很大的反对意见。这反映出在很大程度上,这种自我意识的他者带有明显的刻板印象的印记。而民族文化的部分内容和精神是可以超越民族界限的,这可以从民族内部的文化共有和民族间的文化共享体现出来,其本质是民族文化最内在、最保密的共享共通。① 由于人对自身的任何关系依赖于自我与他者的关系,对于不同民族群众而言,这种关系既是不同民族个体社会认同与不同民族社会角色的来源,也是不同民族个体间经常开展各种各样互动的基础。

敌意的他者不利于互嵌式社区建设,不利于中华民族共同体的构建,更不利于中国未来的发展。自然空间的互嵌要求一方面尽可能多地寻找机会、创造机会让更多不同民族有相互接触的可能;另一方面也要抑制不同民族对进入自然空间的外来者的敌意感,两者之间的平衡十分重要。主体间性理论指导下的互嵌式社区建设以交互性交往为基本形式,并强调民族间平等的交往,交往可视为一种参与合作的过程,不同民族均以参与者的身份和姿态介入相互交往关系,同时又是一种指向他者的交往,最终超越了民族间交往,实现双向理解与宽容。不同民族自我尝试获得更新和发展不可缺少的动力是克服他者。可以将民族视为关于自我和他者的关系性概念,那么他者在民族中具有不低于自我的重要意义,并非处于从属地位。不同民族的主体性还体现在包容他者,海纳百川,有容乃大。

对于互嵌式社区建设来说,主体间性具有本体意义,主要在于第一主体间性视互嵌式社区建设为不同民族主体间交往,确立了互嵌式社区建设的基

---

① 李丽:《文化公共性与社会和谐》,《马克思主义与现实》2009 年第 6 期,第 93~97 页。

本方式；第二主体间性视互嵌式社区建设为不同民族间交往的实践关系，实现了互嵌式社区建设本意的超越；第三主体间性倡导互嵌式社区建设不同民族人与人关系的治理，更具互嵌的人文情怀。即是说，无论哪个民族的个体都是具有情感和理性能力的人，互嵌式社区建设包含着不同民族双方的情感共通，心灵交换和互相理解。理论上讲，文化的公共性在社会性群体中突出表现为主体间核心价值的共识。……从本质上讲，人具有关系性，即人往往依托社会关系，并在这种关系中界定，并认识自己，可以将其视为一种理性行为。"20 世纪四五十年代以来后现代哲学思维的出场表明，真实的精神生活的本质理应是多样化、多元化主体之间同时在场，是多话语、多立场、多中心的自主与良性的博弈，其结果，则是自由、异质、差异、参与、多样性、协同治理原则的自然确立和胜出。"① 公共理性对个人来说，是一种能力，一种道德和一种价值，它是理性与道德的统一体。公共理性的存在与有效运作对于一个共同体的政治治理具有积极的价值与功能。② 也有学者指出公共理性"其核心是强调公共权利的合法性和利益的协调性，即强调公共权利以增进公共福利为价值目标，实现以尊重和促进私人利益为基础的公共利益"③。罗尔斯认为，公共理性就是指各种政治主体（包括公民、各类社团和政府组织等），以公正的理念，自由而平等的身份，在政治社会这样一个持久存在的合作体系中，对公共事务进行充分合作，以产生公共性，可以预期的共治效果的能力。④ 自然空间里自我意识的他者一定程度上映射出嵌入空间不足疏离了人们的公共理性。

本小节首先简要介绍互嵌式社区建设之自然空间的地理维度的意义，在前文的基础上，对因自然空间相互嵌入的失衡而疏离了多民族主体之间

---

① 袁祖社：《精神生活的"自我治理"逻辑及其公共性追求——思想"正当化"自身的知识论前提》，《江海学刊》2017 年第 1 期，第 51～57 页。

② 李海青：《理想的公共生活如何可能——对"公共理性"的一种政治伦理学阐释》，《伦理学研究》2008 年第 3 期，第 55～60 页。

③ 施雪华、黄建洪：《公共理性，公民教育与和谐社会的构建》，《山西大学学报》2006 年第 6 期，第 42～46 页。

④ 罗尔斯：《公共理性观念再探》，转引自《公共理性与现代学术》，三联书店，2000。

的公共理性进行了分析。不同民族群众应该意识到，一种基于公共理性的民族间重叠共识对互嵌式社区建设来说十分重要。作为公共的理性，公共理性的目标是公共的善以及根本性的正义①，而不是其他。自然空间中一方面要注重不同民族的互主体性愿望的当代诉求，一方面要注意自我意识里由于刻板印象带来的敌意他者的破坏。形成民族嵌入式居住格局只是构建和谐民族关系的第一步，空间距离缩短不等于心理距离的缩短，要实现居住空间和居民心理认同相匹配，还需要一个机制建设的过程②。我们应该从空间的社会化意义与空间的物理形态的相互结合、相互构建中，去思考"互嵌式社区建设"问题，那么随后的社会空间和心理空间的分析就显得更为必要和重要。

6.3 社会空间的阻滞：文化间性淡泊挤压多重认同

空间作为人类社会生产、生活的基本要素，它通过物质的、实践的方式进入人类社会。在一定意义上，社会化的空间是人类活动的重要实践结果与物质形式。列斐伏尔指出"日常生活应变成每个公民和每个社区都能进行的创造"③，即人人都是规划的参与者、设计的参与者。而马克思说过"感情和观点"是通过"传统和相互影响"来交往的。由于交往是基于人们之间的普遍认识基础上的主动行为，民族交往是一种非常重要的文化现象。民族交往不仅指单个民族或民族内部成员间的来往和自我认同，同时也可以看作群体交往或个体成员与其他个体成员的来往，它存在于人们的日常生活之中，并具有交往维度的属性。

"现代认同"是一个实践的动态的生成过程，是各个不同的认同主体立足本民族利益，坚持本民族文化传统和个性的基础上，以"公民"的身份对各种文化所提供的"公共性"生存、发展观念进行理性的价值权衡择优，

---

① 罗尔斯：《政治自由主义》，译林出版社，2000，第226页。
② 来仪：《城市民族互嵌式社区建设研究》，《学术界》2015年第10期，第33~42、324页。
③ Henri Lefebvre, *Everyday Life in the Modern World*, London: The Penguin Press, 1971, p.135.

并进而进行复杂的艰难的反复博弈的产物①。认同从低到高可以分为自我认同、族群认同、文化认同、国家认同等不同层次，就组成了本章的多重认同。由于作为一种社会事实的公共性，它的核心表现是文化，经由文化，不同身份、不同角色、不同地位、不同知识的人能在某种共同底线的基础上相互理解，形成某种普遍的意向性。② 文化的是非正误，在于能否引起人们形成积极向上的良性的价值与生活秩序，在此基础上充实和丰富并发挥不同民族群众的生命活力和精神。公共性既是一种扬弃个体利益而考虑他人利益的公共理念，也是人们实践交往中互相照顾和关心的一种生活状态，体现了人的"类特性"或"能群"的社会特质。③ 迈克尔·赫兹菲尔德教授曾指出，国家的存在及其认知不完全依靠宏大场面和庄严仪式，而是更多地依靠不经意的民间活动，融入物质化的世俗之中。④ 因此，本小节尝试探讨中华民族的文化间性特质对多重认同这一公共性价值的影响。

6.3.1　文化间性与互嵌式社区建设相关关系

我们知道，民族构建有两大基本纽带即文化和政治，二者在民族形成过程中均具有十分重要的作用。由于"文化所具备的相互区分之功能是民族认同意识和民族分界意识的来源"⑤，不同的个体因书写表述共同的语言文字，身着相同的民族服饰，参与相同的宗教仪式和节日风俗，来判断他者为"我族"还是"他族"，并对进一步的交往进行初步判断，这是文化层面个体判断的本能。"互嵌式社区建设"的研究实质上是针对多民族的跨文化交

---

① 袁祖社：《"人是谁"抑或"我们是谁？"——全球化与主体自我认同的逻辑》，《马克思主义与现实》2010 年第 2 期，第 81～93 页。

② 董敬畏：《文化公共性与村落研究》，《华中科技大学学报》（社会科学版）2015 年第 2 期，第 126～131 页。

③ 周志山、冯波：《马克思社会关系理论的公共性意蕴》，《马克思主义与现实》2011 年第 4 期，第 55～58 页。

④ 纳日碧力戈、左振廷：《民族文化的三元特质》，《内蒙古社会科学》2014 年第 2 期，第 156～160 页。

⑤ 郝亚明：《城市化进程少数民族民族意识探析》，《广西民族研究》2008 年第 3 期，第 14～18 页。

往和如何促成融洽的跨文化交往行为之研究，跨文化交往引起的各种冲突的
定位语均为"文化"（如宗教信仰、生活习俗、现实发展和文化误解引起的
文化冲突），在一定程度上，文化即是导致民族间人与人的关系被异化的根
源，间性特质存在于不同民族文化之间。

"文化间性"一词源于社会交往理论，来自西方战后哲学阐释中颇为引
人注目的话语"主体间性"。哈贝马斯提出："'自我'是在与'他人'的
相互关系中凸显出来的，这个词的核心意义是主体间性，即与他人的社会关
联。"① 个体之所以与众不同，正是因为其他人的关联，倘若不属于某个社
会群体，这个个体的"自我"和"主体性"就无从说起。国内学界探讨文
化间性时，王才勇率先指出："每一种文化就都有一个间性特质的问题，即
在与他者相遇时或在与他者的交互作用中显出的特质。"② 这说明："文化间
性致力于不同文化之间的相互理解、相互尊重、相互宽容，以文化间的相互
开放和永恒对话为旨归。"③ 从这一基本概念来看，其主旨意涵与中国民族
工作中争取实现"尊重差异，和谐统一"的基本目标相通。项目组着重对
文化这一基本纽带开展互嵌式社区建设的探讨，而理想的互嵌式社区建设则
意味着不同民族间的互相承认他者主体的存在，并正视而不是忽视他者主体
间的差异，并不畏惧差异。文化间性视角提倡："从主体间入手，找到众主
体皆可接受的一个平衡支点。"④ 对我国的互嵌式社区建设而言，这个平衡
支点建立在"中华民族"、"中华文化"和"中华民族共同体"的基本共识
之上，而互嵌式社区建设研究之隐形地带文化间性产生于多民族共在同一社
区场域的事实中，这也是党中央重视互嵌式社区建设式社会结构和社区环境
的原因。

我国是一个多民族共存的国家，五十六个民族的特性（亦即民族文化
关键符号）都是这些民族在历史悠久的日常生活与文化生活中，慢慢地沉

---

① 哈贝马斯：《重建历史唯物主义》，郭官义译，社会科学文献出版社，2000，第 53 页。
② 王才勇：《文化间性问题论要》，《江西社会科学》2007 年第 4 期，第 43～48 页。
③ 蔡熙：《关于文化间性的理论思考》，《大连大学学报》2009 年第 1 期，第 80～84 页。
④ 康兆春：《间性视角下的跨文化交际研究》，《湖南社会科学》2011 年第 2 期，第 163～166 页。

淀和形成的，既是最深层，又是最基础的部分，它们促成了民族成员的族群认同和自我认同。民族团结之根、民族和谐之魂都是文化认同，是最深层次的认同。而少数民族文化本身就是本民族存在的目的和需要，又突出表现为一个民族生存的工具和手段。在一定程度上，民族特性的存在是浓缩各族人民的集体智慧和感情的产物，其本质上代表了民族文化的精髓。当我们开展跨文化交往的互嵌式社区建设研究时，必须认识到不同民族不同文化能引发彼此反响的内在关联。

文化间性思想强调多元共存、平等对话，这与党中央提出的"尊重差异，和而不同"相通，这凸显了它并不是独白型的意识形态，也不是"非此即彼"的二元对立思维模式。党中央提出"互嵌式社区建设"的两个关键点在于"空间互嵌"和"精神互嵌"，相对于空间互嵌，多民族的"精神互嵌"即彼此之间的文化融通和心理接纳显得更为重要。学者郝亚明指出："嵌入式民族结构不追求民族结构同化，而试图建立一种民族间的内在关联，以一种形散神不散的意蕴来确保民族关系的平等与和谐。"[①] 可以看出，文化间性理论与"互嵌式社区建设"思想本质较为相近，二者都主张多元和差异，并在差异中产生新的更高的统一，即试图超越一元化强权政治的多元共存，逐步实现和谐互补的理想状态。

综上可知，文化间性理论用于"互嵌式社区建设"研究，同样具有启迪意义，为互嵌式社区建设研究提供了更宽和更深的学术研究视角。项目组认为：基于文化层面来说，"互嵌式社区建设"的终极目标之一是实现公共性。我国多民族文化间性的存在与解读是实现"互嵌式社区"公共性必不可少的环节。公共性是促成当代"社会团结"的重要机制，这个发展和转变过程不可能一蹴而就。当前党中央提出的"推动建设民族相互嵌入式的社会结构和社区环境"，从一定意义来看，在尝试把民族社区内的一般层次上不同民族的文化关系认识，内化为生命个体超越文化实体局限以

---

① 郝亚明：《民族互嵌式社会结构：现实背景、理论内涵及实践路径分析》，《西南民族大学学报》（人文社科版）2015年第3期，第22~28页。

通向自由本性的中华民族命运共同体情怀，换句话说，当民族社区中不同民族文化的求同存异能够避免民族文化之间的冲突，进而避免不同民族文化因误会等因素导致的族际关系破坏，可帮助我们在民族社区这一场域中生发出对中华民族命运共同体的独特情怀，这顺应于当前"中华民族共同体"的思想。

我们常常遭遇到、体验到的事实是：文化间性的重视认可与互嵌式社区公共性自主生成之间，出现了可怕的断裂与不一致。其结果是，面对快速城镇化，来势凶猛的经济政治建设快于社会生活的发展。项目组针对文化间性与公共性关系的理解有以下几点。

一是文化间性本质是好的，若能重视开发运用这一特质，有利于公共性实践，但从现实情况来看，普遍情况是全体公民对文化间性的认识不深与理解层次不高，即是说，各民族之间的文化间性比较弱。

二是倘若真正理解了各民族之间文化间性这一特质，那么当前的民族地区治理是可以从文化间性这个视角出发寻找促进这种社区的公共性的提升，即是说，这为当前促进互嵌式社区公共性提供了一种崭新的理论视角。

三是一旦理解和认可前两个层次的观点，那么各民族之间文化间性强的话，必然促进社区公共性的提升，这为互嵌式社区公共性提升指出了一条可能的路径。

由于公共性的丧失与文化差异的抹杀多是同一事件。[①] 当前共享价值尚未形成或称之为得到社会各民族群众的认可，使得共享价值处于一种真空状态，对文化间性的理解尚待深入。从某种意义上可以说，生活世界相对于科学世界，指人们生活的现实世界。日常生活世界才是互嵌式社区建设的真实承载。学会生存是生存这种自然事实更深广的含义之一，对文化间性特质的思考需要从多民族的日常生活世界出发。

---

① 袁祖社：《"人是谁"抑或"我们是谁？"——全球化与主体自我认同的逻辑》，《马克思主义与现实》2010 年第 2 期，第 81～93 页。

6.3.2　从日常生活中的异族朋友到血缘融合之族际通婚

1. 日常生活中的异族朋友

现当代的社会学家亚当斯（R. N. Adams）曾提出了"我群意识"，指在日常或周期性接触过程中由于亲缘、地缘及其他事实，个体与所在的集体产生的一体感，包括共同的经济需要、利益感及友谊的联结，并产生了个体对集体（群体）的依附感。哈贝马斯将主体交往目的看成是交流过程中给予理解上达成的交融，其中交流是基于寻求沟通之上，理解在谅解的基础上而交融实则为一种多民族主体间的协调。民族交融最终其实是文化交融，文化交融既向每个交往交流的主体，解释着主体间交融的本真蕴涵，又把多民族每个交往交流的主体引向文化认同的旨归。"从主体研判的意义视角出发，历史过程中的族际交往总是表征为'自我'与'他者'之间的群体互动。"① 《青海民族关系史》曾记载："青海蒙藏两个民族自元明清以来，民族上层在政治上争权夺利，取得这三代封建王朝的分封。在经济上划分驻牧区域，往往牧场犬牙交错。游牧业逐水草而居，虽然相对固定牧场，但仍然互为演变。所以在历史的长河中蒙藏民族因杂居相处，民族成分、风俗习惯、宗教信仰等相互影响而发生着变化，这就是蒙藏民族的交融。"② 这是历史上两个民族交融的例证。

日常生活里的他族表现为交往空间里的他者。"他者"凝聚着"我群"对"他群"、"我族"对"他族"的狭隘想象。项目组认为，"互嵌式社区建设"的质量比"互嵌式社区建设"的形式重要得多，"互嵌式社区建设"的质量主要表现在日常生活中异族朋友的交往交流交融情况。我们知道，个体的身份认同通过个人记忆来彰显，集体记忆则由大量个体的记忆构成又超越着这些大量个体，集体记忆又彰显着社会群体的身份认同。这些身份认同、多民族交往交流情况需要从微观层面予以观察、思考，而前文的田野调

---

① 杨玢：《中华文化认同：河湟汉藏边缘地区多元场域中的民族交融》，《青海社会科学》2017 年第 5 期，第 13~19 页。

② 谢佐：《青海民族关系史》，青海人民出版社，2001，第 55 页。

查亦予以验证。

我们知道，无论是生存竞争者还是社会交往互动的朋友，每个个体都拥有与众不同的个人立场和视角。田野调查中项目组发现现实中的他族难以被视为"合作"的他者，因为能够进行合作者必定建立在较强的信任之上，这种信任项目组从访谈中未能感受到。根据马克思主义基本原理可知："人们'依靠'继承一个共同体的利益代表，或者以另一种方式，依靠一个共同体的存在，在思想上，或者也在经济上，维持他们自己的生存。"① 而"互嵌式社区建设"归根结底是关于不同民族如何共在和共处的问题，延伸到更宏观伟大的意义则是不同民族如何合作共在和合作共处的问题，因此，必须审慎考虑交往空间里的他者。

少数民族风俗习惯中渗透着许多宗教的内容，特别是藏传佛教和伊斯兰教的礼仪、节日、教义等直接影响到青海省世居主要民族的节庆、婚丧等，逐步演变成了带有宗教色彩的民族民间习俗。从以上主要关键符号的对比可以看出，不同少数民族日常生活中充斥着各种由于民族关键符号的特性而展现出来的与众不同。实际上，尽管从历史上看青海省主要世居民族的关键符号存在一定差异，但千百年来这些民族又混居、聚居在青海省这一区域中，"人类的共性远多于彼此间的差异性"② 。列维·斯特劳斯曾试图说明，所有人类在本质上没有不同，都拥有相同的原则与规范。即是说，尽管有过各种原因引起的纷争，但总体而言，能够相对和平共处。从项目组 2016～2017年开展的田野调查可知，当代不同民族的群众对于民族关系、日常交往等也有了新时代的特点，前文已述，不再重复③ 。

2. 民族交往表达符号（介质）——青海主要世居民族的语言

一般来说，主体性的信息和意义的传递手段是语言。语言差异成为民族隔阂和纷争的天然屏障。由于语言相异，面对面却无法理解对方的意图，则

---

① 马克斯·韦伯：《经济与社会》上卷，林荣远译，商务印书馆，1997，第383页。
② 范可：《流动性与风险：当下人类学的课题》，《中南民族大学学报》（人文社会科学版）2014年第5期，第32～38页。
③ 具体调研分析见第4章。

只能通过手势、眼神等来猜测，往往有时会语焉不详，将带来双方交流的紧张感，更深层次则还可能引起双方的猜忌。语言只能存在于使用者之间的对话交际中，对话交际才是对话语言的生命真正所在处。① 语言通过可用的词语和句法结构来构建世界，在人们的思维和人与人的互动中构建了一个框架和结构。② 语言帮助我们决定体验什么，限定某个语言框架下的个人如何看待这个世界，如何用某种特有的方式来构建这个世界的意义。③ 语言构建了文化之间、宗教之间的不平等关系，重构不同民族主体间性关系必须借助于语言。我们知道，人与人相通的重要环节就是语言相通。语言差异是导致不同民族之间产生纷争与隔阂的天然屏障之一，此外，价值观念的差异也将导致不同民族之间的对立与疏远。倘若语言不通，就难以沟通，一旦难以沟通，就难以形成理解；一旦难以形成理解，就难以形成认同。本小节对青海省主要世居民族的语言进行了对比④，而田野调查中有关语言的内容详见第4章。

青海土族有自己的民族语言，系土语。土族语属阿尔泰语系蒙古语族。土族语言在形成发展过程中，形成了有别于蒙古语、东乡语、保安语等同语族语言的特点。在语言方面，有较多的复元音和成套的复辅音，保留着词尾的短元音；在语法方面，有着特殊的复数附加成分，同时，土族语作为蒙古语族的一种语言，在语法方面与其他蒙古语族语言一样，有着较丰富的形态变化。土族语因居住地区的不同，可分为互助、民和、同仁三个方言区。青海省互助土族自治县、大通回族土族自治县、乐都县等地的土族语属互助方言，青海省民和回族土族自治县等地的土族语属民和方言，青海省同仁县的土族语属同仁方言。

青海蒙古族有本民族的语言文字。蒙古语属阿尔泰语系蒙古语族。蒙古

---

① 巴赫金：《巴赫金全集》，钱中文译，河北教育出版社，1998，第242页。
② 赵培玲：《主体间性修辞理论构建》，《中南大学学报》（社会科学版）2017年第1期，第194~200页。
③ Foss, Karen A., Sonja Foss, and Cindy L. Groffin, eds., *Readings in Feminist Rhetorical Theory*, Thousand Oaks: Sage Publication, 2004: 33-35.
④ 相关内容引自《青海省志·民族志》，项目组整理汇总。

语族除蒙古语外，还有达斡尔语、土族语、东乡语、保安语和东裕固语等。蒙古族方言差别不大，大致分为内蒙古、卫拉特、巴尔虎－布里亚特三种方言。内蒙古方言分布最广，占中国蒙古族总人口的 90% 以上。青海蒙古族语言属卫拉特方言，它同内蒙古以察哈尔语言为标准的蒙古语基本一致，但也有自己的方言特点。青海蒙古族虽然有成片的聚居区，但有相当多的人口与汉族和藏族长期杂居。在杂居区汉族和藏族人口比例大于蒙古族人口，在青海蒙古族中懂汉语和不懂汉语的人口比例为 6∶4，一般兼通汉语汉文，甚至精通藏语藏文。

青海藏族有自己的语言，藏语属汉藏语系藏缅语族藏语支，分卫藏、康巴、安多 3 种方言。青海藏族除玉树、囊谦、杂多、治多、称多五县操康巴方言外，其他地区均操安多方言。安多方言虽有农业区话与牧业区话的区分，但差别不大。藏文是有悠久历史的拼音文字，7 世纪吐弥·桑布扎以梵文为蓝本结合藏语实际而创制。此后经过三次修订，其中 9 世纪初进行的"厘订译语"影响较大，成为古今藏文的分界线。藏文通行于全国藏族地区。

青海撒拉族有本民族的语言，语言学界按亲属关系，即按"谱系分类"或"发生学分类"把撒拉语划归为阿尔泰语系突厥语族西匈语支乌古斯语组，是我国独有的一种语言，与维吾尔、哈萨克、乌孜别克、塔塔尔等语言同属黏着语类型。语言内部比较一致，没有方言的差别，根据语言和部分词汇的差异，划分为街子（altiuli）和孟达（tʃiizi）两种土语。现代撒拉语与同语族其他语言一样，都是从古代"突厥部落"的母语（基础语）——古突厥语逐渐分化出来的独立的语言，是不断分化发展形成的结果，彼此之间有同源关系，它们的语音、语法、词汇的成分具有明显的、成系列对应的特点。但是，撒拉语又是在古突厥语的基础上，吸收糅合了突厥、阿拉伯、波斯、汉、藏、蒙古等语言成分，经过长期发展演变形成的，具有自己一些不同于突厥语族其他语言的特点①。

青海回族通用汉语言，以青海方言为主，在民族内部和宗教生活中，也

---

① 内容引自《青海省志·民族志》。

保留着一些阿拉伯语、波斯语等词语。另外，青海回族与周围的藏族、蒙古族等少数民族也交往甚广，这些少数民族语言中的不少词语也为回族语言所吸收。如化隆、循化、同仁、贵德、共和等县的回族兼通藏语和撒拉语，门源、祁连、海晏、湟源、湟中、大通等县的回族兼通藏语和蒙古语，互助、尖扎的回族兼通土语。

概言之，这些少数民族的语言有自己独特的特点，但总体而言，在历史长河中，或多或少与其他语言有碰撞的时候，族际互动可以改变语言的分布与使用格局，产生由点到面的扩散。以撒拉族语言的相关研究为证，长期以来，"撒拉族都以汉字为重要的辅助交际工具。汉语是撒拉族与其他民族交流的重要工具"[①]。"从明初开始，撒拉族就开始了汉姓制度，'韩'和'马'姓成为目前撒拉族人口的两个主要姓氏。不仅是姓氏，历史上许多撒拉人的名字也直接来自汉语。"[②] 但同时也应看到"在化隆甘都唐寺岗村，藏语成为当地撒拉族村民的第一语言。此外，撒拉族和藏族之间长期而频繁的接触，撒拉语中吸收了许多藏语词汇，这被视为撒拉族与藏族文化交流事实最直接的证据"[③]。而且"形态特点相对丰富的撒拉语从形态特点不太丰富的藏语借用其复数标记，是两种不同类型的形态成分的结合，达到了水乳交融的程度，也更加丰富了原本较为丰富的撒拉语形态手段"[④]。有学者在祁连山地区调研发现，"语言在与藏族建立关系或者在获得藏族认同中的关键作用"[⑤]。这些例子说明民族语言的使用与传承及发生变化往往与民族变迁的经历相关。而在这些民族族内生活或家庭生活中通常是以民族语言为主。田野调查中大部分少数民族群众表示，在家里或与亲友交谈更多使用的是本民族语言，"因为这让我们感到很亲切，遇到同民族的人，不知道怎么回事，我的舌头自然吐出的就是本族语言（撒拉语言），遇到汉族的，我也

---

① 马伟：《唇齿相依的民族关系》，转引自《百年实录撒拉族》，中国文史出版社，2015，第87页。
② 马伟：《唇齿相依的民族关系》，转引自《百年实录撒拉族》，中国文史出版社，2015，第87页。
③ 马伟：《唇齿相依的民族关系》，转引自《百年实录撒拉族》，中国文史出版社，2015，第85页。
④ 马伟：《唇齿相依的民族关系》，转引自《百年实录撒拉族》，中国文史出版社，2015，第86页。
⑤ 赵英：《青海民族关系的新特点与民族团结进步示范区建设》，《攀登》2012年第5期，第109~114页。

能用汉语表达自己的意思。这就是对象不同，用不同的话儿"（访谈资料F2017021901，被访者为撒拉族，女性，大学生）。

同样的例证还在土族语中出现，早在 1985 年学者席元麟就对同仁土族（五屯）语言进行了调查，分析得出："同仁县土族人口虽少，而且四周都被藏族包围的环境下，却操着两种语言，一种是阿尔泰语系蒙古语族河湟语支的土族语（即土语的第三方言），一种是混合型语言（既区别于藏语、汉语，又与土语无关的一种独特的语言），但是同仁土族通用藏语藏文。"① 并指出："土语可以分为三个方言区（互助地区、民和三川地区和同仁四寨地区），三个方言区的土族群众由于历史原因和自然环境，在历史上长期处于分离，久无交往而处于相互隔绝的状态。使他们各为适应社会政治、经济、文化发展的需要，与居住在邻近的各族人民之间的交际过程中，作为交际工具的语言，也就不可避免地更多地受到当地其他民族语言的影响，并不断汲取其他民族语言的词汇，以充实和丰富本族语词。"② 再如撒拉族和蒙古族的关系，在语言方面也有明显的证据。据民间传说，现循化县积石镇别列村的撒拉族历史上就源自蒙古人③。撒拉语和蒙古语都属于阿尔泰语系语言。学者们将这种相似性的原因归结于撒拉族和蒙古族在历史上的同源关系，或者是历史上非常紧密的接触关系④。也曾有调研发现：有些村子中撒拉族老人都会说藏语，一些人甚至能讲几段《格萨尔》史诗。他们在讲撒拉语的时候，还时不时引用藏族谚语，然后再用撒拉语解释⑤。这说明，一方面语言作为一种关键符号，可以代表民族的特征；另一方面，语言之间的碰撞可以凸显民族间的关系。同时还表明，历史长河中的民族关系与民族交往促进了民族语言的发展和丰富。

---

① 席元麟：《同仁土族（五屯）语言调查报告》，《青海民族研究》（内部资料）1985 年第 2 辑，第 229 页。
② 席元麟：《同仁土族（五屯）语言调查报告》，《青海民族研究》（内部资料）1985 年第 2 辑，第 229 页。
③ 循化撒拉族自治县文化馆编《民间故事》第二辑（内部资料），1991，第 57～58 页。
④ 马伟：《唇齿相依的民族关系》，转引自《百年实录撒拉族》，中国文史出版社，2015，第 89 页。
⑤ 马伟：《唇齿相依的民族关系》，转引自《百年实录撒拉族》，中国文史出版社，2015，第 85 页。

3. 血缘融合之族际通婚

"不同群体间通婚的比例是衡量任何一个社会中人们之间的社会距离、群体间接触的性质、群体认同的强度、群体相对规模、人口的异质性以及社会整合过程的一个敏感指标。"[①] 族际通婚通常被视为十分重要的指标，用于考量民族关系。某些民族的文化特征至少在某种程度上已经相当趋同，才可能有通婚的可能，如果与其他民族通婚稀少则是由于二者之间在文化上的相互隔绝造成的。"族际通婚被看作衡量族际关系质量和族际社会整合程度的一项关键指标。"[②] 通婚是中国人相互同化为一个民族共同体的重要原因[③]。因此，本书将血缘融合之族际通婚视为高级民族交往形式。相对于初级民族交往，这种交往形式更利于促成广大范围的民族交流及民族交融。

首先进行青海主要世居民族婚俗对比。

（1）藏族[④]。历史上，藏族普遍流行一夫一妻制，为了兄弟和睦、财产共享，间有一夫多妻、一妻多夫现象。

（2）回族。青海回族之婚俗与其他各地回族婚俗大体相同，但其中也有别具一格之处。主要分为提亲、定亲、送礼、遵婚等步骤。俗称"送茶""下定茶""下大茶"等。

（3）土族。土族婚俗别具一格，具有鲜明的民族特点。土族原则上只是同族通婚，但实际上，与汉、藏、蒙古通婚的比较多，土族认为这些民族都信一个宗教，在生活习惯上许多方面都相同或相近，可以共同生活。

（4）撒拉族。撒拉族的婚姻过程分为三个阶段，即说亲、行聘、婚礼。

（5）蒙古族。明清以来，蒙古族受汉族、满族及周边民族婚姻礼俗文化的影响，逐渐形成了一套烦琐的礼仪，大体上要经过相亲、订婚、过礼、婚礼、回门等过程。

---

① Simpson, C. E. and Yinger, J. M., *Racial and Cultural Minorities: An Analysis of Prejudice and Discrimination* (*Fifth*), Plenum Press, New York and London, 1985, p. 296.

② 高玉梅：《从 1990 年人口普查 1% 抽样数据看我国的民族通婚》，《人口与经济》2001 年第 3 期，第 48~51 页。

③ 钱穆：《中国文化史导论》（修订本），商务印书馆，2000，第 25 页。

④ 青海主要世居民族婚俗的内容引自《青海省志·民族志》，项目组汇总整理。

（6）汉族。20世纪40年代以前汉族婚姻所行礼仪大概有以下程序：选对象与合婚、下茶份、看房、送彩礼、讨话、问八字、打行单、洒米、女儿席、添箱、娶亲、下面、回门等。

其次，回顾青海世居民族通婚研究现状：族际通婚是民族交往交流交融的"最后一公里"①，既是良性民族关系的必然结果也是良性民族关系的推动力。在对青海省五个世居少数民族的通婚研究中，学者对少数民族的婚姻习惯法与现代的婚姻法之间的冲突开展了较深的研究，以回族"女子不嫁外"、藏族"一妻多夫"等研究为代表，学者对藏族、回族、蒙古族、汉族的民族通婚研究相对较多。就回族而言，由于回族在全国的散居程度较高，学者先后开展了宁夏、新疆、贵州、西藏等地回汉、回藏、回维吾尔等族际通婚及内地城市的回汉通婚，如安徽、南京等地的研究；就藏族而言，藏族主要聚居在西藏及四省涉藏地区，学者主要开展了甘南、西藏、青海等地的藏汉、藏回、藏蒙族际通婚研究；就蒙古族而言，主要开展的是内蒙古、青海等地的蒙汉、蒙回、蒙藏等族通婚研究；就土族而言，以甘肃临夏、青海为主，对土族村落中的民族通婚情况进行了调查研究；就撒拉族而言，集中在撒拉族婚姻习惯法及婚俗研究而缺少民族通婚研究。两个民族成员之间的通婚情况在一定程度上可视为两族关系总水平。我国古代的民族通婚最出名的是唐朝曾经先后有两位公主嫁给藏王，以文成公主与松赞干布的联姻传为佳话。除此之外，和亲作为重要的一种手段，被运用于中央政权对边疆的安抚工具，也显现于古代的各朝代。一般而言，普通群众间的通婚往往由于两个民族长期相邻而居，经常进行日常交往，彼此之间减少了文化隔阂后可能发生。有关民族通婚的田野调查结果见本书第4章。

6.3.3 社会空间之认识发生的他者

1. 理想状态之"善意的他者"

不同民族的世界是一个交往的世界，不同民族在交往中生存。"建构认

---

① 王希恩：《民族的血缘性及其在当代中国的演化》，《广西民族研究》2017年第2期，第1~6页。

同就意味着排斥或建构他者。"① 各民族之间的关系取决于各民族的生产力、劳动分工以及各民族内部交往的程度。考虑互嵌式社区的特征时，既要考虑政治因素、经济因素，还要考虑文化因素。要坚定各族一家的共同体立场。将中国历史和中华文化倡导的公共性信念、情怀与精神转化为一种基于多民族生存的基本价值，已成为当下一种重要的制度安排。跨民族友谊被视为民族接触方式中非直接接触形式，也被视为一种扩展性接触。倘若某个民族个体成员拥有关系较为紧密的外族朋友时，他自身有较多机会，感受、体会到其他民族积极的方面，可能减少对其他民族的刻板印象。也就是说，跨民族友谊关系有助于减小各民族之间的社会距离和交往障碍，有助于培养积极的多民族交往态度。互嵌式社区建设倡导将本民族成员对民族的聚焦适时地转移至对其他民族优点的学习上。而"'斥异'在他者形塑的过程中，'认同'在主体演绎的归属里"②。在社会空间中认识发生的他者的理想状态是善意的他者。"善意"两个字更多强调的是多民族主体之间的一种友好、和善、与他者相遇时的同理心和互信沟通等。理想中"善意的他者"使得多民族在日常生活交往中都带有一颗感恩的心，互助互学的谦让精神，互帮互助的合作态度。但不可否认的是，当前未能形成互嵌式社区建设的原因之一，是因为社会空间中认识发生时，自我与他者之间的认知、互动等存在现实的阻滞。互嵌式社区建设研究不能疏忽或遗忘了在共同体再生产中公共性所固有的价值。

2. 现实阻滞：为他同理心缺位

心理学认为人生来具有施予同理心的本能，而"同理心是道德生活的关键"③。在他者认知上，一方面他者性召唤"我们"对"他们"形成基本的认知与判断；另一方面又召唤"我们"对"他们"负责，那是基于为他

① Steve Sangren. Anthropology of Anthropology? Further Reflections of Reflexivity, in Anthropology Today, 2007, Vol 23, No. 4, pp. 13 - 16.

② 杨玢：《中华文化认同：河湟汉藏边缘地区多元场域中的民族交融》，《青海社会科学》2017 年第 5 期，第 13～19 页。

③ 杰尔米·里夫金：《同理心文明：在危机四伏的世界中建立全球意识》，蒋宗强译，中信出版集团，2015，第 3 页。

的同理心之上一种先进民族去发展民族教育，帮助相对落后民族贫困人口发展不可推卸的责任。带有"责任伦理的他者性教育"在自由平等交往的基础上，凸显了人在情境中应持有一种同理心或应站在他人的立场上全面看问题。而现实情况是我国国家治理实践中尚缺少"他者性教育"的相关措施，即当前的中华民族共同体建设中存在着对中华民族传统文化不够重视的现象，这极大地影响着不同民族的他者性责任伦理，即关照他者和与他者共鸣。这种伦理责任一方面要求对个体来说应防止从主体自我标准去对待他者，即不以自己主观判断而加以臆想他者的困境，而应从实践出发，从实地调查和深入体会中看到和感受到他者真正的困境；另一方面对基层政府来说，应号召各族人民互相尊重，在民族地区发展现状和少数民族意愿的基础上大力发展教育及涉及民生的各项内容。换言之，即如何将国家层面对民族地区自我发展能力不足的群众进行关怀关心，层层落实到具体的部门和个体，促成全中国范围内的他者关怀。

鉴于前文的分析可知，交往语境是保证互嵌式社区建设中其他民族在自我的道德判断中在场。总体而言，在日常生活中，一般群众对他者的认知仅仅浮于浅表，仅将其他民族群众作为单个的个体，对本民族的文化传统看得较为重要，一方面由于文化间性认识不足，另一方面由于自我与他者认识发生中他我互信沟通不足和为他的同理心缺位，因此交往空间的他者未能实现理想状态的"善意的他者"，这引起了"互嵌空间"构建过程中的一个困境，造成了互嵌空间中单个个体仅仅由地理空间的隔离或疏离走进了接近又止于接近，未能正视互嵌空间之社会空间的交往维度中的他者对本我的意义，这些最终共同导致了多民族的多重认同感受到挤压。

多重认同是当代一个国家和民族的动力与活力所在。中华民族的伟大复兴以现代认同尤其是五个认同为基石，从他者意识上讲，互嵌是人的互嵌，人是互嵌的主体，互嵌是人的互动。互嵌是否成功，取决于人。互嵌首先意味着对他者的尊重和承认。从共同体意义上来说，互嵌空间建构关乎各民族公共价值理念的养成，关乎各个民族公共理性信念的培育，关乎尊重和承认他者的人性培育。共同体意识是建构互嵌空间之精神保障。当前现实情况是，一方面，绝大多数群众尚未形成共同体意识，这里指走出家庭后对所居住地社区、村落形成的归属感与主人翁感和宏观层面的国家认同，普遍观察可知部分群众长久以来的民族认同略高于国家认同，在"个人""民族""国家"三者利益排序中往往以自我为中心，要谨防个人主义视角下的"他人是地狱"的思维意识。另一方面，"助人即是自助"的思想尚未建立起来，难以促成共同体意识。多重认同包含文化认同，民族团结和睦的基础即为文化认同这一根本的认同。多重认同同时包含自我认同、他者认同、中华文化认同等，就目前的情况来看，各民族绝大多数的自我认同程度较高（尤其体现在对自己民族宗教文化层面的认同方面），但对其他各民族的他者认同（同样凸显在对其他民族宗教文化层面及文化碰撞时的认同）还需进一步加强。无论是大汉族主义还是地方民族主义都是极其错误的想法。因为中华文化其本源就是中华各民族共为一体的文化，且历来由各民族共同创造，未来则由各民族共享。这一点必须得到各民族的充分认识、自觉维护和全力推进。因此，从这个意义上来说，多重认同中的中华文化认同应从塑造不同民族成员日常生活与行为的文化价值取向出发，重视文化间性特质，将中华文化认同融入不同民族日常生活与日常行为才能促成真正的互嵌式社区建设。

　　本小节是对"互嵌空间"之社会空间的分析。首先从文化间性与互嵌式社区建设的关系入手，着重开展日常生活交往（初级民族交往）和在血缘融合基础上的族际通婚（高级民族交往），并涉及族际认同表达的符号语言等分析，通过对社会空间中认识发生的他者分析存在的现实阻滞，分析理想状态"善意的他者"，由于文化间性在当代民族关系中淡泊的现状，连同分析得知的认识发生中的他我关系之阻滞因素，最终挤压了多重认同，一定程度上说，项目组认为，多重认同根源于多元民族文化之间的互相排斥与相互对抗所最终产生的各种妥协与和解之结果。"尽管人们处于'文化超市'中，但人们也在寻求一个自己的家而超越它，这个家就是自己的（或是民族的）文化认同。"① 多重认同中的中华文化认同在民族交融视域下的现实

---

① G. Mathews, *Global Culture Individual Indentity*, London：Routledge, 2000, p.184.

建构，既需要顶层激励，还需要社会强化，更需要教育固基①。这同时需要进入多民族群众构成的心理空间予以进一步的探索。

6.4 心理空间的阻滞之一：责任伦理缺场
困扰公共责任

　　恩格斯在《反杜林论》中指出："一切宗教都不过是支配着人们日常生活的外部力量在人们头脑中的幻想的反映，在这种反映中，人间的力量采取了超人间的力量的形式。"②"人类学"的整体观认为，文化是作为一个整体而存在的，各个文化现象之间都存在必然的有机联系，考察任何一种文化现象都需要注意它由以生成的文化背景③。韦伯《新教伦理与资本主义精神》一书中指出："社会经济的发展，在很大程度上，还受到精神力量的推动。"涂尔干等社会学家的研究虽然并未直述，但也表明了共同参与宗教活动的人们可以加强互信，是获得或保持信任的有效途径。这是由于"人有着第一重的自然生命，而且还有着第二重的精神生命"④。不论什么民族渴望的都是当作公民的生活，其社会关系协调、和谐，作为社会成员的获得感、舒适感、尊严感、体面感不断增强的社会。在一定层面上，人类生活"不断朝着分散化和独立化的方面发展"⑤。但互嵌式社区建设指向更为深层次，更为长远的关切——在互嵌中并通过互嵌来不断增进，实现主体间（他者、群体和社会）的相互尊重、理解和合作的过程。

　　本小节的公共责任可以看作基于不同民族间的信任、理解沟通与持续合

---

① 杨玢：《民族交融视域下中华文化认同的现实建构》，《思想教育研究》2018年第1期，第136~142页。

② 《马克思恩格斯选集》第3卷，第354页。

③ 朱凌飞、胡仕海：《文化认同与主体间性——文化人类学视野中的普米族非物质文化遗产》，《学术探索》2009年第3期，第57~61页。

④ 胡海波：《中华民族精神家园的生命精神》，《东北师范大学学报》（哲学社会科学版）2008年第3期，第9~14页。

⑤ 李义天：《共同体与政治团结》，社会科学文献出版社，2011，第28页。

作的对有关民族的各种事务负责任的行为，在一定程度上它对于塑造与维系民族地区稳定公正的民族间各种生活十分重要。互嵌式社区强调公共性、公共性意识等，并非要求公民必须无私或完全利他，而是意味着不同民族的各个公民有责任既要关注个人利益，也关注公共利益，即是说，每个公民对所在社群负有不可推卸的"契约性"的自治责任和公共情怀，并以公共参与的实践，彰显并涵养公共性①。因此，本小节尝试从青海省主要世居民族的信仰符号的表征——寺庙出发，进行心理空间中心物镜像的他者分析，以便深入分析公共责任这一公共性价值内涵。

6.4.1 青海省主要世居民族信仰符号的表征——寺庙

据悉，我国宗教除了土生土长的道教外，还包括佛教、伊斯兰教、天主教和基督教，道教、佛教都有 2000 多年历史，佛教在西汉时期由印度传入。伊斯兰教从唐代传入已有 1200 多年历史。基督教从唐代传入，几度中断，并伴随近代帝国主义侵略开始。据统计，我国穆斯林约 2000 万人，基督教信徒约为 2300 万人，天主教信徒约 650 万人，佛教、道教宗教场所 13 万余处，宗教教职人员约 40 万人，但信徒并无统计数据。② 本章将青海省内主要的宗教信仰分为两大类③，这两类与大多数汉族所秉持的儒家思想有所区别，有学者从历史形成考察中华民族认同意识时指出，儒家文化尤其是儒家民族观在其中起到了无法替代且不可低估的凝聚作用④，而在青海的历史发展中三者之间存在着相互影响的联系，青海省主要世居民族可以划分为信仰藏传佛教的土族、蒙古族和藏族，信仰伊斯兰教的撒拉族和回族⑤，相较而言，尽管当代青海的土族、蒙古族和藏族被视为同一宗教信仰，但从历史来

---

① 赵秀芳、王本法：《社区文化与和谐社区公共性的建构》，《湖北社会科学》2014 年第 10 期，第 50 ~ 54 页。
② 朱维群：《民族宗教工作的坚持与探索》，四川人民出版社，2016，第 336 页。
③ 有关青海主要世居民族宗教信仰内容引自《青海省志·民族志》。
④ 李克建：《中华民族认同的历史形成：思想基础与认同目标》，《西南民族大学学报》（人文社会科学版）2013 年第 12 期，第 20 ~ 24 页。
⑤ 有关这些主要世居民族的信仰起源及特点内容详见《青海省志·民族志》。

看，各自的宗教信仰变迁历程却不相同。这一结果由多种因素造成。同样的情况也出现在青海回族与撒拉族中。有学者提出：中国一方面宗教无处不在，另一方面在社会和政治等方面处于主导地位的，是世俗取向的、持不可知论的儒家传统，因此，在中国历史上，多数时间没有强大的、高度组织性的宗教，也没有教会与国家之间长期无休止的斗争①。青海省的情况较为特殊，"历史上元明清三代帝王长达七百年的统治，封建专制主义禁锢了人们的进取精神，使生产力裹足不前，还人为地抬高了宗教地位，有意利用宗教来统治西部各族人民，使得封建专制主义加上了一层神的'灵光'。青藏高原上地区性的政教合一制度就是这种封建政治的具体化"②。

青海省宗教色彩凸显于现实，且以寺庙、宗教数量和活动为著。以同仁县为例，据《同仁县志》记载，同仁县是全民信教的地区，有苯教、藏传佛教、伊斯兰教，历史上还曾有过道教和基督教等。藏、土、汉各族信仰藏传佛教，藏、土两族在信奉佛教的同时，还信奉苯教，汉族在信奉佛教的同时还信奉道教，回族、撒拉、保安等族信仰伊斯兰教③。而同仁县的宗教教派又分为苯教、藏传佛教（分为宁玛派、萨迦派和格鲁派）、伊斯兰教（分为格底目派和伊赫瓦尼派）、道教、基督教（分为宣道会和神召会）。项目组在访谈同仁县 LW 镇镇长时，问及"像 LW 镇社区整体民间的社会关系里面，他们（各个宗教之间）和谐吗"，镇长回答道："非常和谐，现在我们是历史文化名城，并不是自己把自己称上去的。"（访谈资料 F2016011301，被访者为回族，男性，LW 镇镇长）在藏传佛教中，各教派举办的法会形式及日期不尽相同，而法会和节日活动的主体内容是基本一致的，主要内容是纪念佛教史上的重大事件和重要人物的诞辰、圆寂，祈祝佛法常在，求佛保佑地方平安，消灾除魔，保佑人畜兴旺，农牧业丰收；超度死亡者的亡灵早

---

① 杨庆：《中国社会中的宗教——宗教的现代社会功能与其历史因素之研究》，范丽珠等译，上海世纪出版集团、上海人民出版社，2007。
② 谢佐：《青海民族关系史》，青海人民出版社，2001，第 115 页。
③ 《同仁县志》，第 948 页。

日转世还阳；举行宗教仪轨和辩经活动，促进僧人学习经典①。具体分为寺院宗教活动和群众性宗教活动，其中寺院宗教活动也因教派不同有所不同。而信奉藏传佛教的各族群众，不分贫穷贵贱，各家都设有佛龛，其中供奉着释迦牟尼、宗喀巴、达赖、班禅以及所在地各大寺院活佛的画像、照片。根据教派的不同，供奉的佛像也有所不同。开展诵经、煨桑、闭斋、伏拜、转郭拉、系"希得"和佩戴护身符、请名和献祭、祭敖包等活动。一方面，LW镇镇长自身对LW镇的宗教多元的历史渊源与历史发展予以肯定，说该地宗教关系非常和谐。另一方面，官方文献这样分析同仁县："同仁县属于藏族、土族、撒拉族、汉族等共同居住的多民族地区，民族之间受宗教、民俗等的影响较大，协调较为困难；全县范围内寺院较多，宗教与经济、政治的关系错综复杂，管理难度较大；同仁农牧业协会、互助社等各种民间组织较多，且组织形式多样，管理与协调工作复杂。"②

在20世纪80年代末，青海省由国家批准开放的寺院教堂及宗教活动点，就达1760座（个）。其中藏传、汉传佛教寺院586座，伊斯兰教的清真寺1137座。道教道观10座，天主教教堂及活动点9座（处），基督教教堂及活动点18座（处）。仅海北州就有131座。以同仁县为例，有苯教寺院1座即木合萨寺、宁玛派寺院5座（古德寺、琼贡寺、木合萨噶寺、雅玛扎西奇寺和郭拉卡寺）、格鲁派寺院35座（包括创建于唐末五代初的当格乙麻寺、元代2座、明代6座、清代20座等），最有代表性的是安多地区寺院规模仅次于拉卜楞寺和塔尔寺的隆务寺，其拥有17个属寺。德令哈市的主要寺院③有阿拉腾德令哈寺、郭里木寺、怀头拉他寺、德令哈清真寺等，其中部分曾被拆除。格尔木市的主要寺院有伊斯兰教的河东清真寺和河西清真寺，藏传佛教的格尔木市区西北方向20公里的杜宫寺、乌图美仁地区的康斯尔寺，郭勒木德乡的达西安达岭寺和唐古拉山的嘛呢转珠厅④。"土族

① 《同仁县志》，第956页。
② 引自于《同仁县"十三五"经济社会发展规划（初稿）》。
③ 《德令哈市志》，方志出版社，2004，第348~349页。
④ 《格尔木市志》，方志出版社，2005，第605页。

地区有很多佛寺，最著名的是互助县的佑宁寺，这座寺院初建于明万历三十二年（公元 1604 年），旧称郭隆寺，由土族地区 13 个部落的代表进藏请求，四世达赖喇嘛云丹嘉措派弟子嘉赛活佛到互助郭隆地方创建而成，此外，土族地区还有华严寺、金刚寺、却藏寺等 20 多座寺院。"① 而据《城东区志》记载，西宁市城东区清真寺主要有东关清真大寺、北关清真寺、南关清真寺、中庄清真寺、路林巷清真寺、白玉巷清真寺、水城门清真寺、玉带桥清真寺、杨家巷清真寺、德令哈路清真寺、一棵印清真寺、富强巷清真寺、韵家口清真寺、王家庄清真寺、丁宇路清真寺、滨河路清真寺、园山路清真寺、白家河湾清真寺、上林家崖清真寺、杨家台清真寺、下林家崖清真寺、磨尔园清真寺等。青海各地千余座清真寺，遍布于广大农村、城镇，少数牧业区，其中，以西宁东关清真大寺、平安洪水桥清真寺、循化街子清真大寺等三座寺庙在西北地区影响较大。据《青海年鉴2014》记载，青海省境内现有大小寺院 2000 多座，可看出这些宗教场所的分布与数量增长情况。

由于青海特殊的自然环境和气候条件，长期以来青海的经济以自给自足的农牧业经济为基础，畜牧业经济使青海很大一部分地区的生产方式出现了牧中有农，农中有牧，农牧业产品互为补充以满足人们生活需求的特点。青海省一般以日月山为界，西部以牧业为主，兼及农业，东部则以农业为主，兼及牧业②。人的多样性及生产生活需求的多样性，促进了人类自发秩序的产生，而人类自发秩序的产生促成了多中心制度安排，在自发秩序的产生中这些机构在多中心治理中亦表现出较强的社会权力控制功能。在谈及宗教时，项目组的藏族同事说："我们藏传佛教信仰的是人有过去、来世和今生，今生是过去的果，来世是今生的果，都是因果关系，讲究轮回。"就藏传佛教的功能来说，项目组调研的访谈中一活佛则给出了自己的看法，"拿宗教来说，就（藏传）佛教来说，它是（提倡）积德行善，这就是宗旨，所以拿这个（宗旨）去教育孩子教育别人，很好，属于道德教

---

① 谢佐：《青海民族关系史》，青海人民出版社，2001，第 53 页。
② 谢佐：《青海民族关系史》，青海人民出版社，2001，第 45 页。

育，尤其是道德教育方面。另外藏传佛教讲究轮回，这一世干了坏事，下一世成不了人，以这种方式去教育人，在文化知识不发达的地区，这个也很重要，能起到一定的作用。"（访谈记录 F2016021701，被访者为藏族，男性，海北州某寺院活佛）这也就说明了宗教其产生与发挥的作用。早在《藏族宗教史之实地研究》一书中，著名藏学家李安宅就从居住点、宗教圣地、教育训练三方面，深入描述和分析拉卜楞寺的结构和社会功能，他曾指出："拉卜楞寺院在教育方面是个大学。喇嘛大学和现在的大学的唯一区别，乃是喇嘛大学从幼儿教育开始。"[①] 就教育作用来说，他认为拉卜楞寺院的优点之一是与现代教育不同，没有只传授表面知识，而是道德与理智并重的。他还指出，藏族文化，自与佛教接触以来，一直是完整的和丰富的。[②] 在一定程度上，寺院是宗教的外在代表，寺院的发展不是在与政府争权，而是在帮助政府治理社会，也间接证明了上述拉卜楞寺院的相关论点。

在多民族、多宗教信仰地区，没有信众群众正常的宗教生活，谈不上当地的整体和谐，必须切实尊重和保护好信众群众的信仰自由和精神需求。因此，对宗教关系的文化解读首先要超越文明冲突论，其次要避免文化决定论的遮蔽，文化是一个集中体现各种冲突或共存因素的较为稳定的载体，同时必须注意到构成冲突或共存的动机和动力是多方面的[③]。成功的民族交往交流交融是多种民族文化跨越"我""他"的陈腐界限，推崇对话、杂合，寻求间性文化的一个动态过程[④]。要知道，绝大部分的信仰体系，无论是藏传佛教体系，还是伊斯兰教体系，都包含着大量的日常生活细节，这些细节出现在物质生活中，促使信仰体系中不同信众个人的联想、个人的直觉、个人的感悟互相关照，互相启发，同时又互相嵌入。在一定程度上承载着社群公

---

① 李安宅：《藏区宗教史之实地研究》，商务印书馆，2015，第 192 页。

② 李安宅：《藏区宗教史之实地研究》，商务印书馆，2015，第 247～251 页。

③ 何林、张云辉：《不同宗教信仰间的调适与共存——一个贡山怒族（阿怒）实例的文化解读》，《学术探索》2010 年第 1 期，第 75～81 页。

④ 麻国庆：《记忆的多层性与中华民族共同体认同》，《民族研究》2017 年第 6 期，第 47～57、124～125 页。

共利益中国式的公共性的生产与再生产，相当程度上依赖于某个个体或一批个体的道德性①。同时，其发挥作用还依赖于这些个体之间、个体与国家之间的信任程度。

6.4.2　公共责任的基础之信任机制及他我互信

有学者提出："责任是参与公共生活的各主体在公共利益原则下对权利的有效运行，是现代公共精神的要旨。"② 在心理空间中，除了宗教信仰的因素外，项目组认为，信任机制作为冲突缓冲带，是促进互嵌式社区多民族和谐共生的关键要素，它也是实现多民族公共责任的基础。可以说，公共责任是推动互嵌式社区建设的导向，互嵌式社区建设号召的责任共同体是推进互嵌式社区建设的重要形式和价值承担。嵌入自然空间是推动互嵌式社区建设的情境。在本原目标诠释上，互嵌式社区建设蕴含着相互融合、休戚与共的价值旨趣，各民族互学互助、相向前行。在一定程度上，中国这个拥有56个民族的国家，如何促成多民族相互理解、支持与关爱，上升至中华民族共同体意识，任重道远。

而早期现代哲学中，西方人用一个大写的"我"（人思）否定了他人、他者。现代哲学其特征之一是以普遍理性主体否定他人，以同一——自我否定差异——他性。奠基人笛卡尔认为人与人（本性）上无差异，并无"我"与"他"的区分，存在着只有"我"和"我们"，即同等地具有理性或良知的"大我"。后期现代哲学开始承认他人、他者的相对地位，个体与个体之间、文化与文化之间存在着或是冲突或是共存的关系，而无法让所有的个体或全部的文化认同于某些抽象的原则或宏大叙事。直到后现代哲学才出现了对于他者和他性的真正承认。

一般而言，人无信不立，政无信不威。普特南认为，群体认同是人们判断社会距离的基础。即使彼此之间并没有直接的接触，具有共享认同的群体

---

① 张江华：《卡里斯玛、公共性与中国社会有关"差序格局"的再思考》，《社会》2010年第5期，第1~24页。
② 上官酒瑞：《变革社会中的政治信任》，学林出版社，2013，第201页。

成员之间的社会距离较近，彼此之间的信任水平比较高；与之相对，具有不同社会认同的人之间的信任水平较低①。范可指出："这种信任缺失和对公信力的失信导致许多原先与政治无关的事情很容易被政治化。"② 对社会公共生活而言，秩序与其他社会价值相比具有优先性③。因此，相同的民族易形成认同感和彼此间的信任。在这个意义上，多民族地区充斥着多种的认同基石，不易建立整体性认同，这直接影响民族成员之间的相互信任。由此，隐形的民族区隔无形架空社区归属感，社区邻里信任得以流失。近年来，这种"以身份为基础的信任"（identity-based trust）受到越来越多学者的质疑，而是提出"以认知为基础的信任"（cognitive-based trust）。④ 认为在中国人的交往规则中，遵从"差序格局"原则，即按亲疏区分成向外扩散的圆圈。社区邻里信任主要受邻里互动度与民族交融度的影响，并呈现正相关，即邻里互动度越高，社区邻里信任度越高；民族交融度越高，社区邻里信任度越高。地域文化、民族文化作为外在因素，对个体信任产生了很大的影响。通过对青海民族社区的检验，可以发现，社区邻里信任的建立中，邻里互动度、民族交融度起到了正面积极作用。互嵌式社区中各民族间的文化鸿沟不断缩减，社区邻里信任不仅只存在于本民族之间，更是随着邻里交往、民族交融的频繁，打破身份界限，各民族之间获得了彼此信任。总的来说，信任机制不仅局限于先赋关系，摒弃身份与血缘的标签，信任仍可以人为的、根据社会交往进行建构、存在和巩固，在信任基础上可以推动公民公共责任的主动承担，这在前文借助青海省田野调查数据已予以验证。

---

① Putman, Robert D., "E Pluribus Unum: Diversity and Community in the Twenty-first Century: The 2006 Johan Skytte Prize Lecture", *Scandinavian Political Studies*, Vol. 31. No. 2, 2007. pp. 137 – 174.

② 范可：《流动性与风险：当下人类学的课题》，《中南民族大学学报》（人文社会科学版）2014 年第 5 期，第 32 ~ 38 页。

③ 周光辉：《政治文明的主题：人类对合理的公共秩序的追求》，《社会科学战线》2003 年第 4 期，第 186 ~ 190 页。

④ 李伟民、梁玉成：《特殊信任与普遍信任：中国人信任的结构与特征》，《社会学研究》2002 年第 3 期，第 11 ~ 22 页。

6.4.3　心理空间之心物镜像的他者

1. 理想状态之"合作的他者"

心理空间中心物镜像的他者，意味着不同民族之间交往，面对他者，就好像一面镜子似的看到了自己，反映出来自己内心的活动。由于"互嵌式社区建设"倡导的多民族交流实质，要求相遇的多种民族文化，在他族文化的镜像中反观自我、审视自我与理性交往，利用他者相异之处来达到民族交流中的"趋优存异"，进而促进民族交往交融，促成真正的"互嵌式社区建设"。在心理空间中的不同民族间交融，象征着不同民族内心深处的交集与交融，其理想状态是改变过去那种敌意的他者为合作的他者。20世纪后期出现的他者性是一种哲学思潮，其强调他者的存在，反对主客体二元对立。互嵌式社区建设号召把处于竞争中的他者转化为合作的他者。"他者性和差异性不仅不会导致进一步的社会以及人的碎片化，反而会成为社会合作的前提。"[①] 合作二字是当今时代的时髦词，也是后现代社会的趋势之一，但绝不是一个新造的词，其拥有着深远历史积淀的意涵。改变过去个人原子化行动，在后现代人们往往以集体行动代替了个人行动，合作是不同民族身份人们的不二选择。当互助与集体活动成为一个社会生活的主线时，信仰不同宗教的人们之间已经不再呈现出宗教界限了[②]。在这些宗教情景和场合中，他们是虔诚的信徒，一旦离开，只要持守自己宗教于世俗中的禁忌和戒律即可，一旦他们各自所持守的信仰受到真正的相互尊重，便有可能合作。这里的合作，一是意味着在承认彼此之间差异基础上的合作，即是说，不同民族的群众往往能够从人类多样性的现实情况出发，承认彼此之间差异的特殊性，但又不会强求在差异上的统一或同一；二是恰恰是拥有差异者之间的合作，更能促进合作者之间的交往交流交融，因为在拥有差异基础上的合作者，纷纷认识到各自在某些领域的优势与在其他方面的劣势以及相互取长补

---

① 张康之：《走向合作的社会》，中国人民大学出版社，2015，第85页。
② 何林：《同一屋檐下——云南贡山怒族（阿怒）多种宗教信仰共存现状的文化解读》，转引自《对话：中国传统文化与和谐社会》，2009，第273~274页。

短，更容易形成心理空间中相互嵌入。各民族之间的文化交流关系应该是一种由文化主体性走向文化间性的对话关系，而不是对抗关系。"自我理念是构成文化深层结构的重要因素之一，不同文化背景的个体在跨文化交际中，其言语行为无时无刻不受着自我理念差异的影响和制约，并在'面子'观、空间因素和会话模式上得到不同程度的体现。"① 合作的他者成为一种理想状态，一般而言，我们共识到不同宗教之间存在着差异和共性，对于这种差异与共性的理解却带有或多或少的偏差，或视作友好，或视作敌对，往往呈现出"非此即彼"的二元对立思维，这种看似简单的二元对立思维模式在当下尤其是推动互嵌式社区与社会结构建设时则是有失偏颇的，它不利于我们追求互嵌空间的建构的理想，这就要求在对待心理空间中心物镜像他者的时候，必须打破单一的二元对立思维定式。现实中的多民族交往尚未形成合作他者的意识。合作一词仅仅是一种美好的口号与理想而已，究其原因，是由于心理空间中存在的他我互信沟通不足的现实阻滞。

2. 现实阻滞：他我互信沟通不足

哈贝马斯指出："自我就处于一种人际关系之中，从而使得他能够从他者的视角出发与作为参与者的自我建立联系。"② 项目组认为，作为"我者"的文化的自我理解，自我完善的需求，既需要更新认识，又需要自我建构。要科学对待心理空间中心物镜像的他者，其出发点应是对他者承认。在心理空间中，"自我"和"他者"二者之间有一条割不断的潜在纽带。宗教信仰有一整套仪式与行为，并有具体的崇拜对象。宗教信仰空间的他者主要一方面是由于对他者宗教的不理解而认为其宗教是落后的表现，或有宗教信仰者视无宗教信仰者无精神寄托，视为"空洞的他者"。这些都会导致文化冲突。另一方面，对有信仰者生活习俗上的禁忌，缺乏最基本的认知，而显示出自我对他者文化基本知识的不了解，并对某些生活习俗予以轻视，导致偏差行为。正当的承认不是我们赐予别人的恩惠，它是一种至

---

① 言红兰、言志峰：《透视跨文化交际中的自我理念差异》，《云南师范大学学报》2006 年第 4 期，第 57~60 页。

② 哈贝马斯：《现代性的哲学话语》，曹卫东等译，译林出版社，2004，第 348 页。

关重要的伦理需要①。互嵌式社区建设要求各民族群众须拥有自由的多元文化心智，各民族之间有相互尊重的伦理关切。民族间、个体间的信任成为问题是社会由机械团结转变到有机团结时产生的，换句话说，当现代工业社会越来越复杂时，"我群意识"那种早期的共同体已不再能彰显其重要性，是由于这种意识或称之为情感对个体的社会生活意义不再那么重大。学者范可指出，在当代"信任别人并获得别人的信任于是成为杜绝风险的方式"②。我们知道，种族中心主义在现代性的条件下，容易被别有用心的人利用。当代民族纷争现象可以被视为一种国家框架内不同资源与话语权的纷争行为，而在另一种视角下同时也在反映着弱势民族诉求正义与公平的行为。

他者互动的基本途径是人类存在的基本形式之一即对话。从他者互动上讲，互嵌式社区建设这一优良的民族生存态势的达成，必须通过每个个体自我与平等他者的对话与交流而确立与实现。代表弱势民族的"他者"没有足够话语权，一方面这似乎是现实生活的一种惯常状态，另一方面遇见非我族者时，"他者"成为不被信任或难以被信任者，他我间的互不信任造成了有效沟通不足。强势民族潜意识中认为"他者"无法表述自己，而误以为弱势民族的"他者"需要被别人表述，加上存在不同程度的不信任，造成了他者话语权的减少与有效沟通无法实现。但新形势下的"他者"已经不是过去理论视野中的"他者"，而是更具有主动性、积极性的主体之一。我们应该意识到，他者的缺场使互嵌式社区建设的美好想象和广阔的互嵌空间在更大程度上也只是一种空想而已。互嵌空间构建中缺乏他者必要的参与与主体的积极对话则无法真正构建起互嵌空间。只有我族的表演，而没有他者在场与对话的互嵌式社区建设，是令人担忧的。这表明构建互嵌空间时，倘若仍旧停留在观念层次，还没有考虑到不同民族的真实需要，不可能建立起满足于不同民族主体内在需要的秩序，也不可能实现各主体间互相信任，有

---

① 查尔斯·泰勒：《承认的政治》转引自汪晖、陈燕谷主编《文化与公共性》，三联书店，2005，第291页。

② 范可：《信任，认同与"他者"：族群和民族省思》，《广西民族大学学报》（哲学社会科学版）2013年第6期，第44~52页。

效的对话与沟通。从主体间性迈向公共性的过程中，缺少了他者这一载体，将直接影响互嵌空间的建构。

正所谓："没有宗教间的和平则没有世界和平，而没有宗教间的对话则没有宗教间的和平。"① 与之相对应，"互嵌式社区建设"中两种或多种民族文化交流的我族与他族绝不再是主客体关系，而是互为主体、互为他者的辩证关系。这就要求理性看待心理空间中自我镜像的他者。在心理空间中不同民族理解的不同宗教信仰的差别主要是涉及如何得到食物，生病时的治疗方式，举行特殊的葬礼等事务的方式上②，这些方式常常通过前文所描述的日常生活中的关键符号，外化为部分生活习惯、宗教活动的时间安排等方面。但总体而言，不同宗教信众间交往一般并不会遇到特别困难的障碍。这一方面是由于前文所提及的大部分群众间交往交流的非宗教性；另一方面则是由于尽管存在差异，但在中华文化认同基础上大部分群众的交往与交流以地缘和血缘为基本原则，并未逃出"差序格局"，即是说，虽有差异，但差异不足以影响彼此之间的交往交流交融。在自我与他者的区辨及交往交流交融中，民族内部及民族之间的记忆不断积淀、不断深化，并最终体现为不断流变的共同体认同，在当代中国即为中华文化认同。对他者文化的想象空间，自觉地从自我民族的文化内部思考本民族的生存与发展。建立稳固的政治共同体需要继续加强大一统的历史记忆。化解这种冲突的关键就在于如何将"自我"和"他者"的文化特性进行融合，摒弃双方对立的关系，在平等沟通、互相尊重的前提下实现和平共存。

本小节主要从精神维度出发，认为宗教在现当代青海省主要世居民族的"互嵌式社区建设"建设中所起到的作用仍然不能忽视，结合前文所述的田野调查结果，绝大部分信众将心灵寄托于宗教上，宗教作为重要的行为指导和心理指导，与预想的社区公共空间信仰之争相反，现存的心理空间出现了

① 学诚：《让世界因多元宗教的存在而更加和谐更加美丽——在印度尼西亚雅加达第一届多宗教和平与和谐教育国际研讨会上的演讲》，《法音》2005 年第 3 期，第 17～20 页。
② 何林、张云辉：《不同宗教信仰间的调适与共存——一个贡山怒族（阿怒）实例的文化解读》，《学术探索》2010 年第 1 期，第 75～81 页。

多元共存信仰，而非信仰之争，未来可加以引导，以便能够促成建构互嵌空间。还应注意作为公共责任的基础之信任机制这一特殊因素对互嵌式社区建设的直接影响，项目组认为精神维度上普通信众和普通群众对于宗教信仰中的"空洞他者"或称之为"心理空间里的旁观者"而带来的他我互信不足，导致公共责任的缺失。因此，在未来"互嵌空间"的建构中，需要适时地开展他者教育，通过多种形式，促成一般群众与一般信众相互之间的他者尊重与承认，以包容心去理解人类多样性的存在。心理空间的理解他者相对于自然空间和社会空间，是一种精神内部的核心认识，而宗教是影响"互嵌空间"建构较为复杂的因素，极易被外在势力与外在环境利用，因此，项目组认为，心理空间的信任机制的完善促成十分必要，以他我互信为基础的公共责任的担当在当代有着很大范围的需求。在一定程度上，公共理性、多重认同和公共责任是更深层次上公共精神之基础。

6.5 心理空间的阻滞之二：重叠共识匮乏导致公共精神阙如

我们知道，共同体的活力来源于其成员的活力。民族社区共同体的活力来源于社区内不同民族成员的活力。当前全球化时代语境中人与人之间关系存在着差异性、多元性和开放性，那么互嵌式社区建设所倡导的不同民族之间关系亦存在着这些特性。我们要寻找不同民族文化的相遇点和内在关联点。通过寻求共同点和合作点促进各民族主体之间的交流和理解，从前文分析可知，主体间性理论对互嵌式社区建设有很强的指导意义。互嵌主体的相互构建是建立在尊重不同民族差异基础上的，而不同民族交往交流交融前，双方对差异的分析和把握是通过认知和情感两个层面的主体间性认同来实现的。这种主体间性认同不是弱势民族对强势民族的情感和价值的迎合和趋同，而是以互嵌式社区建设交际双方对相互之间民族差异的认知为前提的，其包含着对不同民族双方认知和情感框架的全面把握。因此，弱势民族和强势民族都需要深入分析对方以及反思自己，只有通过这种主体间性反思，弱

势（强势）民族才能正确理解对方的差异。这里需要注意的是，主体间性
认同希望不同民族主体有选择地去迎合认同框架内某个主要因素，如多重认
同。所有民族主体都有主动参与、交往与拥有平等的机会，他们可以畅所欲
言地表达自己的情感、诉求和愿望，同时所有民族主体也有自主地做出判断
进行解释、给予劝告及向权威挑战的机会。交往实践意义上的主体间性体现
在不同民族生活世界的平等交往。伦理意义上的他者性体现在主体对他者的
责任与关爱。项目组认为可以借鉴有关政治的正义观点重叠共识，而在重叠
认识基础上我们可对公共精神这一价值取向进行进一步分析。

6.5.1　重叠共识与互嵌式社区建设

美国哲学家约翰·罗尔斯在《正义论》中提出了"重叠共识"的概念。
我国现有学者对其研究的主要观点：有学者对罗尔斯"重叠共识"的相关
论述做了梳理和讨论，将"重叠共识"分为几个不同层次，认为"重叠共
识"既是一个理论问题也是一个实践问题，最重要的是应该在实践中构建
"重叠共识"，以期在多样性的基础上达成一致的意见、协调的行动和稳定
的秩序①；有学者提出德育改革的合理性诉求是"重叠共识"的"重叠共
识"，这一德育改革内蕴着的基本精神要求必须确立"相互承认"的思维方
式，坚持展开协商对话，建构相互学习的机制②；有学者分析了"重叠共
识"与宽容原则、交往和信仰之间的关系③；有学者联系中国政治社会发
展，讨论在法律和政治领域中实现基于公共理性的"重叠共识"的形成、
内容和意义④；有学者提出罗尔斯的"重叠共识"理念在一定程度上化解了
自由主义的困境（价值多元论与社会整合间的矛盾），认为约翰·格雷的

---

① 童世骏：《关于"重叠共识"的"重叠共识"》，《中国社会科学》2008 年第 6 期，第 55 ~
65、205 ~ 206 页。
② 严从根：《"重叠共识"的"重叠共识"：德育改革的合理性诉求》，《全球教育展望》2009
年第 7 期，第 72 ~ 75、57 页。
③ 王秀娜：《试论罗尔斯"重叠共识"概念》，《辽宁大学学报》2004 年第 5 期，第 11 ~ 13 页。
④ 顾肃：《多元民主社会中的重叠共识与公共理性》，史军译，《马克思主义与现实》2008 年
第 1 期，第 23 ~ 27 页。

"权宜之计"理念无力批判罗尔斯的"重叠共识"理念;有学者讨论了我国民族关系的正向走向,认为在一定程度上,"重叠共识"的主要内容被预设为坚定的国家认同、平等的公民身份以及承担的责任和义务①。总体而言,罗尔斯的"重叠共识"分为以下三个层次。

第一层次是"不同的人们在承认观点上存在分歧的同时,在态度上却具有共识,即持不同观点的人们都愿意以合理的态度彼此相待";第二层次是"人们在承认价值方面发生分歧的同时,在规范方面却具有共识——不同价值观的人们认可和遵守同样的规范";第三层次是"人们在承认现在的观念存在着分歧的同时,在未来的目标却是具有共识;或者说目前持有不同观点和立场的人们,努力寻求通过和平共处、平等交往而形成或加深彼此理解、甚至追求'视域融合'"②。即是说,第一层次上,他我之间观点可以存在分歧,但是态度是存在共识的,他我之间尽管存在观点分歧,但仍然存在一种理性的态度能够彼此相待。第二层次上,他我之间承认价值方面存在分歧,但是他我共同认可和遵守的规范却能达成共识,他我之间尽管价值方面有分歧,但仍然共同遵守具有共识性的规范。第三层次上,他我之间现在存在分歧,但对于未来的发展目标仍然是存在共识,也就是现在存在的分歧并不影响他我之间未来目标的一致。以上三个层次的分析用于民族关系时,这三个层次可号召不同民族的人们通过理性思考,力求和平共处、平等交往,最终实现互嵌式社区建设。

从这个意义上来说,"重叠共识"的达成为互嵌式社区建设提供了一种良好的精神动力。重叠共识是解决互嵌式社区建设合理而又巧妙的思路。我们要将互嵌式社区建设的达成视为一个"由浅入深""自下而上"的过程,这里的"浅"可指不同民族之间的各种接触与交往,"深"可指不同民族之间的精神交融与心灵互通;这里的"下"更强调个体与个体之间的精神互

---

① 万明钢、杨富强:《"重叠共识"视域下多元民族关系的正向生长》,《新疆社会科学》2014年第6期,第55~60、161页。
② 童世骏:《关于"重叠共识"的"重叠共识"》,《中国社会科学》2008年第6期,第55~65页。

嵌的自发性、主动性与主体性；"上"则指在主体性基础上的向外扩延，它
必然是一个渐进的过程。重叠共识需要身后的道德基础，尽管在多元社会
中，不同民族成员之间的分歧是不可消除的，但所有成员愿意践行某种规范
（如《宪法》和《民族区域自治法》之下的依法治国和当前的中华民族共同
体建设），是由于他们从各自秉承的"更好的生活"的价值和理由中都可以
推出相应的规范，即是说，中华民族追求的"更好的生活"基于中华民族
共同体建设，各民族只有像石榴籽一样紧紧地抱在一起，才可能实现"更
好的生活"。当前我国宪法的修订中有关中华民族的提法更是肯定了中华民
族共同体的价值导向，对形成重叠共识、维持社会稳定和民族团结具有极其
深远的意义。不同民族间的有些交往有可能在达成重叠共识之后，还需通过
相互理解而相互尊重，不同民族间有些交往则是有不同出发点的，相互理解
是达成重叠共识的必要前提。在"重叠共识"基础上的互嵌式社区建设，
是一种精神成长，也是一种具有高度包容性和创新性的良性民族关系的进
步。不同民族身份的人们都应该认识到："差异是现实，共生是美德。……
个人民主自由意味着对于个人差异的最大包容，从宗教信仰到风俗习惯，从
语言文字到人格倾向，都要受到包容性的尊重，在对话和共生中取得'重
叠共识'。"① 一旦过去由风俗、语言、宗教和生活方便为主的自然隔离转变
为有意识地选择性隔离，就说明是受到不良民族关系影响所致。如新疆
"7·5事件"发生后，南疆地区的汉族迁移到其他地方，进一步造成了维吾
尔族和汉族之间的隔离就是这样的情况。不同的民族语言和民族文化，在保
持各自特点的同时，可以在更高层面上达成"重叠共识"。② 不同民族主体
应该逐渐摒弃自我中心主义和盲目自大，应该养成对他者（他民族）的聆
听，并持有信任态度。如果不同民族主体体会到了互嵌式社区建设后公共生
活中自我克制与积极与他者合作的价值，有利于他们的行为更加文明。在不
同民族的各种需求上，一旦出现了"重叠共识"的匮乏，则直接导致公共

---

① 纳日碧力戈：《差异与共生的五个维度》，《甘肃理论学刊》2013年第1期，第5~8页、1页。
② 纳日碧力戈：《共生观中的生态多元》，《民族学刊》2012年第1期，第1~8、91页。

精神阙如。这是因为，在此基础上的重叠共识对互嵌双方的不同民族而言，都有较高的要求，从我国民族关系现状来看，目前存在着"重叠共识"远未达到公共精神内蕴的意涵之需求，因此，就导致了不同民族公共精神的阙如。

6.5.2　公共精神意涵及其阙如表现

作为现代公共领域的道德准则，公共精神规定了不同民族成员为各民族公共利益而行动的气质倾向。当代中国除了建构现代民主政治体系外，还必须培育广大公民的公共精神。现代公共精神既是一种结构性的先进观念，也是一种适应当代民族区域治理的意识框架。公共精神与世间其他事务一样，遵循着自身发展规律，不同民族群众都是其主体，公共精神是理性化的道德精神，这种公共理性就是所有公共生活参与者的伦理约束，是现代社会的一种精神原则和公共领域的行为准则与道德风尚，构成协调人与政治、人与社会、人与人之间文明关系①的一种规导性手段②，其培养依赖于公共教育以及公共参与的实践养成。倘若要将感性公共精神提升为公共理性，其必经之途是通过公共教育。公共精神所提倡的公共教育号召不同民族的个体化应建立在爱己利他的基础上，即既热爱自己，也要热爱他人。除此之外，还应该对有关本民族公共事务或其他民族公共事务由内而发的一种主人翁意识，带有主动参与和积极努力想法解决的主体性。

6.5.3　基于理性规范的中华各民族交往理性原则

1. 哈贝马斯的理性规范

概而言之，不同民族的信仰在一定程度上是人的社会化的积极方面的反映。应该正视促进互嵌式社区建设的交往理性的基本原则，互嵌式社区建设旨在最终形成一种典则，也就是交往理性规范。"所谓交往理性，就是要让

---

① 齐卫平、陈朋：《现代国家治理与协商民主的耦合及其共进发展》，《华东师范大学学报》（哲学社会科学版）2014 年第 4 期，第 49~55、153 页。

② 上官酒瑞：《变革社会中的政治信任》，学林出版社，2013，第 201 页。

理性由'以主体为中心'转变为'以主体间性为中心',终止工具理性在科学领域的独断与主宰,让话语性的交往行为深入理性。并通过实践(包括劳动实践和语言实践),在主体与客体之间以及主体与主体之间建立其有机的联系。"① "在哈贝马斯看来,交往实践中的理性要求,实乃思维着、行动着、言说着的主体在日常生活和科学活动中的根本态度与最终立足点。他确信只有按照交往理性要求,一个社会或语言共同体的成员才能达到对客观事物的共同理解,进而协调他们的行动,在以客观世界为对象的生产活动中取得成功。"② 对"互嵌式社区建设"来说,交往理性同样重要。哈贝马斯倡导社会交往中个人服从整体开展理性沟通和合理交往,而"这个交往的基础并非简单的'求同存异',而是要在不同主体间确立可能得到共识的基本规范"③。"互嵌式社区建设"亦非简单的"求同存异",而是在国家统一下的"求同"和"存异",是在"存异"基础上的"求同",这个"同"最后以"中华民族""中华文化""中华民族共同体"为旨归。"因为竞争制造分裂,而合作产生团结;竞争具有破坏性,而合作是建设性的。"④ 我们知道,哈贝马斯社会交往中四个理性规范主要是指理解性、真诚、真理以及规范的正确性。

理解性是指谈话双方应该自觉地让对方能够理解,也就是说,在交往互动中,无论谈话双方是什么民族身份,都应该在谈话前用尽可能使得对方能够理解的话语、词语、语句等表达自己的意思,力争语言达到交流沟通之目的。

真诚是指谈话双方应该自觉地真诚表达自己的意思,而不是有意地误导对方,也就是说,在交往互动中,应该尽可能地将内心的想法真诚地表述给对方,让对方能够理解,而不是故意使用小伎俩误导对方产生误解。

① 曹卫东:《交往理性与诗学话语》,天津社会科学院出版社,2001,第 57 页。
② 章国锋:《交往理性》,《外国文学》2004 年第 1 期,第 57~62 页。
③ 吴世永:《从文化间性审视哈贝马斯的交往行为理论》,《黑龙江社会科学》2009 年第 4 期,第 9~13 页。
④ 莱斯利·里普森:《政治学的重大问题——政治学导论》,刘晓等译,华夏出版社,2001,第 32 页。

真理是指谈话双方应该自觉地尽自己所知所能使自己的话有真理的成分，一旦发现有误，立即修正自己的话。这是一个有较高难度的理性规范，尽管有较高难度，并不意味着不能实现，也就是说，在交往互动中，谈话双方都应该对自己的话的正确性予以关注，那些否定真理的话、道听途说的话、有损他人尊严和利益的话等，都是欠缺真理性的言语，尽可能不说，且一旦不小心说出来了，必须及时予以改正，以免带来更大的破坏力。

规范性的正确性是指谈话双方应自觉地在相互讨论和批判性的交流中证明自己所说的话的规范性、正确性，认同无论哪一个观点在相互讨论中和批判性的辩论中有最好的论据和论证，它应该是相互讨论和批评性的交流中的胜者。这是最高层次的一个理性规范，往往涉及不同民族的深度交往和互动，其带有明显的较高文化素质和道德素质，它要求在交往互动中，产生观点分歧时应该尽力做到用论据和论证加以辩论。

2. 中华民族交往理性原则

项目组认为基于哈贝马斯的四个理性规范的中华民族交往理性原则主要包含三个方面的内容。

首先，不同民族主体与主体互为条件的共在是中国民族文化间性存在之前提。在一定程度上，区别于造成对立和冲突的主体性，"互嵌式社区建设"需要的是不同民族人与人相互之间的主体间性。所谓主体间性，就是从本体论的角度上说，存在是本真的生存，是我与世界的共在，我与世界互为主体，彼此通过对话、交往达到理解和同情，从而达到同一①。从我国几千年的历史来看，尤其是本书中所述的青海省主要世居民族的民族源流、历史发展历程及当代的共存，均可以看出：我国多民族共存的现实情况体现在多族群共在某个民族社区并在民族社区的各种情景下共处，由于"主体与主体的共在是主体间性理论的最基本的内涵"②，"共在"与"共处"进一步可延伸出各民族的共享与公责。而间性主义作用于不同民族成员心理所发

---

① 杨春时：《他者性的美学：超越性与主体间性的差异》，《陕西师范大学学报》2012年第6期，第38~44页。

② 郑德聘：《间性理论与文化间性》，《广东广播电视大学学报》2008年第4期，第73~77页。

挥的效应，是促使不同民族成员享受异质文化、领略不同文化的魅力。因此，在促进互嵌式社区建设的目标下，必须积极倡导平等的文化对话准则，在不添加任何前提的要求下，共在于中国国土范围内的不同民族有权利和有自由来选择是否保留本民族的信仰、生活生产方式及参与社会的模式。要做到这一点，必须认识到各民族在民族社区这一场域中主体与主体互为条件的共在事实，以交往理性为出发点，努力尝试体会和理解异族文化；在我国新型城镇化进程中，把平等的文化对话当作不同民族间交往交流交融的基本伦理原则，并在此基础上采取交往行为，真正促进不同民族的族际交往取得质量和深度的提升。

其次，理解差异，尊重他者，承认并重视不同民族的文化间性，才能积极运用文化对话及有效沟通。基于与他民族共在和共处于同一个民族社区这一场域的事实，各民族的自我认同与超越，源自本民族群体和个体价值观的不断提升，理解差异，对他者尊重，承认并重视不同民族的文化间性，应注意在不同民族文化的对话与交流过程中的他者性，构建一种以对他者的责任为核心的伦理关系，即建立在他者基础上的主体性，才能对其他民族成员表现出"同属于一个大家庭"的责任和关怀。在这个层面上才能超越"小我"的个人利益和"我族"的群体利益，达到"他族亦兄弟"的境界，才能真正领会费孝通提出的"各美其美，美人之美，美美与共，天下大同"设想，即各种不同文化之间要通过接触、对话、交流形成"和而不同"的多元一体文化格局，做到"发自内心地欣赏异民族的文化"①。这里强调无论哪个民族成员绝不要抱有非现实的、非文化的态度和幻想，在未来较长一段时间里，民族间的文化间性都不可能消失。关键是如何理解和看待文化间性，间性视角提倡的是：不同民族间应该相互尊重和相互理解多样化存在的文化传统和宗教信仰等，在不"妄自菲薄"和不"狂妄自大"的前提下进行文化对话与交流，而这一对话与交流应是力争平等的，才能促成民族之间的相互学习，吸收有助于各民族"取长补短"于本民族文化的那些东西，而非僵

---

① 费孝通：《"美美与共"和人类文明》，《群言》2005 年第 2 期，第 13 ~ 16 页。

硬、机械地"全盘吸收",这种"取长补短"式的吸收可以促进新质文化的产生,助推两种及以上的民族文化的有机结合。可以说互动互补式的动态融合,有助于实现"共赢"。

最后,确立不同民族主体间共识的基本规范,增强国家认同。长久以来,我国不同的民族成员都有一个共同身份即中国公民,我们每个人都是中国社会结构中的一分子,依赖于中国的社会结构而生存。千百年来中国的发展历程说明和证实了中华民族大家庭是一个一荣俱荣、一损俱损的命运共同体。我们所拥有的共同的社会身份能够成为塑造不同民族群体共同心理——中华民族共同体意识的基础所在。中华民族共同体意识既是各族人民在共同生活中形成的感觉、信守的观念以及行动的意志取向,也是中华民族安身立命、存续发展的支撑性条件与制约性因素。只有各族人民有一种像石榴籽一样紧紧抱在一起的家庭亲切感,有一种互助互爱、向上向善的温暖力量感,有一种共建共享、共担风雨、命运与共的责任感,才能铸牢中华民族共同体意识。

不同民族个人的发展取决于和民族个体间接或直接交往的其他一切人的发展。首先,主体间性是对原子化主体性的否定,主张从单数的我,走向复数的我们,即它是对原子化主体性的批判。原子化主体性追求对客体的占有和利用,并陷入了个人主义、利己主义的深穴。其次,主体间性是对原子化主体性的规约,它既表现为对个体的尊重,也表现为对个体的规约。最后,主体间性彰显着原子化主体性,即它提升了不同民族个体的人在民族关系中的地位。因此应该给予弱势民族足够的选择权与话语权,使他们从传统的民族关系绑架中解放出来。对弱势民族来说,主体价值的渗透和主体动机的生成有利于弱势民族主体意识的形成与发展。这正是学者林存光所指出的,构建共同体生活秩序之一体两面的根本问题分别是自下而上秩序构建与自上而下固本培元①。项目组认为,逐步从理性交往到合作交往的转变是一种美好

---

① 林存光:《中华民族共同体的历史构建、文化认同与儒家智慧》,《中央社会主义学院学报》2017 年第 5 期,第 93~98 页。

的想象和愿景。由于合作本位的观念所表达的，是"价值体验"的文化公共性逻辑。① 未来中国的合作治理的实践将需要人们重新考虑集体行动的价值，需要基于人性慢慢建构公共信任与人与人之间的和谐，也需要调整公共领域集体行动的理性逻辑方式，以保证在深层文化冲突不必同化的前提下成功的合作治理②。它涉及多元整合、吸纳问题，要聚众寓一，还要合众为一，这是因为共同体"通过个体进行的自我反思和批判是这样一种功能，它相当于人体自身的免疫系统"③。无论是当前还是未来，中国都需要这种共同体建设，以维护本国自身的免疫系统。

　　本小节主要分析重叠共识匮乏导致的公共精神阙如这部分内容，通过哈贝马斯的交往理性原则的相关分析得出了互嵌式社区建设中理性交往的三个原则，本书认为，它号召各民族交往交流交融的行动导向：从理性交往到合作交往的转变，则是一种美好的想象和愿景。中华民族应该认识到互嵌式社区建设一旦积淀为一种文化，将逐渐成为人们的惯习，发挥积极作用。唯有"互嵌"成为不同民族的"重叠共识"，互嵌式社区建设的生命力才能够跨越时空。时至今日，渴望在所有重大问题上得到一致是乌托邦式的构想，但当前中国社会有关中华民族文化、中华民族共同体等基本政治问题上的一致又是中国社会稳定发展所必需的，项目组提出基于规范的中华民族理性交往原则，在此基础上在涉及中华民族发展进步的重大问题上，各民族的"重叠共识"是解决这个问题的一种巧妙而又合理的思路④。

---

① 袁祖社：《"公共性"的价值信念及其文化理想》，《中国人民大学学报》2007 年第 1 期，第 78 ~ 84 页。
② 谢新水：《公共理性发展：从一元、多元到合作理性》，《江苏大学学报》（社会科学版）2010 年第 6 期，第 18 ~ 24 页。
③ 郭湛：《论主体间性或交互主体性》，《中国人民大学学报》2001 年第 3 期，第 32 ~ 38 页。
④ 姚大志：《打开无知之幕——正义原则与社会稳定性》，《开放时代》2011 年第 3 期，第 65 ~ 70、51 页。

第7章
互嵌式社区公共性的构建路向

我们知道，公共性作为一种视野、方法和思维方式使人们不丧失其主体性的同时正视它这段共在；抛弃先验的同一性的同时避免陷入相对主义，正视差异与冲突存在的同时追求一种理性同一。这种理性同一的达成要求在平等、理性的交往与对话中关注共同的对象，并在对话与批判的过程中历史性地达成一些必要的共识。[①] 不容乐观的是，当前我国社会中公共理性、公共责任、多重认同及公共精神的发育程度尚处于初级阶段。公共性在我们之中显示我们的生内死外特性，又在我国之外，在代与代之间、人与我之间绵延。[②] 概而言之，"互嵌式社区建设"倡导的是一个以交往理性为宗旨，强调主体间性的和谐社会，同时也是一个多元社会。

第6章分析了互嵌空间的三个组成部分及三个维度构建原理，图7-1中可以看出其内在联系，由此可知，互嵌空间的建构与互嵌式社区公共性的关系密切，相互支撑而又相互影响。由于互嵌空间中的嵌入空间不足、文化间性淡泊、责任伦理缺场和重叠共识匮乏四个方面，实际上造成了互嵌式社区公共性的不足，从而影响着互嵌式社区的建设。本章着重对构建互嵌空间

---

① 邓莉：《公共性问题：研究现状与路径选择》，《哲学动态》2010年第7期，第35~41页。
② 阿伦特：《人的条件》，竺乾威译，上海人民出版社，1999，第38~45页。

的阻滞因素的消解路径进行分析，并指出互嵌式社区公共性供给的实践路径。

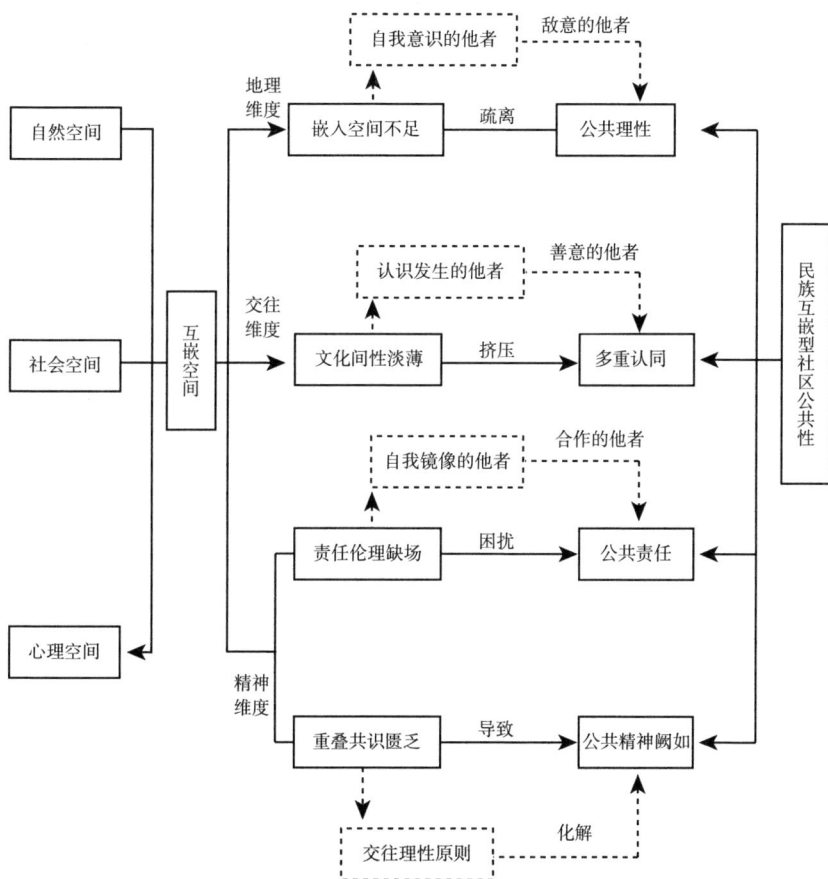

图 7－1　互嵌空间与互嵌式社区公共性的关系示意

7.1　阻滞因素之消解路径

世界历史由人类内部复杂交往而形成，中国历史则是中华各民族内部复杂交往而形成的。全球化带动了各民族、国家和个人主体间平等交往，第一层各民族之间是兄弟关系，共同分得华夏文明祖先的遗产，这促成了你是某族、我是某族的最基础规定性；第二层是各民族之间是师生关系，即闻道有先后，先闻道的民族为老师，后闻道的民族为学生；第三层，各民族之间是朋友关系，即应平等相待，互帮互助，共同进步。也就是说，全球化背景下的中华各民族之关系可视为一种兄弟关系、一种师生关系和一种朋友关系。其中，兄弟关系是源于民族本源的历史积淀和集体记忆；师生关系受各民族发展进程速度与质量的影响；而朋友关系则是在兄弟关系和师生关系基础上的升华，其最终意义在于互帮互助和共同发展。目前互嵌式社区建设的问题是，各民族仅仅承认兄弟关系限于浅表，歪曲了师生关系，不肯向先闻道的民族学习，并遗忘了朋友关系，反而将二者的关系列为非此即彼的对立竞争，这显然是有失偏颇的。只有能够超越并扬弃二元对立的文化观念和思想，才具有更高的层级性和包容性。①

7.1.1 共享：中华民族共同体意识的积极培育

这里的共享既指共享历史记忆也指共享现实发展成果，不同民族相互分享发展与成功，共同担当落后的罚责。只有这样，才会形成真正意义上、相互理解的"你中有我，我中有你"。通常情况下，共同体多重意涵包括：既是生存、生活共同体，又是发展共同体，还是命运与价值共同体。② 真正实现互嵌式社区建设的社会是一个共享自由发展的社会，也即马克思所主张的拥有公共性的美好社会。"中华民族是具国家形式的民族共同体。"③ 当前的共同体意识不仅表现在对各民族共同利益的认同，还体现在对各民族共同祖国的认同，更体现在对中华文化的认同以及对实现中华民族伟大复兴这一宏伟目标的认同。一方面在于各个民族不具有单独发展的意义，在中华民族强

---

① 张曙光：《走向"公共性"的文化价值秩序》，《中国人民大学学报》2007 年第 6 期，第 15 ~ 17 页。

② 袁祖社：《人类"共同价值"的理念及其伦理正当性之思——"共同体"逻辑的意义及其内在限度》，《南开学报》（哲学社会科学版）2017 年第 4 期，第 60 ~ 70 页。

③ 周平：《中华民族：中华现代国家的基石》，《政治学研究》2015 年第 4 期，第 19 ~ 30 页。

盛和发展的条件下，才可能实现各个民族各自发展；另一方面应该逐步淡化各个民族之间的区分和界限，但不是完全抹杀差异，互嵌式社区建设是各个民族群众生命共同经历的历程。因为共同体的功能之一是"它相当于人体自身的免疫系统"①。建构互嵌空间倘若仅停留在口头上，会错失当前"将各个民族整合为中华民族整体的有利时机"②。建构民族国家认同政治的基础是共同体成员文化理念与社会心理的有机统整③。

7.1.2　共生：理性沟通的规范促成

马克思人与自然和谐思想体现了人与自然互生共栖的辩证统一关系④，同一辩证关系也存在于他我之间。互嵌式社区建设意味着在承认其他民族的基本生活方式正当性的前提下，真正理解"互嵌"的意蕴，并尝试学会合作与团结，学会共处在互嵌空间的生存艺术，亦即"共生"，这里尤指各民族的"你离不开我，我离不开你"。过去那种单向度的互动模式，缺乏对话与交流，缺少协商与妥协，使得不同民族处于一种相对隔离状态。这里我们需要增强不同民族之间的接触与理解。"在重新将他人召回时，其中一种理性安排是将他人看作为与自我密切联系在一起。"⑤ 应适当地关照他者，关注他者的差异性，正确处理自我与他者的关系。互嵌式社区建设要求将他者融入自我的范畴，努力构建以他者为基础的民族间交往。互嵌空间的建构必须去尝试让不同民族群众的自我观念中的他者成为与自我共在并共处的社会存在物，即共生理念，体现出对他者的包容，并尝试在互嵌式社区建设的伟大实践中，自我和他者都成为建构互嵌空间的行动者，而不是旁观者或敌对者。互嵌式社区建设的交往实践需要建立起民族间交往的规范和包容的观

① 郭湛：《论主体间性或交互主体性》，《中国人民大学学报》2001 年第 3 期，第 32～38 页。
② 周平：《再论中华民族建设》，《思想战线》2016 年第 1 期，第 1～8 页。
③ 金家新：《论民族国家认同政治的双元性结构及其同一性机理》，《新疆大学学报》（哲学·人文社会科学版）2016 年第 5 期，第 91～97 页。
④ 张钰：《马克思人与自然和谐思想对"丝绸之路经济带"生态治理的启示》，《西安财经学院学报》2018 年第 1 期，第 25～29 页。
⑤ 张康之：《对合作行动出发点的逻辑梳理》，《学海》2016 年第 1 期，第 5～15 页。

念，拥有规范的指导和包容的观念，并在行动中运用他者的视角，回归到各民族所共同生活的生活世界中去，这是由于只有在生活世界中，所有的民族主体才是生动的、鲜活的、个性鲜明的主体。互嵌式社区建设只有"从心中而来"，才能真正"走入对方的心灵深处"，深刻体会不同民族"你离不开我，我离不开你"即共生的意义，实现民族间交往的价值、目标、使命和愿景，即互嵌式社区建设旨在最终形成一种"共生的典则为社会各主体所共同遵循"①。

7.1.3　共在：德性教育的呼唤重提

人们共在于世是最基本的事实，人存在的本真状态是与他者共在于世。这里所指各民族的共在即"在一起"和"一起在"，因为"共在就是在生存论上的'为他人之故'，在这样的共在中，他人已在其此在中展开了，并构成世界之为世界的'意蕴'"②；在互嵌空间的构建中，我们要深刻理解，无论民族身份是什么，与他者共在是始终对称的。对他者的认同，是促成互嵌式社区建设存续的前提和基础，对他者的认同反过来凸显了对我族的肯定，与他者共在一方面意指对他者的承认，另一方面意指对他者的责任，这两方面都不应以自我为中心，或者仅仅沉迷于专注自我。不可忽视或拒绝承认他者的存在和共在的责任。接纳一个"他者"，成为社会正义的形式③。我们必须承认，在一定程度上，他者是互嵌式社区建设的积极参与者与创造者。不能将他者视为互嵌式社区建设的不在场的"被表达者"，应该重视他者的在场，并关照他者。他者视角的德性教育让人领悟这么做的价值和意义，使不同民族群众的社会良知内化和自觉化。倘若个体能自觉地意识到自己的身份建构的行动转向，则其自身的国家认同亦会发生相应的变化。正如新加坡政治家李光耀认为，人民必须学会宽容和尊重他人。宽容是应对社会冲突（这里指民族间冲突）的最佳生存方略选择，倘若每个个体或民族，以设身

---

① 哈贝马斯：《在事实和规范之间》，童世骏译，三联书店，2003，第63页。
② 海德格尔：《存在与时间》，陈嘉映等译，三联书店，1999，第145页。
③ 莫尔特曼：《俗世中的上帝》，曾念粤译，上海三联书店，2003。

处地换位意识，承认一个平等的他者（个体或民族）存在，并与之共在，这也许是现代文明社会中，与人为善和睦相处的最大成就，此一举动值得称赞和令人尊敬。从这一层面来看，关照他者德性教育面向包括汉族在内的全体各族人民。当前互嵌式社区建设在全民心理上还没有成为普遍观念，还没有走出口号的阶段。而东中部地区的部分群众抱有"互嵌不互嵌是无所谓的事，只要让那些少数民族顺其自然就好了"这种狭隘的思想显然是失之偏颇的一种不健全心理。"一种适当的教育，只要保持下去，便会使一国中的人性得以改造，而具有健全性格的人受到这种教育又变成更好的人。"①也就是说，共在理念下的关照他者德性教育十分必要和十分重要。总的来说，消解路径示意图见图 7 - 2。

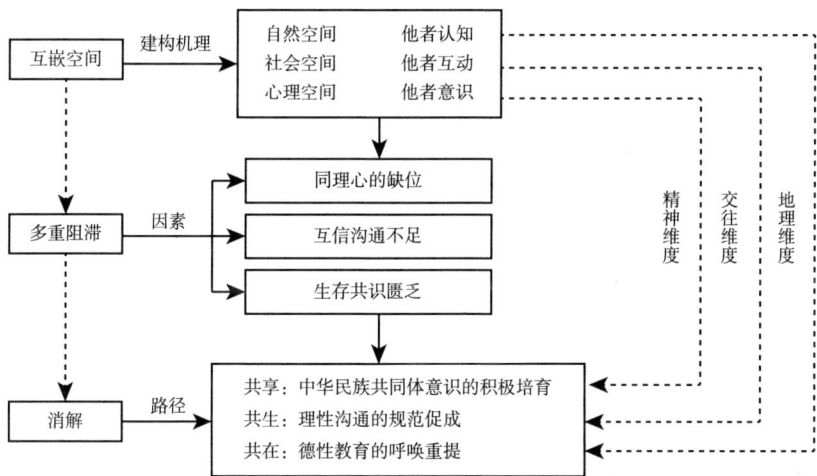

图 7 - 2　互嵌空间构建的阻滞因素及其消解示意

概而言之，不同民族的信仰在一定程度上是人的社会化的积极方面的反映。一旦"共生共在共享"理念转化为普通群众普遍拥有的观念时，也就实现了对不同民族个体成员的形塑。要倡导不同民族的文化间性，并培育不同民族的他者性，促其成为一个完整的人，"因为完整的人能够深深地感受

---

① 柏拉图：《理想国》，刘勉等译，华龄出版社，1996，第 52 页。

和理解人的需要，会把他人与自我的共在看作最高原则，并基于这一原则去作出行为选择"①。互嵌式社区建设的逻辑旨归，不仅为不同民族的存在找到了逻辑上的价值寓所，而且也通过对当下影响民族关系良性互动各种因素的批判，表达了一种中华各民族"共生共在共享"存在的公共价值的理想旨趣。

不应低估他者教育在"互嵌式社区建设"形成和发展中的作用。他者教育应该继承与弘扬"多元一体"思想，让"互嵌式社区建设"建基于不同民族的互相尊重与互相包容之上。不同民族应摒弃自我中心主义，予以置换为"他者性"，进而确立起一种新的文化类型，促使不同民族群众对待利益的态度及处理方式发生根本性的变化。这在极大的程度上影响着少数民族群众传承中华民族优秀传统文化的责任感、主人翁意识与集体荣誉感，这也包括普通个体的"厚德载物"等意识。

7.2 互嵌式社区公共性供给的实践途径

7.2.1 需求导向与民族社区公共空间的营造

"互嵌式社区建设"作为一种来源于不同民族群众的实践活动，最终还是要回归到不同民族群众的生活中，服务于不同民族群众的发展。当前，养民、惠民、恤民、安民、保民、取信于民，这一系列与公民需求有关的词语，正在对当代政府及政府工作人员提出了新的要求，即当代政府及政府工作人员在开展民族工作时，应该时刻以不同民族身份的公民需求为出发点而不是其他，这应该是民族工作的基本出发点。社区是联结基层社会与地方政府的重要纽带，其本质上具有社会性、公共性和媒介性，它既是不同民族群众生活的共同空间，也是多元行动主体共生共在的空间和场域，从某种意义

---

① 张康之：《论高度复杂性条件下的行动方针》，《南京师范大学学报》2016 年第 4 期，第 52 ~ 60 页。

上讲，"公共空间的存在维系了现代社会'主体性'与'公共性'的衔接"①。民族社区中的多民族特征，必然导致多民族需求多元化，有些民族在社会流动后迫切需要重建宗教场所；有些民族因整体经济水平较低迫切需要得到帮助脱贫；有些民族因为现代化过程中心理不适应需要他者协助适应新生活……可以说，民族社区公共空间一方面是为多民族提供了"走出家门，寻求帮助，解决问题"的可能场所，即是说，多民族遇到了凭借个人和家庭能力难以处理的问题时，一旦走出家门，就迫切需要一种外力能够给予帮助，实现最终解决问题的目的，而社区是走出家门的第一站，也是不同民族群众能够就近寻求帮助的前站；另一方面则是为多民族提供了"通过交流与互动，产生对他族居民的辨识和尊重"的情感沟通，即是说，民族社区的存在能够通过处理不同民族个体的困境，帮助这些个体或家庭改善困境以改善对他族居民的辨识，经过数次或多次社区提供的互助行动后，我族与他族之间能够逐步实现相互尊重。在一定层面上，前者以问题为导向，后者以融合为导向。然而只有这种形成共同社区精神的公共空间的存在才能更大限度地凸显社区公共性②。这就要求基层政府更多去了解多民族群众的需求何在，衣食住行，生老病死，涉及多民族群众的方方面面，对民族社区现有或尚未建设的社区公共空间进行改造升级，规划社区公共空间的科学性，原有社区公共空间的利用率，如何创新性地利用社区公共空间等命题，真正实现"通过生产与培育社区公共性，重建社区共同体"③，认同其中和参与其中才能逐步形成情感共鸣，以公共精神为黏合剂，助推互嵌式社区的公共性供给。

7.2.2　理性沟通与民族社区公共空间的维系

针对现代性危机，哈贝马斯提出要区分工具行为和交往行为，工具行为

---

① 王伯承、余跃：《从闹元宵到宗族共同体：豫东南送灯习俗的社会学考察》，《山西农业大学学报》（社会科学版）2017 年第 3 期，第 65~71 页。
② 徐选国：《从专业性、本土性迈向社区公共性：理解社会工作本质的新线索》，《社会科学战线》2016 年第 8 期，第 184~193 页。
③ 陈立旭：《论社会管理创新的文化精神基础》，《浙江学刊》2012 年第 7 期，第 5~13 页。

是主客体关系的二元对立与势同水火，而交往行为是求同存异的理解性交往，且"并非简单的'求同存异'，还要进一步寻求达成共识的基本规范"①。从哈贝马斯的理论视野出发，解决多民族"互嵌"问题，不应该仅仅寻求各种民族文化差异的政治解决途径，因为哈贝马斯认为各种分歧的根据并不在于自身文化的差异，那么中国民族"互嵌"不足是由于不同民族对交往和理性的根据缺乏规范和准则。由于少数民族居民较难拥有基于共同知识背景的普遍共识，外加少数民族群众个体对民族社区公共事务的参与度、对基层政府及其派出机关的认可度及对基层政府管理的态度都可能不一致，并不存在统一的准则和规范，因此多民族居民间、居民们和外在组织的管理人员无法实现有效的理性沟通。一则目前民族社区中的社会组织发育发展情况仍然滞后，民族社区的社会组织发展情况远远落后于我国其他大部分地区，社会组织进入民族地区往往带有更强的敏感性，加上过去一些已知的社会组织进入民族开展的各项活动，后来被证实为带有不良企图的行动，则更进一步加大了合法、正规的中国社会组织进入民族地区开展各种活动的难度，这给民族地区社会组织发展增添了困难，项目组认为更多地发展自发性社会组织或许是一个可行的办法；二则目前民族社区中专业性的民族社会工作也不能紧跟时代需求，由于民族地区整体教育水平的落后、就业机会的稀缺等原因，造成了部分少数民族青少年在出现偏差行为时难以获得及时、有效的民族社会工作的介入。当前社会流动速度较快、加上互联网的普及，对这些有偏差行为的部分少数民族青少年冲击极大；由于民族语言不同、风俗习惯不同、宗教信仰不同等因素，民族地区的民族社会工作对弱势群体的帮扶、介入是一个范围大、难度大的领域，中东部地区的社会工作开展经验尚在摸索阶段，民族地区民族社会工作无疑成为一个短板。而社会组织和专业的民族社会工作既是政府与互嵌式社区的媒介，又承担着联结公与私的责任。"多元主体性和主体间性及其实现，恰恰是公共性的真谛，于社区及社

---

① 吴世永：《从文化间性审视哈贝马斯的交往行为理论》，《黑龙江社会科学》2009 年第 4 期，第 9～13 页。

区建设亦然。"[1] 目前而言，民族社区中多民族之间的沟通行为仍然有待进
一步提高，应该秉持中华民族命运共同体意识，重新构建对我族文化和他族
文化间的认识，从文化这个导致民族关系危机和民族间关系被异化的根源
上，力争通过提倡互嵌式社区更多更深的多民族交往，建立相互理解与自然
沟通的交往理性，以实现公共空间的维系与社会和谐之目标。

当然，居住空间的"互嵌"并非要求打破部分民族聚居的现状，而是
要求一方面根据这些民族的民族特征、宗教信仰、生活习俗等，保障对各民
族的尊重与保护，尤其是作为文化遗产方面的内容，让部分民族感受到尊
重；另一方面则是在居住空间的城市（镇）建设或民族村寨建设中，逐步
推动现代化的进程，这种现代化的推进是建立在尊重各民族"个体化"的
基础上，即民族社区互嵌空间中的现代化建设与个体化保留不是"非此即
彼"的关系，换句话说，这里的公共性并非用同质性去瓦解或消除民族社
区内部不同民族的个体性和差异性，而是强调对于当代不同民族的人们，应
该具有更宽广的胸怀，实现本族文化与异族文化的和睦相处与"美美与
共"。这是因为：宽容是人类美德中最伟大的，只要有行动，就需要宽容。[2]

7.2.3　多元参与及民族社区合作治理的实现

沟通理性与主体间性交往缺失导致个体普遍的冷漠或非理性的偏激行
为，应鼓励多民族居民通过参与社会组织的方式，或是通过专业性的民族社
会工作的介入，尝试参与社区事务和社区治理。现实中的多民族事务往往是
各民族最关心的各项切身利益问题，近三十年来我国社会发展速度加快，政
治体制改革不断深化，对于经济文化相对滞后的多民族聚居区来说，各种社
会问题和矛盾依然存在，少数民族聚居区的当地政府制定和推动改善多民族
生存和发展的各种相关措施主要是各地区的局部具体政策和管理问题，项目
组认为，多民族事务的解决需要寻求合作治理的实现，不能以人数、宗教文

---

① 庞绍堂：《论社区建设中的公共性》，《南京社会科学》2009 年第 5 期，第 70～74、97 页。
② Hannah Arench, *The Promise of Politics*, New York：Schochen Books, 2005.

化不同等因素而产生彼此之间的误解和歧视，在多民族公共事务合作治理中，要更加强调平等、公正和法治。社区这个场域中存在各种合作治理多元主体，如基层政府、社会组织、企业、居民等，也应该更好地发挥寺院、宗教管理人员的作用，其中多民族的精英是民族社区合作治理中可以培育和运用的重要人力资源，多民族的精英在基层社会生活中具有较高的群众基础，由于这些精英们自身的素质、身份、领导品质等往往能够在处理多民族事务时起到举足轻重的作用，所以民族社区中的合作治理的实现基础之一就是充分挖掘和发挥民族社区中多民族精英的作用，使之成为多民族群众利益的传声筒，以帮助基层政府更好地理解多民族群众利益诉求，才可能实现真正意义上的多民族合作治理。

公共性是现代性最基本的特征①，基于现代性及其后果，学者们开展了当代公共性问题的反思与求解，不同领域的公共性问题的求索促使其自身蕴涵着强烈的批判现实、揭示现实与建构的功能。公共性倡导内涵多元化的主体平等、共建的社区组织管理体制，并以此协调多元化主体的利益，保障社区共同体的和谐发展。如前文所述与分析，互嵌式社区的公共性研究是对"民族社区"场域内具有不同民族特征的个人之间的整合以及如何塑造和引导不同民族共享有序的社会公共生活的一种回应。这一问题的解决途径之一是利用中央政府的推动形成不同民族的互嵌空间，其政策启示是加强民族间的空间交流和交融。当前党中央提出"互嵌式社区"目的在于安邦利民，加强多民族之间的互动，调适现有的民族关系，并重构民族地区经济社会发展新秩序，"互嵌式社区建设"的两个关键点在于"空间互嵌"和"精神互嵌"，相对于空间互嵌，多民族的"精神互嵌"即彼此之间的文化融通和心理接纳显得更为重要。项目组提出民族社区"互嵌"建设中要重视公共性，回归到社区公共性上来，这与党中央提出的加强各民族的"中华民族共同体"思想相呼应，其实质就是要逐步强化各民族之间的共同体意识和中华文化联结，实现多民族文化差异性到中华文化的整合。这就需要从民族社区

---

① 袁玉立：《公共性：走进我们生活的哲学范畴》，《学术界》2005年第5期，第27～34页。

的公共性出发，从民族社区层面的"共同体意识"建设出发，培育各民族的稳定和持久的中华民族共同体意识，逐步构筑各民族共有的精神家园。

以上是宏观层面的分析，就不同民族个体而言，应该从个人视角采取的措施，项目组认为有四个方面：一是移情；二是对话；三是理解；四是关怀。努力促成从"我—他"关系迈向"我—你"关系。项目组认为，在"我—他"关系中，不同民族的个体作为一个精神实体，有着自己独特的人格；在"我—你"关系中，是不同民族生命间的对话，是不同民族人格与人格的相遇与交流。"他者"进入"我"的视野中，并最终促成"我们"，而"我们"才是建构"互嵌空间"的积极行动者和最终受益者。概言之，"从主体间性到他者性，由自我走向他者，使具有唯我性的个人主体转向具有他者性的责任主体，这为共同体的形成迈出了实质性的一步"①。互嵌式社区公共性主要来源于人性。在一定程度上，人性是无法预订的，人的本性特征既可能立足于已有文化也有可能不断地超越，创造新文化。进一步说，一个人在遵守共同规范的同时，尊重他人，以及为他人遵守这些规范所提供的机遇、其特殊价值的理由和动机，他这样做的动机和意愿也是有现实基础的，对这种基础我们不仅应该去寻找，而且应该在它还不存在的情况下，下力气去构建。政府应着力引导不同民族的社会行为主体追求公共利益、公共精神，凝练公共理性②，以及富含时代意义的多重认同。互嵌式社区建设号召人们拥有一种视野、方法及思维方式的公共性，这种公共性促使中华各民族正视与他者的共在，又不丧失自身的主体性，拥有理性的态度，正视中华各民族的差异与冲突，并在这种正视的基础上追求一种相对的理性同一。更深层次则是要求尝试在平等、理性的交往与对话中关注民族公共事务，并在此基础上达成一些多民族间必要的共识。互嵌式社区建设倡导将本民族成员对民族的聚焦适时地转移到对其他民族优点的学习上。

---

① 冯建军：《从主体间性、他者性到公共性——兼论教育中的主体间关系》，《南京社会科学》2016 年第 9 期，第 123~130 页。

② 史云贵：《从政府理性到公共理性——构建社会主义和谐社会的理性路径分析》，《社会科学研究》2007 年第 6 期，第 65~70 页。

　　本章主要是对互嵌式社区公共性的构建路径进行了分析，注重从构建互嵌空间阻滞因素的消解路径之"共生、共在、共享"理念出发，进一步探讨了互嵌式社区公共性供给的实践路径，总体来说，在互嵌式社区公共性供给路径中需要重视的是：需求导向与民族社区公共空间的营造、理性沟通与民族社区公共空间的维系、多元参与与民族社区合作治理的实现，尝试以理论视野创新互嵌式社区的建设。

第8章

多元主体协商共建融洽式
互嵌社区的建设路径

前文已谈到，学者杨鹍飞率先通过辨析，明确了互嵌式社区的含义，并以两个关键属性"空间关系"与"精神关系"为变量，通过 2×2 矩阵将互嵌式社区分为四种类型：区隔式、接触式、融洽式和交融式。本书认为按照这一划分原则，交融式互嵌社区是一种理想类型，作为最高境界，当前在新型城镇化建设过程中所带来的剧烈的社会变革中仍然不那么容易达到。而融洽式互嵌社区是指社区内不同民族在居住上相对分离，但是精神关系上融洽，能够互相认可、尊重，相互之间能够有较多的情感交流，彼此之间并不总能意识到民族的差异①。这一类互嵌式社区是当前建设的重中之重，未来将会向交融式迈进。因此，本书更多探讨的是融洽式互嵌式社区的建设路径，从多中心治理与多元行动之借鉴出发进行探讨。

8.1 多中心治理与多元行动系统之借鉴

多中心作为一个概念包含着一种审视政治、经济以及社会秩序的独特

---

① 杨鹍飞：《民族互嵌型社区：涵义、分类与研究展望》，《广西民族研究》2014 年第 5 期，第 17～24 页。

方法①，可否用于分析民族团结示范区治理？我国政府历来重视民族区域自治和民族团结，新中国成立以来召开了六次全国民族团结进步表彰大会，共表彰模范集体3893个，模范个人4085人，这些模范集体和模范个人在全国范围内起到了带头示范作用，在基层民族地区治理中起到了重要的作用。此外还开展了全国民族团结示范区评选活动，旨在运用"示范效应"带动更大范围的民族交往交流交融。民族团结示范区治理的出发点和立足点是围绕如何将民族团结示范区作为一个载体和模型，为当地和其他地区社会成员提供安全和秩序等基本的公共物品，并在此行动中促成互嵌式社区建设，其是一种中央政府的政策工具。本书主张深刻理解"民族团结其本身既是一种价值取向，又是一种行为规范，实践中应遵循此二者基本意涵"，以首批全国民族团结示范区之一——青海省海北藏族自治州（以下简称海北州）为个案，尝试运用多中心治理理论分析框架解释基层政府如何运用策略促进当地民族团结与互嵌式社区建设，具体描述该民族团结示范区的实践过程，全景式地呈现该示范区实践的基本经验，这一政策执行过程的微观分析是本节研究的核心问题。此外，在提升社区共同体意识的过程中，向发达地区的S村城市低碳社区建设的多元行动系统借鉴其"社区共同体建设"经验。

8.1.1 多中心治理理论的分析框架及海北州个案

作为公共管理学科的经典理论，针对多中心治理理论本身，国外的主要研究集中在三个方面：一是多中心治理的内涵；二是多中心治理的主客体研究；三是多中心治理机制研究，见诸多本著作如《自由的逻辑》《公共事务的治理之道——集体行动制度的演进》《大城市地区的政府组织》《多中心治道与发展》《规则、博弈与公共池塘资源》《共同合作：集体行为、公共资源与实践中的多元方法》等，这些著作将多中心治理理论带入了全球范围各国的治理变革。这一理论引入中国后同样被学者们用于多个领域的研究，多为定性分析，一是环境治理问题，主要是农村环境污染、大气污染、

---

① 迈克尔·麦金尼斯：《多中心治道与发展》，毛寿龙译，上海三联书店，2000，第2～3页。

环境群体性事件、农村生活垃圾处理和水资源管理等；二是城市管理研究，如城中村、城市社区、大城市治理等；三是教育领域研究，如职业教育、大学教育、学生管理、体育管理、思想政治教育管理、留守儿童教育等；四是网络舆情管理，如网络突发事件、网络言论失范等；五是社会保障，如住房保障、社会弱势群体救助、城市养老服务模式等；六是其他方面，如社会组织与政府的协同、社会组织、公共危机治理、宗族弱化与村庄治理等。由此可知，多中心治理理论在我国现有公共服务供给等方面有一定的启示意义。

针对民族社区治理，有学者提出应在区分民族内部事务与一般社区事务的基础上实现多中心治理①，这是该理论在民族问题上分析的代表。民族团结示范区自 2012 年开始评选以来，学界对其开展的研究多为描述性的、对已获批的示范区（州、盟、市、县、村等）取得的基本成绩和经验进行介绍，如大理州、海北州、吴忠市、塔城市、保山市、铜仁市、南涧县、金平县、宁洱县、石柱县等，少有深层次的学理性思考。

多中心治理理论的提出源自 20 世纪以来的"治理"理论，总体而言其分析框架主要包含四个方面：一是强调治理主体的多元性；二是强调参与及自组织发展；三是强调治理手段的多样性；四是将公共产品的供给作为治理的核心内容②。在多中心治理机制中，需要借助多样化权力和政府单位，以解决不同范围的公共治理问题③。项目组认为多中心治理分析框架可为当前民族区域自治中的民族团结示范区治理提供参考。

海北州自 1978 年以来持续不断地开展民族团结进步宣传月活动，在创建民族团结进步示范区实践中，海北州将其作为自治州的发展战略之一，研究制定了相关政策与实施意见及十个配套文件，并将创建重点任务分解为11 项大工程和 52 项具体任务，按照"一年强基础，两年创示范，五年再提

① 郭鹏：《城市民族混居社区中公共事务的界分与治理——多中心治理理论的应用》，《延安大学学报》2012 年第 1 期，第 48～51 页。
② 吴瑞财：《多中心治理视野下的社区治理模式初探》，《内蒙古社会科学》2010 年第 1 期，第 114～117 页。
③ 王兴伦：《多中心治理：一种新的公共管理理论》，《江苏行政学院学报》2005 年第 1 期，第 96～100 页。

升"的推进步骤扎实地开展创建工作。海北州个案中的多中心主要体现在基层政府、党政机关、企事业单位、学校、军队、寺院及社区等，环绕群众个人包括政府、市场、社会三大中心（见图8-1）。

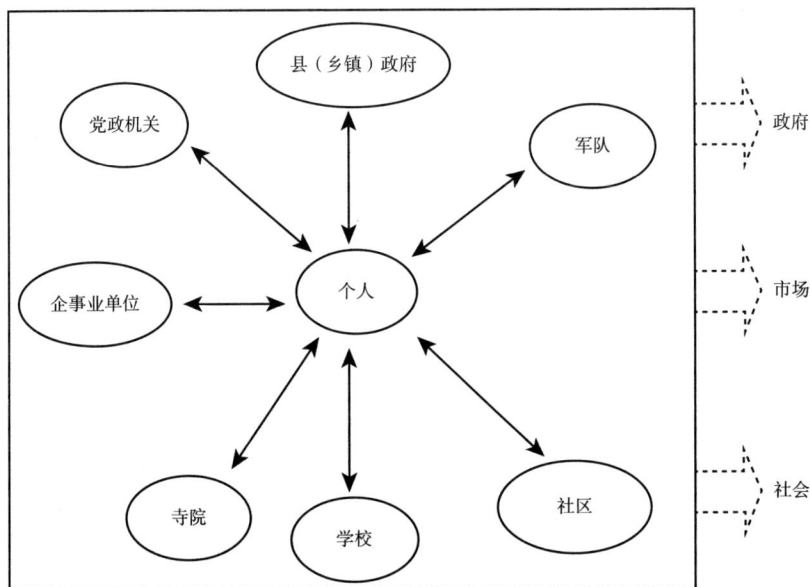

图 8-1　海北州个案的多中心治理示意

　　由于个人的民族、性别、年龄、文化水平等不同，加上各自不同的社会身份，其分属被管辖的权力中心有所不同，图8-1显示出个人身份可归属于三大中心的主要组织（机构）。在民族团结这一事务上，要在普通公民的思想意识中生发出民族团结的意识或不断深化头脑中已有的民族团结意识，不能仅仅依靠个体自觉的民族团结意识，还需要其所属的各权力中心运用多种策略予以引导和帮助，这种引导和帮助有赖于群众喜闻乐见的形式、与群众息息相关的内容、有群众共享成果的良好氛围①。在此基础上，才可能促使个人强化"民族团结是我国各族人民的生命线"基础上的中华民族共同

---

① 王芳：《青海省创建民主团结进步先进区路径探析——以海北创建全国民族团结进步示范州为例》，《攀登》2014年第5期，第15~20页。

体意识，而"中华民族共同体意识"其基本内涵包含六种意识：国情家底意识、历史主流意识、政治法治意识、团结合作意识、共同发展意识、共建共享意识①，这些有助于促成普通公民的单一身份转向叠合身份，民族团结示范区就是一种不断强化这种意识"从入耳到入脑再到入心"成为习惯，成为伴随个体一生的尝试。

海北州个案中三大中心所包含的主要组织（机构）工作重点和目标如表 8-1 所示。

从表 8-1 可知，归属于三大中心的主要组织（机构）其在民族团结这一事务上的侧重点有所不同，但总体而言个人生活、家庭及工作等日常生活中的全方位都有涉及。根据上述工作重点与目标，海北州倡导的"民族团结八进"目前已带动其他地区增至"十进"（在"进乡镇、进村社、进社区、进机关、进学校、进企业、进寺院、进部队"基础上增加了"进家庭、进医院"）。

表 8-1　海北州个案三大中心的各类主要组织（机构）的工作重点与目标

组　织	工作重点	工作目标
党政机关	开展"三基"建设	实现"项目化管理、片区化推进、阳光化服务"的机关建设工作品牌
县（乡镇）政府	加强党的民族宗教政策和相关法律法规学习应用，不折不扣地落实各项惠民政策，及时排查化解各类矛盾纠纷，大力开展群众性文化体育活动	以创建工作促进经济发展和社会和谐
军队	"六联建"即联建思想教育网络，联建和谐稳定寺院，联建基层政权组织，联建支援帮扶平台、联建应急处突力量、联建双拥工作体系	充分发挥驻地军警部队促进民族团结进步的重要作用

---

① 哈正利、杨胜才：《中华民族共同体意识基本内涵探析》，《中国民族报》2017 年 2 月 24 日第 5 版。

续表

组　织	工作重点	工作目标
市场（企业）	民族政策教育、法律知识普及、诚信体系建设、市场秩序维护；促进其内部团结和谐，巩固企地关系和谐，推动企业科学发展，引导督促企业履行社会责任	注重增强经营人员"各民族一家亲"的意识，着力维护各民族经营者相互尊重、和睦相处的经营氛围；引导支持各类企业招录一定比例的少数民族员工和当地的高校毕业生
寺院	深入开展法制政策宣传、涉藏维稳宣传、民族团结进步教育宣传、基础设施建设和公共服务覆盖、寺院规范管理、寺院教风整顿	注重引导信教群众移风易俗，引导教育信教群众和教职人员积极参与和支持新农村新牧区建设，协助乡村组织调解矛盾纠纷，促进宗教与社会主义社会相适应
学校	扎实开展法律、亲情、理想、感恩、爱国、时事和民族团结进步"七进校园"活动	促进各族学生交流交往、携手共进
社区	以民族团结"五进社区"活动为载体，把握农牧民进城定居的机遇，在建立各民族相互嵌入式社会结构和社区环境，解决进城农牧民后续产业发展和做好服务管理上下功夫	建友谊、聚民心、促和谐

资料来源：项目组根据《海北州创建全国民族团结进步示范州工作汇报》（2015年11月）相关内容汇总、自制。

海北州个案民族团结实践路径的特点分析与经验总结如下。

（一）特点分析

人类多样性及生产生活需求的多样性，促进了人类自发秩序的产生，而人类自发秩序的产生促成了多中心制度安排，在自发秩序的产生中这些机构在多中心治理中亦表现出较强的社会权力控制功能。以寺院为例，根据青海省的具体情况，主要包括清真寺、藏传佛教寺院，海北州在民族团结实践中重点处理好寺院僧人之间、僧人与政府、僧人与社会的关系，在全州131座寺院中开展了"比规范、比和谐、比贡献，促进其与社会主义社会相适应"活动。从访谈获知："像寺院的'三比一促'，有自己的一些书屋，这几年国家对寺院的基础设施投入，水通了、电通了，僧人的僧舍全部进行了改造，可以看到电视，有书屋有网络，所以说党和国家对于宗教的一些宣传政策，这些僧人都可以在第一时间掌握到、了解到。这几年政府在我们寺院投入巨大的建设经费，通过项目来把寺院建设得非常好。……寺院里的僧人之间，跟社会、跟政府的关系是非常好的。政府在寺院的安排都可以顺利落实。我们政府有派往寺院的指导员，便于政府与寺院之间进行工作上的沟通，这方面做得非常好，包括寺院僧人的基本情况我们掌握得非常清楚，僧人来自哪里、家庭情况怎么样都是很清楚的，所以说政府在这方面也加大了一些投入力度，环境各方面等改造得特别好，如大经堂、小经堂这些确实改造得特别好，所以僧人把党和国家的一些政策落实得很到位。"（访谈记录 F2016011101，被访者为汉族，男性，海北州民族团结创建办公室主任）在寺院活佛、僧人的带动下，信众之间、信众与政府、信众与社会的关系亦得以改善，由此看来，在一定程度上，寺院的发展不是在与政府争权，而是在帮助政府治理社会。

海北州个案民族团结示范区的多中心治理，并不是毫无秩序，而是尝试将各个参与主体整合到构建互嵌式社区建设的"中华民族共同体意识"建设的大目标中去。

我们知道，民族团结所带来的稳定与发展自始至终都是关系到中华民族大家庭中每个成员切身利益的公共事务，民族团结与互嵌式社区建设相伴而生，团结推动着互嵌，互嵌意味着团结。新时期党中央提出的"构建各民族相互嵌入式社会结构"，旨在促成新形势下更高更广更深的"中华民族大团结"。2016 年全国城市民族工作会议和国务院《政府工作报告》均再次强调"互嵌式社区建设"。可见，"互嵌式社区建设"问题已由一个边疆治理问题上升为国家的治理方略，民族团结示范区不仅是民族地区创建民族团结工作的带队人，未来也将为我国的城市民族工作提供经验。海北州将民族团结示范区（州）创建工作分解落实，细化为十一大工程，并提出《分工方案》确定的各项任务，纳入县、州直部门领导班子年度目标责任考核。州创建办统一制定了民族团结进步示范县、示范乡镇、示范村（社区）和先进单位、先进学校、先进企业、先进寺院创建标准，将中央政府的民族团结示范区创建政策细化为可见可评的内容，更容易得到基层单位和普通公民的理解、认可与支持。海北州个案的机制保障来源在于以"一把手负责制"为主的七大制度及当地军队的"六联建"(见表 8 - 1),在此基础上促进军(警)民共建民族团结进步示范州活动,为促进新形势下军民融合发展提供新的契机和抓手,在打造美好精神家园,打牢维稳工作基础,筑牢执政为民根基,促进发展改善民生,推动维稳工作落实和密切军政军民关系上发挥了重要作用。"我们的十一项工程、五十二项任务得到国家认可的就是'一把手负责制',民族团结不管在哪个部门都是一把手负责制,周围有什么安排就是领题回去落实安排,各机关就把民族团结当成是头等的大事来抓。……国家是六进,我们是八进。其中,进军营,国家是没有的,其他地方是没有的。军区本来应该说地方有些事务是不好参与的事情,但是在民族团结(建设)中也把他们融入进来。(还有)进市场这块。所以说我们加了这几进成为八进,可以看出,我们的效果也非常好。"(访谈记录 F2016011101,被访者为汉族,男性,海北州民族团结创建办公室主任)

以上充分体现了多中心治理理论中治理手段的多样性,不再使用传统的行政单向度管理模式,采用新的管理方法和互动模式。各个参与主体在彼此信任的前提下,通过协商、对话、谈判等方式,求同存异①。如前所述,由"民族团结"推及"互嵌式社区建设",后者是在国家统一下的"求同"和"存异",是在"存异"基础上的"求同",这个"同"最后以"中华民族""中华文化""中华民族共同体"为旨归②。可以看出,本项目运用多中心治理理论分析民族团结示范建设,与党中央所提倡的"互嵌式社区建设",二者意义相近。

(二)经验总结

一是民族团结的历史基础较好。"我们海北州从 1978 年就开始做民族团结工作,30 多年的这种民族团结,历届州委州政府的领导非常重视民族团结,你们可以看我们原来的历史,这个州制定的部门目标责任都有民族团结

---

① 郭鹏:《城市民族混居社区中公共事务的界分与治理——多中心治理理论的应用》,《延安大学学报》2012 年第 1 期,第 48 ~ 51 页。
② 王世靓、纪晓岚:《文化间性视阈下的民族互嵌及其政策意蕴》,《理论导刊》2017 年第 6 期,第 23 ~ 25、29 页。

这个内容。但是到了 2013 年上升到一个战略位置，那就是民族团结进步建州，这个位置就非常高了。"（访谈记录 F2016011101，被访者为汉族，男性，海北州民族团结创建办公室主任）

二是民族团结宣传内容丰富、教育到位，处处可见，民族团结意识潜移默化。

"在这个藏族自治州除了汉文以外，少数民族的语言都得到了规范使用，连商户的门牌都统一起来，你可以看到任何一个地方包括党政机关的门牌及商铺的门牌都是很规范的，藏文在上汉文在下。"（访谈记录 F2016010304，被访者为汉族，男性，海北州社会保障科科长）青海省选拔的年轻干部在农牧区开展工作前，都需进行半年左右当地少数民族语言培训。在多次调研中项目组看到日常接待老百姓较多的业务部门如社会保障局会有"你的养老保险办理了吗？"这样的藏语提示牌。这些宣传方式在一定程度上提高了藏语及其他少数民族语言的自豪感和荣誉感，有助于推动民族团结与互嵌式社区建设。此外，在军营、社区、学校、寺院、企事业单位等也开展了各种丰富多样又喜闻乐见的宣传活动。这些均体现了海北州民族团结宣传教育工作秉持常态化、机制化、全覆盖、多角度、重实效的工作原则，采取的干部教育培训、新闻舆论培训、社会宣传教育和文化市场监督的具体措施，这促进了中央和省、州委关于农牧区工作方针政策、海北州经济社会发展成就、民族理论和民族政策、社会主义法制宣传教育的层层深入。只有跟群众直接相关的各种惠民政策真正落实到基层，群众的民族团结意识才会逐步提升，并促成中华民族共同体意识的巩固。

三是民族团结示范区创建工作以民生改善为基，促进了民生改善，民生改善又反过来带动了进一步的民族团结与互嵌式社区建设。

学界普遍同意多民族国家社会政治凝聚力"既来自政治制度对多样性的包容，也来自经济和社会领域的平等和共享"①。其立足点就是民生问题

---

① 王建娥：《多民族国家社会政治凝聚力的锻造——方法与途径的探究》，《中央社会主义学院学报》2017 年第 2 期，第 54～61 页。

的解决。海北州个案中民族团结创建工作中切实与老百姓的民生问题解决相一致，并在一定程度上促进了老百姓的民生改善。"我有个体会，在创建民族团结以前，（发展）项目是以县为单位，能到乡的也比较少，但民族团结创建的时候以自然村为单位。我们（海北州）有 214 个行政村，但有 412 个自然村。这说明最基层的也涉及村里的社，多多少少都覆盖到了，它的建设有硬性指标要求，水、电、路、讯、广播文化等这几块，投入了 19.19 亿元。"（访谈记录 F2016011102，被访者为汉族，男性，海北州发改委办公室科长）据统计，2013 年海北州地区生产总值突破百亿元，州县财政支出全部用于民生事业。海北州所有行政村建有卫生室、文化室、农家超市，百分百实现了"水、电、路、讯"全覆盖[①]，在项目组开展的海北州问卷调查中，大多数群众纷纷对近几年生活条件等各方面的民生改善表示满意，并提及了与其他民族交往交流的美好意愿。

有学者总结出海北州个案中还在"强化基层组织建设、基层基础牢固""积极排查调处矛盾纠纷、创新社会管理"[②] 等方面有突出表现，不再赘述。

概而言之，由于我国少数民族区域自治的政策执行过程分析被视为学术研究中的政治敏感区，本节通过对寺院、军队及其他政府机构（部门）的参与式观察与深度访谈的研究方法，可以看出，在民族团结这一中央重要政策的基层执行中，海北州因地制宜，综合考量本区域特色，适时地运用策略宏观操控与基层落实，运用巧妙的办法促成社会稳定与社会发展之路。我国推动"互嵌式社区建设"的众多主体皆可接受的平衡支点建立在"中华民族大家庭"成员身份的基本共识上。民族团结与互嵌式社区建设需要交往理性。而多中心治理结构是使得平等主体能够实现伦理关照的交往理性[③]。前文分析可知，多中心治理理论可用于分析民族团结示范区治理，海北州个

---

① 王芳：《青海省创建民族团结进步先进区路径探析——以海北创建全国民族团结进步示范州为例》，《攀登》2014 年第 5 期，第 15~20 页。

② 马智芳、马斌毅、祁元生：《海北州创建全国民族团结进步示范州面临的问题及对策》，《攀登》2014 年第 2 期，第 91~96 页。

③ 孔繁斌：《多中心治理诠释——基于承认政治的视角》，《南京大学学报》2007 年第 6 期，第 31~37 页。

案中的多中心治理理论的运用，有助于理解该个案作为全国民族团结示范区的典型效应，无论是对民族地区还是城市民族工作来说，都有深刻的借鉴意义。

8.1.2　城市低碳社区建设的多元行动系统及其解释——S 村个案

S 村[①]位于上海市区西南，隶属于凌云街道，由三个自然小区构成，属典型上海公房式小区。辖区内有居民 2369 户，常住人口 6500 人左右，人口结构基本上都是动迁安置。S 村低碳社区的建设早在 2011 年就已由垃圾减量行动开展起来，因此属于低碳社区建设中的城市既有社区类。"社区这个名词是国外进来的，但实际上做得并不到位。国家一直想让居委会壮大成长，但效果并不好。我们三村有一个很好的起步，居委会本身是一个社区组织，三村在这个基础上成立了一个自己的 NGO 组织，实现两条腿落地走路。"（F2014121701，北京地球村环境教育老师[②]）S 与其他社区相比有其超前之处，一是 S 村自发注册了一个民办非企业（上海凌云绿主妇环境指导中心），人员由居委干部兼任，成立四年来在社区环境教育、居民环保行动号召等方面发挥了极大作用；二是 S 村社区基础设施建设中已有低碳展示和体验项目（包括"凌云生态家"、芽菜种植暖房、绿主妇工作室等），具有示范效应。

（一）S 村低碳社区建设的典型做法

通过参与式观察，项目负责人总结了 S 村低碳社区建设的主要做法是：第一步利用居委会较好的群众基础和动员机制，扩大居民参与低碳生活的知晓率，加强组织管理和低碳宣传——重复再重复、反复宣传、强度大（月

---

① S 村是项目负责人在上海进修期间社会调查的田野点，作为首批全国低碳社区建设示范点之一，它在开展低碳社区建设过程中的系列做法十分值得全国借鉴。在长达半年多的参与式观察中，项目负责人看到了该社区在凝聚居民参与活动与鼓励居民参与活动时的各种措施与做法，意识到社区建设本来就不是单打独斗，而应是多元协同行动系统的结果。S 村的社区建设尽管是以低碳社区为主要抓手，但其深层次内涵是在着力推动社区共同体意识的提升，诚然作为 S 村的社区居民其内部人员的情况并不包含"民族"这一特征，但项目负责人仍然认为，S 村在社区建设方面对互嵌式社区共同体意识提升亦有可借鉴的地方。因此，本书将本部分内容作为案例分析之一提出来，特此说明。

② S 村个案分析中的访谈记录并未列入本书成果之附录的目录。

月有活动）；第二步在较好的群众基础和动员机制上，进一步培养居民低碳
行为方式，在潜移默化中形成行动规则，在原有的家庭生活垃圾减量行动基
础上，增添绿色出行、低碳出行的生活方式；第三步进一步拓宽低碳社区基
础设施建设，在原有的雨水处理系统基础上，进行生态屋再建和探讨社区光
伏发电的可能性，并积极推动节水等资源综合利用。前两步工作利用三年多
时间基本实现预期目标，而第三步由于牵涉基础设施的大范围建设，需要多
方协调，仍然在推进中。具体实施效果是 S 村已开展了近五年的家庭生活垃
圾减量回收活动，2012 年、2013 年和 2014 年先后有 7490 户次、11780 户次
和 14892 户次参与。截至 2014 年底，S 村已将垃圾减量和绿色种植生活方
式、废旧衣物回收利用等扩展到徐汇区 6 个街道，上海市闵行、杨浦等 5 个
区以及安徽、贵州、西藏等 4 个省区，携手周边 12 个社区共同参与垃圾减
量（包括废旧衣物回收）81 吨，向希望小学捐赠爱心衣物 3702 件。

（二）S村低碳社区建设多元行动者系统

本小节尝试构建多元行动者系统（见图 8 - 2），从图中可看到：每个行
动者与其他行动者、外界环境因素的关系，而无论是政府、企业还是社会组
织及个人，都是通过居委会（即"凌云绿主妇"）关联起来。下文进一步对

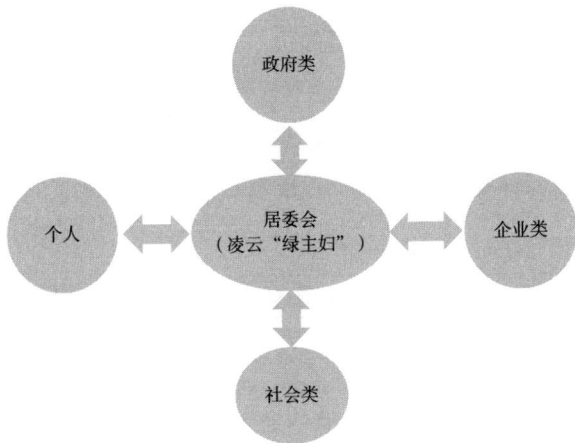

图 8 - 2　S村低碳社区建设多元行动者系统

资料来源：项目负责人自制。

这些行动者的分类、特点、资源拥有情况和行动策略进行分析。按照通常划分做法，可将多元行动者分为四类。

（1）政府类

主要包括上级街道办事处、相关市级管理单位、居委会、社区学校等。一种指低碳社区试点建设工作具体组织单位，如 S 村的上级凌云街道办事处，上海市分管低碳社区建设的上海市发改委节能减排科，上海市市容局、环保局等相关部门。这些政府类行动者是低碳社区试点建设工作的具体组织单位，负责低碳社区的选取和申报，编制低碳社区试点建设实施方案，并组织社区居委会、开发建设单位、社区内相关企事业单位、社会机构和物业公司等参与试点工作。另一种是试点工作具体实施单位，如 S 村居委会、社区学校等，主要根据实施方案，协助管委会、街道办事处，做好社区低碳制度的建立和完善，低碳设施的建设和运营，低碳社区服务的引入和规范、低碳文化生活的宣传和推广的工作。从实际效果看，S 村居委会和社区学校在低碳社区建设政策执行阶段起到了关键作用。

（2）企业类

主要是指在低碳社区建设中提供技术支撑的相关企业，运营管理和低碳生活方式创建的全过程，充分利用各社会机构的专业优势，有效整合低碳建设多种资源，创新多元化服务体系，切实发挥其在试点建设中的专业化服务职能。这主要包括在 S 村开展废旧衣物回收的上海某实业公司；低碳社区技术设计系统企业相关能源科技有限公司；提供节水龙头设备与安装公司、社区普通绿化企业、提供公共自行车采购的相关企业等，这一类企业既有市场化的运作，市场需求的引导下运行的营利企业，也有以公益环保为宗旨的社会企业，呈现出多元的状态。

（3）社会类

主要是指在低碳社区建设中提供环保技能培训的相关社会组织，包括各种在社区开展低碳活动的环保社会组织，如凌云绿主妇环境指导中心、万通公益基金会、北京地球村环境教育中心、北京乐知多教育中心等，这一类组织中，由 S 村居委会注册的民办非企业单位——凌云绿主妇环境指导中心是在其他社会组织的孵化和帮助下发展起来的，而这几个社会组织则在不同方面为 S 村低碳社区建设提供了帮助，例如北京地球村环境教育中心为凌云绿主妇环境指导中心提供了成立初期的小额资金，并提供了环境教育指导，利用近一年时间顺利孵化了凌云绿主妇环境指导中心，而万通公益基金会则为其提供了首批较大数额的项目资金投入。针对外界社会组织的作用，S 村居委会书记坦言："外界社会组织力量太重要了。北京地球村和万通（公益基金会）不论从社区工作，民非组织进社区，都给我们带来了启发、激励、能力的提升，在很多方面给我们提供很大的助力。"（F2015040601，S 村党总支书记）在技术和资金的保障下，S 村利用居委会和社会组织"一套人马，两个组织"带动了整个低碳社区的建设。

（4）个人

主要是指低碳社区建设中的参与者与实施者，包括社区居民和环保志愿者等。综观全国，虽然我国已经打破了过去的"单位制"，大力推进"社区制"，但我国现实中的社区居民只是区位上在同一个地理区域内生活，但大多数社区居民对社区内的公共事务的参与程度、关心程度、社区归属感和主人翁感并不强，大部分社区居民仍然处于思想意识较薄弱的状态，尚无大范围的公民参与，这也就要求由相关环保人士和组织部门进行鼓励、带动与推动。

根据科尔曼的理论，前三类行动者可以归为法人行动者，而个人则是自由行动者。针对法人行动者，科尔曼认为现代社会的基本行动方式不仅仅是个人与个人之间的交换和互动，更多的是自然人与法人、法人与法人之间的交换。"从自由行动者的角度来看，任何结构性制约无论强加于其成员的限制程度有多大，都要通过其成员的行动来转换，而且其成员的行动很少会完全接受集体安排。"[1] 因此，在低碳社区建设上，针对法人行动者和自由行动者来说，政策制定者需要理性考虑两种不同的行动者之间的区别，法人行动者是建设低碳社区的关键节点，法人行动者之间合作关系网络的运行情

---

① Edrhard Freidberg, *Local Order: Dynamics of Organized Actions*, London: JAI Press INC, 1997, pp. 4 – 5.

况，直接影响整个低碳社区建设的运行系统，而自由行动者则是全国范围内推广低碳社区的基础，项目负责人认为除了在法人行动者之间建立合理的规则之外，自由行动者也应赋予更多的关注。即政策制定者在推动自上而下的"行政性、强制性"的推广外，也应该考虑自由行动者"自下而上"政策执行的"倒逼"效果。

科尔曼对社会行动的定义借鉴了经济学的"具有目的性的理性人"的观点，他认为，行动者都有一定的利益偏好，并且都试图控制能满足自己利益的资源。"资源"的种类很多，如财富、物品、事件、信息、技能、特长、感情等。科尔曼还指出："行动者仅仅通过两种关系与资源（间接地与其他人）建立联系，即控制资源和获利于资源。"[1] 本书项目负责人将常见资源归纳为政治资源、经济资源、人力资源、物质资源、技术资源等，总结了四类低碳社区建设行动者所拥有的资源情况和特点（见表 8-2）。在低碳社区建设过程中，由于行动者所拥有的资源种类、数量都有所不同，相关组织具有可用于交换的现成的关键性资源，部分资源不需要在合作的同时进行生产。

表 8-2　低碳社区建设多元行动者的资源拥有情况

行动者	代表组织	拥有的主要资源	特　点
政府类	上级街道办事处、相关市级管理单位、居委会、社区学校	政治资源、经济资源	行政性、强制性
企业类	提供技术支撑的相关企业	技术资源、经济资源、物质资源	营利性、遵循市场规则
社会类	提供环保技能与组织能力建设培训的相关社会组织	技术资源、经济资源、人力资源	公益性、非营利性
个人	参与者与实施者，包括环保达人和社区居民	自身就是一种人力资源	兼具主动性与被动性

资料来源：项目组自制。

---

[1]　J. S. Coleman, *Foundation of Social Theory*, Cambridge: Belknap Press of Harvard University Press, 1900, p. 37.

从表 8 - 2 中可以看出，每个行动者所拥有的主要资源各有不同，在社会系统运行过程中，存在相互交换的行动，在此行动下实现个人利益的最大化。而每个行动者所拥有的不同特点又影响着他们与其他行动者之间的交换关系，这种交换关系在科尔曼看来，从属于权威关系或信任关系。也就是说，行动者之间除了直接的交换关系、人际（情感、互助）关系外，还存在着与系统行动有关的权威关系和信任关系，这些关系介于微观和宏观之间，可以说明众多行动者的基本行动是如何转变为系统行动的。项目负责人通过访谈进一步深入理解这些行动者。

①上级街道

> 以低碳环保为切入口，或者叫切入点。因为当时小区的居民很想为这个社区做点事，作为一个共同体，每个居民都想为小区做点事。但是居民找不到切入点……那我们就用低碳环保、垃圾减量为核心来做，切入口非常小，但它的意义还是比较崇高的。所以在很短的时间内就汇集了很多人，因为这确确实实紧扣居民的需求……所以当时这个切入点选得比较巧妙，既让居民感到有能力去做，又不会费太大劲，而且这个意义又非常崇高，愿意做这件事的人非常多，大家在做的过程中还可以互相交流，所以找到了低碳环保这个切入口。（F2015040101，凌云街道某主任）

在这段访谈中，政府官员所提到的 S 村低碳社区建设与同样始于 2011 年的上海市"社区自治家园"行动紧密结合起来，突出了"低碳环保"是政府层面在开展低碳社区建设的政策执行过程中的切入点，其实际上不是行动的目的，而是促成政府部门核心工作即社会稳定、促进民生等职能实现的工具。因此，上级街道的行动策略是：自上而下。根据问卷调查，可以获知通过 S 村居委会大力推进低碳社区建设，居民对社区居委会书记和主任的认知程度分别高达 95.3% 和 93.4%，促成了居民对社区自治的理解程度进一步提高，被调查居民有 67.9% 认为社区自治应该由居民共同参与，共同决定公共事务。

②S 村居委会与凌云绿主妇环境指导中心

　　作为社区组织，应该要让居民在社区中了解社会、参与社会活动，有了这样的交流平台，居民们才能提升对社区和社会的认可度和归属感。社区的作用，就在于动员参与，让人人更健康。社区要给居民提升快乐指数。要通过各种社区活动，让居民看到听到，产生基本认识，之后慢慢走进公益。（F2015040601，S 村党总支书记）

　　我们的特色就是充分利用居委班子去做项目，好处是利用居委会动员群众。我们在利用小钱撬动大居委会，让居委会的干事、干部来进行这些项目的话是事半功倍，无论是沟通，还是动员群众……我们想要撬动更多的社区加入绿主妇，撬动的方法是，让更多的社会组织与居委会相结合。利用小额资金带动居委会的能量，在更多的地方投入小额资金，社会组织与居委会结合在一起就是绿主妇的强项，在动员、场地选取、人力管理等过程中都发挥了居委会的作用。（F2014120801，凌云绿主妇环境指导中心秘书长）

　　第一段访谈提到的"认可度""归属感"是近年来社区建设研究的重点，也是目前居委会正在努力实现的目标。第二段访谈提到的是 S 村低碳社区建设的特点，即注重引入社会组织、专业机构等外部力量共同参与社区低碳建设，探索建立政府引导、社会协同、公众参与的社区低碳发展机制。这说明，S 村居委会及其自身创办的社会组织共同参与的低碳社区建设的主要目的在于搞活社区气氛，让社区从生活共同体转向生命共同体，其行动策略是：兼具两职，良好的枢纽。

③社区学校与"凌云生态家"环境教育实验项目

　　如果简单点讲的话，凌云是我们的地理位置、我们的街道、我们的社区；生态是我们要做大生态，人和人之间的生态，人和社会的生态，人和自然的生态；家呢，因为是社区，这个家可以从最小的家庭开始，社区的小家庭把和谐文明做好了，当时想的就是从垃圾分类开始，小家做好了，可以扩展到小区、大家、国家。小家是我们的家庭，大家就是我们的小区，国家对我们上海来说，具体体现是这个城市的建设。（F2015041501，S 村社区学校原校长）

这段访谈表明 S 村的社区教育与社区建设相互融合，作为一个环境教育的实体项目，"凌云生态家"环境教育实验项目能够给社区居民提供一个看得见摸得着的实物，在推动整个 S 村的低碳社区建设中发挥了极大的作用，这既依赖于社区学校在 S 村小区内的特殊地理优势，也依赖于街道对社区教育的资金支持，因此，社区学校作为政府的派出单位之一，其行动策略是：提供环境教育场地，借力于街道在自建的同时与居委会、社会组织共建低碳社区。

④企业

与 S 村低碳社区建设直接相关的企业之一上海某实业公司，是国内第一家持有废旧衣物分类、整理、调剂综合利用营业执照的企业。从 2011 年起就一直与 S 村开展"爱心编织社"合作，在社区内开展废旧衣物回收，先后在上海市近 2000 个社区开展此项工作，在国外旧衣循环利用已经形成了规范化管理，而国内这个产业刚刚起步，规范化的运营少，其行动策略是：合作、协助、技术资源共享。

⑤社会组织

S 村低碳社区建设中有数个外界社会组织，项目负责人仅分析其中一个，即万通公益基金会。按照基金会的资金使用方式进行划分，基金会可以分为运作型和资助型。万通公益基金会作为一家资助型基金会，将筹集到的资金以资助社会组织实施项目为主要工作方式，在北京、天津、成都、杭州和上海五地开展"城市生态社区"项目，致力于城市生态社区营造、生态环保领域的创新和研发及行业推动工作。S 村是万通公益基金会继成都"爱有戏"、成都"根与芽"、杭州市"生态文化协会"等之后开展的又一个生态社区项目，获得了首批较大数额资金。其行动策略是：提供资金、对所资助的社会组织进行培训与能力建设的同时进行资助型基金会的品牌宣传。

⑥个人

> 我们退休了在家里没事，家务做好后就来这里，大家在一起说说话，做做事情，大家都有一个集中点，看着（手工）做出来的东西心情很好的。（F2015041302，志愿者杨阿姨）
>
> 小区里的矛盾，我们上下邻里的矛盾，我们（绿主妇）议事会一个月来一次，大家议论议论，小区里面的邻里的矛盾，自行车偷了、摩托车偷了，邻里的矛盾可以解决的，我们就去打个招呼解决。（F2015051203，志愿者张阿姨）
>
> ……

项目负责人跟随志愿者参与过数十次环保公益活动，先后访谈过数位"绿主妇"志愿者，将访谈中志愿者参与垃圾减量等低碳环保行动的主要原因归纳为："喜欢""有意义""举手之劳""充实""熟悉""奉献""开心"等词语，可以看出：自然人行动者的主要行动动机是个人意愿和个人价值观。

除了志愿者外，普通社区居民在低碳社区建设中也扮演着非常重要的角色。通过 106 份问卷调查，被访者认为自己所在社区的水、空气、垃圾废弃物和噪声污染的情况都应加以重视。总体来说，被访居民对社区生态环境比较乐观。而 95.3% 的被访社区居民知道国家正在开展低碳社区的建设，听说过低碳生活方式，仅有 4.7% 的被访社区居民表示不知道国家的此项政策，没听说过低碳生活方式。在问及"如果您所在社区开展各种低碳社区建设的活动您愿意参加吗"，有 68.9% 表示非常愿意，20.8% 表示比较愿意，8.5% 表示无所谓，1.9% 表示没时间、不愿意。在调查中，项目负责人还就垃圾分类、社区及家庭水资源环保利用的知晓情况、家庭种植意愿、餐厨垃圾处理方式等问题进行了调查，总体而言，社区居民对于一般的环保知识和低碳行为略有所知，但对于专业的环保知识和低碳行为以及低碳生活方式的了解仍然有待进一步提高，这也就说明了社区居民对低碳社区建设的理念、方式、内容等方面的理解仍然需要推进和加强。

针对这两种个人行动者，S 村低碳社区建设以垃圾减量活动为分析对象，经过摸索，经历了垃圾减量启动及宣传发动、垃圾减量推进、垃圾减量孵化与拓展、干湿垃圾分类回收全面启动四个发展阶段，逐步形成了"政府主导下的社区居民自主进行生活垃圾分类回收的双主体模式"[①]；在这个双主体模式中，社区居民如何自主开展垃圾分类回收，作为个人的社区居民的引导与推动在整个低碳社区建设中是关键。个人行动者的行动策略是：既有主动性又有被动性，在合适的条件引导下，能够变被动为主动。

城市低碳社区建设的过程实质上是国家宏观政策引导全体公民培养低碳生活方式、消费方式，形成低碳行为习惯的规范过程，也是在全球环境治理背景下的中国实践。本个案尝试从微观层面展示在城市低碳社区建设过程中的行动者，是为政策制定者展现这个多元行动者系统中的关系网络，每个行动者都有着各自不同的特点，最终却形成了低碳社区的社区共同体意识。项目组认为，社区建设是一项系统工程，必须全方位地做出部署与安排，开展这样的多元行动者的资源与行动策略分析，这是一种经验性的归纳与总结。作为上海市第一批低碳社区建设试点单位的 S 村有自身特点，并在多种因素共同作用下促成了近五年的低碳社区建设成效，对全国来说，有一定的借鉴意义，其他可借鉴的案例如台湾地区的社区营造等，这些对于互嵌式社区的社区共同体意识建设来说，旨在抛砖引玉。

8.2　互嵌式社区的建设实践

相对于前两章侧重于理论的分析，本章更注重通过实际的个案分析，推

[①] 此模式总结整理编入调研论文《垃圾分类谁做主——关于上海某社区生活垃圾分类回收"双主体模式"的案例研究》中，曾获得第 28 届上海市青少年科技创新大赛青少年科技创新项目一等奖。

动民主互嵌型社区的实践建设，本书结合相关分析，认为互嵌式社区的实践建设主要有以下方面。

8.2.1　深挖政策内涵，完善管理机制

民族政策一直以来都是我国少数民族地区治理的主要依据，我国自1949年以来就一直执行民族区域自治制度，这是中国共产党根据我国国情所执行和实施的具有中国特色的社会主义民族政策，它充分考虑了我国千百年各民族生存和发展的历史环境与历史情境，并根据新中国成立后的具体国情而确立。在项目组的调研中发现，现有少数民族群众大部分能从一般意义上理解我国的民族区域自治制度，认为我国的民族区域自治制度外显为少数民族青少年的教育倾斜政策、对少数民族传统文化的保护、少数民族地区的基础设施建设等诸多方面，尤其是国家下了大力气开展了一系列活动。但在民族区域自治制度的执行过程中，部分执行机关对民族区域自治制度所涉及的各相关政策的误读仍然存在；有了民族政策，部分民族群众形成对民族政策的"等、靠、要"而不思进取的情况仍然存在。在一定程度上，"自治"的内涵不能超越我国各民族同为中国人的历史与基本国情。因此，一方面，要注意深挖民族政策的内涵和精髓所在，鉴于少数民族群众的文化程度水平参差不齐，应用更加朴素的语言让更广范围的政策执行人员与少数民族群众能够切实理解这些民族政策的内涵和精髓。另一方面，也要逐步完善涉及少数民族群众的管理体制，并提供民族社会工作，在社会转型剧烈变化时期，少数民族群众也逐步走出家乡，开始了他们的社会流动，中华各民族的社会方向和社会流动性都有很大程度上的提高，这对于不论是一线、二线还是三线、四线，或者农村、乡镇等各级政府，都要提前做出应对方案以不断地完善各级少数民族群众的管理体制。这样，在民族政策的利用和实施过程中，全国各族人民（也包括汉族群众）都应该对民族政策的制定实施有一定的认识和理解，在各级少数民族群众的管理中，把这种认识和理解，外化于各族群众之间的交往、交流，逐步实现一定程度的交融。

8.2.2　注重民族特点，加强族际交往

项目组前文的分析中突出表现了少数民族群众在生产、生活方面的民族特点（民族关键符号），这些特点主要是少数民族群众的宗教信仰及其所带来的生活习俗等与众不同、特立独行等，通过前文大篇幅的内容分析可知，当前少数民族群众的特点，并未随着社会主义现代化过程而消亡殆尽，在当前的时代中，少数民族会出现新的民族特点，而历史保留至今的一些民族特点仍然在对当代和下一代的少数民族群众起着非常重要的作用。因此，在互嵌式社区的建设过程中，必须注重民族特点，千方百计通过各种手段来加强族际交往。因为，只有接触、接触之上的交往，才能真正地改善历史上未曾有过的交往，或曾有交往但仅限于初级交往的各族群众之间的"陌生人"认知，改变过去的那种道听途说为亲眼所见、亲自交往并体会。中国有 56 个民族，每个民族都有自己独特的民族特点，对于这些民族特点，既不能一点都不关注、不在乎，忽视这些民族特点的独特性而过分强调追寻同质化；也不能过于重视这些民族特点的独特性而否定了其最终升华为"中华民族"的必要性，项目组这里所提出的加强族际交往，恰恰希望能在一种朴素的"中华民族"整体观、大局观的视野下，不同民族在既能尊重其他民族的民族特点，又能保持自己民族独特性基础上开展族际交往。这种族际交往的加强，必定以相互尊重为基础，通过多种多样的形式促成使得"一体包含多元，多元组成一体，一体离不开多元，多元也离不开一体，一体是主线和方向，多元是要素和动力"① 这一中国族际关系的基本原则入耳入心入脑。

8.2.3　注重文化整合，提高民族认同

传统文化隐含着各族传统文化中的精华部分，前文已经分析，认同是一种较深层次的心理感情，本书所提出的文化整合，不是将所有的民族文化杂糅在一起，而是去粗取精、去伪存真的文化精华之整合，更不是优势文化对

---

① 《习近平在 2014 年中央民族工作会议上的讲话》。

劣势文化之侵袭与取代。中华传统文化中优秀内容在几千年的历史发展中发挥了无可替代的作用,项目组认为应该在少数民族精英的引导下,发挥更多各族群众的力量开展文化整合的行动。在过去的几十年中,我国一直在下力气保留和继承不同民族文化中精华的部分,但由于过去以经济建设为主,对文化保护与传承上的工作效果仍然需要在未来长时间内持续开展,而在文化整合中必然会出现一些矛盾与冲突,如何妥善处理好这些矛盾与冲突,需要政府从宏观统筹出发,采用动静结合的相关措施。

8.2.4　推动协同合作,增强社会资本

通过对海北州和 S 村两个个案进行分析,本书认为民族团结背景下的社区建设本身并非少数民族群众个人行为之结果,而是多个中心、多个行动者所进行的多元行动。人类将用来满足自身欲望的一系列物质的、精神的产品称为利益,政治学经典理论指出,只有当利益出现矛盾时,才会出现个人、群体之间的争端,民族矛盾的产生亦主要由利益之争导致。因此,在多元行动系统中,更应该强调的是多元行动者的协同合作,由此来增强社会资本。本书中的社会资本更多强调的是社区邻里信任和政治信任,其实质的出发点是使"协同合作""共赢"的理念深入人心,更多倡导谋共赢,而不是"你死我活"的零和博弈。学界已有研究显示出社会资本的运用能够大大提高和扩展人们的社会网络,在互嵌式社区的建设中,应尝试将不同民族群众社会资本的效益放在提升中华民族共同体意识上来。鉴于互嵌式社区中存在个人、寺院、社区、企业等多元主体的共存现状,以何种方式和方法推动协同合作,增强社会资本势必是需要进一步思考的难题。

第9章

结论与总结

9.1 结论

本书研究表明：关于青海省互嵌式社区的现状与建设路径既具有历史性也具有当代性，其现状和建设路径的研究蕴含在本书所提出的互嵌式社区公共性这一跨学科的理论视角中，又反过来指引着青海省乃至全国互嵌式社区的建设，本书结合前文数章内容的理论与实践分析，可以得出的重要结论是：消除阻滞主动构建"互嵌空间"，积极维护和塑造互嵌式社区公共性，在此基础上的多元协商共建融洽式互嵌式社区，应是"互嵌式社区"建设的基本路向之一，有关这一理论与实践研究的重要结论，其内涵主要包括以下几点。

9.1.1 社区邻里：民族与民族之间流动的"互嵌空间"

美国政治哲学家桑德尔（Michael Sandel）曾指出，人们克服或尊重彼此间的差异，需要的是在日常生活中的相遇。这个相遇往往在走出家庭后，直接体现在社区中。"邻里效应"的核心观点是邻里环境对一系列社会后果具有重要且独立的效果，除个体特征、家庭背景以及宏观社会经济条件影响之外，人们生活和成长于其中的居住空间会对他们自己未来的生活产生重要影响①。"我对邻人的关系，决不是他对我的关系的逆命题。"② 社区邻里是民族与民族之间流动的互嵌空间，其会产生晕轮效应和扩散效应。互嵌式社区建设意在深化自由平等交往的内涵，它可以从启迪心智开始引导不同民族的行动，其终极目标是建构一个不同民族人人可及可用的互嵌空间，在这个空间里人人都是积极参与者。要构建互嵌空间，首先要在观念上做出改变。真实的、真切的互嵌式社区建设，从形式上看，似乎是一种非常个人化的事情，它表现为个体与个体之间的交往行为与心灵相通，但是，实质上是以互嵌空间的存在为前提和依据的。这也就是党中央提出"民族互相嵌入式社会结构"的原因在于社区是走出家庭后人们所位于构成社会结构的基本单元。

9.1.2 重视中华各民族"互主体性愿望"：适时调整中国民族政策

这里的适时调整中国民族政策，并非对新中国成立以后执行的各项民族政策提出疑问，而是认为在整个中国的社会变迁过程中，应该与时俱进对民族政策尤其是民族政策执行进行部分调整和调适，无论是自然空间之地理属性上表现在居住空间国家层面是否应该采取宏观调控，如借鉴新加坡的组屋计划，还是社会空间之交往属性上是否应该采取更加行政化的自上而下的方式促成各民族的交往交流，还是心理空间之精神属性上应该加大中华民族共同体建设的力度来促成互嵌，我们都应该认识到所有社会的团结均源自友爱互助的团结感，这是一种内在的道德力量。③

9.1.3 善用中华各民族的文化间性：互嵌式社区建设的助推力

"一个健全的民族文化体系，必须表现民族的主体性。"④ 这里的民族主

---

① Susanne Urban, "Is the Neighbourhood Effect an Economic or an Immigarant Issue? A Study of the Importance of the Childhood Neighourhood for Future Integration into the Labour Market", *Urban Studies*, Vol. 46, No. 3, 2009.

② 列维纳斯：《从存在到存在者》，第2版序言，吴惠仪译，江苏教育出版社，2006，第2页。

③ 埃米尔·涂尔干：《社会分工论》，三联书店，2005，第171页。

④ 《中国文化书院九秩导师文集：张岱年卷》，东方出版社，2013，第192页。

体性主要指：一是民族独立性；二是民族主动性；三是民族自觉性。综合前文的分析，项目组认为互嵌空间实际上是不同民族的人们的生活和活动空间，不同民族的人们通过行动建构了互嵌空间和诠释了互嵌空间。所以互嵌空间的建构是可以建构并通过制度保障下不同民族群众的行动完成的，但这其中必须善用中华各民族的文化间性特质，一旦这个特质运用得好，就成为互嵌式社区建设的助推力；反之，则成为互嵌式社区建设的阻力。

9.1.4 他者教育的重提与呼唤：从主体间性到公共性的必经之途

"他者性和差异性成为社会合作的前提。"① 在一定程度上，社会流动性的不断增长与匿名社会的出现，使得不同民族身份的设定可能逐步被消除。我们每一个人理应将自己视为互嵌式社区建设的一分子，不应仅将自己视为分离于共同体的原子化抽象个人。在自我与他人的共处中，在互嵌式社区的建设中，倘若能在平等理性的对话交往中关注他者、尊重他者，并在对话交往中达成共识，这无疑可能是实现中华民族大团结的最好的一种姿态和思维方式。一言以蔽之，他者性是蕴含在"互嵌式社区"中的。我们应该采取一种更加积极的、建构性的观点看待具有他者性的互嵌空间是可以建构的，亦即新型民族关系，使不同民族群众在平等的交流与关爱中走向他者、包容他者，最终实现公共性。这应是"互嵌式社区"建设的基本路向之一。

总而言之，当前的国际大趋势之一就是放弃民族同化，欣赏和而不同，追求美美与共。最有效的互嵌需要在不同民族主体之间创建一个能使双方主体在民族认知与民族情感两个层面都可以认同、互动的互嵌空间，并适当地赋予对方能动性和选择权，从而构建一个共存共生、互相尊重与互相认可的平等的主体间性关系，当代的政府更应该养民、惠民、恤民、安民、保民和取信于民。人类生命在多样性中诞生和延续，而我们的人类社会必将在多样性中运转和发展，时刻谨记生命和生存才是人类认知的基本单元。项目组认

① 张康之：《走向合作的社会》，中国人民大学出版社，2015，第85页。

为，提高互嵌式社区建设的活力前提应该是——回归中华民族历史、回归中华民族现实、回归中华各民族民间智慧，要让互嵌式社区建设深入人心，要让交往理性规范变实，要从活生生的多民族生活实践入手，要呵护中华各民族共存于世的生存智慧和生命智慧，要尊重中华各民族群众的情感空间，以实现各个民族对中华民族共同体生活的基本认同基础上的完整融入以及构筑中华民族共有精神家园。因为，世间只有两种共性能真正为人类所接纳和传承：一是符合人类共有真善美的价值理念及其实践成果；二是有利于人类生存、创造、和谐相处的思维方式、生产方式和沟通方式。[①] 只有在这些努力之上，才可能实现公共理性、多重认同、公共责任和公共精神的提高，"正是通过充分运用人类个体的无限多样性，我们的文明才蒸蒸日上"[②]。当然，就青海省而言，则具象为未来青海省互嵌式社区建设中，应该更积极地改变青海现有落后的经济社会形态上的互嵌式公共性的构建，其着力点一是涉及青海广大农牧民的现代文化教育；二是要植入和培育现代生产力和现代管理方式，而植入的起步点就在民族社区及其周边；三是要大搞民族社区建设，逐步完善青海省各级各区各地的现代社区各种公共服务；四是要逐步促成这些基本社区公共服务的均等化，逐渐实现"权为民所用，情为民所系，利为民所谋，解决民生问题"，促进民族关系的进一步和谐发展等。

9.2 总结

9.2.1 学术贡献

本书开展了对青海省民族社区的实证研究，注重从社会学、政治学、民族学等跨学科视角，尤其是在互嵌空间构建及公共性视野下推动互嵌式社区

---

① 王希恩：《民族文化与普同文化及其在当代中国的转易》，《兰州学刊》2017 年第 5 期，第 5~13 页。
② 哈耶克：《法律、立法与自由》（第二、三卷），邓正来等译，中国大百科全书出版社，2000，第 525 页。

的建设，对深入开展互嵌式社区研究有一定的参考价值。此外，本书在一定程度上，补充了理论与实践中对青海省互嵌式社区研究的薄弱环节。

9.2.2 创新

本书研究了青海省互嵌式社区的现状及建设路径，而最终又上升到了更高一级的理论层面，提出相应的建设路径，这是本书研究的创新之处。

1. "互嵌式社区"研究理论上的一些进展

嵌入式社会结构研究及其带动的中华民族共同体等相关研究，必将在未来较长时间内成为学术界重要研究内容，本书作为其基础研究，尝试构建民族社区共同体文化价值取向、公共道德认知、互助互信、互学互补、包容共济等真正实现"共同体"的应有之义的建设路径，理论意义深远。

2. "互嵌式社区"研究方法上的一些进展

首先，在研究内容和对象上，结合最新民族政策和民族地区建设发展目标，对青海省民族社区展开研究，系统分析构建互嵌式社区的现状及建设路径这一问题，这是侧重从理论结合实践意义开展的分析，最终得到的结论中，无论是互主体性愿望之下的民族政策调适、他者教育的呼唤重提、积极运用文化间性助推互嵌式社区建设等，对其他民族地区乃至全国民族问题治理来说，都具有一定的可借鉴之处和实践创新性。

其次，研究试图从视角上摆脱以往研究的单一性、片面性，注重从多学科视角，推动国家、市场以及社区的多元整合来促成社区建设，有助于拓展该领域研究视野的多元化发展。

9.2.3 不足

第一，因项目组的学识水平有限，在进行研究分析过程中的深度与力度有一定的欠缺，因此，本书的学理分析与定量实证研究的深度与力度有一定欠缺，仍然有尚待提高的空间。

第二，因青海地域广阔，田野调查点尤其是牧区户与户之间的牧民家往往相距甚远，项目开展期间由于时间、人员精力等条件所限，本书开展的调查研究所选定的田野点以"民族"作为第一维度，实际完成调研主要集中在青海省东中部地区，原因一是因为青海东中部地区的城镇化进程发展较快，相对来说，这个区域的社会流动较快，所产生的民族关系变迁更剧烈；二是因为青海的多民族居住分布也主要集中在这个区域，若要对多民族的民族交融与互嵌进行研究，青海东中部地区应该是较好的田野调查点。本书未能对较为偏远的玉树州、果洛州进行研究，其原因一是由于牧区的家庭一般因各家所拥有的草场为主要生产资料，各家相距的地理位置较远，并未形成特定区域传统意义的社区；二是由于玉树、果洛地区的藏族人口占总人口的比例较高，相对而言，这两个区域的其他民族（含汉族）反而成为"少数民族"，但本书申报之初并未涉及这个特殊情况。本书项目组已尽最大的努力开展了相关调查研究并认真撰写研究报告，但是不少问题浅尝辄止，未能深究，为将来的科研工作做了引导和铺垫，以督促本书项目组在未来做持续的相关研究。未来研究应进一步深挖中华民族的情感基础，探索中华民族的需求治理与情感治理路径，带动民族合作的多重治理逻辑与模式重构等内容。

参考文献

专　著:

阿克塞尔·霍耐特:《为承认而斗争》,胡继华译,上海世纪出版集团,2005。

阿伦特:《人的条件》,竺乾威译,上海人民出版社,1999。

埃米尔·涂尔干:《社会分工论》,渠东译,三联书店,2000。

安东尼·吉登斯:《第三条道路:社会民主主义的复兴》,郑戈译,北京大学出版社,2000。

巴赫金:《巴赫金全集》,钱中文译,河北教育出版社,1998。

柏拉图:《理想国》,刘勉等译,华龄出版社,1996。

贝思·J.辛格:《实用主义,权利和民主》,王守昌等译,上海译文出版社,2001。

彼得·什托姆普卡:《信任——一种社会学理论》,程胜利译,中华书局,2005。

波兰尼:《大转型:我们时代的政治与经济起源》,冯钢、刘阳译,浙江人民出版社,2007。

曹卫东:《交往理性与诗学话语》,天津社会科学院出版社,2001。

陈勋武:《哈贝马斯:当代新思潮的引领者》,九州出版社,2014。

费孝通：《费孝通论文化与文化自觉》，群言出版社，2007。

费孝通主编《中华民族多元一体格局》，中央民族大学出版社，1999。

冯建军：《教育学的人学视野》，教育科学出版社，2008。

高丙中、纳日碧力戈：《现代化与民族生活方式的变迁》，天津人民出版社，1997。

郭湛：《社会公共性研究》，人民出版社，2009。

哈贝马斯：《交往行动理论》（第二卷），洪佩郁译，重庆出版社，1993。

哈贝马斯：《现代性的哲学话语》，曹卫东等译，译林出版社，2004。

哈贝马斯：《在事实和规范之间》，童世骏译，三联书店，2003。

哈贝马斯：《重建历史唯物主义》，郭官义译，社会科学文献出版社，2000。

哈耶克：《法律、立法与自由》（第二、三卷），邓正来等译，中国大百科全书出版社，2000。

海德格尔：《存在与时间》，陈嘉映等译，三联书店，1999。

亨利·列斐伏尔著《空间：社会产物与使用价值》，王志弘译，包亚明主编《现代性与空间的生产》，上海教育出版社，2003。

杰尔米·里夫金：《同理心文明：在危机四伏的世界中建立全球意识》，蒋宗强译，中信出版集团，2015。

杰弗里·C.亚历山大：《社会学的理论逻辑》第2卷，夏光、戴盛中译，商务印书馆，2008。

康德：《实践理性批判》，韩水法译，商务印书馆，1999。

克利福德·格尔茨：《文化的解释》，韩莉译，上海人民出版社，1999。

拉比德：《文化和认同：国际关系回归理论》，金烨译，浙江人民出版社，2003。

莱斯利·里普森：《政治学的重大问题——政治学导论》，刘晓等译，华夏出版社，2001。

李安宅：《藏区宗教史之实地研究》，商务印书馆，2015。

李惠斌、杨雪冬主编《社会资本与社会发展》，社会科学文献出版社，2000。

李义天：《共同体与政治团结》，社会科学文献出版社，2011。

列维纳斯：《从存在到存在者》第2版序言，吴惠仪译，江苏教育出版社，2006。

罗伯特·D.帕特南：《使民主运转起来》，王列、赖海榕译，中国人民大学出版社，2015。

马丁·N.麦格：《族群社会学》，祖力亚提·司马义译，华夏出版社，2007。

马克·格拉诺维特：《镶嵌：社会网络与经济行动》，罗夏德译，社会科学文献出版社，2015。

马克斯·韦伯：《经济与社会》上卷，林荣远译，商务印书馆，1997。

《马克思恩格斯选集》第2卷。

《马克思恩格斯选集》第3卷。

马戎：《民族社会学：社会学的族群关系研究》，北京大学出版社，2004。

莫尔特曼：《俗世中的上帝》，曾念粤译，上海三联书店，2003。

祁进玉：《群体身份与多元认同：基于三个土族社区的人类学对比研究》，社会科学文献出版社，2008。

钱穆：《中国文化史导论》（修订本），商务印书馆，2000。

上官酒瑞：《变革社会中的政治信任》，学林出版社，2013。

石硕、李锦、邹立波：《交融与互动——藏彝走廊的民族、历史与文化》，四川人民出版社，2014。

田昌五：《古代社会形态研究》，天津人民出版社，1980。

谢佐：《青海民族关系史》，青海人民出版社，2001。

薛毅主编《西方都市文化研究读本》第3卷，广西师范大学出版社，2008。

杨庆：《中国社会中的宗教——宗教的现代社会功能与其历史因素之研究》，范丽珠等译，上海世纪出版集团、上海人民出版社，2007。

尤尔根·哈贝马斯：《交往行为理论：行为合理性与社会合理性》，曹卫东译，上海人民出版社，2004。

尤尔根·哈贝马斯：《道德意识与社会交往行为》，克里斯坦·冷哈德特、希雷·韦伯·尼可尔森译，托马斯·麦卡西介绍，麻省理工学院出版社，2001。

约翰·罗尔斯：《政治自由主义》，万俊人译，译林出版社，2000。

张康之：《走向合作的社会》，中国人民大学出版社，2015。

赵文元、马占庭、马维良：《海北历史文化丛书》，青海人民出版社，2008。

郑杭生：《民族社会学概论》，中国人民大学出版社，2015。

郑文东：《文化符号域理论研究》，武汉大学出版社，2007。

《中国文化书院九秩导师文集：张岱年卷》，东方出版社，2013。

周大鸣：《多元与共融：族群研究的理论与实践》，商务印书馆，2011。

朱维群：《民族宗教工作的坚持与探索》，四川人民出版社，2016。

庄孔韶：《人类学通论》，山西教育出版社，2005。

英文文献：

Abner Cohen, *Custom and Politics in Urban Africa*, London：Routledge，1969.

C. E. Simpson, and J. M. Yinger, *Racial and Cultural Minorities：An Analysis of Prejudice and Discrimination (Fifth)*, New York and London：Plenum Press，1985.

C. Peach, "Good Segregation, Bad Segregation", *Planning Perspectices*, Vol. 11, No. 4, 1996.

David Varady, "Muslim Residential Clustering and Political Radicalism", *Housing Studies*, Vol. 23, No. 1, 2008.

D. S. Massey, & B. P. Mullan, "Processs of Hipanic and Black Spatial Assimilation", *American Journal of Sociology*, Vol. 89, No. 4, 1984.

F. Guala, & F. A. Hindriks, "Unified Socialontology", *Philosophical Quarterly*, 2015, 65（259）.

Galster Geroge, "Residential Segregation and Interracial Economic Disparities, Simulianeous Equations Approach", *Journal of Urban Economics*, Vol. 21, No. 1, 1987.

G. Mathews, *Global Culture Individual Indentity*, London: Routledge, 2000.

Hannah Arench, *The Promise of Politics*, New York: Schochen Books, 2005.

Henri Lefebvre, *Everyday Life in the Modern World*, London: The Penguin Press, 1971.

J. S. Coleman, *Foundation of Social Theory*, Cambridge: Belknap Press of Harvard University Press, 1900.

Karen A. Foss, Sonja Foss, and Cindy L. Groffin, eds. , *Readings in Feminist Rhetorical Theory*, Thousand Oaks: Sage Publication, 2004.

M. Gordon, *Assimilation in American Life*, New York: Oxford University Press, 1964.

M. Jennifer & Ade Kearns, "Living Apart? Please, Identity and South Asian Residential Choice", *Housing Studies*, Vol. 24, No. 4, 2009.

Robert D. Putman, " E Pluribus Unum: Diversity and Community in the Twenty-first Century: The 2006 Johan Skytte Prize Lecture ", *Scandinavian Political Studies*, Vol. 31. No. 2, 2007.

R. Brubaker, M. Lovemen, P. Stametow, "Ethnicity as Cognition", *Theory and Society*, 2004 (1).

R. Fary, "Residential Segregation in Urbanized Areas in the United States in 1970: An Analysis of Social Class and Racial Difference ", *Demography*, No. V. 1977.

Steve Sangren, "Anthropology of Anthropology? Further Reflections of Reflexivity", *Anthropology Today*, Vol 23, No. 4, 2007.

Susanne Urban, "Is the Neighbourhood Effect an Economic or an Immigarant Issue? A Study of the Importance of the Childhood Neighourhood for Future Integration into the Labour Market", *Urban Studies*, Vol. 46, No. 3, 2009.

Thomas McCarthy, Kantian Constructivism and Re-constructivism, Rawls and Harbermas in Dialogue, *Echics*, 105 (the University of Chicago), 1994: 38 –51.

T. B ramfield, *Minority Problems in the Public Schools*, New York: Harper & Brothers, 1946, p. 245.

White Michacl, *American Neighborhoods and Residential Differentiation*, New York, The Russell Sage Foundation, 1987.

Whyte, W. H., "The Ideal of Community and the Politics of Difference", *Social Theory and Practice*, Vol. 1. No. 12, 1986.

Xiao X., Chen G. M., "Communication Competence and Moral Competence: A Confucian perspective", *Journal of Multicultural Discourse*, 2009, 4 (1).

期刊论文类：

班班多杰：《和而不同：青海多民族文化和睦相处经验考察》，《中国社会科学》2007 年第 6 期。

毕研洁：《锅庄舞：西部人文社会中的体育价值探究》，《科学经济社会》2011 年第 6 期。

蔡熙：《关于文化间性的理论思考》，《大连大学学报》2009 年第 1 期。

曹兴：《国内族际关系问题两种解决理念的分析——多民族关系问题能用"去政治化"解决吗?》，《中国世界民族学会第八届会员代表大会暨全国学术讨论会论文集（下)》，2005 年。

巢小丽：《居民社区归属感对其社区参与行为的影响——基于 Z 省 N 市的实证分析》，《广东行政学院学报》2013 年第 3 期。

陈东：《藏区边缘的宗教：雅安硗碛藏族乡宗教调查》，《西藏研究》2008 年第 2 期。

陈东、袁晓文：《多种信仰共存：以藏彝走廊东缘多续藏族为中心的个案研究》，《中南民族大学学报》2016 年第 1 期。

陈纪：《大城市散杂居社区的族际关系——天津市 J 社区的个案研究》，

《青年研究》2007 年第 12 期。

陈立旭：《论社会管理创新的文化精神基础》，《浙江学刊》2012 年第 7 期。

陈沛照、向琼：《互动中的认同：一个多民族社区的民族关系研究》，《贵州民族研究》2015 年第 2 期。

陈玮：《从我省的实际看宗教的社会作用》，《青海民族宗教研究》第 2 辑。

陈文琼：《族群认同视角下的乡村民主选举——以广西一个民族杂居村落为例》，《农业经济》2015 年第 6 期。

陈新海：《民国时期青海管理方略》，《青海民族研究》1997 年第 3 期。

陈兴、兰伟：《旅游场域下游客凝视与族群认同重构的耦合机理》，《贵州民族研究》2016 年第 10 期。

陈修岭：《民族旅游中的文化中心主义与族群认同研究——基于大理双廊白族村的田野调查与研究》，《广西民族研究》2014 年第 5 期。

戴瑞敏、张世均：《民族旅游中的"参与观察"模式与族群认同研究——以大理双廊白族村为例》，《山东社会科学》2015 年第 9 期。

单波、张腾方：《跨文化传播视野中的他者化难题》，《学术研究》2016 年第 6 期。

单卓然、黄亚平：《试论中国新型城镇化建设：策略调整、行动策略》，《绩效评估规划师》2013 年第 29 期。

党宝宝、高承海、万明钢：《民族刻板印象：形成途径和影响因素》，《西南民族大学学报》（人文社会科学版）2016 年第 5 期。

党宝宝、高承海、杨阳、万明钢：《群际威胁：影响因素与减少策略》，《心理科学进展》2014 年第 4 期。

邓莉：《公共性问题：研究现状与路径选择》，《哲学动态》2010 年第 7 期。

丁和根：《论大众传播研究的符号学方法》，《新闻大学》2008 年第 12 期。

董峰：《碎片化时代的意义表达》，《当代传播》2010 年第 4 期。

董敬畏：《文化公共性与村落研究》，《华中科技大学学报》（社会科学版）2015 年第 2 期。

杜宗斌、苏勤、姜辽：《乡村旅游地居民社区归属感模型构建及应用——以浙江安吉为例》，《旅游学刊》2013 年第 6 期。

鄂崇荣：《元明清及民国时期青海宗教政策之启示》，《青海社会科学》2010 年第 1 期。

范可：《流动性与风险：当下人类学的课题》，《中南民族大学学报》（人文社会科学版）2014 年第 5 期。

范可：《略论族群认同与族别认同》，《江苏行政学院学报》2015 年第 4 期。

范可：《信任，认同与"他者"：族群和民族省思》，《广西民族大学学报》（哲学社会科学版）2013 年第 6 期。

方文：《叠合认同："多元一体"的生命逻辑——读杨凤岗〈皈信、同化和叠合身份认同：北美华人基督徒研究〉》，《社会学研究》2008 年第 6 期。

费孝通：《"美美与共"和人类文明》，《群言》2005 年第 2 期。

费孝通：《中华民族的多元一体格局》，《北京大学学报》1989 年第 4 期。

冯建军：《从主体间性、他者性到公共性——兼论教育中的主体间关系》，《南京社会科学》2016 年第 9 期。

冯建军：《主体间性与和谐社会的道德意识》，《教育发展研究》2006 年第 4 期。

冯雪红、聂君：《宁夏生态移民地区民族关系评价指标体系构建研究》，《烟台大学学报》（哲学社会科学版）2014 年第 1 期。

弗里德里克·巴特：《族群与边界》，高崇译，《广西民族学院学报》1999 年第 1 期。

符平：《"嵌入性"：两种取向及其分歧》，《社会学研究》2009 年第

5 期。

高红：《城市基层合作治理视域下的社区公共性重构》，《南京社会科学》2014 年第 6 期。

高婕：《民族关键符号在旅游场域中功能的异化——以民族服饰为例》，《广西民族研究》2014 年第 1 期。

高晓波、张科：《论清代青海民族纠纷解决与社会控制》，《青海民族研究》2013 年第 2 期。

高学德、翟学伟：《政府信任的城乡比较》，《社会学研究》2013 年第 2 期。

高永久、陈纪：《论中华民族共有精神家园的内涵与价值核心》，《科学社会主义》2008 年第 2 期。

高玉梅：《从 1990 年人口普查 1% 抽样数据看我国的民族通婚》，《人口与经济》2001 年第 3 期。

耿静：《藏族居民居住格局变化与城市民族关系的社会性——以 "5·12" 大地震后四川都江堰市为例》，《中国藏学》2012 年第 2 期。

顾肃：《多元民主社会中的重叠共识与公共理性》，史军译，《马克思主义与现实》2008 年第 1 期。

关桂霞：《青海民族关系发展态势研究》，《青海民族大学学报》（社会科学版）2013 年第 4 期。

关凯：《基于文化的分析：族群认同从何而来》，《甘肃理论学刊》2013 年第 1 期。

关凯：《建构中华民族共同体：一种新的文化政治理论》，《中央社会主义学院学报》2017 年第 5 期。

管彦波：《当代中国民族问题的基本走向》，《西南民族大学学报》（人文社会科学版）2016 年第 9 期。

郭鹏：《城市民族混居社区中公共事务的界分与治理——多中心治理理论的应用》，《延安大学学报》2012 年第 1 期。

郭小靓、陶磊：《论构建中华民族共同体的三种基本共识》，《学术交流》2016 年第 10 期。

郭云涛:《社会资本与基层少数民族干部升迁》,《广西民族大学学报》(哲学社会科学版)2015 年第 2 期。

郭湛:《论主体间性或交互主体性》,《中国人民大学学报》2001 年第 3 期。

郭湛、王维国:《公共性的样态与内涵》,《哲学研究》2009 年第 8 期。

郭湛、王维国:《公共性论纲》,《兰州大学学报》(社会科学版)2004 年第 6 期。

韩丹:《传统民族精神与中华民族共有精神家园的现代建构》,《学术论坛》2010 年第 6 期。

韩红:《文化间性话语中语义研究的自我理解》,《外语学刊》2004 年第 1 期。

韩杰、李建宗:《变迁与互动:移民社会中的人际交往和民族关系——基于一个多民族移民村落的个案考察》,《广西民族大学学报》(哲学社会科学版)2013 年第 5 期。

韩振峰:《中华民族共有精神家园及其构建途径》,《中州学刊》2009 年第 4 期。

郝时远、张海洋、马戎:《构建新型民族关系——郝时远、张海洋、马戎访谈》,《西北民族研究》2014 年第 1 期。

郝时远、张海洋、马戎:《构建新型民族关系》,《民族论坛》2014 年第 6 期。

郝亚明:《城市化进程中少数民族民族意识探析》,《广西民族研究》2008 年第 3 期。

郝亚明:《城市与移民:西方族际居住隔离研究述论》,《民族研究》2012 年第 6 期。

郝亚明:《民族互嵌式社会结构:现实背景、理论内涵及实践路径分析》,《西南民族大学学报》(人文社科版)2015 年第 3 期。

郝亚明:《西方群际接触理论研究及启示》,《民族研究》2015 年第

3 期。

　　郝亚明：《中华民族认同：中华民族共有精神家园的建设目标》，《广西民族研究》2011 年第 1 期。

　　郝亚明：《族际居住格局调整的西方实践和中国探索——兼论如何建立各民族相互嵌入式社区环境》，《民族研究》2016 年第 1 期。

　　何光沪：《试论宗教与民族的关系》，《世界宗教研究》1996 年第 1 期。

　　何林：《"多元统一"模式与"和谐共存"研究》，《思想战线》2006 年第 6 期。

　　何林：《同一屋檐下——云南贡山怒族（阿怒）多种宗教信仰共存现状的文化解读》，转引自《对话：中国传统文化与和谐社会》，2009 年。

　　何林：《许茨的主体间性理论初探》，《求是学刊》2005 年第 3 期。

　　贺劲松、肖照青：《"各族人民要像石榴籽一样紧紧抱在一起"——少数民族界委员热议习近平总书记在政协联组会上的重要讲话》，《中国统一战线》2014 年第 3 期。

　　侯利文：《走向开放的街区空间：社区空间私有化及其突破》，《学习与实践》2016 年第 5 期。

　　胡彬彬：《我国民族优惠政策对族群认同的建构机制探讨》，《贵州民族研究》2014 年第 2 期。

　　胡海波：《中华民族精神家园的生命精神》，《东北师范大学学报》（哲学社会科学版）2008 年第 3 期。

　　胡建华：《社会资本理论与新农村民族社区建设的契合性》，《贵州民族研究》2014 年第 4 期。

　　胡荣：《农民上访与政治信任的流失》，《社会学研究》2007 年第 3 期。

　　华热·多杰：《民族特性的丧失与文化认同的重塑——以黄南州河南县蒙古族为例》，《青藏高原论坛》2016 年第 2 期。

　　黄光健：《论族群认同缺失下的国家一体化——以缅北事件为例》，《贵州民族研究》2016 年第 1 期。

　　黄建洪、施雪华：《论公共理性精神》，《山西大学学报》2011 年第

5 期。

黄晓军：《少数民族聚居区社会空间演化及影响因素分析——以西安市"回坊"为例》，《中国地理学会 2012 年学术年会学术论文摘要集》，2012 年。

黄增镇：《基于社会资本视角下的民族地区社会治理创新研究》，《广西民族研究》2015 年第 4 期。

焦开山：《中国少数民族人口分布及其变动的空间统计分析》，《西南民族大学学报》（人文社会科学版）2014 年第 10 期。

金炳镐、青觉：《论民族关系理论体系》，《中南民族学院学报》（人文社会科学版）2001 年第 6 期。

金慧敏：《孔子思想与世界和平——以主体性和他者性而论》，《哲学研究》2002 年第 2 期。

金家新：《论民族国家认同政治的双元性结构及其同一性机理》，《新疆大学学报》（哲学·人文社会科学版）2016 年第 5 期。

康兆春：《间性视角下的跨文化交际研究》，《湖南社会科学》2011 年第 2 期。

孔繁斌：《多中心治理诠释——基于承认政治的视角》，《南京大学学报》2007 年第 6 期。

来仪：《城市民族互嵌式社区建设研究》，《学术界》2015 年第 10 期。

郎贵飞、何涛：《社会资本视角下民族地区城镇化道路探析》，《商业时代》2013 年第 12 期。

冷炳荣、杨永春、谭一洺等：《结构动力机制视角下的城市网络解释框架》，《地理研究》2013 年第 7 期。

李帆：《以"中华"为族称：辛亥革命前后的民族认同》，《北京师范大学学报》（社会科学版）2011 年第 5 期。

李海青：《理想的公共生活如何可能——对"公共理性"的一种政治伦理学阐释》，《伦理学研究》2008 年第 3 期。

李佳：《族群认同、文化权力与手工艺传统——以大理剑川木雕为例》，《中央民族大学学报》（哲学社会科学版）2015 年第 2 期。

李金早：《加快从旅游大国向旅游强国迈进》，《人民日报》2015 年 9 月 16 日。

李静、温梦煜：《从社会分类视角看族群认同》，《华南师范大学学报》2016 年第 1 期。

李军：《多民族联合自治地方回汉民族关系研究——以青海大通回族土族自治县为例》，《北方民族大学学报》（哲学社会科学版）2017 年第 5 期。

李克建：《中华民族认同的历史形成：思想基础与认同目标》，《西南民族大学学报》（人文社会科学版）2013 年第 12 期。

李丽：《文化公共性与社会和谐》，《马克思主义与现实》2009 年第 6 期。

李明伍：《公共性的一般类型及若干传统模型》，《社会学研究》1997 年第 4 期。

李松、张凌云、刘洋、綦群高：《新疆主要民族空间分布格局演变——基于 1982—2010 年人口普查数据》，《人口研究》2015 年第 4 期。

李太平：《当代德育的重要使命：重建中华民族共有精神家园》，《湖北大学学报》（哲学社会科学版）2011 年第 5 期。

李伟、李资源：《社会治理共同体视域下民族互嵌式社区的内在机理与实现路径》，《西北民族大学学报》（哲学社会科学版）2021 年第 2 期。

李伟民、梁玉成：《特殊信任与普遍信任：中国人信任的结构与特征》，《社会学研究》2002 年第 3 期。

李蔚：《何谓公共性，社区公共性何以可能？》，《河南师范大学学报》（哲学社会科学版）2015 年第 4 期。

李晓霞：《新疆快速城市化过程与民族居住格局变迁》，《2012 年中国社会学年会西部民族地区社会建设理论创新与政策设计论文集》，2012 年。

李亚娟、陈田、王开泳、王婧：《国内外民族社区研究综述》，《地理科学进展》2013 年第 10 期。

李友梅、肖瑛、黄晓春：《当代中国社会建设的公共性困境及其超越》，《中国社会科学》2012 年第 4 期。

李占录：《现代化进程中族群认同、地域认同与国家认同之间关系探讨》，《中央民族大学学报》（哲学社会科学版）2015年第3期。

李振、纪洵：《社会资本视角下破解中国城镇低收入群体贫困问题》，《理论观察》2007年第1期。

李贽：《从中华民族共同体到社会主义大家庭——中华民族共同体的历史考察和结构分析》，《毛泽东邓小平理论研究》2017年第10期。

李贽、金炳镐：《中华民族共同体的历史发展过程和政治结构解析》，《北方民族大学学报》（哲学社会科学版）2017年第5期。

栗志刚：《精神文化的民族认同功能——兼论中华民族共有精神家园建设》，《华中科技大学学报》（社会科学版）2010年第1期。

梁玉金：《中华民族认同："假西番"族群中的文化交融》，《青海社会科学》2017年第6期。

林存光：《中华民族共同体的历史构建、文化认同与儒家智慧》，《中央社会主义学院学报》2017年第5期。

刘凡：《西北三市回族传统居住格局及其变迁研究——民族关系的新视角》，《西北民族研究》2017年第3期。

刘吉昌、金炳镐：《构筑各民族共有精神家园　培养中华民族共同体意识》，《西南民族大学学报》（人文社科版）2017年第11期。

刘爽、冯解忧：《新疆民族人口空间分布的测量与分析——基于"五普"、"六普"数据》，《南方人口》2014年第6期。

刘亚秋：《从集体记忆到个体记忆——对社会记忆研究的一个反思》，《社会》2010年第5期。

刘庸：《城市化对社区民族关系演化的影响分析——以西北甘、宁、青三省区的四个社区为例》，《青海民族研究》2013年第1期。

刘有安、张俊明：《人口迁移与宁夏城市回汉民族关系研究——基于石嘴山市惠农区的调查》，《北方民族大学学报》（哲学社会科学版）2014年第5期。

卢梦哲、谢华、杨修：《广西少数民族城镇居住空间的更新改造——以罗城仫佬族自治县凤凰片区为例》,《小城镇建设》2014 年第 4 期。

陆海发:《民族国家视阈下的中华民族共同体建设研究》,《云南民族大学学报》(哲学社会科学版)2016 年第 2 期。

吕昭河、张敏、余泳:《社会资本与民族经济发展——基于民族文化市场效用的分析》,《思想战线》2013 年第 5 期。

罗彩娟、梁莹:《族群认同理论研究述评》,《广西师范学院学报》(哲学社会科学版)2014 年第 4 期。

罗平、张雁军、马海林:《多元文化视域下的藏族青少年民族认同》,《西藏大学学报》2011 年第 1 期。

麻国庆:《记忆的多层性与中华民族共同体认同》,《民族研究》2017 年第 6 期。

麻国庆:《民族研究的新时代与铸牢中华民族共同体意识》,《中央民族大学学报》(哲学社会科学版)2017 年第 6 期。

马安君:《民国时期青海城镇市场述论》,《西藏研究》2008 年第 3 期。

马得勇:《政治信任及其起源——对亚洲 8 个国家和地区的比较研究》,《经济社会体制比较》2007 年第 5 期。

马建福:《流动社区的民族关系——以宁夏银川市同心路市场为个案》,《北方民族大学学报》(哲学社会科学版)2017 年第 1 期。

马进:《西北少数民族心态研究》,《甘肃社会科学》2006 年第 4 期。

马戎:《关于中国民族问题的问答与讨论》,《青海民族研究》2014 年第 1 期。

马戎:《论中国的民族社会学研究》,《北京大学学报》2001 年第 5 期。

马戎:《我国部分少数民族就业人口的职业结构变迁与跨地域流动——2010 年人口普查数据的初步分析》,《中南民族大学学报》2013 年第 6 期。

马戎:《中国城镇化进程中的民族关系演变》,《西北民族研究》2015 年第 1 期。

马戎:《族群关系变迁影响因素的分析》,《西北民族研究》2003 年第 4 期。

马戎、潘乃谷：《居住形式、社会交往与蒙汉民族关系——从赤峰调查看影响民族关系的因素》，《中国社会科学》1989 年第 3 期。

马守平：《民国时期青海回族与土族的经济互动》，《中国土族》2004 年夏季号。

马天山：《青海民族性群体事件有效处置的法律问题研究》，中国法学会民族法学研究会：《民族法学评论》第 7 卷，民族出版社，2010。

马伟华：《冲击与整合：城市化进程中民族社会的变迁与发展——基于民族文化、民族关系、民族权益三个视角》，《西南民族大学学报》（人文社会科学版）2014 年第 6 期。

马艳：《试析义乌穆斯林族群认同及其特点》，《中国穆斯林》2013 年第 3 期。

马燕：《民族迁移对民族关系的影响——青海哈萨克族的调查研究》，《北方民族大学学报》（哲学社会科学版）2015 年第 4 期。

马智芳、马斌毅、祁元生：《海北州创建全国民族团结进步示范州面临的问题及对策》，《攀登》2014 年第 2 期。

马忠才：《民族分层何以影响民族关系——转型期中国民族问题的理论探讨》，《西南民族大学学报》（人文社会科学版）2015 年第 3 期。

马仲荣：《民国时期西道堂在青海的发展及其结构特征》，《回族研究》2016 年第 3 期。

马宗保：《试析回族的空间分布及回汉民族居住格局》，《宁夏社会科学》2000 年第 3 期。

美朗宗贞、德西永宗：《康藏人民以商抗日与中华民族命运共同体的构建》，《西藏大学学报》（社会科学版）2011 年第 4 期。

闵文义、戴正、才让加：《民族地区生态文化与社会生态经济系统互动关系研究——对民族地区传统多元宗教文化的形成特性的分析及启示》，《西北民族学院学报》2005 年第 1 期。

纳日碧力戈：《差异与共生的五个维度》，《甘肃理论学刊》2013 年第 1 期。

纳日碧力戈：《共生观中的生态多元》，《民族学刊》2012 年第 1 期。

纳日碧力戈、左振廷：《民族文化的三元特质》，《内蒙古社会科学》
2014 年第 2 期。

庞绍堂：《论社区建设中的公共性》，《南京社会科学》2009 年第 5 期。

彭南生：《辛亥遗产：中华民族共同体建构的新开端》，《史学月刊》
2011 年第 4 期。

彭谦、刘风丽：《中华文化认同：促进民族团结的新途径》，《满族研
究》2017 年第 1 期。

彭松乔：《文化间性：生态审美的一个重要维度》，《贵州社会科学》
2006 年第 5 期。

平维彬、严庆：《从文化族类观到国家民族观的嬗变——兼论"中华民
族共同体意识"的理论来源》，《贵州民族研究》2017 年第 4 期。

蒲涛：《族群认同的宗教性建构——以兴蒙乡蒙古族为例》，《云南民族
大学学报》（哲学社会科学版）2015 年第 1 期。

秦江丽、闫进龙：《重构的春节：回族文化认同与宁夏民族关系研
究——来自预旺镇的实证调查》，《贵州民族研究》2017 年第 2 期。

邱国红：《文化间性的例证：中国诗歌审美范式对美国诗歌创作的影
响》，《云梦学刊》2005 年第 1 期。

邱新艳、李伟：《西双版纳民族社区居民参与旅游后的归属感研究》，
《旅游纵览》（下半月）2013 年第 2 期。

热依拉：《民族文化、社会资本与农户借贷——多层次研究下的理论框
架与实证模型》，《上海金融学院学报》2015 年第 6 期。

任小春：《重构社区归属感》，《西南石油大学学报》（社会科学版）
2014 年第 2 期。

撒露莎：《旅游场域下中外跨文化交流中的族群意识与族群认同——以
云南省丽江市为例》，《中南民族大学学报》（人文社会科学版）2015 年第
1 期。

撒露莎、田敏：《论开发利用民族关键符号促进民族团结进步创建——

以湖南桃源县维吾尔族回族乡为例》，《青海民族研究》2016年第4期。

沈桂萍：《培育中华民族共同体意识　构建国家认同的文化纽带》，《西北民族大学学报》（哲学社会科学版）2015年第3期。

沈湘平：《论公共性的四个典型层面》，《教学与研究》2007年第4期。

施雪华、黄建洪：《公共理性，公民教育与和谐社会的构建》，《山西大学学报》2006年第6期。

施雪华、黄建洪：《公共理性：不是什么和是什么》，《学习与探索》2008年第2期。

史云贵：《从政府理性到公共理性——构建社会主义和谐社会的理性路径分析》，《社会科学研究》2007年第6期。

苏振芳：《弘扬优秀传统文化　建设中华民族共有精神家园》，《福建论坛》（人文社会科学版）2012年第9期。

孙九霞、张皙：《民族旅游社区交往空间研究——以西双版纳傣族园景区为例》，《青海民族研究》2015年第1期。

孙立平：《社区、社会资本与社区发育》，《学海》2001年第4期。

谭瑾、王晓艳：《空间置换下的民族社区重塑——基于云南省福贡县知子罗村的田野考察》，《贵州大学学报》（社会科学版）2012年第5期。

谭清华：《谁之公共性？何谓公共性？》，《理论探讨》2014年第4期。

唐欢：《旅游情境下的乡村仪式展演与族群认同："他者"印象与"我群"意识重构——以萝卜寨羊皮鼓舞为例》，《内蒙古民族大学学报》（社会科学版）2015年第4期。

唐贤秋：《信任：构建和谐民族关系的社会基础》，《广西民族研究》2006年第2期。

唐志龙：《以人为本：中华民族共有精神家园建设的价值底蕴》，《理论学刊》2009年第12期。

田旺杰：《民国时期青海军阀长期存在的原因探析》，《青海民族研究》2004年第4期。

童世骏：《关于"重叠共识"的"重叠共识"》，《中国社会科学》2008

年第 6 期。

万明钢、杨富强：《"重叠共识"视域下多元民族关系的正向生长》，《新疆社会科学》2014 年第 6 期。

汪桂花：《藏族锅庄舞的特征及价值刍议》，《青海民族学院学报》（社会科学版）2009 年第 2 期。

王伯承、吴晓萍：《风险社会与生态移民社区治理》，《西北民族大学学报》（哲学社科版）2016 年第 6 期。

王伯承、余跃：《从闹元宵到宗族共同体：豫东南送灯习俗的社会学考察》，《山西农业大学学报》（社会科学版）2017 年第 3 期。

王才勇：《文化间性问题论要》，《江西社会科学》2007 年第 4 期。

王德民、徐黎丽：《类主体视阈下少数民族国家认同的历史维度》，《西北民族大学学报》（哲学社会科学版）2018 年第 1 期。

王芳：《青海省创建民族团结进步先进区路径探析——以海北创建全国民族团结进步示范州为例》，《攀登》2014 年第 5 期。

王华：《空间、记忆与"他者"：苏南回民村族群认同的建构》，《西北民族研究》2016 年第 2 期。

王建娥：《多民族国家社会政治凝聚力的锻造——方法与途径的探究》，《中央社会主义学院学报》2017 年第 2 期。

王军力：《社会资本视角下的西部民族地区贫困问题研究》，《现代经济信息》2014 年第 18 期。

王俊敏：《蒙、满、回、汉族通婚研究——呼和浩特市区的个案》，《西北民族研究》1999 年第 1 期。

王玲霞：《符号表征与族群认同——以文化符号解读旧村回族的族群认同》，《回族研究》2014 年第 4 期。

王平：《反思与检讨："中华民族共同体"研究规范化的若干基本问题》，《思想战线》2017 年第 3 期。

王平、严学勤：《论民族互嵌与和谐民族关系的构建——以新疆塔城市的实证研究为例》，《新疆师范大学学报》（哲学社会科学版）2015 年第

5 期。

王琪瑛:《西方族群认同理论及其经验研究》,《新疆社会科学》2014年第 1 期。

王倩、黎军:《城市社区传播系统与居民归属感的营造——以江西南昌为例》,《江西社会科学》2015 年第 1 期。

王世靓、纪晓岚:《文化间性视阈下的民族互嵌及其政策意蕴》,《理论导刊》2017 年第 6 期。

王世靓、王伯承:《公共性视野下的民族互嵌型社区探析》,《西南民族大学学报》(人文社会科学版) 2017 年第 12 期。

王希恩:《关于民族融合的再思考》,《西北师范大学学报》(社会科学版) 2010 年第 1 期。

王希恩:《民族的融合、交融及互嵌》,《学术界》2016 年第 4 期。

王希恩:《民族的血缘性及其在当代中国的演化》,《广西民族研究》2017 年第 2 期。

王希恩:《民族文化与普同文化及其在当代中国的转易》,《兰州学刊》2017 年第 5 期。

王喜梅:《民国时期对青海文化、科学的考察述略》,《青海民族学院学报》2008 年第 2 期。

王兴伦:《多中心治理:一种新的公共管理理论》,《江苏行政学院学报》2005 年第 1 期。

王秀娜:《试论罗尔斯"重叠共识"概念》,《辽宁大学学报》2004 年第 5 期。

王彦智:《强化西藏基层民众政治信任的一项地方实践——"强基惠民"活动的政治学分析》,《西藏大学学报》(社会科学版) 2015 年第 3 期。

王燕京:《中华民族共有精神家园:理论蕴涵与建设路径》,《江西社会科学》2009 年第 3 期。

王云芳:《民族信任模式演化的理论逻辑和现实悖论》,《甘肃理论学刊》2013 年第 5 期。

王志清：《部氏族人的姓名民俗与日常生活性族群认同——以湖北省三家台蒙古族村部氏族人为例》，《西南民族大学学报》（人文社会科学版）2013年第2期。

文军、黄锐：《"空间"的思想谱系与理想图景：一种开放性实践空间的建构》，《社会学研究》2012年第2期。

吴海霞、赵郡丹：《迁移与人口：1934年以来的青海哈萨克族人口变迁》，《青海民族大学学报》（社会科学版）2015年第2期。

吴建冰：《论广西世居民族的民族关键符号对民族认同的影响》，《广西社会科学》2015年第7期。

吴开松：《社会资本与民族地区农村社会管理创新》，《华中师范大学学报》（人文社会科学版）2012年第2期。

吴良镛：《从世界城市化大趋势看中国城市化发展》，《科学新闻》2003年9月19日。

吴瑞财：《多中心治理视野下的社区治理模式初探》，《内蒙古社会科学》2010年第1期。

吴世永：《从文化间性审视哈贝马斯的交往行为理论》，《黑龙江社会科学》2009年第4期。

席颖：《主体间性视域中的跨文化交际》，《内蒙古师范大学学报》（教育科学版）2017年第9期。

席元麟：《同仁土族（五屯）语言调查报告》，《青海民族研究》（内部资料）1985年第2辑。

夏莹、靳风林：《文化交流的主体间性及其原则》，《浙江学刊》2002年第6期。

肖力、邢洪儒：《中华民族共有精神家园建设的理论意蕴与实践要求》，《河北学刊》2008年第3期。

谢锡文、郭佳琦：《空间制造：文化社区、文化资本与文化生产——基于"文学生活馆"公共文化空间建构的研究》，《山东大学学报》（哲学社会科学版）2016年第4期。

谢新水：《公共理性发展：从一元、多元到合作理性》，《江苏大学学报》（社会科学版）2010 年第 6 期。

邢莉、张曙光、王志清：《蒙古族命名习俗的汉化倾向与族群认同》，《中央民族大学学报》（哲学社会科学版）2013 年第 1 期。

熊欢、邓宇、夏四友：《基于交往空间的社区归属感研究——以银川市为例》，《宁夏大学学报》（自然科学版）2016 年第 4 期。

徐杰顺、徐桂兰：《情感与族群边界——以新疆三对维汉夫妇的族际通婚为例》，《武汉科技大学学报》（社会科学版）2012 年第 2 期。

徐杰舜、杨军：《从多元走向一体与一体凝聚多元——中华民族共同体建设的理论和战略》，《思想战线》2017 年第 2 期。

徐黎丽：《接触与非接触——影响民族关系的变量分析》，《中华民族认同与认同中华民族——人类学高级论坛》，2008 年卷。

徐黎丽、陈建军：《论风俗习惯与民族关系的互动影响》，《新疆大学学报》（哲学社会科学版）2005 年第 2 期。

徐湘林：《"国家治理"的理论内涵》，《人民论坛》2014 年第 4 期。

徐选国：《从专业性、本土性迈向社区公共性：理解社会工作本质的新线索》，《社会科学战线》2016 年第 8 期。

薛立勇：《政府信任的层级差别及其原因解析》，《南京社会科学》2014 年第 12 期。

学诚：《让世界因多元宗教的存在而更加和谐更加美丽——在印度尼西亚雅加达第一届多宗教和平与和谐教育国际研讨会上的演讲》，《法音》2005 年第 3 期。

严从根：《"重叠共识"的"重叠共识"：德育改革的合理性诉求》，《全球教育展望》2009 年第 7 期。

严庆：《本体与意识视角的中华民族共同体建设》，《西南民族大学学报》（人文社科版）2017 年第 3 期。

严庆、周涵：《"选择性创伤"对族际关系的影响及其应对》，《黑龙江民族丛刊》2013 年第 2 期。

言红兰：《文化间性视角下的跨文化对话——以壮英人际关系价值取向为例》，《百色学院学报》2014年第2期。

言红兰、言志峰：《透视跨文化交际中的自我理念差异》，《云南师范大学学报》2006年第4期。

杨玢：《民族交融视域下中华文化认同的现实建构》，《思想教育研究》2018年第1期。

杨玢：《民族区域中国梦价值认同的文化建构》，《广西社会科学》2015年第10期。

杨玢：《中华文化认同：河湟汉藏边缘地区多元场域中的民族交融》，《青海社会科学》2017年第5期。

杨鹍飞：《民族互嵌型社区：涵义、分类与研究展望》，《广西民族研究》2014年第5期。

杨鹍飞：《中华民族共同体认同的理论与实践》，《新疆师范大学学报》（哲学社会科学版）2016年第1期。

杨清媚：《知识分子心史——从ethnos看费孝通的社区研究与民族研究》，《社会学研究》2010年第4期。

杨未：《构建少数民族生态移民社区的"杂糅空间"》，《贵州社会科学》2015年第4期。

杨晓纯：《节日认同：拉萨穆斯林族群认同的实践——基于开斋节的分析》，《回族研究》2016年第2期。

姚大志：《打开无知之幕》，《开放时代》2011年第3期。

殷颂葵等：《青海省人口城镇化水平的评估及发展趋势研究》，《当代经济》2017年第6期。

尹世尤、沈其新：《中华民族共有精神家园建设与当代中华民族凝聚力的增强》，《马克思主义研究》2008年第11期。

尹兴：《新时期国家族群认同与边疆少数民族影像传播研究导论》，《中北大学学报》（社会科学版）2015年第5期。

袁少芬：《民族传统文化的现代变迁与趋向》，《民族学研究》，1991年。

袁同凯、朱筱煦、孙娟：《族群认同、族群认同变迁及族属标示及认同》，《青海民族研究》2016 年第 3 期。

袁亚丽：《民国时期青海农家经济与农民说——以 20 世纪 30～40 年代为中心》，《青海民族研究》2017 年第 4 期。

袁玉立：《公共性：走进我们生活的哲学范畴》，《学术界》2005 年第 5 期。

袁祖社：《"公共精神"：培育当代民族精神的核心理论维度》，《北京师范大学学报》（社会科学版）2006 年第 1 期。

袁祖社：《"公共性"的价值信念及其文化理想》，《中国人民大学学报》2007 年第 1 期。

袁祖社：《人类"共同价值"的理念及其伦理正当性之思——"共同体"逻辑的意义及其内在限度》，《南开学报》（哲学社会科学版）2017 年第 4 期。

袁祖社：《"人是谁"抑或"我们是谁？"——全球化与主体自我认同的逻辑》，《马克思主义与现实》2010 年第 2 期。

袁祖社：《精神生活的"自我治理"逻辑及其公共性追求——思想"正当化"自身的知识论前提》，《江海学刊》2017 年第 1 期。

袁祖社、董辉：《"文化公共性"的实践与现代个体优良心灵秩序的养成》，《西安交通大学学报》（社会科学版）2014 年第 4 期。

曾丽波、张加龙、李亚娟、曹影：《1990—2010 年云南省少数民族人口分布空间差异分析》，《地域研究与开发》2015 年第 2 期。

曾谦：《民国时期马步芳家族与青海各宗教之间的关系》，《宝鸡文理学院学报》2008 年第 4 期。

翟学伟：《信任的本质及其文化》，《社会》2014 年第 1 期。

张法：《主体性、公民社会、公共性——中国改革开放以来思想史上的三个重要观念》，《社会科学》2010 年第 6 期。

张国芳：《传统社会资本及其现代转换——基于景宁畲族民族自治村的实证研究》，《浙江社会科学》2014 年第 1 期。

张会龙：《论各民族相互嵌入式社区建设：基本概念、国际经验与建设构想》，《西南民族大学学报》（人文社会科学版）2015年第1期。

张会龙、冯育林：《共同体视阈下的中华民族意涵分析及其可能限度》，《思想战线》2017年第3期。

张会龙、冯育林：《试论中华民族共同体建设的几个着力点》，《湖北民族学院学报》（哲学社会科学版）2016年第5期。

张江华：《卡里斯玛、公共性与中国社会有关"差序格局"的再思考》，《社会》2010年第5期。

张进军：《社会资本视阈下民族地区城镇化的治理》，《贵州民族研究》2014年第12期。

张康之：《对合作行动出发点的逻辑梳理》，《学海》2016年第1期。

张康之：《论高度复杂性条件下的行动方针》，《南京师范大学学报》2016年第4期。

张康之、张乾友：《趋向于公共性的近代政治发展逻辑》，《学海》2009年第1期。

张立哲、马幸荣：《城市多民族社区民族关系和谐问题研究——以伊宁市A社区为例》，《伊犁师范学院学报》（社会科学版）2015年第1期。

张凌云、李松、李平光等：《乌鲁木齐市天山区民族居住空间分异研究》，《今日中国论坛》2013年第5期。

张淑娟：《试论近代中华民族共同体理论建构的内在紧张》，《广西民族研究》2017年第3期。

张曙光：《走向"公共性"的文化价值秩序》，《中国人民大学学报》2007年第6期。

张伟：《原始认同对中华民族共同体认同的弱化及其整合路径》，《中共四川省委党校学报》2017年第1期。

张伟、丁凤琴：《宁夏城市化进程中的民族关系调查》，《湖北第二师范学院学报》2013年第3期。

张钰：《马克思人与自然和谐思想对"丝绸之路经济带"生态治理的启

示》，《西安财经学院学报》2018年第1期。

张占斌：《新型城镇化的战略意义和改革难题》，《国家行政学院学报》2013年第1期。

章国锋：《交往理性》，《外国文学》2004年第1期。

赵春娥：《民国时期青海对内地社会的观察——以政要学者莅青活动为视角》，《青海师范大学学报》2015年第1期。

赵婕：《城市居民社区归属感的研究——以南京市二十八所社区为例》，《商业文化》2011年第7期。

赵培玲：《主体间性修辞理论构建》，《中南大学学报》（社会科学版）2017年第1期。

赵声馗：《重构社会资本：民族乡村治理的路径选择》，《辽宁行政学院学报》2013年第3期。

赵铁、林昆勇、何玉珍：《中国—东盟命运共同体的共同体诠释》，《广西民族研究》2016年第1期。

赵文清：《城市少数民族经商群体商业困境分析——基于社会资本的视角》，《云南社会主义学院学报》2014年第4期。

赵秀芳、王本法：《社区文化与和谐社区公共性的建构》，《湖北社会科学》2014年第10期。

赵英：《青海民族关系的新特点与民族团结进步示范区建设》，《攀登》2012年第5期。

郑德聘：《间性理论与文化间性》，《广东广播电视大学学报》2008年第4期。

郑信哲：《略论城市民族问题和城市民族工作》，《广西民族研究》2014年第2期。

周光辉：《政治文明的主题：人类对合理的公共秩序的追求》，《社会科学战线》2003年第4期。

周良勇：《主体间性与多民族国家治理——兼论坚持民族区域自治制度》，《前沿》2012年第7期。

周平：《再论中华民族建设》，《思想战线》2016 年第 1 期。

周平：《中华民族：中华现代国家的基石》，《政治学研究》2015 年第 4 期。

周文玖、张锦鹏：《关于"中华民族是一个"学术论辩的考察》，《民族研究》2007 年第 3 期。

周新会：《辛亥革命与民国初期的青海》，《青海社会科学》1993 年第 5 期。

周志山、冯波：《马克思社会关系理论的公共性意蕴》，《马克思主义与现实》2011 年第 4 期。

周忠华、向大军：《文化差异·文化冲突·文化调适》，《吉首大学学报》（社会科学版）2011 年第 2 期。

朱碧波：《论中华民族共同体的多维建构》，《青海民族大学学报》（社会科学版）2016 年第 1 期。

朱凌飞、胡仕海：《文化认同与主体间性——文化人类学视野中的普米族非物质文化遗产》，《学术探索》2009 年第 3 期。

邹广文、夏莹：《文化主体、环境与态度——从中西文化交流看文化交流的主体间性及其原则》，《求是学刊》2003 年第 4 期。

左岫仙、巴拉吉、熊坤新：《边疆民族地区中华民族共同体意识的推进》，《黑龙江民族丛刊》2017 年第 3 期。

硕博学位论文：

曹菁轶：《新疆民族关系现状及发展研究》，硕士学位论文，西北民族大学，2006。

陈静：《吊庄移民地区回汉民族关系和宗教变迁研究》，硕士学位论文，复旦大学，2012。

贾伟：《明清时期河湟地区民族人口研究》，博士学位论文，兰州大学，2012。

李世勇：《当代青海海西蒙藏汉民族关系研究》，博士学位论文，兰州大学，2014。

申蓓：《甘肃卓尼藏汉民族关系现状研究》，硕士学位论文，西北民族大学，2015。

夏妍：《村落中的民族关系研究》，博士学位论文，兰州大学，2014。

熊易寒：《当代中国的身份认同与政治社会化——一项基于城市农民工子女的实证研究》，博士学位论文，复旦大学，2008。

殷云：《新疆民族关系发展中的国家功能研究》，硕士学位论文，云南大学，2015。

统计年鉴、资料汇编：

《百年实录·撒拉族》（上、下）。

《百年实录·土族》（上、下）。

《城北区志》。

《城东区志》。

《城西区志》。

《城中区志》。

《德令哈市志》。

《格尔木年鉴》。

《格尔木市志》。

《乐都县志》。

《青海民族宗教研究》（内部辅助教材）第 1、2 集。

《青海省志·民族志》。

《青海省志·人口志》。

《青海统计年鉴》（2012、2013、2014、2015、2016、2017、2018）。

《撒拉族简史》。

《同仁县志》。

《西宁市 2010 年人口普查资料》（上、下）。

《西宁市城市空间发展历程》（2006）。

《西宁市志》。

《循化撒拉族自治县志》。

《中国民政年鉴》（2012、2014）。

《中国民族年鉴》（2010、2012、2014）。

《中国民族信息年鉴》（创刊号）。

《中国统计年鉴》（2015、2016、2017、2018）。

附　录

主要的访谈资料

序号	访谈记录编号	民族	性别	身　份	访谈时间
1	F2016010304	汉族	男	海北州社会保障科科长	2016.01.03
2	F2016010701	藏族	男	松多乡政府办公室干部	2016.01.07
3	F2016011101	汉族	男	海北州民族团结示范州创建办公室主任	2016.01.11
4	F2016011102	汉族	男	海北州发改委办公室科长	2016.01.11
5	F2016011201	汉族	女	城南社区主任	2016.01.12
6	F2016011301	回族	男	LW 镇镇长	2016.01.13
7	F2016011301	藏族	男	海北州民政干部	2016.01.13
8	F2016011801	汉族	男	青海省民政厅某处长	2016.01.18
9	F2016012501	汉族	男	HL 县民政局局长	2016.01.25
10	F2016012502	回族	男	HL 县政府办公室主任	2016.01.25
11	F2016020701	藏族	女	群众	2016.02.07
12	F2016020702	回族	女	群众	2016.02.07
13	F2016020703	汉族	男	群众	2016.02.07
14	F2016021101	藏族	男	群众	2016.02.11
15	F2016021102	藏族	男	群众	2016.02.11
16	F2016021103	回族	男	群众	2016.02.11
17	F2016021201	汉族	女	群众	2016.02.12

序号	访谈记录编号	民族	性别	身　份	访谈时间
18	F2016021501	藏族	男	公务员	2016. 02. 15
19	F2016021701	藏族	男	海北州某活佛	2016. 02. 17
20	F2016031601	回族	女	在校大学生	2016. 03. 16
21	F2016052001	汉族	男	群众	2016. 05. 20
22	F2016052401	藏族	女	群众	2016. 05. 24
23	F2016062001	土族	女	群众	2016. 06. 20
24	F2016072801	藏族	男	群众	2016. 07. 28
25	F2016080601	回族	女	群众	2016. 08. 06
26	F2016080901	汉族	女	群众	2016. 08. 09
27	F2016081001	藏族	男	群众	2016. 08. 10
28	F2016081003	撒拉族	女	群众	2016. 08. 10
29	F2016110901	汉族	女	群众	2016. 11. 09
30	F2016112502	藏族	女	群众	2016. 11. 25
31	F2017021901	撒拉族	女	在校大学生	2017. 02. 19
32	F2017040601	回族	女	在校大学生	2017. 04. 06
33	F2017042701	汉族	男	茶卡村驻村第一书记	2017. 04. 27
34	F2017042702	汉族	男	茶卡村村主任	2017. 04. 27
35	F2017052101	汉族	男	海西州 I 市公务员	2017. 05. 21
36	F2017052501	汉族	女	群众	2017. 05. 25
37	F2017053101	汉族	女	热贡路社区书记	2017. 05. 31
38	F2017053102	汉族	男	热贡路社区主任	2017. 05. 31
39	F2017072801	土族	男	在校大学生	2017. 07. 28
40	F2017091501	藏族	男	移民社区 A 村村主任	2017. 09. 15
41	F2017091601	藏族	男	移民社区 B 村村主任	2017. 09. 16
42	F2018012301	汉族	女	某学校教师	2018. 01. 23
43	F2018030101	土族	男	在校大学生	2018. 03. 01
44	F2018052501	回族	女	在校大学生	2018. 05. 25
45	F2018060801	撒拉族	女	在校大学生	2018. 06. 08

以上访谈均征得受访者的同意。

青海省互嵌式社区的调查问卷

尊敬的先生/女士：

　　您好！

　　我们正在进行一项社会调查，目的是了解青海省民族社区内居民的生产生活及民族关系情况，经过严格的科学抽样，我们选中了您作为调查对象，您的合作对我们了解有关信息和制定社会政策，有十分重要的意义。

　　问卷中问题的回答，没有对错之分，您只要根据平时的想法和做法回答就行，如无特殊说明，均为单选，请在选项上直接打"√"，部分选项需要在横线上标注出选项，本次调查采取无记名的方式进行，大约耽误您半小时。对于您的回答我们将按照《中华人民共和国统计法》的规定，严格保密，并且只用于学术分析，不会泄露任何个人信息，请您不要有任何顾虑，希望您协助我们完成这次访问，谢谢您的合作。

青海大学青海省互嵌式社区研究课题组

2016.1.30

B 婚姻与家庭

B1. 您家有＿＿口人（同吃同住），您家有＿＿代人。

B2. 平时您家谁管钱？

①本人　　　　　②本人配偶　　　　　③本人父母

④本人儿（媳）女（婿）　　　　　⑤其他＿＿＿

B3. 您的婚姻状况？（选①请直接跳至 B11 题）

①未婚　　　　②已婚　　　　③离异　　　　　　④丧偶

B4. 婚前，您希望您爱人的民族和宗教，应该是？

①同一民族　　②同一宗教　　③民族、宗教都相同　④无所谓

B5. 您是＿＿族，您结婚时候多大？＿＿岁。

B6. 您爱人是＿＿族，结婚时您爱人多大？＿＿岁。

B7. 通过什么方式，您认识了您爱人？

①自由恋爱　　　②亲戚介绍　　　③朋友介绍　　　④同事介绍

⑤同村人介绍　　⑥父母之命　　　⑦媒人介绍　　　⑧婚介所介绍

B8. 您爱人家与您家属于？

①同一村　　　　②同一镇　　　　③同一县　　　　④本县之外

⑤青海省之外

B9. 您爱人家与您家的大致距离是＿＿＿公里。爱人家与您家的交通是否方便？①否②是

B10. 您有＿＿＿个孩子，其中＿＿＿个男孩，第一个孩子出生时您是＿＿＿岁。

B11. 您父亲是＿＿＿＿＿族，您母亲是＿＿＿＿＿族。

B12. 您能接受"上门女婿"的这种婚姻吗？

①完全不接受　　②不接受　　　　③一般　　　　　④接受

⑤完全接受

B13. 您愿意自己的子女与其他民族通婚吗？

①很不愿意　　　②不太愿意　　　③一般　　　　　④较愿意

⑤很愿意　　　　⑥随孩子意愿

C 宗教

C1. 您有无宗教信仰？

①无　　　　②有（选①直接回答 D 部分）

C2. 您的宗教信仰是？

①汉传佛教　　　②藏传佛教　　　③基督教　　　　④伊斯兰教

⑤道教　　　　　⑥天主教　　　　⑦其他＿＿＿

C3. 您现在信仰宗教的最主要原因是？

①与生俱来　　　②他人影响　　　③精神寄托　　　④现实利益

⑤其他＿＿＿

C4. 您的宗教信仰在您的生活中的重要程度是？

①很不重要　　　②不太重要　　　③一般　　　　　④比较重要

⑤很重要

C5. 您去寺庙或宗教场所朝拜时，每次朝拜的金额大概有多少？

①只朝拜，不捐钱　　　　②20 元以内　　　　③21 ~ 50 元

④51 ~ 100 元　　　　⑤101 ~ 200 元　　　　⑥200 元以上

C6. 您阅读宗教经文或观看与宗教相关的影像资料吗？

①从未　　　　②偶尔　　　　③经常

C7. 您家庭成员受您宗教信仰的影响程度如何？

①完全没有　　　②不太大　　　③一般　　　④比较大

⑤很大

C8. 您的朋友受您宗教信仰的影响程度如何？

①完全没有　　　②不太大　　　③一般

④比较大　　　⑤很大

C9. 您会按时参加本民族重要宗教仪式和活动吗？

①从不会　　　②不会　　　③不一定

④会　　　⑤经常会

C10. 您会参加与您信仰不同的其他宗教仪式和活动吗？

①从不会　　　②不会　　　③不一定

④会　　　⑤经常会

D 生活习惯

D1. 您会讲哪几种语言？（可多选）

①汉语　　　②蒙古语　　　③藏语　　　④撒拉族语

⑤土族语　　　⑥其他

D2. 您在家中使用最多的语言是？

①普通话　　　②青海方言　　　③本民族语言　　　④其他____

D3. 您在公共场所使用最多的语言是？

①普通话　　　②青海方言　　　③本民族语言　　　④其他____

D4. 您有几个其他民族的朋友？

①没有　　　②一个　　　③两个

④三个或三个以上

D5. 您现在的邻居中多数是？

①汉族   ②藏族   ③回族   ④蒙古族

⑤撒拉族   ⑥土族   ⑦其他____

D6. 工作中，您能接受和其他民族的人一起工作吗？

①完全不接受   ②不接受   ③一般   ④接受

⑤完全接受

D7. 您会过其他民族的传统节日吗？

①不会   ②会   ③视信仰是否相同而定

D8. 您认为以下能体现某个民族的内涵的是哪些？（可多选）

①语言   ②服饰   ③饮食   ④建筑

⑤生活习俗   ⑥宗教信仰   ⑦民族技艺   ⑧其他

D9. 针对以下说法，您的看法？

	很不同意	不太同意	一般	比较同意	很同意
本民族的宗教信仰应该传承下去					
要经常穿本民族的服装					
要经常讲本民族的语言					
应首先考虑与本民族的人结婚					
应该少结交其他民族的朋友					
对其他民族的宗教信仰、生活习惯应保持尊重					

E 社区社会资本

E1. 过去两周您拜访邻居____次，过去两周邻居拜访您____次。上个月您个人的手机费是____元。

E2. 在您的社区，和您见面会彼此打招呼的邻居数量？

①5人以下   ②6~10人   ③11~20人   ④21~30人

⑤30人以上

E3. 在您的社区，和您关系好到可以登门拜访的小区居民数量？

①5人以下   ②6~10人   ③11~20人   ④21~30人

⑤30人以上

E4. 下面列举的这几种人，您对他们的信任程度如何？

	很不信任	比较不信任	一般	比较信任	很信任
家庭成员					
亲属					
朋友					
同事					
同学					
居委会干部					
邻居					
陌生人					

E5. 请问您对下列各级政府官员的认知情况如何？请在表中打对号

	否	是
您知道现任国家的中共总书记是谁吗？		
您知道青海省省长是谁吗？		
您知道所在市(县)长是谁吗？		
您知道您所居住区的街道办主任(或乡镇镇长)是谁吗？		

E6. 对下列各级政府，您最信任的是＿＿＿最不信任的是＿＿＿

①党中央国务院　　　②省委省政府　　　　　　　③市委市政府

④县政府　　　　　　⑤街道办事处（乡镇政府）　⑥其他

E7. 如果有问题影响你所住社区，您会主动发动其他人一起解决问题吗？

①不会　　　　　　　②会

E8. 如果有人发动居民来解决社区问题，您是否会参加？

①不会　　　　　　　②会

E9. 您是否可以顺利从邻居家借到您需要的东西？

①不可以　　　　　　②可以

E10. 过去三个月，社区居民是否曾经为您提供过帮助？

①否　　　　　　　　②是

E11. 对于以下说法，有些人同意，有些人不同意，您是怎么看的？

	很不同意	不太同意	一般	比较同意	很同意
不管是什么民族的人,都应遵纪守法					
不管是什么民族的人,都应在国家需要时参军					
不管是什么民族的人,都应监督政府行为					
不管是什么民族的人,都应参加社会和政治组织的活动					
不管是什么民族的人,都应帮助比自己境况差的人					
不管是什么民族的人,都应理解与自己持不同看法的人们					

F 社区关系

F1. 您认为不同民族住在同一社区会怎样？

①能和睦相处　　　　②容易引起矛盾，最好分开居住

③可以住在一起，但很少打交道

F2. 您认为下列哪些民族的人经济收入更高一些？第一是____第二是____

①汉族　　　　②藏族　　　　③回族　　　　④蒙古族

⑤撒拉族　　　　⑥土族　　　　⑦其他____

F3. 您的印象中，下列哪些民族的人不容易打交道？第一是____第二是____

①汉族　　　　②藏族　　　　③回族　　　　④蒙古族

⑤撒拉族　　　　⑥土族　　　　⑦其他____

F4. 您对社区内其他民族的文化传统、生活习惯了解程度如何？

①全不了解　　②不太了解　　③一般　　　　④比较了解

⑤非常了解

F5. 您与社区其他民族的居民交往程度如何？

①从不交往　　②交往较少　　③一般　　　　④交往较多

⑤频繁交往

F6. 您认为社区内的不同民族群众交往的最大障碍是？

①观念不同　　②宗教信仰　　③语言不通　　④生活习惯

⑤处事方式　　⑥其他____

F7. 您认为不同民族通婚的最大障碍是？

①语言不同　　　　　②生活习惯不同　　　　③风俗礼仪

④宗教信仰不同　　　⑤其他＿＿＿

F8. 您认为在社区中不同民族成员之间交往最主要的矛盾是？

①经济利益方面　　　②民族间互不理解　　　③民族间互不尊重

④文化传统的差异　　⑤其他＿＿＿

F9. 对从外地迁来本社区的其他民族的人，您的态度是？

①很不欢迎　　　　　②不欢迎　　　　　　　③一般

④比较欢迎　　　　　⑤很欢迎

F10. 最近三年内，当地不同民族之间发生过群体冲突吗？（选①请直接回答 F12 题）

①没发生过　　　　　②发生过，但没械斗

③发生过，有械斗但无人员伤亡

④发生过，有械斗有伤亡

F11. 当地最近一次不同民族之间的冲突，您认为政府处理得如何？

①很差　　　　　　　②比较差　　　　　　　③一般

④比较好　　　　　　⑤很好　　　　　　　　⑥没处理

⑦不清楚

F12. 您认为社区里的各民族间关系如何？

①很差　　　　　　　②比较差　　　　　　　③一般

④比较好　　　　　　⑤很好　　　　　　　　⑥不清楚

F13. 您认识居委会的干部吗？

①不认识　　　　　　②认识，但不知道名字

③认识，并且知道名字

F14. 您向居委会反映过问题吗？（选①请直接回答 F18）

①没反映过　　　　　②反映过

F15. 居委会工作人员的服务态度是否热情？

①否　　　　　　　　②是

F16. 居委会工作人员的整体素质如何？

①不高　　　　　　　　②高

F17. 居委会处理公务是否及时，在规定的时间内完成本职工作？

①否　　　　　　　　　②是

F18. 您对所在社区居委会工作满意吗？

①很不满意　　　　　　②不太满意　　　　　　③一般

④比较满意　　　　　　⑤很满意

F19. 您目前最希望政府解决的问题是？

①大力提高老百姓的收入　　　　　　②加强对农牧民的就业培训

③解决牧区看病难问题

④大力发展教育事业，能使更多少数民族学生考上好大学　⑤其他____

G 社区归属感

G1. 您是否有参与社区里的社团？

①没有　　　　　　　　②有

G2. 您是否经常征询邻居的意见？

①从来不　　　　　　　②比较少　　　　　　　③一般

④比较多　　　　　　　⑤经常

G3. 您在多大程度上信任小区居民？

①很不信任　　　　　　②不太信任　　　　　　③一般

④比较信任　　　　　　⑤很信任

G4. 您对所在社区的满意程度如何？

项　　　目	很不满意	不太满意	一般	比较满意	很满意	不清楚
社区医疗卫生服务						
社区内各类知识宣传普及						
社区安全						
社区选举						
社区教育						
社区养老服务						

续表

项　　目	很不满意	不太满意	一般	比较满意	很满意	不清楚
社区公共设施						
社区自然环境						
社区救助						
社区宗教场所						

G5. 如果您所在社区有居委会、业主委员会、物业委员会召开的会议，您愿意参加吗？

①很不愿意　　　　　②不太愿意　　　　　③一般

④比较愿意　　　　　⑤很愿意

G6. 如果您所在社区有社区居民联谊活动（文艺、体育活动、亲子活动等），如社火，您愿意参加吗？

①很不愿意　　　　　②不太愿意　　　　　③一般

④比较愿意　　　　　⑤很愿意

G7. 如果您所在社区有社区组织的业余治安联防队，您愿意参加吗？

①很不愿意　　　　　②不太愿意　　　　　③一般

④比较愿意　　　　　⑤很愿意

G8. 如果您所在社区组织义务为社区内残疾人、老年人及弱势居民服务，您愿意参加吗？

①很不愿意　　　　　②不太愿意　　　　　③一般

④比较愿意　　　　　⑤很愿意

G9. 如果您所在社区组织环境生态保护活动，您愿意参加吗？

①很不愿意　　　　　②不太愿意　　　　　③一般

④比较愿意　　　　　⑤很愿意

G10. 如果所在社区组织献血、献爱心活动，您愿意参加吗？

①很不愿意　　　　　②不愿意　　　　　③一般

④比较愿意　　　　　⑤很愿意

G11. 针对以下说法，您的同意程度？

	很不同意	不太同意	一般	比较同意	很同意
我是所在社区重要的一分子					
总的来说,我们社区居民之间的关系是和睦的					
我对社区里发生的事情很感兴趣					
我喜欢与社区里其他民族邻里相处的感觉					
社区里的其他民族邻居经常互相串门					
如果社区的公共项目需要,我也可以付出时间和金钱					
社区里的其他民族居民有需要时,大家会想办法帮助					
我对我们社区很满意					
告诉别人我住在哪我很自豪					
我们社区有很好的领头人和召集人					
我很喜欢住在我们社区					
如果搬离我们社区,我会很不舍					
假如我的生活或工作中遇到困难,我会向所在社区求助					

A 基本情况

A1. 您的姓氏＿＿，您的年龄＿＿

①18 岁以下　　　　②18～25 岁　　　　③26～35 岁

④36 岁～45 岁　　　⑤46～55 岁　　　　⑥56～65 岁

⑦65 岁以上

A2. 您的性别：①男　　②女

A3. 您在本社区住了＿＿年,是否原住居民？

①不是　②是　　　（选②请直接回答 A4）

如果不是,那您以前住在＿＿＿＿＿＿＿＿＿,＿＿＿＿年搬迁来此地,

迁来本地的原因是＿＿

①婚嫁　　　　　②投奔亲戚　　　　　③生态移民

④安居工程　　　⑤本地就业机会多　　⑥其他

A4. 您的文化程度？

①小学以下　　　②小学　　　　　　　③初中

④中专及高中　　　　　　⑤大专　　　　　　　　⑥大学本科及以上

A5. 您的户口是？

①城镇　　　　　　　　　②农村

A6. 您的政治面貌是？

①共产党员　　　　　　　②共青团员　　　　　　③民主党派

④群众

A7. 您的职业是？

①普通办事人员和有关人员

②国家机关、党群组织、企业单位负责人

③军人　　　④农、林、牧、渔、水利业生产人员

⑤商业、服务业人员

⑥生产、运输设备操作人员

⑦专业技术人员

⑧不便分类的其他从业人员

A8. 上个月您的个人收入？

①1000 元以下　　　　②1001～2000 元　　　　③2001～3000 元

④3001～4000 元　　　⑤4001～5000 元　　　　⑥5000 元以上

A9. 去年您家的家庭年收入？

①20000 元以下　　　②20001～30000 元　　　③30001～50000 元

④50001～70000 元　　⑤70001～100000 元　　⑥10 万元以上

　　访谈到此结束，十分感谢您的积极参与，请调研员送上一份小礼物！

调查问卷-B卷（旅游驱动社区问卷）的H部分问题

H 社区认知与归属感

H1. 作为社区居民，您对参与旅游发展的态度？

	非常同意	比较同意	无所谓	比较不同意	非常不同意
应该由社区居民决定是否将当地风俗文化开发成旅游景区					
社区居民应该参与有关旅游发展的决定					
社区居民有权利对旅游发展提出建议					
社区居民应该获得更多的技术培训以满足旅游发展的需求					
社区居民应该主动承担起保护社区自然环境的主要责任					
社区居民应该主动阻止旅游者破坏自然环境					
社区居民应该主动向旅游者提供本民族文化的讲解					
我会主动在旅游者面前保持本民族的文化					
我认为本民族的文化特殊性是旅游发展的关键					
我愿意我的家庭成员参与到旅游发展过程之中					
如果有机会我会主动投资旅游业					
社区应该通过同当地政府的合作建立社区发展的目标和保障体系					
社区应该通过同旅游企业的合作建立社区发展的目标和保障体系					
政府应该资助社区居民参与旅游企业的经营和管理					
社区居民应该及时获得旅游发展					
应该积极鼓励当地居民在旅游的发展过程中担任主导角色并进行信息反馈					

H2. 旅游发展后对您的影响

旅游业促进了当地经济的发展					
旅游业增加了就业机会					
旅游业增加了社区居民收入，使得收入构成多元化					
旅游业提高了居民的生活水平					
旅游业仅仅带来了少量的间歇性的收益					

续表

旅游开发后大部分的收益流向了地方精英、外来投资者、政府机构				
旅游开发后只有少量的家庭从旅游中获得直接的经济收益				
因为缺少资本和技能，大部分居民很难找到合适途径参与旅游分享利益				
部分旅游收入被安排用于社区发展，建设学校、改进交通、建设了基础设施				
旅游开发丰富了社区的休闲活动				

H3. 您认为社区居民参与和旅游相关的决定是旅游成功发展的关键吗，为什么？

H4. 您认为保持本民族文化与旅游开发有没有冲突？如果有冲突主要表现在哪些方面？

H5. 您认为旅游开发后获益最大的是谁？为什么？

调查问卷－C卷（生态移民社区）的H部分问题

H 移民搬迁

H1. 目前您有没有在城镇定居的想法？

①没有　　　　②没有想好，取决于具体情况　　　③有

H2. 如果给予足够合理的补偿，您愿意放弃现在的土地吗？

①不愿意　　②无所谓　　　　　　　　③愿意

H3. 您的家庭收入与移民搬迁前有何变化？

①减少　　　　②没变化　　　　　　　　③增加

主要由于_____

H4. 您的家庭支出与移民搬迁前有何变化？

①减少　　　　②没变化　　　　　　　　③增加

主要由于_____

H5. 您家当时移民搬迁的安置方式是？

①整村搬迁，整村安置　　　　　②整村搬迁，混杂安置

③自发搬迁，自主安置　　　　　④自愿搬迁，混杂安置

⑤其他_____

H6. 您家当时移民搬迁时的情况是？

①强制的　　　　　②说不清　　　　　③自愿的

H7. 与移民搬迁之前相比，您是否满意现在所生活的地方/社区环境？

①很不满意　　　②不太满意　　　③一般

④比较满意　　　⑤很满意

H8. 与移民搬迁之前相比，您的生活水平有什么变化？

①下降很多　　　②略有下降　　　③没变化

④略有上升　　　⑤上升很多　　　⑥不好说

H9. 移民搬迁后，居住的社区里汉族居民比例发生变化了吗？

①没有　　　　　②有　　　　　③不知道

H10. 您认为，民族构成比例的变化对当地的民族关系产生了怎样的影响？（选①请回答 H11；选③请回答 H12；选②④请跳至 H13）

①负面影响　　　②没有影响　　　③正面影响

④不知道

H11. 负面影响主要有_____

①人口外迁，打破了原有的民族构成比例，容易引起新的民族矛盾

②人口外迁，原居地人口居住分散，不利于民族交往

③其他_____

H12. 正面影响主要有_____

①人口外迁，本地生活压力减小，缓和民族矛盾

②人口外迁，各民族需寻求外部帮助，增加了民族交往

③其他_____

H13. 总体来说，您是否满意移民搬迁？_____

①很不满意　　　②不太满意　　　③一般

④比较满意　　　⑤很满意

此外，需要说明的是：移民社区的 G 部分有搬迁前后的社区归属感对比，及户籍变化对比等问题。

社区主任（书记）访谈提纲

（1）移民社区村干部访谈提纲：

1. XX 主任（村主任、书记）您能不能介绍一下你们的社区（人口、民族构成、搬迁时间等）？社区的特点是？

2. 目前社区（村）的工作人员有多少？能否简单介绍一下各自分工？

3. 您当书记（村主任）多久了？开展社区工作（村委会）的切身体会？

4. 您负责的社区大家找你解决最多的问题是什么？能举个例子吗？

5. 您工作中遇到的社区（村子）经常出现的邻里纠纷都是哪方面的？能举个例子吗？

6. 您所在社区（村）里大家的民族关系怎么样？

7. 您个人觉得哪个民族比较有钱？为什么？您对这个民族的总体评价是？

8. 您个人觉得哪个民族不好打交道？为什么？您对这个民族的总体评价是？

9. 您个人觉得搬迁后的生活变化大不大？是更好了，还是更坏了？

10. 以前在上海的时候我所调研的社区有老年人教育、社区学校等，还可以把退休的老人集中起来画画、下棋等。您这边有没有这类情况？在这方面有规划吗？

11. 现在社区经费都是由政府拨款吗？按照什么标准进行划拨的？

12. 搬迁移民社区里的老百姓对搬迁的评价是什么？您听到的老百姓提到最多的需要社区（村）帮助他们的难题是什么？您个人的评价呢？

13. 搬迁后老百姓的收入水平和消费水平有没有变化？

14. 搬迁后老百姓的对社区的归属感有没有变化？

15. 搬迁后老百姓对社区工作的需求有没有变化？

16. 对于您这个社区（村）的未来您是怎么规划的？

17. 您在社区（村务）工作中最大的工作经验是什么？

18. 您对民族通婚的看法是？您所在社区（村子）民族间通婚情况如何？能举例说明吗？

19. 您个人对所在社区的整体民族关系的评价如何？未来如何开展工作？如何促进民族团结？

20. 您觉得你们整个搬迁对环境的影响大不大？

21. 移民搬迁前和搬迁后有什么变化？对生活的影响大不大？比如生活水平啊、社区环境啊。

22. 移民搬迁后大家都是怎样的一个态度？觉得好还是不好？是生活便利了还是依然存在问题？

23. 搬迁后政府有没有给予补助的政策？

24. 搬迁后对村子里的人来说，去寺庙朝拜或者参加宗教活动有没有什么影响？是方便了还是跟以前一样？

25. 生态移民搬迁后，对个人来说交际的圈子有没有什么变化？有没有交一些新朋友？社区里的人对你们的到来态度怎样？

26. 咱们这边大部分人家还是从事的畜牧业养殖，搬迁后对此有没有什么影响？又是怎么解决的？政府对这方面有没有什么政策的改变？

（2）一般混杂居社区干部访谈提纲：

1. XX 主任（村主任、书记）您能不能介绍一下你们的社区（人口、民族构成、搬迁时间等）？社区的特点是？

2. 目前社区（村）的工作人员有多少？能否简单介绍一下各自的分工？

3. 您当书记（村主任）多久了？开展社区工作（村委会）的切身体会是什么？

4. 您负责的社区大家找你们解决最多的问题是什么？能举个例子吗？

5. 您工作中遇到的社区（村子）经常出现的邻里纠纷都是哪方面的？能举个例子吗？

6. 您所在社区（村）里大家的民族关系怎么样？

7. 您个人觉得哪个民族比较有钱？为什么？您对这个民族的总体评价是什么？

8. 您个人觉得哪个民族不好打交道？为什么？您对这个民族的总体评价是什么？

9. 您个人觉得搬迁后的生活变化大不大？是更好了，还是更坏了？

10. 以前在上海时我所调研的社区有老年人教育、社区学校等，还可以把退休的老人集中起来画画、下棋等。您这边有没有这类情况？这方面的规划有吗？

11. 现在社区经费都是由政府拨款吗？按照什么标准进行划拨的？

12. 您听到的老百姓提到最多的需要社区（村）帮助他们解决的难题是什么？

13. 老百姓对社区的归属感怎样？

14. 老百姓对社区工作的需求主要是哪些？

15. 对于您这个社区（村）的未来您是怎么规划的？

16. 您在社区（村务）工作中最大的工作经验是什么？

17. 您对民族通婚有什么看法？您所在社区（村子）民族间通婚情况如何？能举例说明吗？

18. 您个人对所在社区的整体民族关系的评价如何？未来如何开展工作？如何促进民族团结？

后　记

　　"新型城镇化进程中青海省民族互嵌型社区的现状及建设路径研究"是2015 年获批的国家社科基金一般项目（项目号：15BSH117），本书在结项报告的基础上修缮完成。在付梓之际，回想起八年前从选题到立项，再到执行过程中的一波三折，最终结项成书，可谓感慨万千。

　　本书的研究对象是青海省的民族互嵌型社区，研究的宏观层面的数据主要来源于官方统计数据；微观层面的数据则全部来源于民族社区入户的实际问卷调查数据和深度访谈资料。研究集中回答两个问题：一是现状分析，即青海省民族互嵌型社区的现状；二是路径研究，即如何促成民族互嵌型社区的建设。

　　其一，现状分析。本书一是通过对所搜集的地方志、民族志及其他资料进行历史性分析，追溯青海省主要世居民族的族源、历史上尤其是民国时期青海省民族关系的特点，认为青海省主要世居民族从历史到当代的民族关系中，总体表现为一种较为融洽的民族关系。二是从田野调查的数据出发，通过社区内社会网络、社区邻里信任和社区归属感等情况分析被调查样本的初级民族交往（日常生活）到高级民族交往（血缘融合的族际通婚）的相互嵌入情况。从田野调查数据与民政数据来看，当代青海省主要世居民族的居住格局处于连续统的某个部位，并未呈现出较大范围的绝对空间隔离与完全空间融合。从民政数据中婚姻登记档案样本和田野调查数据分析可知，总体而言在通婚这一指标上，青海省主要世居民族之间的"互嵌"情况较为融洽。三是依循费孝通先生的理论框架，本书既关注民族心态，也考察民族关系，基于田野调查数据及统计软件 Stata 的应用，通过 Ologit 回归模型等统计方法，检验青海省民族互嵌型社区的影响因素，分别探讨了身份认同、社区归属感、民族日常交往和政治信任对民族互嵌型社区的影响，并指出在未来多民族国家推动民族地区现代化进程中，更多的关注点亦应在此。以此为基，本书在中华民族共同体的宏观背景下，进一步对我国民族社区"互嵌"困境进行学理性探讨，其主要表现在互嵌空间的不足、精神互嵌的缺失、原子化个人的行动困境等，而民族互嵌的合理路径之一是在"多样"的基础上历史性地达成别开生面的"一体"，在别开生面"一体"基础上保护合理的"多样"，可以说，其实质就是所谓的公共性的路径。民族互嵌型社区公共性基础为交往、交流、交融；民族互嵌内蕴着主体与他者共在的公共性价值取向即公共理性、公共责任、公共精神及现代认同四个层面。

其二，路径研究。鉴于现状分析，本书提出了递进而又关联的三条路径。一是注重互嵌空间的构建及阻滞。本书提出互嵌空间的三维构建原理，自然空间是互嵌空间的外围，心理空间位于互嵌空间的内核，社会空间联结着自然空间和心理空间，相对应于民族间的交往交流交融。中华民族的交往与交流主要出现在社会空间中，而交融只能出现在心理空间，总体而言，自然空间的存在是交往交流交融的客观条件。结合对青海省民族社区进行的田野调查，研究认为互嵌空间构建过程的阻滞影响着民族互嵌型社区公共性的构建过程及民族间的互嵌。其阻滞包括自然空间中嵌入不足疏离公共理性、社会空间中文化间性淡薄挤压多重认同、心理空间中责任伦理缺场困扰公共责任、重叠共识匮乏导致公共精神阙如四个方面。二是积极促成民族互嵌型社区公共性供给。针对上述阻滞因素，本书提出共享理念下的中华民族共同体意识积极培育、共生理念下理性沟通的规范促成、共在理念下德性教育的呼唤重提予以消解。不同民族的信仰在一定程度上是对人的社会化的积极方面的反映。一旦"共生共在共享"理念转化为普通群众普遍拥有的观念时，也就实现了对不同民族个体成员的形塑。民族互嵌的逻辑旨归，不仅为不同民族的存在找到了逻辑上的价值寓所，而且也通过对当下影响民族关系良性互动各种因素的批判，表达了一种各民族"共生共在共享"存在的公共价值的理想旨趣。因此，推动民族互嵌型社区公共性供给的实践途径主要包括：需求导向与民族社区公共空间的营造、理性沟通与民族社区公共空间的维系、多元参与与民族社区合作治理的实现。三是推动多元协商共建融洽式民族互嵌型社区。本书进行了青海省和东部发达地区的两个个案分析，前者尝试运用多中心治理理论分析框架解释基层政府如何运用策略促进当地民族团结与民族互嵌，具体描述民族团结示范区的实践过程，全景式地呈现该示范区实践的基本经验，后者的深层次内涵是多元参与者着力推动社区共同体意识的提升，两个个案均为促成民族互嵌型社区建设、提升社区共同体意识提供了借鉴之处。

2014 年中央民族工作会议提出了"推动建立各民族相互嵌入式的社会结构和社区环境"这一提法，截至目前，嵌入式社会结构研究及其带动的铸牢中华民族共同体等相关研究仍是学术界的重要研究内容。回想 2014 年底的某一天，我搜索到了"推动建立各民族相互嵌入式的社会结构和社区环境"，立即感到这一提法可以作为我申报国家社科项目的一个政策背景。在修改完善了十几遍的申报书后，终于确定并提交了国家社科基金的申报书。2015 年 6 月 10 日，我在图书馆里阅读文献的时候，导师纪晓岚教授发来短信：世靓，你的国家社科中了！我立刻打开"全国哲学社会科学工作办公室"网站下载了立项名单，搜索并确认自己申报的项目获批了，当时的激动难以言表，微信朋友圈里记录：转眼生活就给了个惊喜，貌似意外，实际前期铺垫了很多。你做了什么没做什么，生活是看得见的！

于是乎，2015 年底我和项目组成员开始组织项目调研，从前期的预调研到正式调研逐步展开项目，带着介绍信，我和两个本科生跑到青海省民政厅社会发展处王发玉处长那里，跟他说了我的国家社科基金项目，许是让他觉得我后生可畏，几经交谈后我签了保密协议，他施以援手帮我要到了一些省级通婚数据，并在我的介绍信上签了字盖了章，项目组才能随后奔赴各州县搜集地方的通婚数据（因当时青海省各地的婚姻系统联网情况并不完善）。多年后的今天，当时的处长已从民政厅副厅长之位退休，我的感激之情难以诉说，只等这本书出版后送他一本留作纪念。这是项目的数据来源之一。项目的数据来源之二是社区的问卷调查，从 2015 年的寒冬开始到 2017 年夏天结束，项目组组织了以民族为第一特征的社区问卷调研，这些社区分布在青海省农业区、牧业区、半农半牧区，有关回族的调研多在西宁市城东区，撒拉族的在循化县，蒙古族的在河南县，藏族的在同仁市，土族的在互助县等，包括两个移民社区。我带着十几个本科生东奔西走发放上千份问卷，送出去了上千份的小礼物。在整个项目开展过程中，我突发眼疾，项目不得不停滞好几个月；遇到了有介绍信但地方仍不配合、语言不通无法交流等情况。但田野调查之美，在于很多未知，在于很多不确定，在于每日奔波又深感充实，是那寒冬里的冰雪、夏日里的牧草、牧民家里一碗热乎的熬茶、一口糌粑、一块牛肉、一大块馍馍，走在乡间路上看到的漂亮的格桑花、牧民家里看似凶狠的藏獒、农家田野里摇曳的各种蔬菜，乡间小路遍布的牛粪羊粪、不同寺庙的信众、冰雪和蓝天下的白塔经幡……我们奔走在祖国的大地上，看到了不一样的生活体验和自然风光之美，也体会到了不同的文化之美，不禁感慨费老的"各美其美，美人之美，美美与共，天下大同"。

　　整个项目执行的中遇到了很多让我感恩的人。感谢青海省民族宗教事务委员会和青海省民政厅社会发展处及西宁市、海东市、循化县、化隆县、贵德县、河南县、格尔木市、德令哈市、乌兰县等民政部门提供的信任和便利。感谢同仁县隆务镇马镇长，热贡路社区高书记和王主任、网格员加华措。感谢青海省发改委的孙宝荣、海北州发改委的吉狮卫，海北州民族团结创建办的刘主任，海北州西海镇城南社区的刘德吉书记及三位网格员。感谢互助土族自治县十八洞沟村村主任及村民。感谢循化县纪委的马荣锋主任、循化县城中社区的马主任及社区工作人员马国良，感谢有缘相识并给我们提供"及时雨"帮助的韩瑛（循化县大学生志愿者协会前主席）及三名循化籍在外地读书的大学生志愿者韩英英、马晓芳、马晓兰无私的志愿者翻译工作。感谢西宁市城东区清真巷社区南小街居委会韩主任及数名网格员。感谢河南县蒙古族自治县的楼局长、德措吉局长。感谢化隆县政府办公室王主任。感谢青海大学外事办韩笑云，循化县医院韩瑞医生。感谢茶卡镇茶卡村的吴主任、茶卡社区的驻村干部魏毅刚、茶卡社区妇女干部童主任及泽库县100多户搬迁牧民和两个移民村村主任斗本加和却洛。感谢泽库县的华旦东智和泽库县公安局的旦正多杰，调研时他俩已毕业七年，当我联系他们时，他们放下工作帮忙出主意，并成为临时的藏语翻译，帮助项目组完成了对移民社区村主任的访谈。感谢项目组十多位调研员，来自青海大学行政管理专业的同学们，他们数十次地参与项目的田野调查与问卷复核工作及访谈录音的整理工作等，分别是陈雪、李鑫、赵秀英、王明敏、马海燕、张国浩、宋玉山、李娜、郭显慧、藏娜、奎明兄、赵焕佳、马秀花、德吉措、三智才让、道力木、权婷等，尽管我没有给他们上过课，但他们仍然亲切地叫我"靓靓老师"，他们认真、踏实负责地开展各项工作，给我提供了很多支持。

在本书的撰写中，还要感谢华东理工大学社会学院的纪晓岚教授、张广利教授、杨发祥教授、曹锦清教授、黄玉琴教授、陈丰教授等，华东理工大学老师们渊博的知识和严谨的学术态度，让我看到了华东理工大学社会学学科的大师风范。感谢山东大学的王佃利教授，他在学术研究上的科学严谨和为人处事上的平易近人，让我深深怀念山大的一草一木和各位老师。感谢济南大学的高功敬博士，山东政法学院的苗红培博士，上海财经大学的赵蔚博士、青海大学的李双元教授、边世平教授、何梅青教授、华智海副教授对研究思路的指点。项目组成员兰措卓玛、徐芳、久毛措、伍嘉冀、王伯承等在项目开展中的团结合作，促成了本书的完成。感谢研究生康雅洁、杨宁、王琳琳、郭海君、郭田美等同学的文字校对。感谢国家社科基金，感谢社会科学出版社周志静编辑的细心阅读与辛勤的审校工作。感谢父亲在天之灵佑护我，感谢我的爱人王志辉和女儿王圣惟，还有我身后的一大帮亲友们，是他们一直支持完成了整个项目。

时隔八年，这些基层干部已经部分调离原来岗位；基层百姓的日子也越来越好；大学生调研员们都已毕业工作，有的已经成家；我亲爱的老师们部分光荣退休，部分获得了更大的学术成就，我的博士同学们和项目团队成员们也都在各自岗位上努力前行，我也仍然在社区研究的路上继续探索，当时的一波三折、困难重重都能看淡，总之未来仍可期，是以记。

本书共有 9 章，写作分工情况如下：

第 1～2 章　王世靓　久毛措

第 3～4 章　王世靓　兰措卓玛

第 5 章　伍嘉冀　王世靓

第 6～7 章　王世靓　王伯承

第 8～9 章　王世靓　徐芳

本书尚有不足之处，恳请各位批评指正。

王世靓

2023 年 9 月于夏都西宁

图书在版编目（CIP）数据

互嵌式社区的现状及建设研究：以青海省为例 / 王
世靓著 . -- 北京：社会科学文献出版社，2023.11
　ISBN 978 - 7 - 5228 - 2177 - 1

　Ⅰ.①互…　Ⅱ.①王…　Ⅲ.①民族地区 - 社区管理 -
民族区域自治 - 研究 - 青海　Ⅳ.①D633.2

　中国国家版本馆 CIP 数据核字（2023）第 141228 号

互嵌式社区的现状及建设研究
——以青海省为例

著　　者 / 王世靓

出 版 人 / 冀祥德
责任编辑 / 周志静
责任印制 / 王京美

出　　版 / 社会科学文献出版社·人文分社（010）59367215
　　　　　　地址：北京市北三环中路甲 29 号院华龙大厦　邮编：100029
　　　　　　网址：www.ssap.com.cn
发　　行 / 社会科学文献出版社（010）59367028
印　　装 / 三河市尚艺印装有限公司

规　　格 / 开　本：787mm × 1092mm　1/16
　　　　　　印　张：23.25　插　页：0.25　字　数：353 千字
版　　次 / 2023 年 11 月第 1 版　2023 年 11 月第 1 次印刷
书　　号 / ISBN 978 - 7 - 5228 - 2177 - 1
定　　价 / 168.00 元

读者服务电话：4008918866